心理学大师经典译丛

青春期

青少年的教育、养成和健康

Youth: Its Education, Regimen, and Hygiene

【美】斯坦利·霍尔（G. Stanley Hall） 著

凌春秀 译

人民邮电出版社

北　京

图书在版编目（CIP）数据

青春期：青少年的教育、养成和健康／（美）霍尔
（Hall，G. S.）著；凌春秀译．—北京：人民邮电出版
社，2015.5（2021.12重印）
（心理学大师经典译丛）
ISBN 978-7-115-38803-2

Ⅰ.①青…　Ⅱ.①霍…②凌…　Ⅲ.①青春期—心理
健康—健康教育　Ⅳ.①G479

中国版本图书馆 CIP 数据核字（2015）第 057906 号

内 容 提 要

什么是青春期？青春期的情绪不稳定是一种必然现象吗？我们该如何理解青春期少男少女种种匪夷所思的行为和心理？

《青春期：青少年的教育、养成和健康》创造性地提出了青春期理论，认为青春期是一个充满犹豫不决和矛盾情绪的过渡阶段，是风雷激荡的人生时期。在这部百科全书式的经典著作中，"青春期心理学之父"、教育心理学先驱斯坦利·霍尔把青春期看作一种新生，据此对青少年的身体发育、心智成长、能力发展、意志培养、道德形成及社会理想等进行了全面细致、独特精辟的阐述，发展出了一套行之有效的系统性方法和技术手段。

本书可以帮助广大心理学人士、教师和父母全面了解青少年的心理发展状况，发现他们在这一时期所隐藏的优势和危机，减少他们因年少轻狂而犯下的错误，进而激励他们善加利用大好青春，为未来的人生打下坚实的基础。

◆ 著　　　　【美】斯坦利·霍尔（G. Stanley Hall）
　 译　　　　凌春秀
　 责任编辑　姜　珊
　 执行编辑　郭光森
　 责任印制　焦志炜
◆ 人民邮电出版社出版发行　　　北京市丰台区成寿寺路 11 号
　 邮编 100164　　电子邮件 315@ ptpress. com. cn
　 网址 http://www. ptpress. com. cn
　 北京虎彩文化传播有限公司印刷
◆ 开本：700×1000　1/16
　 印张：22.5　　　　　　　　　　　2015 年 5 月第 1 版
　 字数：320 千字　　　　　　　　　2021 年 12 月北京第 22 次印刷

定　价：65.00 元
读者服务热线：（010）81055656　印装质量热线：（010）81055316
反盗版热线：（010）81055315
广告经营许可证：京东市监广登字 20170147 号

关于青春期心理的百科全书

　　斯坦利·霍尔，这是一个在心理学界如雷贯耳的名字，是心理学发展史上一个熠熠生辉、让人无法忽略的名字——他被称为"青春期心理学之父"；他是美国心理学会（American Psychological Association，简称 APA，国际上规模最大的心理学组织）的创始人及第一任主席；他是发展心理学的先驱；他建立了美国第一个正式的心理学实验室……他的荣耀和成就太多了。即便是百年之后，大师的光芒依旧耀眼得让人屏息惶恐。

　　霍尔最重要、最有影响力的著作就是 1904 年出版的两卷本《青春期：它的心理学及其与生理学、人类学、社会学、性、犯罪、宗教和教育的关系》（*Adolescence：Its Psychology and Its Relations to Physiology，Anthropology，Sociology，Sex，Crime，Religion，and Education*）。该书以进化论的观点解释了少年儿童身体的成长发育、青春期心理发展与身体变化之间的关系，是系统研究青少年心理的第一本专著，被看作霍尔关于青少年发展学说的最完整说明，是一部百科全书式的巨著。霍尔把达尔文的进化论引入了心理学领域，提出了"复演论"，认为个体的发展不过是对人类漫长进化过程的复演：胎儿期复演了动物进化史；4 岁前的婴幼儿期复演了由动物到人的进化；4~8 岁的儿童期复演了人类从蒙昧向文明过渡的农耕时代；12~25 岁的青少年期则复演了人类的浪漫主义时代。在"复演论"的基础上，霍尔对青少年给予了前所未有的关注，首次提出了"青春期"的概念，认为青少年正处于一个风雷激荡的全新时期，充满了内部和外部冲突，这正是与人类种族发展过程中出现的动荡转型期相对应的阶段，这时更高级、更完善的人类特征开始出现。霍尔的学说开启了研究青春期心理学的先河，促使学术界和社会大众开始重视并研究青少年问题。

霍尔在 1906 年出版了这本《青春期：青少年的教育、养成和健康》（*Youth*：*Its Education*，*Regiment*，*and Hygiene*）。这本书是对前面提到的两卷本巨著的遴选概括和补充。在本书中，霍尔对青少年的身体发育、心智成长、能力发展、意志培养、道德形成、社会理想等进行了全方位、独特而精辟的描写和解析，特别针对青春期少女的养育提出了全面细致、独到且极有价值的见解。书中既有对青少年心理与生理发展过程中出现的种种现象所做的科学而严谨的阐释，也有霍尔在观察与研究的基础上得出的深刻而尖锐的观点与理论。可以毫不夸张地说，仔细阅读完霍尔的这本书后，读者必将产生拨云见日、恍然大悟之感，对青春期少男少女种种匪夷所思的行为和心理一目了然。

一个很有趣的现象是，霍尔在心理学领域的地位和成就与他的著作在我国的普及程度之间呈现出令人难以置信的比例失调——除了一些散见于各种资料中的引用、介绍以及节选，竟然找不到完整的中文译本。所以，本书称得上是霍尔第一本在我国出版的完整的中文译著，希望能够抛砖引玉，让更多的人关注并了解霍尔的观点和理论。

为什么百余年之后我们依然需要了解并研究这部经典著作呢？首先，不熟悉过去，就不可能了解现在，亦无法洞见未来。霍尔有关青春期的论述与见解是发展心理学不可或缺的一环，就理论的完整性和系统性而言，后世鲜有能望其项背者，想了解、研究青少年心理，无论如何是绕不过霍尔这尊大神的。其次，不只是心理学人士需要深读霍尔的书，普罗大众同样需要：父母需要了解青春期子女的心理发展状况，减少同处于叛逆期的子女的冲突，帮助子女顺利度过这段狂风暴雨的时期；教师需要对青少年身心发展中隐藏的优势与危机有清楚的认识和预见，这样才能帮助学生合理地利用青春期的大好时光，以规避可能对青少年造成伤害的各种规定和行为；青少年更需要对自己多一些了解和审视，一旦他们找到了对自己身心冲突的合理解释，就有望更客观、清醒地看待青春期出现的种种危机，做出正确的判断和选择，减少因年少轻狂而犯下的错误。虽然我们现在对青少年的心理有了更多的研究，但是青春期心理问题的发生率之高依然令人触目惊心，在心理咨询师面对的求助者中，青少年占了很大的比例。在读完这本书后，你会发现，霍尔在百年前提到的当时的社会对青少年所犯下的错误，我们当今的社会依然在继续。

不过，不得不补充一点：霍尔的学说毕竟有一百多年的历史了，时移世易，阅读的时候请带着批判的眼光，可击节叫好，亦可不以为然，更宜存疑求解，切忌照单全收。例如，霍尔的整个理论基础"复演论"是以遗传决定论为前提的，过于强调人类的生物基础，而如今我们知道，除了生物基础以外，社会环境和后天教育同样起着决定性的作用。不过令人欣喜的是，在这本书中，霍尔对环境和教育给予了特别的重视，这多少弥补了其偏颇的理论基础所带来的缺憾。

凌春秀

2015 年 3 月

英文版前言

经常有人提议，让我将 1904 年出版的那本大部头《青春期》中那些具有实用价值尤其是具有教育意义的结论进行遴选概括，以方便父母们、教师们、读书会、师范学院及大学课堂更好地加以利用（虽然那本大部头目前他们也用得不少）。在出版商的协助下，在印第安纳波利斯肯德尔（C. N. Kendall）先生所提供的宝贵援助下，我试着对《青春期》中的主题进行了一些必要的改动和补充，让其能够与时俱进。新版本忠实于原文，并力求将改动和补充控制在最小范围内。新版本还在原有基础上增加了一章新内容，即道德方面的训练，这是由发表于别处的一篇论文改编而来的。当然，如果要对自己得出的一些教育性结论进行更加严谨的科学解释，我还是必须参考那本大部头作品。在此，我要深深感谢克拉克大学的西奥多·史密斯（Theodote L. Smith）博士，他对本书引用的资料进行了严谨而细致的核实，同时还承担了校对工作，并对多处进行了一些细微的改动。

斯坦利·霍尔

目　录

第一章

前青春期

从 8 岁到 12 岁，这几年时光是人生中一个独一无二的阶段。大部分孩子的出牙期已经结束，大脑发育渐趋完整，大小和重量已和成人相差无几；身体的健康状态差不多处于最佳时期。活动量显著增加，活动的多样化程度超越了以往任何时期，将来也不可能再有任何时期能与现在媲美。这个时期的孩子耐力超常，活力四射，似乎永不疲倦。他们在家庭以外发展了自己的生活圈子，同时有了属于自己的兴趣与爱好。这些兴趣与爱好完全脱离了成人对他们的影响，这种情况在他们的人生中还是前所未有的。他们的感知力和觉察力变得非常敏锐，能够让自己远离寒冷、饥饿、危险、事故以及别有用心的引诱。但是，他们的推理能力、真正的道德感、宗教认知、同情心、爱心及对美的欣赏能力却无甚发展。

简言之，一切都表明，对我们的远祖来说，这段时期可能代表着个体发展过程中一段漫长而相对稳定的成熟期。远古时代的少年们在这个年龄阶段也许还非常矮小，但已经慢慢不再依靠父辈的帮助，开始独立自主了。在种族进化史中，在前青春期发展的特质，比那些在其后发展的生理和心理遗传特性要古老得多。我们不妨做一个比喻，人类身上的特质就像建立在原始天性上的一幢建筑物，后期发展的遗传特性的楼层要更新、更高。到这个时期为止，遗传特性显得更加稳定也更加牢固，个体的个性元素相对较少，但是它们的发展都是有计划性的，并且按照简单有效的原则组织得井井有条。从我们遥远的祖先那里继承的特质具有超强的动力，是那些在后期随着我们的成长而增加的特性所不能比拟的。从这个意义上说，在个体一生的发展史中，那个早期的"男孩"其实是后期那个"男人"的"父亲"。和后期出现的那些更加明显的人类属性相比，这些特质要更古老一些，它们在很久之前就存在了，在人类漫长的发展史中一直被压实封存、秘而不宣。事实上，在儿童大约6岁的时候，我们就能透过他们的日常活动看到一些模糊的属于远古时代的特征，似乎在这种健康状态尚不稳定的幼儿期，我们就能从中发现一些线索与暗示，表明在远古时代，这个年纪可能已经属于青春期。我曾经列举各种理由并得出结论：尽管性成熟和生殖力在青春期的生长发育中处于支配地位，但它的功能是单独围绕着一条年龄线上下波动的，并不受那些通常和它有紧密联系的其他特质的影响，这就是为什么目前在与人类属于同一个门类的其他物种中，很多都先于人类个体出现了与性相关的行为。

按照卢梭（Rousseau）的理论，前青春期的时光都应该在大自然中度过，完全由源自遗传的原始冲动来主宰，让那些原始的野性蓬勃生长、恣意绽放，直到12岁再予以收敛。生物心理学举出了大量有说服力的理由来证明一个观点：对这个时期的儿童，成年人只需要提供一个合适的环境就够了。在野性的环境中，孩子们能肆意狂欢，如果他们能置身于乡野环境中，有条件过着部族狩猎的生活，去打猎、捕鱼，去战争、流浪，能够在无所事事中尽情满足自己玩乐的天性，他们一定会比那些最好的现代学校教育出来的孩子更有组织性、更具人文主义和自由主义精神。但是，老天啊，我们现在还能从何处找到这样理想的环境呢？根据亚里士多德的"净化说"（the principle of catharsis），那些未成熟的精神器官，如果在其发展进程中被压抑、扭曲、阻碍了，则会在将来以某种具有破坏性的方式显露出来。应该让它们在正得其时的时候得到自由的发展，这样在其变得更加成熟的将来，就不会表现出某种险恶的破坏性了。

对这些与生俱来的、或多或少充满野性的本能，我们应该给它们一些发展的空间，而且这一点我们也不难做到。在每一位个体的内心深处，都有着这样一种强烈的渴望：希望像我们的祖先那样，去亲身体验那种原始粗犷的生活，去做那些祖先们为了生存而变得擅长的事情。这种渴望不应该被无视，而是应该予以适当的满足。至少，通过一种替代性的方式，我们能够部分地予以满足：让少年儿童从文学作品、历史故事及传统习俗中，了解在人类的童稚时期，那些英雄人物简单粗犷而充满原始野性的品行。通过这种替代性的方式，再辅之以自己生动的视觉想象力，孩子们就能够触摸到那些来自遥远过去的祖先留给我们的遗产，将祖先们的每一个发展阶段都重温一遍，并在此过程中意识到自己先天所具有的各种倾向性。在人类历史中，只有那些更具普遍意义、更丰富多彩的生活方式才能被一代一代地传承下来，然而正是它们，就像来自遥远先祖的充满灵性的低语，将我们从无处不在的早熟危险中拯救出来。所以，那些更高级的遗传特性，不仅让我们免于迷失，还能促进我们心灵的进一步成长。这些高级遗传特性，正是天底下最珍贵最具潜力的东西。同样的道理，当我们在城市过着温室生活的时候，周围的每一样东西都面临着早熟的危险，在这种环境下，我们必须教育孩子们去认识大自然，去了解自己的天性——尽管这种说法本身就不恰当，因为孩子们本不应该被"教育"去亲近大自然，他们本来就属于大自然。我们可以鼓励他们去大自然中四处游玩，让他们去田野，去森林；去登高望远，去海边倘佯；去闻闻花香，去亲近动物。让他们在户外找到真正的童年，让他们尽情享受属于这个人生阶段的野性不羁。这些本该属于他们的生活，却被现代的各种环境绑架了，他们自己也被这种环境改变了。不过，我们在这样做的时候，要留心不要操之过急以致适得其反，结果反而让他们离大自然越来越远，甚至与之隔绝。与书本为伴甚至埋头苦读不合孩子们的口味，因为他们的灵魂和身体都在呐喊着，想要过一种更加主动、更加客观的生活，想要更加直接地去了解大自然和人类本身。大自然和人类这两大主题，在家庭内部和外在环境中，以各种不拘一格的形式体现出来，并构成了最主要、最基础的教育模式。

但是，现在人类的文明已经发展到了高度复杂的阶段，充满了各种各样的知识与技术，在这种情况下，把孩子们从大自然中拉出来似乎又变得很有必要了。尽管很不情愿，但我不得不承认，在他们 8 岁的时候——不能更早了，我们就应该将这些人类的小幼苗移植到校舍里去，尽管那里采光糟糕、空气污浊、温度不适。我们不得不把大自然关在门外，让他们打开手中的书本。孩子们只能坐在那些不卫生的长凳上，努力地驾驭着他们身上数量极少的一部分肌肉，指挥着嘴里的舌头和手中的笔不停运动，却让几乎占他们体重一半重量的其他大部分肌肉日益松弛萎缩。即使这样的训练方式对他们来说还为时过早，孩子们也只能屈服——他们必须接受这些特殊的训练，去熟悉、领会将来成年后必需的本领与才能。因为他们不仅仅是大自然的产物，还是高度发达的人性的继承者。对很多（如果不是绝大多数）外界施加给他们的影响，孩子们最初的内心回应其实很少。绝大部分领悟力、理解力、兴趣爱好以及感受都还仅仅处于形成阶段，与真正的成人世界相关的绝大多数元素还处于萌芽期。对强加于他们的某些要求，即使成人认为是最明智合理的，孩子们也多少会觉得陌生和不可理解。他们会认为这些要求是专制，是束缚，是刻意人为的，是矫揉造作的。对所有强加于他们的要求，他们的态度会表现得很被动，但却会时不时地爆发顽强的主动抵抗和逃避。处于这个时期的孩子的感官敏锐警觉，反应迅速有力；他们能够快速记忆，并且准确持久；对于空间、时间及自然因果的概念正在快速形成；对道德感及社会行为合法与非法的理解也日益明晰。在个体漫长的一生中，没有任何一个阶段像这段时期一样，能如此易于教导训练，能够具备这样灵活的适应性，在新的环境能够这般快速调整自己并从善如流。这个年龄容易接受新鲜事物，也是进行机械化训练的最佳时期。阅读、写作、手工艺培训、音乐技巧、外语学习、数字运算及几何原理等，各种各样的技能和技巧发展都处于黄金时段。如果让人生的这段时光白白流逝而一事无成，以后再想掌握同样的技能和技巧，就会遇到很多障碍，浪费很多时间和精力。这些对他们来说必需的技能和技巧，可能会影响他们的身体、感官及精神的健康，甚至还会影响他们的道德品行。而教学的艺术就在于，如何及时地让孩子们接受这些训练，强度越大越好，时间越快越好，尽量减小孩子们受到的压力，同时还无需给他们太多的解释，也不需要利用各种天生的爱好来引诱他们的注意力。教学的艺术还在于，在训练的过程中，如何巧妙地使用那些"糖衣小药丸"。而在对孩子们进行反复操练、知识灌输及严格管理时，所使用的就不完全是真正意义上的教学方法了。这个时候所使用的方法一般是机械的、重复的、具有权威性甚至是教条式的。这个时期的孩子拥有的自动化处理能力正处于巅峰时期，那些水平远不及前辈的教育者们不会了解，甚至连做梦也不会想到，孩子们解决问题的能力以及承受力究竟有多强大。我们应该向那些中世纪的教育者们学习一些有用的东西，甚至要向远古时期的祖先们取经。在数小时或短期内，让他们承受最大的压力；要求他们坚持到底，并不断地进行鼓励；训练时，不过多考虑他们的兴趣与爱好，也不和他们讲道理；让他们不需要教师在场监督就能完成自己的任务——这些都是正规学校教育的指导方针，而对孩子们而言，这些都是内容空洞、毫无意义的教学元素。和我们前面所描述的那些浑然天成、唤醒本能而且更具教育意义的元素相比，简直有天壤之别。后者内容丰富、多姿多彩，没有严格的时间限制，也无固定的方法可言，在精神上完全自由，所处的环境、身边的师长随着季节的更迭可能也在不断地变换。两者之间的天差地别，就如同苦工区别于玩乐；如同男子的阳刚区别于女子的阴柔；前者如同严厉的教官，发号施令坐镇指挥，后者如同循循善诱的温柔女性，擅于说服、以情动人、发人深省，能巧妙地发现孩子们天生的兴趣爱好并加以利用。

从某种意义上说，青春期是一个全新的生命阶段，因为更加高级也更加全面的人类特性在这个时期开始萌芽生长。肉体与精神所显现出来的品质要远比此前所显现出来的遗传特性更新。这个时期的孩子似乎是从遥远的过去走来，同时又在回溯人类那段过往的历史。青春期的少年们呈现出一种新的返祖现象，在他们的身上，那些人类后期获得的品性逐渐开始占据优势。发展变得不再那么平缓渐进，而是以一种跳跃性的方式快速前行。这种模式让我们联想起远古那段疾风骤雨般的发展时期，如同一艘船的旧锚绳在风雨中断裂，人类的航船扬帆起航，进入了进化史上一个更高的层次。在这段时期，孩子们的身高、体重及力量的年增长率快速增加，经常是成倍增长，甚至更快。那些此前还不存在的重要功能也在此时开始出现。身体的各个部位和器官的生长不再按照从前的比例，有些已经永久定型，有些还在不断变化；有些变化会持续到老年，有些却很快就停止发展并走向衰老；从前的各种测量维度与方法不再适用，旧的和谐被彻底打破。在各种生理测量及心理测试中，个体之间的差异范围及平均误差日益增加。有的孩子会在儿童阶段停留得长一些，而有的孩子则成长得飞快，似乎一夜之间就接近成熟了。其中，骨骼和肌肉的生长领先于其他所有组织，就像在和彼此竞争似的，它们你追我赶，经常在一个遥遥领先的时候，另一个就稍露疲态。大自然将自己手中所有的资源物尽其用，把青春期的孩子们武装起来，让他们有能力去应付将来的冲突。他们的活动速度加快，肩膀变得更加结实有力，肱二头肌鼓起来了，背部、腿部及下颌的力量也显著增加，颅骨变大，胸部变得宽阔或丰满，骨盆变宽，这一系列变化使男孩显现出雄性的攻击性，女孩也具备了初步的女性轮廓，开始为将来的生儿育女做准备。

第二章
肌肉及整体活动能力

在每个成年男子身上，肌肉的重量约占他体重的四分之三。成年人体内的运动能量大部分是被肌肉消耗的，最近有研究人员做了一个大致的估计，认为它们消耗的能量约占人体总能量的五分之一。在大脑里，控制随意肌的大脑皮层运动中心占据了大脑外侧的绝大部分区域，所以它们是由大脑主宰的。从某种意义上说，它们还是消化的器官，因为它们在消化功能中起着重要的作用。肌肉也是让我们能够最直接地实现自己意志的器官，是我们特有的工具。正是因为有了肌肉的运作，我们才能够修建公路，创建城市，发明机器，才能够写出这么多书，发表那么多言论。事实上，所有对人类来说至关重要的事，都是在肌肉的帮助下完成的。如果它们发育不良，松弛下垂，我们就无法让自己的意志得到正确的执行。在某种意义上，性格可以被定义为由一系列活动习惯所组成的特征群。马修·阿诺德（Matthew Arnold）称，活动占据了整个人生长度的四分之三；叔本华（Schopenhauer）将人类描述为"三分之一由智力，三分之二由意志力组成"；罗伯逊（F. W. Robertson）则极力主张，人类自己的所作所为即代表了自身，换言之，人类是自己所有活动的总和；莫兹利（Maudsley）认为，性格就是肌肉的活动习惯；《以伦勃朗为师》的匿名作者认为，艺术的时代现在已经慢慢赶超了科学的时代，擅长动手的艺术家将领先于那些长于动脑的专家；布伦奇里（Bluntschli）宣称，历史是清醒的意志力活动；还有人认为，如果没有我们自身肌肉的力量，世上就不会形成力量或能量的概念；还有人持这样的观点，认定大部分的意识活动都会涉及肌肉紧张度的变化，而这种变化差不多就是思想的基本组成部分。以上所有观点都表明了我们是如何把西塞罗古老的概念"活着就意味着思考"修改成了"活着就意味着行动"。这些观点也让我们对肌肉发展和训练的重要性有了新的认识。

正因如此，现代心理学把肌肉视为所有传出神经冲动的表达器官。除了我们能够明确观察到的各种功能外，注意力的每一次转移，心理状态的每一处细微变化，都能在无意识中影响到它们，并以一种极其微妙、精细的方式改变着它们的紧张程度，所以它们可以当之无愧地被称为表达思想与感受的器官，同时也是体现意志力的器官。从这个意义出发，现在有人把康德哲学中所指的"自在之物"（thing-in-itself）视为宇宙中真实存在的物质现象，认为它们是一种拟人化的力量。习惯甚至可以决定我们的深层信念；思想是被压抑的行为；行动，而不是话语，是功能健全的人类表达自己的语言。人类的运动区域与心理活动区域有着紧密的联系，而且在很大程度上具有共同之处。肌肉活动促进了大脑中心部分的发育，迄今还没有发现其他部位与组织有这样的能耐。肌肉是人类在进行适应、模仿、服从等系列活动时必不可少的工具，它们帮助个体形成自己独特的性格，甚至在个体的态度及习惯养成的过程中也不可或缺。对青少年而言，有关运动的教育是最重要的，现在这种观点也得到了应有的认可；对所有人而言，没有运动元素的教育是不完整的。

技巧、耐力及毅力可以被称之为肌肉的"美德";而容易疲劳、意志薄弱、任性善变、倦怠懒散、心神不安、缺乏冷静与克制则被称之为肌肉的"失职"。

想要理解那些具有青春期特色的、在运动功能方面发生的重大改变,除了某些可衡量的方面外,我们还必须考虑一些别的因素。为了测量肌肉结构及功能的正常发育情况,最好的方法可能就存在于从基础功能到附属功能的发展过程中。前者负责指挥躯干及大型关节、颈部、背部、胯部、肩膀、膝部、肘部的肌肉及其运动,有时候被称为核心功能,在这些方面人类和体型更大的动物是相通的。这些部位的活动其实很少,绝大部分都是同时发生,而且是有节奏地交替进行的,例如在行走状态时的双腿。在文化水平低或智商不高、主要从事繁重体力劳动的男女中(更常见的是在智力有缺陷的人群中),这种活动占主导地位。而后者,即附属活动,主要指手、舌头、脸部及发音器官的活动,它们可能会和一系列多样化的行为有联系,例如写字、谈话、弹钢琴。其中最为典型的是那些小型但数量众多的肌肉群,它们的功能在个体发展进程的晚些时候才会出现,并代表了一种更高起点的进化结果。这些小型肌肉群是为进行更加细致精巧的动作而准备的,它们的功能成熟得相对较晚,主要是和一些心理行为相关。心理行为作用于肌肉群的具体表现,就是持续不断地对它们施加影响,这种影响即使不能引发实际的运动,也能逐步改变肌肉的紧张强度。这就是为什么我们会在学龄儿童身上,发现一些不自觉的动作及舞蹈症(chorea)的抽搐症状,尤其是当他们感到兴奋或者疲惫的时候。这种障碍往往源自心理活动的影响。在更高层面上,当这些肌肉群崩溃的时候,通常意义上的瘫痪就发生了。所以,当这个一直潜伏、没有得到有效阻止的瘫痪过程发生时,表现出来的第一个症状就是:舌头或手指,甚至两者同时,失去了执行准确精巧动作的能力。从最后达到的进化水平开始,个体将不断退化,很多最基本的行为能力将陆续丧失,直到死亡来临。

如果要对基础功能和附属功能两者之间的区别进行深入解释的话,最好的例子就是"动物的前足"和"人类的两手"之间的差异。动物的前足可能是由类似鱼鳍或鳍状肢的形状演化而来，有的可能还会被武装起来，如马蹄等，它们唯一的作用就是帮助动物进行移动。有的带爪食肉动物的前肢还能用来拿东西，可以帮助它们撕扯食物，还有其他动物用前肢来刨地。生活于树上的动物差不多都发展出了类似类人猿的"手"，这是它们的前臂在形状及功能上发生的一场重大革命，这场革命的最大成果就是，附属器官——手指出现了。对猿类及其他需要不断攀爬树木的生物而言，它们不但需要随时调整自己的抓握器官，让自己能够跳跃得更远、握紧更大的树枝，还需要用手来进行更多的活动，例如，捡拾、搬运、把食物送到嘴边等。而这些需要或许就是让人类开始直立行走的最主要因素。如果没有这些需要促成了人类的站立，人类智力就不可能出现。"当我们试图衡量人类和低等生物之间在活动形式方面的差距时，其结果带给我们的惊奇，一点不比对两者进行智力比较的时候来得少。"那些和人类比较相似的动物，它们的智商与人类智商的相似度，和它们与人类在活动方面的相似度非常接近。

人类婴儿在成长过程中，逐渐产生了站立起来的需要，这个过程完美地重复了人类在种族进化中走过的一段漫长历史。在最初阶段，四肢在运动中几乎不起任何作用，但是最基本的躯干肌会保持一定程度的间歇性活跃，驱动着大型关节的活动。然后，爬行开始了，这个时候臀部的肌肉开始派上了用场，而膝盖以下的肌肉则毫无用处，手指也基本无用武之地。逐渐，腿和脚加入了移动，拇趾的活动范围逐渐受限，而拇指则越来越灵活，力量越来越强大，手指的作用也变得更富于变化，更加随心所欲。随着身体逐渐与地面开始垂直，胸部的形状也开始改变，直到横向直径超过了从前往后的纵向直径。人类的两片肩胛骨不像其他四足动物的肩胛骨那样平行，而是向两边伸展直到它们接近同一平面。这种构造使得人类的手臂可以在两边自由地活动，轻松地进行 180 度旋转，而相比之下，猿的手臂只能进行 100 度旋转。

因此人类可以在双臂的半径范围内控制几乎任意一点。人类的抓握力量一部分是由动物前肢的移动功能进化而来的，一部分则是在此基础上发展出来的新功能。那些无目的的自发跳动、手指和手部缓慢有节奏的弯曲和伸展活动，可能是远古时期在树上的生活方式遗留下来的，甚至可能是从更久远的水生时期残存而来的，这些活动在人类身上得到了整合；大型肌肉原本就具备双向或同时有节奏运动的能力，在人类进化的最后阶段，它们的活动变得更加精确细致，能准确地完成各种特殊的动作。这个阶段取得的发展不再仅由遗传性决定，而是更多地取决于环境。在某种意义上，一个孩子，或者说一个人类，是他的活动或者活动意愿的总和。天性与本能主要决定人类的基础行为，而附属行为这部分则主要由后天的教育所决定。

因此，对于我们的各种表达艺术而言，整个附属系统在其发展的过程中起到了至关重要的作用。这些小肌肉差不多可以被称为"思想的器官"。我们在意识层面发生的哪怕最微小的变化，也能让这些肌肉的紧张度随之变化。例如，说话的口音、音调的起伏、面部表情的微妙变化、笔迹的不同，以及其他有助于"读心"的细节，其实都是在"读肌肉"。那些智力低下的苦力工人，他们掌握的日常词汇不超过 500 个；不能灵活地活动自己的手指，例如，不能在保持其他手指不动的前提下单独活动某一根手指；不能有意识地蹙额或皱眉；语调平板不能富于变化，等等，这些都表明，他们身上与这些行为相关的附属肌肉系统在发展过程中受到了抑制或遭遇了功能衰退，所以失去了完成这些精细准确动作的能力。另一方面，如果孩子们在上述某些方面甚至所有方面都过早成熟，那么可以肯定的是，他们那些更大型的肌肉及更基础的功能会发育不全。事实上，只有在基础功能和附属功能两者都完整发育的前提下，才能让所有的肌肉都正常地生长，并获得充分且永久性的成熟，才能够完成那些要求更高、更精细准确的动作。反之，如果在青春期时，孩子们的动作显得木讷，举止显得笨拙，则标志着他们在这两者的发育上已经暂时失去了平衡。如果这个概念是正确的，就意味着大自然并非如同罗斯（Ross）、默西尔（Mercier）等人所设想的那样，仅仅完成了人类整体发展这个金字塔的塔基部分。大自然为这个金字塔奠定了一部分基础，当这个金字塔达到其顶峰时，它通常会掉过头来再对塔基部分进行补充加固，然后再将这个金字塔建筑得更高。如果阻止了第二次对塔基的加固，一味地将自然的力量用于建筑那个高高的塔尖，就会导致整个金字塔塔基不稳，甚至会摇摇欲坠。学校和幼儿园的教育往往过于强调对那些完成精细动作的附属肌肉的训练，让孩子们不断地使用自己的小舌头说话、指挥着小肌肉奋笔疾书，努力训练他们完成精准动作的能力。而这是一种不成比例的训练方式，因为这些附属肌肉加在一起也就只有那么一点点分量。而且，在这个阶段，长时间进行精确度要求高的活动会让孩子们感觉无比厌烦，还会带来一定的危险。从大肌肉动作向小肌肉动作的转换适应过程，孩子们需要一段时间才能完成，通常会持续到青春期阶段。在这个过程尚未完成的幼儿园时期，如果要求他们进行大量的需要细致和精确度的工作，这种在功能和发育上的不协调通常会导致舞蹈症症状的出现。在这种情况下，儿童面临的最主要的危险就是大型肌肉群发展停滞了，而小肌肉群的控制能力又出现了问题。而与此相反的是，很多体育运动项目及运动形式都主要强调基础肌肉群，忽略了那些需要更精细的活动的运动项目或形式。那些在更为粗重、只需蛮力的体育运动中出类拔萃的人物，无疑会在各种训练中将自己的运动反应能力磨炼得"粗糙"起来，结果就是，不仅他们的活动能力会变得不精准、粗重，而且还会失去对微妙、精细刺激的反应能力，似乎他们的大肌肉群变得发育过度，而小肌肉群却遭遇了生长迟滞。而另一方面，很多年轻人——可能更多的是年轻女性，在那些基础而且占多数的肌肉活动方面，所付出的精力和锻炼极少，却在那些精巧细致的活动上刻苦练习，并过早地投入了大量的时间和精力。而这，或许就是早熟、神经过度紧张及肌肉具有易感性等一系列心理、生理表现背后的原因。在青春期，肌肉迸发出大量的能量，并期待着得到充分展示与生长的机会。这些能量不仅仅是成功的繁殖能力所必需的，也是一种男子气概的表现，它们具有很大的可塑性，所以，在这个阶段进行活动训练及体育锻炼是非常重要的，对心理、性能力及身体健康各方面的影响远远大于人生中的其他任何阶段。肌肉的强度及短时间内呈现出来的生理素质，是一种本能，也是一种需要，正如此时身体表现出来的大量轻微的无意识活动一样，它们近乎自发性地释放出一些信息，这些信息会在意识层面被识别出来，并被转化为一系列复杂而又精细的意志力活动。默尔西等人曾经指出，正如在大部分技术工中一样，学校里的任务和文明生活中的各种现代活动一般都是需要精确度的，而这些类型各异、精确度相似的活动，通常是不协调的，它们带来的压力导致了早熟的发生。强调基础活动的重要性，不仅是对这种现状的一种有力补充，同时还具有治疗附属系统各种障碍的价值。同时，这种方法还是对各种烦躁紧张状态的最好防治手段，可以直接培养自信感、自控感及心理和生理的平衡感。即便身体的抽搐已经达到了舞蹈症的强度，最好的治疗方式仍是利用量表来对患者的日常活动进行评估、衡量，看看在主要活动和次要活动之间有什么区别，并让前者在患者的活动量中占据主导地位。

不管我们是否把身体的各种活动当作一个整体来考虑，也暂不考虑各大肢体的基础活动以及各种精细的附属活动，年幼孩童的运动总量，包括各种活动的数量、重复频率、多样性及各种活动之间的融合程度，都是令人惊叹的。几乎每一个来自外界的刺激都会引发一个反馈活动。德雷斯勒（Dress-lar）曾用整整 4 个小时的时间观察一个 13 个月大的孩子，他发现，孩子的行为完全遵循了普莱尔（Preyer）的分类法：冲动或自发性的、条件反射式的、本能的、模仿的、受抑制的、明显表现出来的，其中甚至还包括一些似乎经过深思熟虑的举动，这些行为都非常协调且有规律地结合在一起。这个孩子对所有引起他兴趣的活动都跃跃欲试，似乎拥有永不疲惫的活力源泉。一个朋友曾经试着接近一个 4 岁大的小姑娘，将她一天中某个时段所说的话全部记录下来。最后他发现，这些话不过是一些简单的重复而已。一位教师将一个 14 岁男孩某一天在学校的各种表现都记录在案，最后的发现也与此类似：这些表现不过是一些活动的简单重复而已。

林德利（Lindley）研究了 897 种在儿童身上常见的无意识活动，并将它们分成了 92 个类别：其中 45 类是发生在头部区域，20 类发生在足部和腿部，19 类发生在手和手指。按照这些活动发生的频率高低排列，顺序如下：手指、足部、嘴唇、舌头、头部、身体、手、嘴、眼睛、下颌、腿部、前额、脸部、手臂、耳朵。最后 5 项的发生频率，青少年要高于儿童，而发生在头部、嘴部、腿部及舌头的大部分无意识活动的频率，儿童要远远高于青少年。笔者相信，实际上发生的无意识活动要远远比林德利所列出的多得多。

校园，尤其是低年级学生生活于其中的校园，是研究这些无意识行为的绝佳场所。这些行为都是我们非常熟悉的，例如舔东西、弹舌头、磨牙、抓耳挠腮、拍头、用手指绕头发或者将头发放进嘴里咀嚼、咬指甲（贝迪永，即 Berillon，称之为"咬甲癖"）、耸肩、皱眉、拉扯衣扣或搅扭衣服、团线球等，除此之外，还有转笔、转拇指、转动自己、点头或摇头、眯眼、眨眼、晃动身子、撅嘴、做鬼脸、用脚摩擦地板、搓手、敲击、拍打、抖手指、摇晃手指、掰手指、捂嘴、斜视、刮脸、十指交错、掰手指关节、玩手指、轻咬并啃噬下唇、颠腿、吮吸东西等。

史密斯（Smith）发现，在每 100 个儿童中发现的无意识动作的平均数量为 176 个，在每 100 个青少年当中是 110 个。左右摇晃的动作主要存在于儿童当中，而玩手指及有节奏地敲打手指的行为在青少年中更为常见。手指和足部的动作随着年龄的增长会有所减少，而眼睛及前额的动作则会增加，这些动作和注意力的发展有显著的关系。女孩的摇晃动作要比男孩多很多，而且，发生在她们手指的无意识动作也多于男孩。男孩子则在舌头、足部及手部方面胜过女孩。如果孩子们被要求长期坐着并进行高强度的活动，例如让他们从事那些必须集中注意力，并随着活动性质不断变换意志力的任务，在完成这些任务时由于肌肉直接参与的机会非常少，此时上述无意识动作就会显著增加。在幼儿园阶段，这些无意识动作会随着孩子的年龄增长而逐渐增多，到了小学阶段，则会迅速地减少；在从事那些更需要精细准确度的活动时会增加，而进行大型活动时则会减少。无意识动作往往是任务难度大的一个标志。孩子们表现出来的不安和烦躁通常表明他们已经处于疲劳状态。这些无意识动作大部分都存在于附属肌肉中，那些存在于主要肌肉（躯干、腿、手臂）中的无意识动作会随着年龄的增长迅速消失；而那些存在于眼睛、眉毛及下颌的无意识动作则会随着年龄增长而显著增加，不过它们出现的频率通常会随着个体的日渐成熟而下降。尽管如此，某些特定收缩动作的频率还是会有所增加，这种增长表明面部表情正逐渐定型。

这些无意识动作常常会以一种不易觉察的方式逐渐转变为舞蹈症的病态无意识动作，在衰退症状还不太严重的早期阶段，我们可以从病患身上看到一些诸如手指无目的地刮擦及拉拽行为。而在智障者身上，由于他们更高的能力发展停滞了，所以通常会表现出某些过度的无意识动作，就如我们在"敲头症"（head-beat）患者身上看到的那样（正如那些部分失明的人一样，本能的力量会推动着他们不断地去揉眼，成为"光明饥渴者"；低能儿童会不断地拍打自己的脑部，试图让大脑运转起来）。与此类似的还有那些不断摇摆身体的患者、不断伸展身体的患者、不断摇头晃脑的患者以及不断咬指甲的患者等。这些无意识动作通常会转变为肢体或躯干的固定姿势和体位，打乱屈肌和伸肌之间正常的平衡状态。而这种平衡状态正是衡量大脑是处于常态还是紧张状态的神经信号，或者可以说是一个指数。对于这一点，华纳（Warner）已经非常出色地向大众进行了展示。

对低幼儿童而言，这些种类繁多、数目巨大而且充满能量的无意识动作是必需之物，就连一定程度的烦躁不安的状态也是一种好现象。可是现在，很多这种无意识动作都被称为神经信号，甚至被认为是舞蹈症的症状。在乌云布满天空的日子里，孩子们通常会在课堂上表现出烦躁不安的情绪，尤其是刚从假期返校后。他们在行动上会显得过度笨拙、木讷，可能会表现得用力过度、过于兴奋，或者疲惫不堪、昏昏欲睡，而这些都不过是人类身上所有遗传动力的表现形式，那些来自于我们遥远祖先的智力、情感尤其是意志方面的原始材料，其丰富程度可以通过这些自然萌发的无意识动作略窥一二。所以，无意识动作在种类和数量上肯定都是非常丰富的。其中的每一部分在最初阶段就应该得到全方位的展现，让所有的可能性都能得以释放，不应该受到其他部分或其他功能的阻碍。在这些无意识活动中，有一些对成年后的体型起着决定性的作用，这是后期任何有意识的活动都无法比拟的。那条放之天下而皆准的规则在此也一样适用：欲善用力，必先积力。所有的无意识动作都来自神经细胞或者神经中心的自发性活动，这些动作的出现就是为了避免某些疾病带来的衰退。不仅如此，在某些孩子身上，还必须利用刺激性条件反射帮助这种更加单一的先天行为获得表现的机会；必须让孩子们充分熟悉各种各样、内容丰富的感觉；要让孩子们在有人监护和观察的情况下对各种感受进行一定程度的体验，让他们去体会饥渴、寒冷、燥热，让他们去品尝各种味道，倾听各种声音，嗅闻各种气味，分辨各种颜色，区别各种光亮，感受各种触觉上的刺激；为了锻炼他们哭和笑的复杂功能，或许还可以偶尔使用胳肢甚至引发疼痛的方式。上述各项措施都不失为明智之举。对每一种行为有意识或者无意识的模仿或者重复，都能够帮助神经在传入过程和传出过程之间建立一种即时的初级联系，通过这种方式将各个组织和整个感觉系统亲密和谐地融合在一起。在这些无意识动作的发展过程中，如果每一种动作都能得到正当其时的发展，那么，这些动作的功能发展得越是完整、繁茂而且独立，结果就会越好。由高级神经中心控制的早熟现象、那些被刻意协调组合而成的习惯性行为及整齐有序的活动，都是一种压抑、一种浪费。如果每个发展阶段都没有遭到不适当的减少或缩短，那么由这些无意识动作所构成的成熟的意志力，或者说是限制、约束它们发展的意志力，将会更加强大、更加有力。

其次，当这些无意识动作以一组接着一组的模式发展时，我们必须在这种发展势头出现之初就对其中的大多数动作加以控制、审查，并把它们组织起来整合成更高级的形式——通常是变成一种更加连续有序的复合动作。要抑制某种功能的活跃一开始是很艰难的。当孩子们被要求静坐不动时，他们必须咬紧牙关、屏住呼吸、攥紧小拳头，或许还得用尽浑身力气将自己的每一块肌肉都绷得紧紧的。这样的努力让他们很快就精疲力竭了。这种抑制作用多半不是来自某个专门的神经中心，我们也没有充分的信心说它是类似于赫尔巴特（Herbart）提到的与"总体抑制"（sums of arrest）产生冲突后的产物，也不能说它是某种通常促使细胞中分解代谢因子工作的刺激源。根据冯特（Wundt）的《神经力学》（*Mechanik der Nerven*），这种刺激具有非常神奇的作用，能够持续地产生不稳定性，换句话说，可以造成合成代谢的不稳定。而现在，在大量事实的基础上，有人提出了这样的概念：抑制作用是呈放射状的，或者可以说，是通过一种循环方式和大脑更加高级也更加复杂的区域相连，所以，不管是自发性能量还是反射性能量，都被转化并作用于别处了。这些能量结合的过程属于一种高级形式，根据休林斯 - 杰克逊（Hughlings-Jackson）的理论，是通过"第三级"①的作用加以修正过的，和最基本的反射行为没有多大关系。行为的产生并非来自某个孤立的神经中心的控制，而是来自各神经中心的联合作用，这样，兴奋点才能自由地从一处转移到另一处，让任意一个刺激都能得到相应的反应。

　　大脑的功能越是整体化，因内部各自为政而引发的麻烦就会越少，同时，任意一种功能对大脑整体的消耗程度也就越低。作为对时间和空间跨度变化的回应，每一个神经细胞群向紧张度更低的细胞群传递神经冲动的频率将会随之增加。当完成某一组动作时，其中的一个动作强度对整个大脑的利用率越大，与之对应的大脑活动部分对大脑其余部分的依赖程度越稳定，这组动作中的其余动作走样的可能性就越小，这样一来，在要求精力高度集中并将功能专门化时，我们可能遇到的危险也就会越小。在大脑的功能整体化之前，目标是要唤醒各个部分发挥各自的功能；而现在，是将所有不同的部分联合起来共同发挥作用。这种跨部门活动的强度呈现出联合的趋势，这样大脑的所有部分才能同时活跃起来。在一个大脑中，如果这种类似电话交换台一样的功能作用良好，那么每一种神经反应就不会过多地依赖与之对应的外界刺激，而是任意一种刺激都可能引发这种神经反应，因而，每一个动作，例如，

----

　　①　休林斯-杰克逊是英国杰出的病理学家，他是将神经系统进化理论实际应用于癫痫及精神疾病的诊断和治疗的第一人。他的实践应用是一个巨大的成功，如今休林斯－杰克逊的"三级理论"（three-level theorg）已经成为英国公认的诊断基础。他将神经结构设想为由三个系统构成，按照不同的层次排列，低级层次与高级层次之间是包含与被包含的关系，不过彼此之间又在某种程度上相互独立。第一级代表了最简单的条件反射活动和不随意运动，主要位于脊髓、延髓和脑桥的灰质中。第二级，又名中间级，由那些接收来自最低级细胞传来的感官冲动的结构构成，它们不直接接收来自外周或非神经组织的冲动。中间级的运动细胞还会向最低级的运动机制释放神经冲动。杰克逊将这些中间级结构定位于中央脑回皮质层、基底神经节以及大脑皮层特别感觉中枢。最高级与中间级的联系与它和最低级的联系是一样的，也就是说，最高级与最低级之间并不是层层递进的连续性关系，中间级结构在两者之间起着调节作用，相当于一个中转系统。按照神经系统的这种等级排列，最低级是最简单也是最古老的，"包括条件反射和不随意反应等简单基础活动的机制；第二级通过将那些覆盖面更广、机制更复杂的大脑皮层结构联系组合起来，对一些简单活动进行了重新组合，并藉此产生了更高级别的活动；最高级将整个神经系统联合起来，按照杰克逊的说法，这就是思想的解剖学基础"。

某种特殊形式的手指活动，都有可能让整个大脑工作到疲惫不堪。这也可以帮助我们理解，为什么脑力工作者通常不仅在爆发力测试上胜过那些体力劳动者，在耐力测试中也同样领先。一个出色的大脑，就如同一台出色的机器一样，可以让能量在大面积范围内产生，然后将这些能量集中起来作用于更小的范围，所以，因大脑区域功能专门化而产生的危险会以精确的比例减少，我们的自我意识成分也因此以精确的比例整合在了一起。人类之所以比其他高级动物走得更深更远，正是因为我们的大脑功能进行了这种精巧而且多样化的结合，以及这些结合所代表的更高级深奥的东西并非简单地缘于构成大脑的各种成分。也正是因为这些能量，青春期才会成为人生的黄金时期。婴儿期存在的那些无目的、古老的动作，无论是以大规模复杂的形式出现的，还是孤立的、无意识的扭动或抽动，都会在分解与合成程序的联合作用下，经历世上万物生长过程中都要经历的根本性改变，最终转化为一些适合当前环境的习惯或行为。

再次，这是一个漫长的处理程序，要求执行过程中的每一步都要达到最大程度的完整，只要有任何一个阶段没有完整进行，整个程序就会陷入停滞。有一些无意识动作是不受意志力所控制的，这些无意识动作往往又出现得过于频繁。我们必须对以下三种动作形式保持清醒的辨别能力：（1）经常出现且发展得"枝繁叶茂"的动作，通常能在今后按照个体的意志进行整合；（2）本来应该受到意志操控的动作，却由于疾病或者疲惫的影响，使得个体失去了操纵它们的力量，从而让这些动作变得失控；（3）从来没有受到任何约束的动作，因为约束它们的核心力量本身就处于停滞或者退化状态，使得个体失去了让它们转化为意志活动的能力（即作为发育完善的正常人所具备的内部语言）。在大多数情况下，对这些动作我们都能够很有信心地加以鉴别，而且有些孩子的表现会比其他孩子更为明显。在 12 岁之前，个体应该将这些无意识动作转化为某种相对持久的习惯，并尽快将其定性。一些要求准确度与优雅度的专业性活动，如弹钢琴、绘画、书法、学习外语、跳舞、表演、唱歌、专业主持等，必须在一些附属功能的发展还没有相对停滞之前——也就是青春期的黎明破晓之前——就开始发展，因为在这个时期，青春期所产生的巨大能量还没有涌入个体的身体。大量的事实似乎正在向世人表明，这个年纪的孩子们，如果像汉考克（Hancock）所描述的那样——站立的时候两脚不能并拢；闭上双眼时眼皮不断地跳动；不能后退走路；静坐半分钟都做不到；不能独立穿衣；不能将一条绳子的两端系在一起；不能将木板交错拼凑在一起；不能缩线；不能旋转陀螺；不能用脚尖或者脚跟站立；不能单腿蹦跳；不能钉钉子；不能滚铁环；不能滑冰；不能按顺序快速地将不同的手指相互叩击，例如，从小指开始，然后再颠倒进行，等等——他们要么属于无意识动作过于明显的类型，要么就属于先天性木讷、迟钝、难以被开化启智的群体。

在童年时期，这些活动的残余可能会一直保留下来，成为个体音调、口音、态度或举止方面的个人特色。无意识动作则有可能变成病态的口吃或结巴，也有可能出现在步态、笔迹中，还有可能表现为抽搐或者扭动症状，等等。它们本应该随着年纪的增长而消失，却以各种形式保留了下来，例如，盲人的面部扭曲现象，就是因为他们不能通过照镜子或者自我意识对面部存在的无意识动作加以纠正而造成的。类似的还有聋哑人发出的含混不清、没有音节的声音。随着年纪的增长，这些无意识动作可能会变得丑陋可怖，它们似乎是我们人格中那些没有被整合的碎片，是被分割出去后成为独立存在的一部分；是流产的畸形儿；是某种运动表现的寄生物。它们会削弱我们心理自我与生理自我的能量，降低我们在适应环境时的可塑性，直到让个体陷入一种明显的、可怜的精神错乱乃至完全无序的状态。

而在青春期，由于肌肉的可塑性，非常容易形成某种活动习惯，所以，如果已经在活动力的数量（或容量）与质量的差异之间、意志控制力与反射活动之间建立了一种新的联系，而正确的动作群却没有建立起来，那些残存的动作就会产生一种强烈的集结在一起的趋势，并最终形成一组错误的动作群。良好的举止和正确的运动方式，就和各种技巧一样，是完成任务最省力也是最适宜的方式。但是，青春期就是一个充满着各种浪费的时期。个体在这段时期里表现出来的各种笨手笨脚、矫揉造作以及紧张不安，都是内部生命活力的持续性释放。这段时期可能还充满了各种半强制性的行为、扭曲而古怪的动作，以及各种毫无美感、让人不快的组合动作，这些组合动作比儿童期产生的类似动作更加复杂，要把这些组合动作拆分开来，需要个体在未来的生活中做出艰苦的努力。

这些组合动作的诱因有一些是可以规避的，正如那些不能自控的简单动作以及有问题的举止、身姿和体态（即那些因过度压抑或因环境与天性之间的不协调而导致的身体表现形式）一样，只要采取合适的矫正措施，是可以避免的。在 4 岁到 8 岁这段时间，如果过度强调附属肌肉的活动，就会面临极大的风险，为舞蹈症的出现埋下种子，使个体增加对这种疾病的易感性。而在 8 岁到 12 岁这段时间，如果对动作精确度的要求过高，尤其是在忽略基础活动的情况下，个体面临的风险就会再次增加，可能会造成神经紧张，还可能会遏制个体发育成熟的速度。这段时间是一些基础肌肉的发育期，例如，爬山时需要用到的腿部、背部及肩部肌肉，同时也是一些基础器官的发育期，例如，心脏、肺部及胸部肌肉。现在，我们又回到了这个话题：坐在一个封闭的空间里，在常规条件下学习一本书，让笔、舌头与眼睛联合起来完成这个活动，这种方式是对附属肌肉的过度刺激。对那些在城市里长大的孩子而言，尤其是那些有多动倾向的孩子，当他们正处于一个运动量"收支"极易不平衡的年纪时，上述方式造成的伤害尤其明显。因为这种方式不能给孩子们带来自由，或者激发他们的能量，它是一种为时过早的高度专门化、狭隘化、削弱化的教育方式，除非我们能够提供一种足以抵消其负面影响的保护措施。不过，这种保护措施必须比任何体操训练系统都要强有力才行，因为任何一种体操训练，除了人为的做作与夸张之外真是一无是处。

布莱恩（Bryan）说得好，"据我们所知，一台机器的效率取决于其最大的动力、速率、振幅及其运动方向的变化，同时还取决于对那些达不到最大值的动力、速率、振幅及运动方向的控制力。"同理，人类的活动效率取决于个体在各方面的能力。不仅如此，对小肌肉及大肌肉灵活协调能力的训练其实更接近于心理训练，这种心理训练是体育运动可以做到的，因为这些肌肉及其活动与思想相关，心理活动的每一个细微改变都会导致这些肌肉紧张度和紧实度的变化，这些变化就是肌肉对心理活动完美的折射和表达。与这些肌肉的活动性、反射性、自发性及模仿性相比，大脑只不过是一个与思维关系更加密切、反应更加迅速的独立器官而已。至于它们是否如林德利所认为的那样，在激发大脑活动方面具有某种特别的价值，或者如穆勒（Müller）所说，能够汲取我们的感官体验，或引导传出神经冲动找到出口以避免可能引起的混乱，这些我们都无需讨论。如果这些说法是真的，那么这显然是肌肉次要的也是后期发展出来的功能——激发最大潜能及合理利用废物的自然方式。

在了解了上述事实及其意义之后，我们接下来要考虑的是，在什么样的条件下，孩子们才能在青春期让自己的肌肉得到最好的发展。在我们所处的这个时代，人类正面临着一个最重要、最艰巨的挑战。现代机械化为生活带来的变化是如此巨大和突兀，使得人类这个高度文明化的种群正面临着广泛而全方位的威胁。在不过一代或两代人的时间里，不仅仅是劳动形式发生了翻天覆地的剧烈变化，那些曾经将原始人的身体塑造成形的基本活动形式，也在现代工业造就的新方法的进攻之下荡然无存。就连那些曾经在人类的早期生活中大量存在并广受喜爱的运动、游戏、休闲方式，也在逐渐减少并被改头换面；在过去，人类在中年甚至老年都能自由地参与某些游戏，现在却受到了限制。正如我们看到的那样，人类在学校和办公室里埋头从事的案头工作正在削弱下肢的活力及其发育的程度。工业生产环境也变得不再健康，所有的活动都不在户外进行，工作场所也不是设在空气清新的乡村，生产活动的类型也不再像从前那样高度多样化了。现在的生产环境是由封闭的空间、污浊的空气以及昏暗的灯光构成的，生产活动日趋专门化、单一化，在城市中更是如此。年轻人越来越多的时间都是在商店、办公室、工厂和学校中度过的，这导致了疾病增加、生育能力下降。工作时间被严格控制在固定时长内，工作标准被规定得整齐划一，产品被限额、计件。每个人都不再负责一件产品的完整制作程序，而是只负责整个流程中的一部分，除了属于自己的那部分制作程序，对产品之前和之后的制作知之甚少。机器将一些主要的大型肌肉解放了出来，以致让那些负责精巧、准确动作的部位承担了更大的压力，其中包括神经的紧张度。至于那些更加粗重的工作内容，包括托举、运送及挖掘等活动已经被专门化，技术工作需要进行越来越多的脑力劳动。据估计，"在相同数量的工作中所需要的人工劳动量持续减少，与 1870 年相比，在 1884 年其减少的幅度不少于 70%"。在过去，个人兴趣和对劳动结果的责任感、对自己产品的所有权及对成品的使用权是工作热情与灵感的来源，是劳动的灵魂所在，可是如今，在越来越多的领域，这些都消失了。如果你能意识到，在青年男性中，怀着热情接受训练并有规律地参与业余体育运动的人数在总体人数中所占的比例有多小，其中为打破纪录而努力奋斗的人有多罕见——而只要接受合理的训练其效果又是多么立竿见影并令人惊叹，那么，你就能够深刻地体会到，作为一个机器时代的普通现代人，你一生中所能实现的目标和本来可能实现的目标之间的差距有多大；对大自然为我们人类精心设计的能力又是一种多大的辜负、多大的不尊重。

在游牧时代，一代又一代的原始人四处流浪，可能年年都在迁徙。他们带着沉重的行李不断辗转，与他们相比，我们的出行简直是轻车简从，毫无负担。他们在坚硬贫瘠的泥土上耕种，用简单原始的方法挖开土地，我们则使用马力强大的机器。在石器、铁器以及青铜器时代，他们打磨石头、冶炼金属，在制造过程中投入了无穷的精力，经历了难以想象的艰辛，而我们只是简单地购买所需的产品，甚至在大多数情况下对这个产品的制造过程也一无所知。狩猎的时候，他们恪守着猎人的传统规则，追逐猎物，与猎物周旋，在很多情况下他们必须以命相搏，还极有可能让自己身陷绝境，而我们呢，只是站在一定的距离之外开枪即可，不需要费太大的劲，也不会冒多大的险。在战争中，他们贴身缠斗、血肉相撞，而我们"用针头都可盛下的那么一丁点黑火药"就可以杀掉对手。他们捕猎各种野生动物并将他们驯养成家养牲畜，让它们为人类所用；他们用耐心捕鱼，用技巧弥补简单的工具、武器、方法及装备的不足；他们虔诚奉神，膜拜祖先，在祭祀的时候用尽全身力气载歌载舞以表达诚意，在舞蹈过程中他们模仿每一种动物，重复模仿自己的日常行为直到精疲力竭，而我们祭祀的时候则是在一个封闭的空间里，整个过程只包括几个简单的动作而已。他们用兽皮做衣服，编织那种我们已经无法复制的篮子，加工我们只能用机器进行粗劣模仿的织物，制造我们现在仍然认为非常时尚的陶器，进行强健体魄、陶冶灵魂的各种游戏活动。他们的求偶方式充满了勇气和技巧，需要付出实质性的努力，还要具备坚忍不拔的耐心。

在缺乏必要的身体活动这个问题上，青春期的女孩子可能受害更甚，尤其是那些来自中产阶级家庭、在学校里总拿高分、具备学习语言天赋的女孩子。我相信，目前美国青少年的现状就是：因体力活动太少而造成的困扰，要远比因体力活动太多而造成的困扰多。而且，那些面临着"体力活动太多"问题的青少年，绝大多数都是因为这些活动过于整齐划一、过于片面，基本上都是属于由附属肌肉完成的动作，或者是因为这些活动都是在一个有害身心健康的环境中进行的所致，很少是因为活动量太大造成的。这样看来，现代工业已经无法提供一种有助于身体发育的活动方式，必须采取一些具有补偿性质的活动模式来抵消它给青少年带来的危害。很多节省体力的设备在使用过程中都会增加神经的紧张程度，所以，在我们这个时代，如何保存并储备神经能量就成为了一个重要的问题。在目前的工作系统中，现存的各种问题只会变得越来越严重，也看不到在将来有好转的可能性。可供年轻人选择的健康而且自然的工业活动将会越来越少。对那些关注现代运动教育的人士而言，这是他们目前面临的全新挑战与难题，除非他们能够找到方法来解决这种缺失。

那些不利条件所造成的不良影响，可以从对各种维度、比例、力量、技能及控制力进行的测量中看出来。如果忽略极少数优秀个体，我们可以从那些熟悉小孩和成年人身体及体能的专业人士提供的证明中了解到，现代的生活方式所造成的破坏有多大。如果没有一种得到广泛推广的运动方式帮助人们从这种破坏中复原，那么，我们的国家和种族将面临着每况愈下的危险。想想吧，有多少我们大家曾经熟悉并喜爱的活动再也无人问津；有多少青年正在各种不适宜的活动中挣扎，或者正因不堪重负而举步维艰，苦苦盼望着能得到解脱。请看看他们纤细瘦弱的四肢、被压塌的肩膀、佝偻的脊梁以及不对称的身躯；看看他们虚弱的心肺、消化不良的肠胃、无神的眼睛、微弱难听的声音以及黯淡苍白的皮肤；看看他们疲惫不堪的模样、不受自己控制的无意识动作。这些后果表面上是因为年少无知犯下的错误，或者是源于遗传优势的匮乏，或者是由于过于精心、细致和温柔的养育方式造成的，但事实上，所有的一切都表明，这样的后果完全是由于对运动能力的长期忽视造成的。这些运动能力，正是所有人类都具备的最容易被教化的力量，可能也是能够让人类形成健康体魄的最重要因素。如果有一天，这些瘦小孱弱、羞于见人的身体的不负责任的主人们，被脱光站在严厉刚正的法官面前，就像斯巴达人那样，要求他们进行自我陈述为什么会成为这样虚弱的人，为什么会带着这样罪恶的缺陷存活于世，为什么会在发育过程中止步不前，他们一定会因此而被定罪并受到惩戒。如果他们因此而幡然醒悟，认识到自己是多么不成器，认识到自己正如那些严厉的神学者所定义的"堕落者"那样虚弱无力，并进一步认识到自己是多么迫切地需要体育活动来"拯救"自己的身体，那么，我们或许有希望迎来一场与身体相关的"复兴"。这样的"复兴"如同一次重生，在世界历史中大约发生了两次或三次，每一次"复兴"之后，紧随而来的就是光辉灿烂的文化时期，为人类文明的发展开启了一个新纪元。我们可以从人类学家的著作中收集到大量的资料，证明那些没有被优裕生活宠坏的原始人类，在很多方面都远比现代文明人优越：他们的身体是那么健全发达，比例是那么匀称优美；他们对繁重劳动的持久力，对苦难的忍耐力，对饥渴酷寒的承受力，让现代人望尘莫及；他们的牙齿及毛发远比现代人发达；他们的各种感觉及知觉远比现代人敏锐；他们没有现代人出现的各种畸形及缺陷；他们对各种疾病的免疫能力也远比现代人强大。他们中的女性比现代女性更为强壮，对苦难的忍耐力、对极端生活条件的承受力也更为出色，每月的例假及生育孩子这些事情对她们来说远比现代女性轻松。我们的现代文明对身体造成的伤害是巨大的，以至于有人称其为"文明病"，尽管由于医学的发达，我们能够更好地保护自己免受各种传染病及细菌感染的侵袭，从而让我们这些拥有孱弱身体的现代人的平均寿命比原始的祖先更长。

所幸的是，随着思想的进步，认识到这些不良倾向的人也越来越多，由此催生了最近的一系列重要变化，教育界更加注重偏运动的教育模式，同时还促进了人们日常锻炼方式的改变。学校里开始采用更健康并以增加力量为导向的活动，这些活动致力于锻炼那些被长期忽视的大脑区域，并大规模地开发、扩大其活动范围。成千上万的青少年被激发出新的热情，积极地投身于体育锻炼；各种类型、各种级别的研究机构如雨后春笋一般出现了，带来了大量的著作，不计其数的专家、学者们也出现在大众的视野中，催生了各种与此相关的专门行业，各种新的设备、测试标准、活动类型、方法手段及理论也相继涌现；各种出版物、公共机关及教堂也如大梦初醒一般，对身体及其力量表现出饱满的热情。所有这些举动都是值得赞赏的，但令人遗憾的是，它们远远不足以应对我们面临的各种需要和各种危机。

第三章

工业教育

接下来，我们要大致了解几种最好也是最有代表性的肌肉训练方法，让我们按照下列顺序进行：工业教育、手工训练、健身活动以及游戏、运动和比赛。

现在，工业教育对每一个国家都是必不可少的，其重要性远远超过了农业、制造业及商业，这并非仅由日益紧张的竞争所致，还因为学徒制度日渐式微、制造程序渐趋复杂，而劳动者具备的技能却只需达到能维持生计的水平即可。近来，有成千上万的学生离开中等教育学校，转而进入各种培养单一技术及传授行业课程的学校。这些学校创建的初衷就是提供各种技术培训，包括钟表制造、玻璃制造、泥瓦工、木工、锻造、制衣、烹饪、排版、装订、酿造、航海、皮革制作、橡胶业、种植蔬菜、园艺、摄像、编织篮筐、畜牧养殖、打字、速记、记账，以及为商业领域的职员们提供各种带有商业元素的培训，旨在培养他们的实践能力，等等。但是，我们在这方面的投入，正如普里切特（Pritchett）用翔实的资料所证明的那样，即使是波士顿这样的先进城市，和柏林相比也被远远地抛在了后面。此外，来自德国的工人和店员正逐渐占据包括英国在内的各国最好的职位。如果不是因为高额关税保护了处于劣势的我们，竞争的压力将会比现在还大。特别值得一提的是，在德国，提供的培训项目远比美国更加多样化，甚至达到了让人眼花缭乱的程度，当然其种类主要还是由各个地区占主导地位的产业所决定的。这些培训主要通过在校园内举办的夜校及周末课程等形式开展，同时也受到了依然强势的学徒制度的支持。福禄培尔（Froebel）的教育方法对手工培训的影响一直持续到学生的学龄达到 8 年时，在某些方面这种方法比低年级所采用的教育手段更强。不过，其缺点在于，对男孩和女孩的教育不是同时开展的，也没有一视同仁，那些属于女孩子的技能如缝纫、针织、钩编、纺织等，并没有被列入手工培训的范畴。目前德国有 1500 多所学校和作坊提供手工培训，其中有 25 所专科学校。这些培训工作真正开展起来是在 1875 年，由魏·凯丝（v. Kaas）发起，并由"男孩手工社团"（Society for Boys' Handwork）这个大型组织进行推广。在达姆施塔特（Darmstadt）的库鲁法（Kurufa）的影响下，低年级学生的主要精力都放在了书本及纸板工作上。学校还向学生传授如何利用科学知识来制造各种东西，其中的一项课程中就包括如何制造塞纳水车（Seyner water-wheel）。

在法国，由于对全国各地的教师实行同工同酬的政策，保证了这个国家教育指导力量的强大，法国的技术培训工作也因此而有了更大的影响力。就那些通过实践练习才能掌握的技能而言，青少年阶段正是培养这些技能的黄金时期，而这些技能对他们未来的生存至关重要。一般情况下，这种形式的活动教育是最没有自由度可言的，一切都必须服从于工具、机器、生产程序，取决于最后的成品及最终的目的，健康与身体发育则是次要的。所以，这些培训活动事实上是前所未有的狭隘化、专门化。唯一的标准就是让效益最大化。这种模式可能会加重业已存在的不良习惯，让肌肉的发展偏重于某个部分；使得某个大型肌肉或小型肌肉变得过度发达；可能会让个体在不健康的环境中浪费掉大量的时间和精力。不过，这种模式也有一个很大的好处，那就是实用性，这种实用性正是所有工业的主流需求。只有在为数极少的领域或者场所内，这种培训才能够让人感受到艺术和工艺活动的影响力，并激发起受训者微弱的追求美的灵感。这样的课程能够带给那些感受到这种影响力的学生一些明显的好处，让他们在与那些没有受到影响的学生比较时占有显著的优势，不过这样的培训项目往往是功利主义的，它们通常忽略了那些能够促进身体发育、增长体能的活动，导致受训者的发育停滞甚至后退。

在那些不只传授一门专业，而是囊括好几门甚至很多门专业技术的学校里，情况会相对好很多。在培训专业工种的各种各样的学校中，一个条件不错的农场是发展活动能力的最好选择，因为农场可以提供种类繁多的工作方式、有益健康的环境，同时还有数不清的自远古时期承袭下来的劳动强化手段。我曾对一些被调查部门定义为"60 分产业"（three-score industries）的工业模式进行了估算。这是一种被大众所熟知的模式，在 60 年前曾盛行于一些小城镇。它的好处不仅体现在培养活动能力、促进体能发展方面，还在很多方面都拥有自己的特色，可以算得上对青少年进行教育的理想模式。除了促进体能发展、培养行业技能之外，这种教育模式还把公民教育与宗教元素以一种非常睿智的比例融合在日常教育中，并设定了明确的教育目标。它体现了美国宪法制定者们的追求，那就是：培养有知识、有智慧的投票人。

我们不妨来比较一下，一个现代鞋厂的所谓"熟手"的工作模式和上文提到的古老模式的区别。现代鞋厂的工人每天都只做同一件事情，皮鞋制作从硝皮到成品需历经 81 道工序，他们只负责其中的某一道。我们还可以再和制衣厂的工人比较一下，假设这个制衣厂有 39 名工人，而衬衣的制作流程一共有 39 道工序，也就是说，每一名工人只负责其中的一道，但在自己负责的这道工序中，他们必须做到准确、快速，因为这种工作模式对技术的要求很高。可是，他们从来不知道衣服是怎么完整地制作出来的。从这样的比较中，我们可以认识到，即使从现在开始致力于开展那些促进肌肉发展、恢复强健体魄的运动教育，也为时已晚了。确实，这种强健体魄的教育模式体现出了极大的自由性，在某些方面甚至沿袭了一些非常原始粗犷的形式。这种原生态形式也吸引了大量从事青少年教育研究的机构，并据此开发出了一些教育模式，参考并复制了这些原始特色。其中包括阿博茨霍尔姆（Abbotsholme）风格的研究院，以及其他数家研究如何为条件相对原始的殖民地提供培训的机构。成千上万的学校开始向低年级学生开放它们的大花园，让孩子们练习劳作与园艺，这种方式引发了一股了解、学习大自然的新风潮。农场培训则竭力呼吁受训者要热爱乡村，培养他们的乡居品位，这种模式借鉴了歌德（Goethe）的教育理念，大概同时还借鉴了吉尔曼（Gilman）的"饼形社区"（pie-shaped communities）理论，从中部的乡村逐渐向周围的农场呈辐射状推而广之。在英国，由于实行长子继承制，土地大都掌握在少数人的手里，这种教育模式一直没能得到繁荣。而在法国则不然，在该国几乎每个成年男性都拥有土地，他们中的很大一部分人都需要从事农业活动，所以这种教育模式在法国大行其道。加工业的模式也差不多。在德国留学期间，我学习了好几门课程，接受了不少训练，其中包括装订书册、吹制玻璃、制作皮鞋、安装水暖、冶炼钢铁，我还学了一些金箔工艺的皮毛，甚至还学会了一门古老的手艺——制作扫帚。学会这些工艺并没有对我的实验室工作造成任何影响。让我引以为豪的是，到现在我依然可以熟练地挥舞镰刀割草，会劈柴、犁地、挤奶，会制作奶油、奶酪和肥皂，会用棕榈叶编织帽子，会织毛衣、纺纱，甚至还会用传统的手工织布机织出一块完整的布来。但是，与那些由我们为黑人、印第安人及少年犯所建的学校培养出来的学生一比较，我的这种骄傲就荡然无存，只能甘拜下风了。他们通常会在学校里接受 20 多个工种的培训，在我看来，如果以心智、道德、健康、体格、能力及知识的年增长率为标准，那么这些学生所接受的教育在这片大陆上是最好的。从学校毕业以后，这些学生不会一心只想在家门口寻找舒适而现成的工作，曾经接受的教育会敦促他们像一名战士一样奔赴前线，去闯出一片新天地，开创一番新事业。他们会白手起家从最底层做起，凭着自己的能力一步步往上爬。因为是从最底层做起，所以他们迈出的每一步都是在上升。在这种教育模式下训练出来的年轻人，不管被扔到世界的哪个角落，他们都会像猫一样四脚着地，稳固地站起来，然后全身心地为生活而打拼。一个国家是否能够繁荣昌盛，农业、制造业及商业是基础。那种以纯粹学术和脑力工作为主的旧理念正迅速过时而被现代社会摒弃，美国的发展越来越依靠这批脚踏实地的年轻人，几乎所有的职业、机构甚至文化领域都以他们为生力军。真正能让我们消化于内并永久记住的，只有那些能被运用到现实生活中去的知识。我们应该抱着热情不断创新工艺水平，就像那些自然主义者对发现新物种所怀有的热情一样。教育应该做到的是，让那些离开学校的学生，不管是在什么样的年龄、在哪一个阶段离开，都能具备求生的本领，找到并胜任一份足以养活自己的工作，不能让他们在离开学校后发现自己一无是处，不知所措而无以为生。我们应该摒弃那些让学生们在离开学校后感到茫然无措、灰心丧气的教育模式，应该对他们进行各种各样的训练，这些训练应该足以让他们有能力去——用都德（Daudet）的话说——"为生活作战"。这样的训练必须及时进行，才能让更多年轻人在还不算太晚的时候接受正确的教育，从而保证他们将来的利益。已经有太多年轻人把本该接受训练的最宝贵的年华浪费在毫无意义的学习上，浪费在失败的教育模式中。通过这样的方式，那些肌肉松弛、发育不良、苍白贫血、习惯了安逸生活的城市青年们将会获得重生的机会，他们的身体和精神都将展现出崭新的面貌。那些现在看起来历史悠久、底蕴丰厚的世界名校，其实一开始都是出于慈善的目的而建的，是为了帮助那些贫穷的子弟学会生存的本领，谁也没想到这些学校居然有了这样光明的未来。没有其他的教育模式能够提供这样的机会，让那些以体力劳动为主的人获得受人尊敬、充满成就感的生活，从这个意义出发，这种方式或许应该成为这个阶段所有教育的重点。训练方式的多样化还有一个好处，就是能够让各种肌肉活动得到良好的训练。在人类进化的早期阶段，这些肌肉活动就已然成为了生存不可或缺的一部分，因为它们大多与获取食物、搭建居所、缝制衣物、制造以及出售生活必需品等有关，正是这些活动给人类带来了舒适与安全。对人类而言，最自然的状态不是战争，而是和平。道森（Dawson）认为，在过去，人类四分之三的体力活动都是为了让自己获得舒适与安全，这种想法极有可能是正确的。工业活动决定了自然的状态，也决定了肌肉活动的发展趋向。年轻人带着自己的宠物，耕种土地、建造房屋、制造产品，会使用各种工具，掌握了最基本的工序和技术，这一切都是对人类进化过程中某个历史阶段的真实复演。不仅如此，这一切还为以智力活动为主的职业打下了最好的基础。纯科学其实就是各种技术的更高级形式，对纯科学的学习与研究应该在掌握了技术程序之后进行，而不是之前。广泛地说，这是自然规定的次序，从最基础最普遍的器官及其功能向更精细的附属器官、专门器官及其功能发展。严格按照这样的顺序发展，是控制并清除不良无意识行为的最好方法。对于大部分训练工种，个体在哪个年龄段感受到的压力最大呢？正如我们在 15 岁到 20 岁左右的青年身上所看到的那样，是在肌肉力量增长最快速的那个阶段，而不是在童年时期，关于这一点，近期使用的各种教育方法显然是建立在错误的假设基础上的。这些在工艺专科学校设立之前所开展的工业训练，不管在什么地方进行、能达到什么样的程度，都是对中等教育课程的有益补充，其作用是单纯的手工训练不能比拟的。可是，我们不得不面对这样一个悲哀的事实：即便是根据最乐观的估计，在美国需要得到类似训练的青年中，目前也只有不足百分之一有幸得偿所愿。

第四章
手工艺训练

　　手工艺训练源自何处，一直有诸多说法。不过目前最为人接受的看法是，它是在一个多世纪前由莫斯科传到美国的。现在我们有很多新建的手工艺训练高等学校，同时在其他公立学校也有专门的课程提供类似的培训。这种手工艺教育模式的出现，满足了美国日益增长的对实用教育的需求，而在以前，往往是所"供"远不能满足所"需"。在手工艺训练运动兴起的背后，其哲学理念（如果我们可以这样说的话），是简单、有力而合理的，正如佩斯特拉齐（Pestalozzi）的观点一样——"所有知识都具有技术含量"。手工艺运动的目标就是：缩短思想与行动之间的距离；帮助学生们培养工业活动所需的控制力、灵敏性及技巧；吸引众多普通学校的差等生；让那些正当、诚实的工作被认可、被欣赏；激发学生们对更多知识的学习兴趣；在一定程度上增加学生在校的学习年限；培养学生的自信感和效能感，帮助他们为将来从事的各种职业做好准备。上述所有主张都有着坚实的基础，绝非空谈，对任何一个国家或地区的教育制度而言，它们都是非常有价值的补充。人类比类人猿高级的地方，大概除了思想之外，就是双手所具备的能力了。既然在大脑中，控制手工活动的区域与控制精神意识的区域非常接近，那么完全可以通过手工活动来直接促进大脑皮层的各种控制中心的发展，从这个意义上说，人类的双手是一种强有力的工具，既可以训练我们的各种感觉和意志，还能开拓我们的心智。我并非是在对这些学校进行指责，但不得不指出这样一个事实：尽管它们已经人满为患，但与美国目前 1600 万处于 15～24 岁之间的年轻人的总数相比，能够有幸接受教育的学生数量依然微不足道。

可是，当我们回过头来考虑这些学生们的真正需求时，这种教育模式所存在的错误及局限性却是触目惊心的。这种训练的确是名副其实的"手工"，因为在这种训练中，双腿基本上毫无用武之地。可是，人类身体的大部分肌肉组织是集中在双腿上的，这是这个年龄段的学生最应该接受训练的部位，也是这个年龄段的学生最容易因活动量不足而面临退化危险的部位。不仅如此，学生们的背部和躯干得到的训练也是同样的少。至于他们的身体是否能够按比例发展、是否对称，事实上完全被忽略了。随着这类学校的不断复制、扩展，在校学生也增加到了人满为患的地步。出于节省开支的考虑，也为了让学校的管理更有效率，所有的学校都奉行整齐划一的模式，而这种统一模式也使得这类学校的教育方法变得教条化、僵硬化，缺乏灵活性和变通性。这简直就是双重不幸：从一开始课程就没有经过充分的考虑和衡量；适应的弹性期又实在太短。可是，世界工业已经历了天翻地覆的变化，已经完全不是这些学校、这些课程设立时的最初样子了。按照统计，现在有 300～400 种职业，其中超过半数与手工有关。所以，我们面临的教育问题可能是史无前例地严峻。教育要怎样做才能在促进学生完全自然地生长发育的同时，又能让他们有意识地从所谓的基础活动中抽象、升华，掌握到各种技巧？要做到这一点，其艰辛程度丝毫不亚于亚里士多德试图从市井话题中抽象、升华出永恒的真理，或者为语言设立一种标准的语法。我们几乎找不到任何一种努力能与之相提并论，更别提专门委员会所做的那些远远不足的工作了——尽管它的责任就是研究这个领域的现状并努力满足社会发展的需求，不过很明显他们没能做到。福禄培尔认为，人类所有的天赋和能力都是与生俱来的，婴儿期所表现出来的各种活动形式就是这种天赋和能力的体现，而体现的过程需借助人类先天就具备的一种程序，这种程序按照其本身的逻辑顺序和内部的一致性进行，而不是按照人为制定的所谓统一标准展开。即使我们的确能够达成某种活动的统一标准，也不可能为这个标准量身定制一整套完全合适的课程，所以，这种想当然的简单做法是非常值得怀疑的。自然和人类生活的秘密被锁在一所房子里，这所房子如同迷宫一样错综复杂。贝利（H. T. Bailey）对此有非常实在的描述，他认为，一个在任何艺术或手工领域堪称大师的人，必须具备四个条件：（1）具备理解一种观点并将其具体化的能力；（2）能调动所有神经能量，掌握大量方法、手段、秘诀，了解最新的发现、最新面世的机器；（3）了解工艺方面的历史知识；（4）掌握工艺流程所需要的各种技术。而美国学校教育的重点往往只放在最后一点上。

这些教育理念在现实社会中的实践结果就是，学校里开设的课程大多与木头和铁器有关，关于这两种材料有非常翔实的细节知识与实用技术，而对其他的材料则通常完全忽略。那些与木头有关的课程，其目标非常明确，就是培养细木工人、木器工人以及家具木工；至于铁器，有很多优秀的学校开设非常实用的课程，主要培养铁匠、修理工、机械师等。这些课程的自由度很低，因为它们几乎不涉及科学——可是科学正在飞速地发展着，正在成为所有工业的真正基础。在这类学校，通过各种课程传授的知识几乎没有一样能称得上科学，除了传授几何图形和机械图纸的画法之外，科学知识在这里完全没有市场，甚至遭到鄙视。这些学校似乎对简单直接的功能有着天生的恐惧与抗拒，因为对少数行业抱有强烈的偏见，所以就对这些行业的教育价值及名声产生了深深的怀疑。这种怀疑、抗拒以及恐惧，其主要原因，并非是这个国家的行业协会对科学的作用产生了怀疑和嫉妒，所以不愿提供支持，而是源于这些学校的教师们——他们接受的通常都是老式的专业训练，懂得的都是一些传统的方法及事务。工业无处不在，它们是为产品而存在的，人为地让技术和产品脱节，认为强调产品就是对技术的玷污，这是一个多么可怕的致命性错误。只关注流程，却不以制造的最终产品为参考指导，这是"只求形式而牺牲内容"的一个近乎悲剧性的实例，在所有的历史中，这都是代表着教育退化的一个耻辱性标志。人类是一种以使用工具为主的动物，但是，说到底工具不过是一种手段而已，是正确的方法在推动工具进行不断的创新。所以，一门课程如果仅仅以如何操作工具为目的，而顽固地拒绝以产品为主，生怕沾染上行业学校的一些特色，这是非常可悲的。正是这样的现状，使得我们目前的工艺训练高等学校变得令人反感、内容空洞、虚假矫饰。正确的做法应该是，要求低年级学生手工制作某些具体的玩具，例如陀螺、风筝等，这些都是简单机械的代表作品，并向学生们介绍一些有关玻璃制作、摄影的技术流程；在高年级学生中，可以让他们制作一些比机器稍微简单一些的科学仪器，为他们打开通向更广大物质世界的大门，让他们了解其中的基本原理。然而，我们目前的现实却是：高度标准化的方法占据了绝对的主导位置，以致其他所有的可能性都成为了不可能。

所有过度强调规律性与计划性的体系，其思想方面必定是薄弱的。在这些手工艺培训学校中，并没有来自更高级别的技术学院的控制和管理，它们不像高级中学那样有各类大学对其进行相应的控制和影响。几乎没有多少手工艺培训学校的教育是以让学生掌握先进的技术为目的的，也不会以技术专家们认为最好的技能为基础开设课程。在这些学校目前提供的形式不多的训练中，我们可以断定，这些手工训练形式中的大部分都会成为历史。它们的确具有某些教育意义，但同时也是即兴开设并带有试验性质的，因为很快就会有适用范围更广泛的方法出现，它们注定会被遗忘、摒弃，或者只是作为将来某个先进技术发展过程中的一个低起点而被淡淡提及。

事实的确如此。在那些更为先进的教育中心，很多新的方法正处于试验阶段。在经过了长期的研究与试验之后，格茨（Goetze）在莱比锡开设了新的训练课程，同时用木头和铁来制作剪贴板和模型，将对铁的应用提高到了与木头相等的位置。他甚至还将这种训练推广到了幼儿园阶段以下的儿童中。总的来说，在当前形势下，为了寻求新的教育元素，我们要开发整个工业活动，做到物尽其用。不管是橡胶、铅还是玻璃；纺织业、冶炼业还是农业；使用工具还是机器，只要能够达到最终目的，我们都要将它们最具有教育价值的成分挑出来加以利用。首先要仔细考虑的，就是青少年身上的自然天性及身体的各种需求，以及在每一个年龄段身体所需要的卫生保健，以保证身体在每一个阶段都能得到充分的发育；其次，要考虑每一种活动和科学的联系，要让科学和智力的发展保持同步。在活动中所使用的每一种操作方法以及工具，如锯子、刀子、刨机、螺丝、锤子、凿子、刮刀、砂纸、机床等，都要以其是否具有矫正价值为参考标准，看看它们是否能够保证学生的身体匀称发育；看看它们能够促进哪些肌肉的发展，能够培养出哪些姿势及运动习惯。那些统一性的活动要求（例如，在法国，整个班级的学生会被要求在拉锯、敲打及刨木时保持整齐划一的动作）必须取消，要让每一个学生独立地进行活动。

Sloyd①，拥有一些自己的特色及主张。这个词本身就是熟练灵巧的意思。这项运动 25 年前开始在瑞典大行其道，其初衷就是为了阻止现代工业对农民家庭作坊式工业的蚕食，让这项瑞典农民在漫长冬夜里从事的劳动形式不会随时间而湮灭。很快，这种原本在家庭中进行的手工艺就有了属于自己的教育机构，并开始培训专门传授这些工艺的教师。这种工艺只使用木头，几乎

---

① Sloyd，瑞典式手工艺教育，一般通过木刻训练学生的手工能力。——译者注。

不需要机器，尤其适合 11 岁到 15 岁的少年儿童。这样的手工艺教育不再以培养技工为目的，但其要求掌握的操作能力对少年儿童而言是具有发展意义的，教育的主旨，不仅是让男孩和女孩都变得有用，而且还教会他们什么是主动，什么是自尊，让他们懂得去尊崇一丝不苟、精益求精的态度。这种教育模式认为，所有人，尤其是那些运动神经发达的人，完全能够理解自己正在做的事情，每个人都可以像农夫那样工作，同时又能像哲学家那样思考。教育的目标，是让学生们学会如何完整地去制造一个产品，而不是像俄式体系（Russian system）那样，只让学生们学会制造一件产品的某一个部分。一位大师曾经说过，这种模式具有根本性的教育意义，一个接受过良好训练的人，即便双手被砍掉了，训练对他产生的最有益的影响依然存在。瑞典手工艺来源于下层人民，随着这种活动在中等阶层甚至上流社会的风靡，其最初的功利性质也随之变化。但是，即便由底层登堂入室进入上层，由土生土长流入异国他乡；即便经过了一次次移植、变形，这种手工艺最明显、最原始的标志性特征依然不可撼动。那些像传家宝一样代代传承的标准，那种举世无双的独特风格，被执着地当作国家艺术一样保留了下来。

瑞典式手工艺教育一直在竭力将手工练习、工具制造、绘画制图及制作模型等一系列领域的活动糅合在一起。它要求学生们在每一个领域都必须有所建树，所以，如果学生们想在某一个领域前进一小步，那么他们必须在所有的领域都同时前进一小步，反之亦然。据称这种模式满足了儿童发展动力的需要，完全配合了儿童发育的顺序和程度。但是，在这一系列相关领域中，学生们被要求达到的每一步，以及这些领域被要求彼此结合的程度，是否具有生理学或心理学理论的支持呢？它们在儿童发展的各个阶段所起到的适应作用是否有依据？遗憾的是，这些问题似乎并没有人愿意提供答案，我们也就无法对此做出公允的判断。如果瑞典式手工艺教育真的如同它竭力主张的那样恰当与完善，那么它确实可以打造出一种几近完美的教育典范——和谐、优美、完整、丰富。这也正是那些支持者认为最了不起、最不可思议的地方。但是，它所宣称的"45 种工具、72 种运用和 31 种模型（其中 15 种是可拆卸型）"，要求教师们在一个学年之内完全掌握，学生们在 4 个学年之内掌握，说实话就过于苛刻了。要在这么短的时间内将这一系列领域融会贯通几乎是不可能的。自从人类被逐出伊甸园而失去神力之后，要同时完成双重任务就变得极为困难了——即便这些任务只是普通的工作，所需要的也仅仅是蛮力。至于木工活，就算工作的对象就是那棵智慧树本身，与仅仅享受这棵树上结出的果实比起来，那感觉简直不可同日而语。一个哲学家或许可以透过一粒沙看到整个宇宙，但他若想从自己的理论中摘取一个片段，就能完整地再现自己整个的教育思想，那也是不可能的。瑞典式手工艺教育确实具备了很多优势，这些优势让其倡导者们变得狂热，他们盲目地扩展其领域，提出各种新主张，却不顾这些新措施已经远远超出了这种教育本身能够达到的极限。尽管这种教育宣称涵盖了从童年到青年的各个变化时期，但是，在青春期教育所倡导的各种动力和方法中，我们却找不到它的意义所在，不管是与其相关的著作还是实践活动，都没有得到哪怕一点点权威人士的认可。尤其是在美国，这种手工艺教育入乡随俗的表现形式完全被成人化、专业化了。正如一台极其复杂精细的机器在某些时候可能完全依靠一个糟糕的动力轮来运行一样，如果我们把瑞典式手工艺教育比喻成一条河流，这条河气势磅礴地裹挟着一切奔涌向前，如果这条河水流太急、分支太多，那么这股朝着活动能力教育前进的主流可能会被削弱，在教育动力方面显得比实际水平更加糟糕，更加耗时费力。与其他训练方法比起来，瑞典式手工艺教育总是显得那么独树一帜和格格不入，并且拒绝与其他方法相结合。除了对双手的锻炼，这种教育方式对身体其他部位的发育提供的帮助其实少得可怜。博采众长将各种方法综合使用的新型教育模式即将诞生，而瑞典式手工艺教育，不管它愿不愿意接受，在这种新的融合中，其所占的比例实际上非常小。不过，虽然它的贡献很少，但我们必须承认它贡献的元素都是极其珍贵的。印地安人的手工业，例如编织篮筐、制作陶器、串珠、皮革、弓箭以及利用树皮等，正在被我们的文明一点点吞噬并走向消亡，因为那些在保留地学校及其他地方的印第安人，正在被迫接受白种人的各种工业技术。如果印第安手工业能够得到哪怕一点点瑞典农民所拥有的系统化帮助，完全可以挖掘出比瑞典式手工艺更大的教育价值。同样的情况也适用于历史悠久的老式英国农场的家庭手工作坊，它们所具备的真正价值和能实现的可能性现在才被少数几个教育家认识到，可惜的是，也许已经太迟了。

正是这样的现状，才让我们有幸目睹了轰轰烈烈的"英国工艺美术运动"（the Arts and Crafts Movement）。这场运动的理论指导源于卡莱尔（Carlyle）的"工作福音说"（Gospel of Work）以及拉斯金（Ruskin）倡导的"中世纪复古风"（Medievalism），不过，发起并大力推动这场运动的是威廉·莫里斯（William Morris）以及和他共同创建"红屋"（the Red House）的追随者们。曾有一部滑稽剧《忍耐》（Patience）对这场运动进行了嘲讽和奚落，引发了不少反思并使其一度陷于停滞状态，不过后来在科布登-桑德森（Cobden-Sanderson）的领导下，这场运动的某些特色得到了一定程度的复兴，并且在以后被英国的各种教育中心采用。这场运动的理想，是恢复七大古老行会（the Seven ancient guilds）时期的传统，回到工匠诗人汉斯·萨克斯（Hans Sachs）的那个时代。在那个时代，道德心与美感是工作的原动力，人们用灵巧的双手创造出各种各样的艺术品，而机器只能对这些艺术品进行拙劣而庸俗的模仿。在过去的工艺学校中（也就是现在各种手工业文化学校的前身），工作是一件值得高度赞美的事情——可我们这些现代不成材的后人们连对工作最起码的尊重都没有。那些教养良好、崇尚优雅的男女依然记得从前的时光，在他们看来那是人类最美好、最鼎盛的年代，就像人类失去的乐园一样。为了重温那段繁华绮丽的历史，他们设计并编织各种各样的挂毯及平纹细布；

在一排排大染缸中不断进行试验，希望找到泰尔红紫（Tyrian purple）的对比色；手工印刷并装订各种书籍，其精致程度超过了阿尔丁斯（Aldines）及埃尔塞维尔（Elzevirs）这些知名的印刷商；在老橡木上雕刻精美的图案；锤炼黄铜制品；锻造门锁、铁器以及烛台；用烧过的木头及皮革制作艺术品。他们追求简单、坚固的传统效果，不管是制造家具、装饰房屋还是从事建筑、锻造有色玻璃，都坚持简单即美的理念，这种理念也同时对他们的服装及仪容风度产生了一定程度的影响。他们长年累月地胼手砥足，是为了在这个新的国度里"让人类活得更有尊严"。在这样的国度里，所有的艺术家及技工都应该拥有正当而高尚的地位，他们应该被置于那些仅仅具备知识却没有动手能力的知识分子之上。属于那些纯粹知识分子的时代已经过去了，亲力亲为的实干者时代来临了。双手与大脑曾经被迫分离了那么长时间，没有了彼此，它们都显得虚弱和力不从心；实用与优雅，曾经被割裂对待，一个粗鄙陋俗，一个孤芳自赏；文字与劳动，这两者不结合在一起的时候，都没有灵魂——而从今以后，它们可以合二为一不分彼此了，这样的结合将让人类的发展跃上一个更高的台阶。穿着围裙、戴着纸帽的工人被这种新的社会主义理念吸引着，被由斯科特（Scott）重新唤醒的古老骑士精神激励着；他们崇尚被瓦格纳（Wagner）唤醒的德意志征服精神以及丁尼生（Tennyson）笔下亚瑟王的圆桌骑士精神——这就是这场"工艺美术运动"充满浪漫主义的理想。这种精神，就如同犹太人重新点燃他们对本民族古老传统的忠诚与拥戴，并在以斯拉（Ezra）的带领下回归他们的信仰一样；正是这种精神，让我们开始尊崇并怀念农耕文明时代的平民，正是他们创建了我们至今仍然遵循的各种制度，这也是为什么我们当中的一些人要努力为印第安人恢复属于那个年代的、正在消失的手工业。

这场轰轰烈烈的"工艺美术运动"，是由一群已经上了年纪的男男女女发起的，可以说这场运动反映了他们对往昔的眷恋，表达了对那些无法再现的时光的痛惜之情。不过，它同时也让我们看到了人类的一个特点：他们通常在步入成熟期的时候，会回头清晰地看到生命投注于青春期的特有光彩。只有在经过岁月的沉淀之后，我们的灵魂才能真正懂得欣赏自己所拥有的创造力，真正意识到自己能够实现的可能性，这个时候我们才能真正活出属于自己的魅力，激发出生命中最伟大的灵感。正是基于此，我们可以从这场运动中获得一些感悟。在我们的手工教育中，应该具备一些能够激发情感的东西，不需要太多，一点点就好，其作用正如我们在文学教育当中所强调的理想主义一样。这种情感上的触动可以深入人心，激发学生的兴趣，让他们感觉满足、快乐，感受到美的力量，并培养他们的品位。如果不想刻意把这些原本属于各种手工作坊的职业包装得高端、尊贵，不想用装腔作势的"沃拉普克语"（Volapük）把原本简单的理念转述成抽象深奥的理论，那么，我们手头有大把的心理引导手段可以使用，它们足以激发动力、鼓舞斗志。所以，我们可以从过去的经验中汲取最大的能量，用于塑造并强化当前最合时宜的潮流与趋势。上面提到的那些传播工作福音的人，他们的著作能够、也必将用于激励各种手工训练高等学校、瑞典式手工艺教育学校以及其他相对不那么专业化的工业课程的建立。但是，我们必须意识到，所有这些学校，如果只是单打独斗，是远远满足不了社会需求的，它们必须联合作战，互为补充。这些著作以及其他持有相同观念的作品，应该成为所有劳动者的精神食粮。他们或许是在制造工具、操作车床、锻造金属；或许是在设计图纸、绘制花样、雕刻作品、制造模具；或许是在学习如何改造各种物质让它们能够为人类所用；或许是在努力争取文凭或执照以求能够为人师表……无论他们正在从事何种劳动，都可以分享同样的精神指导。不管是历史为我们积累的经验，还是我们通过改良获得的新方法，所有的资源都必须集中起来，经过斟酌、选择后，综合成一种完善的教育训练模式。选择的最高标准，就是看这种训练模式是否符合青春期的发展要求，它们必须符合这个阶段最自然的发展顺序，满足身体按比例全面发展的要求。在经过严格选择并重组后的综合性训练模式中，应该包括那些能够满足处于次要位置的运动训练要求的成分，这就需要我们去收集那些零散地分布在各种活动中、看上去似乎无甚大用的方法与形式。所以，与艺术甚至音乐有关的灵感，也是我们新的教育模式中不可或缺的一部分。这种全面而且综合的教育，是永远不可能把工作变成儿戏的。事实上，它将会——而且也应该，让工作变得更艰苦，需要更认真的对待。这种教育将会变成一种全新的模式，因为它有自己合理而且适用的核心理念，有自己的特色，不仅如此，它还拥有比以前所有的教育模式都更全面深厚、丰富多彩的生命力。

在结束这一章前，我还得向大家扼要介绍两项重要的研究，每一项研究都为青春期特有的劳动规律提供了一种全新的定义，具有决定性的重要意义。

以电报局为例，你的打字速度必须达到一分钟超过 70 个字母，才能得到被雇用的机会。当作为发送方时，这种速度并不难达到，通常经过两个月的练习就可以了。但是，如果接收方也按这样的标准，就有点困难了。根据专门培训电报打字员的学校提供的调查结果，大约有 75% 的学生达不到标准的接收速度，因此而找不到工作。为什么发送和接收时打字速度的提高程度会不同呢？布莱恩（Bryan）和哈特（Harter）对这种现象进行了解释，他们对一个具有代表性的调查样本进行了研究，通过表 4-1 中的曲线我们可以看到此项研究的结果。

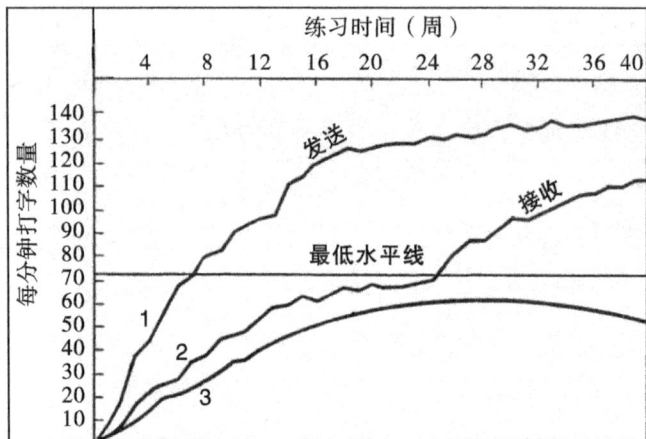

表 4-1

从第一条曲线我们可以看出，发送时的打字速度提高得最快，先于接收速度好几个月就越过了最低水平线。曲线 1 和曲线 2 都代表同一个学生。为了说明大约有 75% 的学生达不到标准速度这个事实，我特地添加了曲线 3。接收工作远比发送工作费劲，如果一个人数年如一日地以平常的速度进行练习，那他永远都不可能达到自己可能达到的最快速度。他会一直停留在一个较低的平台上，无法超越某一个固定点。但是，如果他面临着可能被炒鱿鱼的危险，被沉重的工作压力逼迫督促着，或是被自己强大的意志力驱使着，不得不去进行一场长期而艰苦的奋战，他就会突破自己的思维定势，达到比从前更快的速度，从而永久性地养成一种更快速的工作节奏。前进过程中的每一步都是这样走过来的，而且越是往后，所取得的每一点进步就越是需要比前一步付出更多的努力。在经过一段时间后，那些一直坚持练习并不断取得进步的人，其接收速度将会超过发送速度，虽然接收时的程序要比发送时复杂得多。如果时间持续得够长，接收与发送这两条曲线将会在某一点上交汇。我们可以看到，那些专业人士在使用简化缩写的电码时，接收时的速度远比发送时的速度要快，他们能够在打字机上以每分钟 80～85 个单词的速度，准确无误地打出电文。代表发送速度的曲线似乎正在渐渐接近我们生理上的极限，而代表接收速度的曲线却没有显示出这一点。这个特别的例子也代表了一种一般性规律，尽管对这种一般性规律我们还无法给出具体合理的解释。在我们学习一门外语时，"说"是最先掌握的技能，也是最容易的；"听"则会稍微吃力一些，不过在经过一番积累后，通常会在突然之间，我们就掌握了"听"的能力。或许，这个规律对掌握每一种能力都一样适用。按布莱恩的说法，这样的现象说明，习惯的养成是按等级顺序进行的，当某种能力在发展过程中出现了平台期（进步很少甚至完全没有进步）时，就表明那些等级较低的习惯已经达到了最高值，但还没有达到自动化的地步，所以还要占据我们的一部分注意力，使得我们无法全心全意地去培养更高等级的习惯。当各种较低等级的习惯达到成为无意识行为的熟练程度后，我们就攀登上了第二级台阶，这个时候我们就可以从单调乏味的机械性练习中解脱出来，达到完全随心所欲的自由状态。这种质的飞跃会让人感觉是突然之间达到的。以前需要我们倾注很多注意力才能完成的事情，现在只需稍微留意一下就可以了。这种高效率的速度不是仅仅花时间去练习就可以达到的。正是这种质变过程中所需要的关键性元素，将大师与普通人、天才与庸人区分开来。几乎所有专业性工作需要的技巧，在我们努力练习希望掌握它们的过程中，都会出现一段漫长的让人感觉挫败和沮丧的平台期，然后，那些做得最好、最有天分的人会在突然之间跃上一个新台阶。由此我们似乎有理由相信，人类的身体发育也是如此，不管是整个身体的成长还是各个部位的单独发育，都的确存在着跳跃式前进的现象，交替出现的停滞期和冲刺期正是大自然为我们设定的发展规律。在很长一段时间内，青少年似乎生活在一种兴趣水平与成就水平相对低下的状态，然后，生活突然之间会变得焕然一新，他们大步前进，改变突如其来，如同破茧成蝶。那些他们从前认为艰难无比的事情，现在变得易如反掌；他们快速攀升，往日的生活被他们远远抛在后面；生活开始翻开新篇章，进入了更高的层次——这或许是因为他们的智力水平和大脑功能已经实现了进一步的进化。这种现象表明，想要得到进一步的发展，必要的前提就是全心全力地投入，进行艰苦卓绝的努力，对于这一点，我们可以引用斯坦福（Stanford）议员的话来证明。当谈到训练赛马的经验时，他认为在初期对小马驹进行一个高强度的训练是非常有效的，这个时期并不需要太长。在这段高强度的训练过程中，如果小马驹产生懈怠情绪，是一件极其危险的事情，他说："要进步，就必须尽全力。"在此我想补充一点——这句话其实也同样适用于其他事物。那些真正的自发注意（spontaneous attention），是以自主性肌肉的紧张程度为条件的，而肌肉的这种功能又是以个体的成熟为前提的，从这个意义上说，肌肉是思想的器官。同样，即使是有意注意（voluntary attention），也是个体通过不断努力使某种活动达到自动化程度之后才得以产生的，对此成人也不例外。所有科技产品、创造发明、研究发现以及一切与这些智慧结晶相关的、原本只存在于我们意识中的思想，都是我们的注意力有规律地集中在一起并激发出灵感的结果。而注意力这个东西，就像是一条意识的河流，从这个地方流向另一个地方，时而分散，时而集中。

至于另外一项研究，虽然它也很有特色，但和前一项研究的原理是一样的，是同一个原理的特殊表现形式及对此原理的进一步解释。

当儿童处于 4 岁或 5 岁时，他们只会胡乱涂鸦。这个时期儿童的主要兴趣是完成一幅自己想要的图画。不过，到了第二个阶段，也就是朗格（Lange）称为"艺术幻象"（artistic illusion）的阶段，儿童不仅能从自己的作品里看到这幅画代表的是什么实物，他们还能感受到隐藏在图画背后的、想象中的形象。所以，这段时期是发展艺术创造能力的黄金时期。孩子们喜欢用笔把所有的东西都画下来，他们这样做的最主要原因，就是他们在这个过程中觉得很快乐。他们画的是存在于自己脑子里的东西，而不是对眼前所见之物的简单复制。在这段绘画的黄金时期，儿童不断尝试着用最大胆的线条来表现这个世界的万事万物。如果他们遵从教师的指令，仔细观察自己看到的东西并依样画葫芦，他们的作品就会显得局促窘迫、表达无力。印第安人、熊熊燃烧的大火、游戏、果仁巧克力饼干、火车、节日盛典、战争等，所有这一切他们都能够用图画描绘下来，但是只有这些小艺术家自己才能完全理解这些线条蕴含的真正意义。如果成人对他们的作品评头论足、大加批判，或者要求他们严格按照事物的本来面目去画，他们作品中那种迷人的风格就会遭到破坏，因为这种机械性的复制是儿童最没有兴趣去做的事情。当孩子们面临着这种要求时，往往就如同挨了当头一棒，如梦初醒，意识到自己原来根本不会画画。在 10 岁到 15 岁这段时间，少年儿童对周围事物的感知力一直在稳步增长，但在绘画方面却几乎毫无进步。那些一度拥有创造力、绘画热情及能力的少年，会在 13 岁或 14 岁之后重新审视自己，艺术表达能力也会逐渐下降。此时的曲线走势就处于巴恩斯（Barnes）所描述的平台期。在这个时期，儿童会根据创作的原型，对自己的作品进行衡量和评判，并开始意识到自己的不足。他们会觉得失望沮丧，对绘画的热情也迅速减退。巴恩斯发现，从 12 岁开始，儿童会越来越觉得绘画没意思。卢肯斯（Lukens）也对此进行了研究，他发现，我们的美术教师们也持有和巴恩斯同样的看法。12 岁以后的学生，他们可能会画得非常准确恰当，绘画技巧也有所提高，但是对画画的兴趣已经消失了。大部分人会将这种无兴趣的状态延续一生，尽管他们对美术的欣赏力会持续地增加。在这个年纪，只有少数真正有天分的少年会开始萌发出对艺术创作的新的热情，这种热情足以和 5 岁到 10 岁时的狂热媲美，因为他们重新在创作中获得了无限的满足与成就感。这些孩子长大后就成为了具有积极创造精神的艺术家。

在对绘画进行研究的过程中，卢肯斯发现，在被他称为"美术才能发展第四阶段"的时期，存在着这样一个群体——"在青春期，他们经历了创造力的重生"。对于创造的热情通常会成为他们投入工作的主要诱因，这种激励作用并非来自看到最终作品的喜悦，也不是因为完成工作所能带来的利益，而是创作过程本身让他们心醉神迷。因此，在这种状态下，儿童时期出现的第一个艺术黄金时期的各种有利条件都再一次出现，他们也再一次从工作本身中找到了最深刻的精神上的满足。在大约14岁或者15岁时，少年们经历了一个转型期，这时一些与生俱来的能力将获得飞速发展。在表4-2中，卢肯斯用曲线进行了非常有意思的说明。

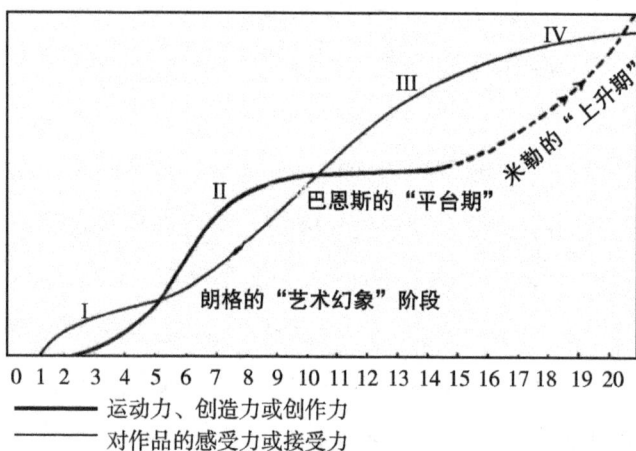

表4-2

在表4-2中，上面的那条曲线代表了创作能力和鉴赏能力之间的相互作用，在其他的领域，例如音乐中，情况也大致如此。这条曲线甚至可能代表了各种能力发展的一般性规律。很显然，青少年的感知力和鉴赏力在15岁左右远远超出了创作能力或者再造能力，两者之间存在如此大的差距是前所未有的。这个时期对事物形成的印象是最深刻的。那些最伟大的艺术家通常都是较晚才开始作画，他们会等到自己的表达能力发展得足够成熟之后，才会开始创作那些让他们感受最深、理解最透彻的事物。而那些年近而立之年，甚至到更晚的时候才拿起笔来描绘自己所处的新环境的人，是算不上伟大的

青春期
青少年的教育、养成和健康

艺术家的。所有的年轻人都有一个共同的特点，他们对自己最热爱的事物总是画得最好，所以他们头脑中的东西越丰富，他们的表现手法就会越发娴熟和富有技巧。作画的时候，他们必须将自己意识中的内容倾注在自己的作品里。在鉴赏力刚刚开始萌芽的阶段，我们就应该让儿童接触一些杰出的名画，并引导他们去感受这些作品的主旨，以此刺激他们的审美品位。在这个时期，还应该时不时地对他们进行一些有关技巧、细节、艺术批判以及各流派差异的教育指导。在这个时期，艺术不仅仅是为了艺术本身而存在，还必须有助于塑造他们的个性、丰富他们的生活、引导他们的行为；有助于培养他们的道德感，帮助他们了解历史和文学。总而言之，对青少年而言，进行教化启迪才是最主要的目标。应该以他们的个人兴趣——注意：不是老师的个人兴趣——为指导。这个时期不应该再执着于让学生们完成某一件作品，这是青少年的接受能力和想象力最强的时期，他们的求知欲与好奇心几乎处于一种如饥似渴的状态，所以我们应该用传说、故事及其他各种知识来满足他们。如果他们拥有创作潜能，那么毫无疑问，这样的课程将在最好的时机将他们的潜能激发出来。首先，他们不会落入俗套去追求那些普通的绘画技巧与主题，他们会尝试那些能充分表现自己想象力的最高级的形式。这些表现形式看起来可能显得简陋而且蹩脚，但是他们创作出来的作品，其立意是有高度的，甚至可能表现了极其宏伟的主题。只要它们是作者原创精神与真实意图的表达，就一定具有打动人心的力量。在 20 岁之前，大部分有创造力的画家都会去探索文学作品中最宏大的场景；追问历史上出现的各种转折；苦思如何去表现那些最令人动容的真相；尝试去实现那些最激动人心的理想。我们在现实生活中看到的那些只懂得把事物的表象搬到画布上的画者，尤其是那些一味强调完全忠实于原貌的人，是配不上"艺术家"这个名字的。有的教师通过打压或批评将天才扼杀在摇篮中；有的教师不能容忍学生在作画过程中出现的严重的技术错误，而这些错误在这个年龄是不可避免的，因为他们现在具备的能力完全承载不了其雄心壮志。这样的教师不配被称为"教育者",他们是刽子手,是一群完全不懂艺术、不懂教育的庸俗之辈。在各个领域都充斥着这样的人,他们犯下种种不可饶恕的罪行,践踏着那些刚刚萌芽的艺术天分。而在这个年龄段,正是艺术天分最容易因各种疏忽而凋零的时期。对于六七岁的儿童,我们应该鼓励他们运用自己强大的天性本能去描绘日常生活中最复杂的场景;而对于青春期的少年而言,他们要做的,就是为自己丰富的内心世界找到一种形象生动的表达方式,将所有错综复杂的心事都淋漓尽致地用图画展示出来,这需要他们不受任何抑制地将自己的勇气和魄力发挥到极限。另一方面,对大多数青少年来说,他们只懂得欣赏却没有任何创造力,但是,只要有机会,他们的头脑就会将那些最好的艺术形象与感受储存起来。这个时期所接触的东西留给他们的印象最深刻,将被他们一直保留在心灵和生命的最深处。所以,尽管此时他们的手拒绝握笔作画,但他们的想象力却在用最明亮的线条与最适合的形式细细描绘着这个大千世界。青春的心灵最容易受外界各种因素的感染,所以要将理想、希望、乐观、面对逆境的勇气等美好的东西深深植入他们的灵魂之中。这是人生中最好的时期,一旦错过永不再来。我相信政府各部门,很少像教育机构这样用各种教育理论和实践手段对那些有过人天赋的青少年进行不遗余力的打压,而且还专门针对这个年龄段——人生最关键的时期,并且还表现得这样残酷。这是所有领域的天才开始成型的时期,这段宝贵的时间对大部分青少年而言极其短暂,对少部分人会长一些,而对最出色的那些人而言,则是永久性的。这时,他们的感觉中心最敏锐、最易受影响,几乎所有的印象都深深地刻在他们脑子里,似乎不可磨灭,而此时,我们却不知道该如何教他们去看、去听、去感受;当他们的双手完成精准动作的能力开始退化,当所有美好的东西都已经被最大程度地理想化,当他们对自己创作能力的信心处于最低谷时,我们却不知道该怎样教会他们让自己的手停下来,转而让想象力去自由地飞翔。

最后我想说的是，目前这种工业需求与手工艺训练内容完全脱离的状态是不正常的，高等技术教育是最大的受害者。康奈尔大学的瑟斯顿（Thurston）教授最近刚刚从国外考察归来，他报告说，如果想要和德国并驾齐驱，我们现在需要做到以下几点："（1）建立20所综合性技术大学，其中每所学校有关工程的专业必须包括50名导师及500名学生；（2）建立2000所职业高中或者手工训练学校，每一所学校不得少于200名学生、10名教师。"如果我们有初级行业学校，就意味着职业高中足以容纳70万名学生，拥有2万名教师。瑟斯顿提出的这个发展方向，在美国如同一石激起千层浪，引发了如火如荼的经济辩论，我们在这里就不去探讨了。不过，从中我们也看到了另外一个趋势：从这个立足点出发，一些教育方法和教育内容表现出一种试图减负的意图，但这是不适合青少年的。这一点我们将在下一章着重指出。

第五章

体操运动

　　体操运动这个术语，其字面意义是指裸身练习，在此我们用这个词来指代那些除了具有体育文化意义之外，并没有什么实际功用或长远目标的运动形式。体操运动是一个完全现代化的概念，在古代，身体训练的目的就是进行比赛、战争等，是不存在所谓体操运动的。在推行这项运动的人群的心目中，存在着好几个不同的理想目标，它们各有其鲜明的特色。虽然这些理想目标彼此之间其实有着极其紧密的联系，但迄今为止，它们还没有完全融会贯通并成为和谐的整体。下面我们试着从四个方面来进行描述。

　　一．由雅恩（Jahn）首先提出、经施皮斯（Spiess）及他们的继承者不断加以完善的目标，就是实现身体的各种可能性，最终如同操作机器一样操控我们的身体。他们设计了很多姿势以及体位，其中很多都是前所未闻、前所未见的。有一些实在是太新颖了，人们不得不发明、制造了很多器械才能完成这些动作。雅恩为这些体位创造了很多新的名词，其中一些从词源学上都找不到出处，他用这些新名词来指代自己的各种发现和发明，毫无疑问，这些发现和发明大大拓宽了运动领域。普通的运动、劳作，甚至比赛，都只能训练数目有限的肌肉，人体所需要的各种肢体活动、身体各部分的协作也被限制在了一定的范围内，而更多的肌肉群及协作部位则得不到锻炼。因此，很多潜能都处于蛰伏状态，俗话说用进废退，我们原本具备的能力也因为找不到用武之地而衰退了。作为发展到高级阶段的现代人，我们要做的，不仅仅是唤醒身上那些沉睡的能力，还应该努力开发新的可能性。有很多动作事实上非常普通，但如果没有受过特别训练，我们现在的年轻人都做不到。对那些专门从事体能训练的人而言，这样的现状正是激励他们采取更多训练措施的诱因，因为他们能够从中看到，人类离自己能够达到的标准还差多么远的距离，而现在他们似乎正在白白浪费自己宝贵的潜力。将来的人类可能会——甚至可以说肯定会，做到一些过去的人做不到的事情，他们将掌握更多超越遗传特质的运动能力。因此，我们必须仔细地研究自己的身体，清点它所具备的各种能力，并对它进行全新的衡量和测评。我们要为自己设计出一套全新的训练方法，进行大量的活动性练习，这些练习之间的比例安排必须非常精确——并非指各种运动之间活动量多少的比例，而是指它们在促进各种随意肌能力发展方面的强弱程度。所以，只有当我们拥有一套真正人性化的体能训练方法——类似对人类智力进行训练的方法那样，具备各种范围广泛、真正独立的非职业化、非模式化的教育课程时，才有可能达到这样的目标。那样的话，我们的身体就能享受到和我们的思想同样的权利：既能拥有传统教育带来的好处，又能感受到文艺复兴所带来的全新活力。这样一来，我们就必须为各种身体活动建立一个真正的评判标准，来判定它们所具有的价值。我们还可以用这个标准来衡量各种形式的活动，例如劳动、运动习惯、游戏等，看看它们对既定目标的偏离程度究竟有多大——是过度了，还是没达到。很多现代“埃皮戈诺伊”（Epigoni）式人物还固执地坚守着古老的理想，尽管它已经无法再提供任何动力了。他们认为，人类一定能够发现一些全新的活动，这些活动具备前人连做梦也想不到的价值。他们对一些特别的训练模式，不管是用于形体发展还是形体矫正，都带着一种几近疯狂的崇拜，还编写了好几十本说明书，对这些训练模式做了详细的图解说明，并且毫不吝惜他们的赞美之词。还有一部分人则处于另一个完全相反的极端，他们认为，只有具备最大变化性的运动，才能作为可以开发出最大运动能量的最佳方案。尤其是雅恩，他因此而将体操运动打造成了一门特殊的艺术，并在人群中激起了一股狂热的浪潮。他教出来的那些学生，就连歌声都与众不同，似乎属于更优秀的人种，来自一个更强大、团结的祖国。正是因为具备这种特色，他的工作才显得独树一帜，他的追随者们也一直乐此不疲地提醒着我们一个事实：在雅恩所设计的运动体系的影响力达到高峰之后，仅仅用了一代人的时间，德国就在 1870 年向世界展示了自己的武装力量，这是自古罗马之后历史上最强大的军事力量。不仅如此，德国在教育与科学领域还赢得了世界公认的领先地位。

这些理论，即便是其最极端的形式，都似乎具有某种魔力，不仅仅具有高度的启发意义，还为教育界引入了一股强劲的热情，带来了不少全新的理想，而这种热情与理想，对青少年来说再合适不过了。想想吧，将自己身上隐藏的潜能激活，让那些正在衰退的能力重获新生，甚至迸发出新的力量、掌握新的技巧、获得新的才能、开创新的业绩，这是多么激动人心的前景啊。不仅如此，爱国主义热情也被激发得空前高涨，国家的利益与安全将会得到更好的维护；他们伟大的祖国德意志，在“耶拿之耻”（the humiliation of Jena）后熬过了漫长而黑暗的岁月，而今将会重新团结一致焕发生机；宗教信念被唤醒，灵魂与肉体将更好地结合在一起，对基督与教堂的侍奉将更加虔诚尽心；运动练习被打造成了一种赞美上帝、服务人类的形式，这种动机又被新的卫生保健理念进一步强化了。这些卫生保健理念的目的，就是要追求一种全新的健康与圣洁，让身体如同圣灵的神殿一样得到进一步净化。因此，在基督教青年会（Young men's Christian Association）训练学校及健身房内，基督的福音有了一种全新的布道方式，不过，这些布道追求的是对身体的救赎。在长期奉行的苦行与禁欲思想影响下，信徒的身体状况历来都没有得到足够的重视。正如希腊的比赛是为了向神明表达敬意，现在人类的身体也可以被训练得更加强健，并以此当作向上帝奉上的更大荣耀。有规律的训练、禁欲的生活、有节制的饮食，这些被赋予了新的动力。因此，如果把这种"视艰苦的锻炼为身体救赎的手段"的运动练习恰当得体地记录下来，可能将会成为现代基督教历史中最灿烂的一个篇章。通过狂热的崇拜行为和高唱赞歌的形式，德国民众的军事理想得到了复苏，此刻他们有了足够昂扬的士气去和国内外的"恶魔"作战。他们努力锻炼，让自己获得更多的力量；同时，他们也在祈祷上帝赐予他们力量，并一心盼望着将这种力量奉献给最高尚的目标。最后，还有一点很重要，在田径运动的竞赛中，各种被训练出来的能力都能找到用武之地，而且在这里取得的成功将具有非凡的价值，因为这些在具有高度道德与精神意义的任务中取得的成就，会在将来的人生中持续给予人心灵上的满足。

尽管鼓吹者们只是一味强调这种全方位的训练方法能带来多大的好处，但是，天知道，它的危险性以及可能犯下的错误是如此显而易见。首先，要准确地评估每一种训练方法所占的分量，并据此进行最佳的统筹安排，采用最理想的模式——这几乎是不可能的。事实上，迄今为止还没有人尝试过用任何方法来解决这个问题。不过，评估手段却是一直都有的，而且评判的标准纯属主观武断的臆想猜测。这种评估方法可能在某一方面正确，但在另一方面却完全错误，因为除了一些主观的经验和体会之外，并没有合适的标准或者测试来判定其正误。其次，在这种训练方法中，遗传因素被忽视了，因为它总是将重心放在某些已经不再被重视的行为上，却对其他所有活动毫无贡献。但是，正如我们将在后面的内容中看到的那样，有一个规则是我们不管进行什么活动都必须遵守的，那就是人类的种族属性所强调的特色，任何缺乏这种特色的活动都注定是无力的。如果我们想要开发出新的力量，那这种力量的产生过程也必然是异常缓慢的，就像一片娇嫩的初生新芽，需要一代又一代人细心地培育与呵护。最后，这种训练方法对个体之间存在的大量差异视而不见，而大部分个体都需要一种满足其特殊要求、完全个性化的方案。

二．在实践中，上述各种理想目标从来就不是彼此孤立的。它们之间联系得最紧密的，大概就是不断增强的意志控制力。绝大多数人都是习惯的动物，他们的行为或多或少都是对周围环境作用在自己身上的刺激的一种自发性条件反射。正是这种源于自身意志的控制力，将人类从奴隶制度下解放出来，并不断地在更广阔的领域获得更多的自由。为了让一切行为都在自己的意识和意志的控制下进行，人类让自己的身体智能化，让大脑更高级的层面掌管控制权，并不断地促进这些高级层面进一步发展与完善，将我们的行为从低级层面的控制中解放出来。这就是"意识控制身体"。这也是瑞典"突击队"训练最想达到的目标，他们要求队员们保持高度的警觉和聚精会神，要能在一瞬间自己听到的口头命令转化为身体行动，同时还要快速模仿领头者的动作及行为（当然对后者的要求要相对低一些）。在此过程中没有任何音乐或节奏，因为训练者认为它们将干扰受训者的思维，导致训练达不到预定目的。在德尔萨特式（Delsartian）训练中，有好几套放松、分解及合成动作，目的就是通过精巧细致的形式，让每个人自己的意识控制其肢体动作。要让自身意识控制自己的一切行为；想让那些由本能控制的领域被有意识的行为取而代之，就需要我们具备更加生动敏锐的感知力，而感知力能够覆盖的范围则取决于我们活动能力的大小；越是接近自己注意力中心的运动，给我们带来的感知范围就越广。所以，通过分析那些已经稳定成型的组合动作，并从中分解出它们的各种组成元素，我们就有可能把这些元素重新组合成新的系列动作，从这个意义上来说，前面的组合动作就是第一个台阶，正是这样一级级的台阶将一些人锻炼成为具有特殊的新技能的大师级人物。这就是那些专家们取得成功的终极秘密与智力法则，也是那些上了年纪体能已经下降的运动员们通常倚赖的武器。每一个未经训练的无意识动作都必须被驯化，每一块能够指挥肌肉发挥控制功能的横纹肌都必须完全听命于我们的意志。这样一来，当肌肉因张力和初期的收缩而精疲力竭时，我们就可以用意志力命令它们松弛下来。尤金·山道（Eugen Sandow）的"肌肉之舞"（muscle dance）正是朝着这个方向发展出来的一种极端形式：它强调左手与右手动作的分化，例如，让一只手抄写一首法国牧歌曲谱，另一只手画一幅乡村舞蹈场景；让两只手在钢琴上分别同时弹奏不同风格、不同节奏的曲子。此外，山道的理论还强调，意志力可以控制心跳、移动双耳、大声哭喊、尽情欢笑，甚至可以让内脏蠕动；掌握各种抑制条件反射动作的技巧；进行各种惊人的表演；熟练地使用多种工具；精通各项运动。上述种种都让意志力对身体的控制达到了顶峰。

　　对于青少年而言，山道的理论也足以让他们怦然心动以致跃跃欲试。正是成为像希庇亚斯（Hippias）那样的全能型人物的愿望，引导着狄德罗（Diderot）和那些百科全书编纂者们在知识领域内不断前进。让自己的意识来控制自己的一切行为，这种方法不但能起到治疗和矫正的作用，还是成为一名专家的必经之路。人类的一切活动都需要不断地进行修正——这里应该多一点，还是那里应该少一点。我们能取得的成就，要远比目前我们能够意识到的多得多，这一点是毋庸置疑的。行为举止及道德品行也一样，因为它们归根结底也不过是行为习惯而已，所以我们能够做得比自己想象的还要好。事实上，从本质上来说，我们的大部分意识本身（甚至可能是全部）都是可以被不断修正的，也就是说，任何生命都是适应环境后的产物。如果柏拉图

（Platonic）的假设是正确的，那么，那些无需教化而与生俱来的美德其实并非美德，而是思考与推理的结果，实际上是在绝大多数情况下都适用的法则。不过，这个假设暗示的其实是对人性的不信任，这种不信任是如此根深蒂固、难以动摇，就像加尔文主义（Calvinism）对不知忏悔的心灵所持有的不信任一样。这与我们现代人所拥有的共识是背道而驰的，尤其是心理物理学与教育学理论，对此抱有鲜明的反对态度。推行个性化的特别方案此时就显得非常困难，但又非常必要。那些在现在看来似乎是不可能的奇迹，不管对身体有害还是有益，事实上都是可以通过努力达到的，对此我们丝毫不用怀疑。但是，在这个过程中必须始终坚持进行综合性的分析，保证整个训练过程的完整性，不能超过身体所需要的程度。只要对这个领域存在的各种假设和事实有足够的了解，就没有学生会怀疑未来有无限的发展可能。对那些具有哲学家的思维、掌握了现代心理学知识的体育训练专家而言，这个领域的前景一片光明，充满着意义深远而丰富的成果，虽然这样的专家实属凤毛麟角。他们，正是我们现在这个时代所需要的人，这种迫切性前所未有。

三．另外一个理想目标与前两个目标也有密切的关系，就是使用最直接有效的姿势和动作。比起矫正体形，林（Ling）的训练方法更多时候是在矫正心智，虽然他最主要的目的是纠正不良姿势和发育异常。从一开始训练呼吸，到后来不断发展到肌肉系统，林和他亲自培养的学生们一直满足于将这些训练方法用在那些形体不佳的人身上。他们的一个重要目标就是放松屈肌，强化伸肌，将人体尽力打开，直到达到一种和婴儿在子宫内的形态完全相反的姿势。当人类婴儿在子宫内时，一般情况下他们都保持着一种接近于坐着的姿势，这种姿势看上去似乎窝成一团、疲态尽显。他们必须依靠颈椎保持头部平衡，阻止自己的头滑到别处去，而脖子上的肌肉完全没派上任何用场；肩膀的重量必须被抛在胸部后面；脊椎必须保持直立，这样才能让腹部自由活动；大腿的关节必须向外伸展；手和胳膊必须翻转到掌心朝上的姿势，等等。不幸的是，这种先天形成的复杂姿势与我们的行动之间似乎存在着一条难以割断的纽带，所以，我们必须在后天训练一种直立而自信的姿态，将这种联系破坏掉。这种做法想要达到的结果，就是让我们的动作更直接有效，从而节省大量宝贵的能量。伸展运动往往显示了前进的勇气，屈肌运动则和精神的抑郁状态相关。因此，通过伸展训练，我们就能够获得勇气、乐观和希望，去除那些对我们身心发展不利的因素。我们所做的一切努力，都能在身体的另外一侧形成广泛的能量辐射，同时让那些没有参与运动的部位也产生类似于运动的反应。在训练中，终极目标应该一直都是追求"最舒服的姿势和最小的消耗"，同时还必须密切注意内部器官的各种需求。要达到这种效果，就必须训练那些虚弱的、通常被忽略的肌肉，这时候就需要用到我们前面提到的第二个理想目标，即让意志力控制身体，通过赞德器械（Zander machines）的作用，对这些肌肉进行训练，在令人几乎难以察觉的状态下，逐渐把其转化为被动运动。这种方法的好处在于，因为它认识到在我们的日常生活中有些特定的行为及动作已经达到了饱和状态或者被过度强调了，所以把训练的重点放在那些补充性动作上。因此，我们用不着刻意去追求一种能够进行全面及整体性训练的程序，原则上只要专注于去补充不足、保证身体不被日常工作扭曲变形、增加一些特殊的运动并且准确执行目标运动就可以了。

这种训练很健康，但却不是那么吸引人。它对抗的对象，正是在现代文明下对人类体质造成最大威胁的敌人。从某种程度上说，这是一种既简单实用又效果显著的方法。大部分在城市生活中长大的人及所有在校学生，都希望能够消除久坐带来的不良影响。确实有解剖学证据表明，从人类的组织结构，尤其是腹股沟的血管组织可以看出，尽管已经尽了最大的努力，但人类还没有完全适应直立行走的姿势。所以，一套能够让膝盖、臀部、脊柱及肩膀挺直、对抗长期伏案工作所产生的不良影响的方法，正好满足了现代人日益增长的巨大需求。其实自然已经赐予了我们一些纠正并防止身体往不良趋势发展的方法，例如伸懒腰、打哈欠。我们将在后面对此进行更详细的解释。为了防止人类成为他们所从事的职业的牺牲品，通常的做法是增加一些与日常行为相反的运动，而且要比日常行为的数量与力度更多、更充分。但目前最能代表这种理念的系统训练方法存在着一个风险，那就是缺乏灵活性并有些过度专业化。除了增加血液循环、改善呼吸状况、保持人体健康以及让内部功能和身体基础活动正常化之外，如果我们还想利用这种方法达到更多的效果，就需要扩大个体之间的差异性。如果我们想让自己的骨骼被可靠的肌肉包裹；如果想让这些肌肉像忠实的仆人那样执行我们的意志，我们需要增强的就不仅仅是力量及主动有效的运动习惯，更需要让身体一直处于健康状态。而且，这种训练方法是最省时节力、经济适用的。身体出现的毛病以及缺陷往往为我们指明了方向，告诉我们在哪个地方使用这种方法最有成效。这种方法具有的独特优势在于，它能够诱导我们去发现与之相关的各种生理机能，并且引导我们在医学领域不断探索，以增加新的知识。

四．体操运动的第四个理想目标，就是让身体达到左右对称并保持合适的比例。对人类身体各个部位进行的测量与分析、平均腰围以及各部位的尺寸、不同部位的力量强度等，被第一次以百分等级的形式制成了图表。每个人都被指定了一套最适合用来矫正自己缺点与异常的器械与练习方法。这种训练模式遵循的原则并非来自希腊艺术中经典人物形象的标准，而是建立在对大量人群进行的测量结果的基础上，测量样本是按照年龄、体重及身高等加以恰当地分组后得出的。在测量中发现，年轻人是差异性最大的人群。有的人可以举起 450 千克，而有的人连 45 千克都举不起；有的人可以举起相当于自己体重 20～40 倍重量的物体，而有的人却连和自己等重的物体都无法举起；有的人腿部有缺陷，有的人则可能是肩膀、胳膊、背部、胸部有问题。利用照片、卷尺及磅秤，每个人都可以了解自己的身体状况，都可以接受忠告去克服自己最大的不足。那些受到造物主青睐，形体条件先天就好的人，则被鼓励着去追求更理想的三围、去不断创造新纪录。所以，训练的理想目标也是多样化的，并非仅限于矫正体形。

这种训练体系的好处在于，它能激发出青少年最强烈的运动热情。他们亲眼目睹自己的身高体型及各项能力迅速攀升的曲线；亲手绘制记录自己三围、举重及其余可测试能力不断增加的曲线；亲身见证了睡眠、饮食、正确及不正确的生活方式对身体系统造成的影响，以及包括肌肉在内的身体系统对这种影响强烈敏锐的反应。它还能让青少年们学会如何判断优劣；知道哪些项目自己能胜任，哪些活动自己能够创下纪录；知道如果要打破某项纪录，自己缺少的是哪方面的能力；它甚至还可以让我们明白，我们所做的一切是在让自己变得强大，从而摆脱那些遗传上的缺陷甚至危险。当我们对所有这些都有一个清醒的认识时，或许就对成长产生了最初、最真实也是最深刻的感知，这种感知将来有可能转化为一种精神上的激情。成长总是有其自私的一面，对那些年少轻狂的大学生而言，不断超越自己为自己设定的标准，是一种全新的、有时候只有自己才知道的艰苦奋战。不过，总的来说，这是一种非常健康的调整方式，通过这样的努力，我们就能朝着变得更完美的方向前进，尽力摆脱与生俱来的一些不利或缺陷，为今后在知识与道德层面的进步奠定基础。利用这种训练体系，我们可以激发青少年追求形体美的热情，例如像雕塑那样，身体各个部位都充满美感。这种对形体美的感受可能会让青少年打开一扇哲学之门，让他们成为柏拉图的初级门徒，然后沿着通向美的阶梯拾级而上，最终发现理想中的精神之美和灵魂之美。当然，前提是他们所追求的不是过度的体格强壮或仅仅是如野兽般的力量，而是那种符合传统的比例协调的匀称之美，那种处于各种极端之间的最公正的平衡状态。通过刻苦、耐心并且长期有规律的努力，再加上不失偏颇旨在完善自己的目标，这种训练方法同时也对道德层面产生了独特的影响。

不过，这种训练方法的危险性也是显而易见的。我们不能完全不顾自然

青春期
青少年的教育、养成和健康

本身的意志而倒行逆施，正如心理训练一样，没有任何一个问题是孤立存在的，相互间都有着千丝万缕的联系。所以，在这里我们不禁要问：过多强调身体的个人特质，把大部分时间与精力（有时候甚至是所有的时间与精力）都花在那些个人更擅长的方向上，而不是努力争取均衡发展，是不是并非最佳选择呢？在实践中，那些比较虚弱或者落后于发育进度的部位很容易受到过度锻炼，可能造成永久性的伤害。而且，那些为了治疗目的而进行的练习，其本身就缺乏自由运动所具备的生机与活力：为了弥补某些不足而进行的锻炼是激发不起兴致的，而那些被强行施加于个体身上的治疗性练习，就像是在对那些我们从祖先那里继承而来的缺点判处刑罚一样，将原本属于医院甚至是监狱的一种微妙的氛围，带进了健身房。

这四个理想目标之间虽然有着千丝万缕的联系，却远未达到融为一体和谐共处的地步。遗憾的是，瑞典式、特纳式（Turner）、萨金特式以及美国式训练体系都有一个共同的毛病：它们对对方的优点视而不见，却对对方的缺点过于敏感。在某种程度上，它们对各自所奉行的那一套太投入，让狭隘的思想阻止了相互取长补短并融为一体。当然，有时候这种狭隘与排斥也是缘于对各自经济利益的考虑——它们得保证属于自己这一套体系的各种健身器械能够卖得更好，按照自己的这一套标准训练出来的健身教练能更受欢迎。我们都知道"盲人摸象"的寓言，每一个盲人都认为自己摸到的那一部分就是整头大象的形状，但事实上真正的大象并不是他们所宣称的扇子、绳子、树或者木头。正是因为缺乏能够将各个体系整合在一起的领导人物，才导致体操运动中出现了各种不稳定因素，同时也使得公众对任何一个体系都没有足够的信心与狂热的支持。就连一些最基本的理论，例如，不同性别的不同需求这个问题，都会因为派系之争而无法达成一致的看法。即使把所有的派系放在一起，所能代表的也不过是青少年天性和需求中的一小部分。世界现在最需要的人物，在美国还从来没有出现过：他了解人类的身体状态，了解体操运动的来龙去脉；他了解历史上各种伟大的体育传统，并像19世纪出现的少数几个伟人一样，立志于研究一种全新的运动领域；带着一种面向未来的高度负责精神，他仔细收集过往及现在所有有关运动的文献及经验；他愿意带着热情、警觉性与新需求去调查各种军事训练方法；他懂得如何重新点燃曾被"特纳社团"（Turners）激发出来的民间热情（"特纳社团"当年深深着迷于早期日耳曼人坚毅果敢的生活方式，一直努力重现这种生活方式中最好的品质）；他必须领会所有受大众欢迎的运动方式中所蕴含的精神，不管这些运动是流行于过去还是现在，并能将它们以恰当的形式结合起来；他应该对各种手工业及教育模式都有所研究，懂得如何弥补它们对人类体质的消极影响，同时，他自己还应该具备高度的道德感与人文精神，对人类更美好的未来充满希望。如果这样的人真的存在于这个世界，他将成为所有青少年的偶像，因为他懂得他们身体的所有秘密。对人类的身体而言，他将是一个"救世主"一样的存在。他也一定会和雅恩一样，将自己的工作当作神圣的召唤，将自己所建立的学校当作神圣的殿堂，认为每一个形体动作都是为了重塑受训者的灵魂。而在青春的世界里，尤其是那些被困于狭窄的空间内、被迫整日面对那些欺世盗名的书本的那一部分少年，正哭泣着、挣扎着，带着比一般人更深沉的压抑和更热切的渴望，等待着自己的身体被救赎，因为在他们的潜意识深处充满了对现状的抗拒。在这样的"救世主"出现之前，我们的文化只能保持着一种空洞、虚伪的模样，被校园生活所带来的种种疾病困扰着。在青春期阶段，现代健身场所最主要的作用，就是让所有的青少年——而不是少数几个，都能够更好地加以利用。设立现代健身场所的目的，应该是让青少年们感到一种不同寻常的快乐，感觉自己充满活力并对生命充满热爱。在健身活动中，与竞争对手的较量及创下某项纪录所带来的刺激是必不可少的，通过共同训练及俱乐部精神的作用，一种社会化的情感将被激发出来。随着各种竞赛、锦标赛的举行，每个人对奖杯及各种表演的兴趣会变得愈发高昂，这种体育文化事实上也已经变得非常个人化了。美国举行的年度"特纳聚会"（Turnerfest），每年都会吸引4000或5000人来参加，有时候，他们会在同一个领导者的指挥下，同时完成一套标准动作。如何训练出少数真正的运动员，并不是真正的问题所在，我们目前面临的真正问题是如何提高体育运动的总体活力水平，提高儿童及青少年的身体素质，保证他们能够抵御现代文明所带来的种种压力，防止种种传染疾病的侵袭，同时克服都市生活的各种有害影响。系统化训练所产生的作用几乎是立竿见影的，这正是它令人惊叹的地方，从以前的各种记录中都找不到先例。山道自己其实就曾是一个体质相当虚弱的男孩，他后来的强壮主要应该归功于系统化的训练。

我们这里有两份颇具典型意义的报告。内布史克（Enebuske）的报告是对平均年龄为22.3岁的青年女子进行为期6个月的训练后得出的结果。表5-1中的数字是建立在50百分位基础上的。

	肺活量	腿部力量	背部力量	胸部	右前臂	左前臂	总体力量
训练前	2.65	93	65.5	27	26	23	230
6个月后	2.87	120	81.5	32	28	25	293

表5-1

拜尔（Beyer）收集了188名海军学校学员的身体发育记录，和他宣称的标准的正常生长记录进行了对比。这188名学员的年龄全部在16岁到21岁之间，一般来说，这个年龄的青少年刚经历了身高增长最快速的阶段。这些学员都接受过特殊且系统化的训练。通过比较，拜尔认为，在经过4年特殊且系统化的训练之后，这些学员的身高大约比普通人高出3厘米，而且这种增高趋势在训练的开始阶段表现得最明显，年龄最小的学员增长最多。他还发现，这群学员的体重也有明显的增加，在17岁到21岁之间，每年的体重递增频率几乎是一样的。拜尔对此的解释是，训练对体重的影响比对身高的影响还要大。此外，肺活量和体重之间的指数（或系数），是衡量训练对人体影响力大小的一个重要指标。不过，拜尔发现，通过训练获得的肺活量增长速度跟不上肌肉增长的速度，在那些通过特殊的体能训练成功地让自己的体重及力量大增的人身上，肺活量这个重要指标总是会偏小。那么，在体重增加的同时，肺活量应该增加多少才合适呢？目前依然没有令人信服的说法。如果把这种衡量标准应用于各种不同的体操系统中，或许我们可以比较出它们各自的效能，考虑到目前它们之间存在的你死我活的竞争关系，这种比较说不定是件好事。人的整体力量也能在系统性训练中得到明显的增长。拜尔认为，在 16 岁到 21 岁之间，通过训练，青少年整体力量增长的速度将 5 倍于普通的（或者说正常的）增长速度。他还补充说："我坚信，目前那些大力士们让人惊叹的绝大多数表现，其实大部分健康人都能够做到，只要他们有完成那些动作的决心并努力进行必要的练习。"只要训练得当，作为对这种训练的反应，我们的器官就会不断增强。这种反应大约可以一直持续到中年期。

根据麦柯迪（J. H. McCurdy）的统计，我们目前所拥有的内科医生的数量与体育指导者的数量相比——从两者占总人口（即使这个总人口数量只考虑了在校学生）的比例来看，前者是后者的 70 倍。这个事实听起来不是那么乐观。就千人平均拥有的内科医生数量这个指标来看，我们是英国的 2 倍、德国的 4 倍。在美国，每 1000 人就拥有 2 个内科医生、1.8 个牧师和 1.4 个律师。即使假设所有男体育教师只负责训练处于服兵役年龄的所有男性，我们每 1000 人也只有 0.05 个体育教师，如果只考虑学校人口的话，那么每 100万名小学生只有 20 个体育教师。所以，我们可以从中推断出，目前这个领域对有智慧并且专业的教师的需求，超过其他任何一个领域。不过，幸运的是，人们可以自行前往那些拥有一些不错设备的健身房进行锻炼，尽管这种锻炼并不具备系统性，不过也很少听到对锻炼者造成伤害的案例。因此，我们并不赞同那些对健身房持有偏见的所谓专业训练者的看法，相反，我们认为，能够不受限制地自由进入健身房并且从事不需要专业指导的自由活动，对青少年来说无疑是莫大的恩惠。虽然青少年对健身房的利用只是偶尔为之，其频率可能和那些户外运动差不多；虽然有些运动和锻炼起到的保健作用几乎与锻炼量成反比；虽然他们一开始可能会因为锻炼过度导致全身僵直疼痛，为此吃尽苦头，甚至带着一肚子的挫败懊恼和满脑子的种种不足回家——但是，这些经历和体验能够增加他们的自知之明，是一种健康有益的刺激因素。

美国比世界上任何地方都更加重视体育馆的作用，尤其是在各种高中学校及大学校园，体育馆总是与田径运动及各项竞赛紧密地联系在一起，无论是对团体还是有志于夺取运动冠军的个人而言，都是非常健康有益的。夺取运动冠军对任何人而言都是一个健康的刺激，尽管只有少数出类拔萃的人才会真正感受到这种刺激并产生反应。各项运动都产生了各自最高的得分纪录，例如，赛跑、竞走、跨栏、投掷、击球、游泳、划船、滑冰等，每一种运动都被分为多个不同的比赛项目，并在各种不同的条件下举行，而每一项比赛要求的距离也都不一样。不管是专业选手还是业余选手，想要参加比赛都很容易。自1876年开展体育运动以来，上述所有运动项目在美国都有了缓慢但稳定的进步。在1876年，没有一项世界纪录属于美国的业余运动员，现在的高校男生们如果回到25年前，即使不能赢得所有项目的冠军，至少也能轻松地拿到大多数比赛的第一名。当然，从更加严格的意义上说，大学之间的比赛并不能完全展示体育运动方面的真实进步，因为参赛者没有必要为了获得一个运动冠军而投入全部时间和精力。不过，这种比赛确实能够体现出总体上的进步。

为了更好地说明我们的意图，我们选择了几项保持得最久的纪录。这些运动项目不像划船比赛那样高度依赖外部条件，也不像自行车比赛那样需要靠器械才能进行，我们感兴趣的这些数据，都是按照不同的顺序对体能进行的精确测量。下面这些纪录的保持时间一直到本书的创作时间，即1906年7月：90米短跑，从1876年到1895年，每一年的纪录几乎都是10秒、11秒，或者在两者之间，不过 1890 年除外，那一年欧文（Owen）创下了 9 秒 48 的纪录，这个纪录迄今依然无人打破；200 米短跑，自 1877 年以来几乎无甚进步，不过韦弗尔斯（Wefers）在 1896 年创下的 21 秒 12 的成绩尚无人超越；400 米赛跑，最好的成绩是朗（Long）在 1900 年创下的 47 秒；800 米赛跑的纪录是基尔帕特里克（Kilpatrick）在 1895 年创下的 1 分 52 秒 24；1600 米的赛跑纪录是康内夫（Conneff）在 1895 年创下的 4 分 15 秒 36。急行跳远项目则一直在稳步前进，最好的纪录是普林斯坦（Prinstein）在 1900 年创下的 7.5 米。急行跳高也有了一定的进步，不过相比之下进步的幅度更小一些，最好的纪录是斯威尼（Sweeney）在 1895 年创下的 1.97 米，这个纪录迄今依然屹立着。撑杆跳的纪录在 1905 年 11 月被多尔（Dole）创下的 5.72 米所刷新。7.26 千克掷链锤项目的纪录是 30.6 米，保持者是奎克博尔纳（Queckberner）。7.26 千克铅球项目的纪录是 15.09 米，由科（Coe）在 1905 年创下。立定跳高的纪录是 1.66 米，保持者是尤里（Ewry）。急行跳高的纪录是 1.97 米，保持者是斯威尼（Sweeney）。我们还有一个有趣的发现：如果我们将数据收集的范围扩大到所有与体能成就相关的纪录，在那些需要将力量与快速有节奏的动作结合起来的运动项目中，我们会看到，那些由业余运动员打破并创下的纪录，很少是属于 20 岁以下的年轻人的。

在标准条件下投掷 7.26 千克铅球的纪录近年来进步很快，目前（截至 1906 年）最好的纪录是科（Coe）保持的 15.09 米的成绩，这比早年没有将比赛条件标准化的时候增加了约 3.05 米。撑杆跳项目的进步也是有目共睹的，最高峰是 1904 年多尔（Dole）创下的 5.72 米的好成绩。不过，在所有项目中，最值得称道的大概还是在 7.26 千克掷链锤中取得的巨大进步。最早的纪录只在 21.34 ~ 24.38 米之间，而现在的最好纪录是弗拉纳根（Flanagan）在 1904 年创下的 52.71 米。3200 米自行车比赛项目所取得的进步也是引人注目的，当然，其中一部分原因应该归功于自行车车轮制造水平的进步。最早的纪录是接近 7 分钟，目前最好的纪录是麦克莱恩（McLean）在 1903 年创下的 2 分 19 秒。有一些项目的纪录同时也是世界纪录，其中超过专业运动员纪录的项目就更多了。我们列出所有这些运动项目的纪录，旨在说明全民运动能力都得到了大幅提升，正如在赛马中，如果马儿到达终点所需的时间在不断地减少，那么我们当然可以从中得出结论，认为马儿的总体水平提高了。

泛希腊（Panhellenic）的各项体育赛事和当今的情况一样，有各种各样的运动形式，这些多样化的运动项目正是青春期天性与需求最有特色的表达。遗憾的是，没有一项古老赛事的时间或距离纪录被保存下来，尽管格拉斯伯格（Grasberger）等作家一直在试图让我们相信，在所有可比较的运动项目中，那些古代的青年运动冠军们都要比我们现在的运动员高出一大截，尤其是在跳跃及赛跑方面。虽然我们现在采用这些训练方法的目的并不仅仅是为了增强训练者的力量，但与希腊培养全能型人才的观念及为了灵魂而雕琢肉体的理想比较起来，我们的训练就显得非常片面了。体操运动是和各种器械、动作练习及各自不同的测量标准结合在一起的，每个人的理解都不一样，个人采用的训练方法也不尽相同，所以锻炼者的理想和动机也因人而异。据目前所知，面对劳动给身体带来的伤害和破坏，人类曾束手无策；对遗传因素留下的种种不足和缺陷，人类也曾一筹莫展。一直到各种体育竞技活动衰落时，始终没有任何一种专门以促进肌肉发展为目的的训练方法出现。

总的说来，现代体育运动让我们的躯干、肩膀及手臂比双腿得到了更多的锻炼，但从心理动力这个角度来说，这种运动在现在看来就显得相对自私，并且太以自我为中心。它更多的是以道德或者智力发展为目的，而不是从心理需要出发。对那些付出大量心力的人而言，他们的体能的确得到了不少提高，同时体育运动也对他们的道德和禁欲精神起到了保护作用。它对各种学说和理论进行了改良与综合，最新的心理生理科学也在这种运动中得到了体现。

体育运动还和生物测量学的工作联系在一起。当今学术界对生理学发展的热情主要集中在与人体测量学有关的领域。这个领域的知识无疑具有重要价值，而且正处于不断发展的时期，在将来符合理想的健身场所中，我们将会看到这些知识的具体化表现：第一，未来的健身场所会装备各种能够测量人体比例和对称性的设备，还会配备一个仪器陈列室，在这里年轻人能够利用各种可测量的元素来指导自己的运动方法，例如，利用听诊器、卡尺、脉搏记录仪、肺活量计、体积描记器、流速计等来绘制生动的曲线，并使用统计方法来计算平均差、制定平均等级表等。第二，解剖学知识，尤其是肌肉、骨头、心脏及肌肤的知识，将得到推广。与此同时，这些部位的生理机能以及对肌肉系统的压力、运动对血液和淋巴液流动状态的影响、对直立体态的进一步改善以及所有相关知识，都将一并传授给年轻人。第三，卫生保健学将引起人们的注意，并且被大众广为理解和接受。它将囊括所有与之相关的知识，例如修身、养生、睡眠，并将与学校、家庭及公共卫生紧密联系起来。所有这些都必须建立在现代知识的基础上，应该与林过时的生理学知识有明显的不同。有关林我们已经知道得够多了，他死于1839年，在他死后，生理学这门学科得到了全新的发展与解释，而他的那些理念迄今依然被一些固执的学者奉为圭臬，并以一种不正常的方式继续存活着。各种器械疗法、主要设备及运动项目的目的及具体应用；肋木、引体向上对身体的锻炼价值；铁头木棒、翻跟头、拳击、棒球、哑铃等的使用；在器械上进行膝部伸展运动，等等，这些都是需要传授给年轻人的。第四，体育运动的历史，从其发展高峰期的希腊时代直到现在，其中充满了有趣的故事，对青少年来说有着极高的文化价值，而且，这些文化价值还有更多发掘的空间。在这个知识领域，不管是从实用性还是理论性出发，都应该设置各种奖项和奖学金，以此激励70%~75%目前没有受到体育活动影响的学生对其产生兴趣。通过上述各种方法，我们将唤起大众对体育运动的兴趣，这些兴趣目前大多被浪费在了各种昙花一现的热情中，我们可以对它们进行更合理的利用，帮助这些运动变得更加理性化，因为其本质其实更接近于劳动，而不是游戏。事实上，古茨穆茨（Gutsmuths）对体育运动的第一个定义就是"披着年轻化娱乐外衣的劳动"。所以，在大学里开发一些体育课程，让它们主要（即使不是完全）满足学生们获得学位的需要，这将使那些目前只有体育训练学校才有的课程在大学里获得用武之地，同时也扩大、丰富了大学的教学内容。不过，除了我所看重的文化价值之外，迈出这样一步还将为一门重要职业的出现做好准备，正如我们已经看到的那样，这门职业到目前为止严重缺乏人手，那就是体育教师。此外，体育运动对大学生的道德品行无疑也有着巨大的推动作用，而且这种作用的潜在力量不可估量。格罗特（Grote）曾说过，在古希腊，几乎所有的教育都将一半精力用在了对身体的训练上；高尔顿（Galton）声称，这些古希腊人领先于我们的程度，正如我们领先于非洲黑人一样。他们都主张，如果身体达到了完美状态，道德和智力也会随之得以提升。如果没有这种身体、道德及智力上的进步，一个国家的文化就如无源之水、无本之木。在我们所处的这个时代，我们有更多、更新的理由相信，将来最好的国度，就是那些懂得如何对身体给予最明智呵护的国家。

第六章
游戏、运动及比赛

　　游戏、运动及比赛组成了一个更多样化、更古老也更为大众所熟悉的领域。在这个领域中，占统治地位的是一种与前文提到的各种概念完全不同的快乐和愉悦精神。这个领域也常有人为的干预介入，但如果它们不是完全以遗传动力为基础，往往就无法立住脚。所以，我们面临的第一个问题就是，如何寻找祖先遗留给我们的活动倾向与心理动力。格鲁斯（Groos）认为，游戏是对未来成人活动的演习，这种观点是非常片面、肤浅而且不合理的。它忽略了历史——了解所有游戏行为的钥匙恰恰隐藏在历史里。真正的游戏，从来就不是对那些在种族发展史上属于新事物的行为活动的实践，那是工业化生活的需求。在游戏发展的最早期，一定包括了很多属于我们祖先的活动，并涵盖了这些活动所具有的基本功能，其中的一些游戏还没有发展成熟就夭折了，但另外一些会在不断的进化中保留下来，正如蝌蚪的尾巴一样。这些保留下来的游戏必然具有发展意义，并且可以用于刺激人类双腿的生长发育，否则的话，我们的双腿就不可能达到今天的完善程度。我想用另外一种主张来取代格鲁斯这种不正确并具有误导性的观点：在我看来，游戏是我们这个种族自遥远的过去遗留下来的一种运动习惯和活动能力，到今天依然被后代们坚守着，正如一些基本功能总是与一些基础器官密切联系在一起一样，两者是一样的道理。如果我们要寻找过往成年人的一些固定行为，最好的线索和向导就存在于孩子们的游戏当中，那些出于原始本能、与生俱来的非模仿性游戏，完全始于他们的自发性，也是他们活动需求的一种最准确表达。幼童在成长过程中慢慢形成的活动与行为模式，和一代又一代的先祖完全一样，只不过在程度上可能会有些差别。就算人类从事的每一样职业在今天都变得和从前不同，游戏依然会不受任何影响地保留下来，它们的某些表现形式也不会改变。游戏能够促进运动能力的发展，让我们的心跳加速，使我们得以将那些源自祖先的最重要的活动形式继承下来，并将它们转化为适应将来成人生活需要的形式。在游戏中，每一种情绪以及动作都是出于本能。所以通过游戏，我们重演了遥远祖先的行为活动，至于这些活动应该追溯到哪个时代已经无从得知，但幸运的是，我们能在游戏中以简略概括的方式不断重复着他们曾经的劳动和生活。这是后代们对遥远过往的一种下意识回忆与纪念，而每一种游戏都是了解从前某种行为活动的钥匙。促使人类进行游戏的那些心理冲动，正是人类祖先将他们的习惯性行为传递给我们的一种形式。所以，就像演戏一样，我们在一幕幕游戏中重现他们的生活。在种族发展的过程中，这些行为活动被我们的祖先在一次次为了生存而进行的抗争中、在生与死的持续挣扎中，不断地加以修正和完善。现在，那些在人类的肌肉组织发展史上出现过的最古老的元素与组合动作，总是在人体的生长发育上最先体现出来；而那些在发展史上出现得比较晚的元素，在人类身上也按照同样的顺序逐一出现。这就是为什么在青少年心目中，除了游戏之外别无他物，其对游戏的渴求程度如同人类怀念那失去的伊甸园。这就是游戏与体育活动不同的地方，游戏对精神和肉体的作用是同时的，这也是为什么游戏能够让精神和肉体合二为一，让人变得完整。正如一句谚语所说，"游戏时才能识人真面目"，意思是那些能让人的精神和肉体同时投入的游戏，才是最纯粹的游戏。将肉体置于一切之上，可能会让肌肉过度发达；而过于强调精神，又会导致身体的虚弱甚至引发无意识动作。据此我们就能明白，游戏是青少年最理想的锻炼方式，是其生长发育期最好的活动，也是在种类和数量上最容易进行自我调节的运动。因为在游戏中，青春的热情能够被全力释放，达到高潮；可以听从外界的呼唤，也可以跟随心的指引，无拘无束，自由奔放；可以让年轻的热情找到宣泄的出口，即使最炽热的激情也能有所安放，让快乐有所表达，让狂喜尽情挥洒，这正是他们想要的方式。如果没有这样的渠道，身体里流淌的滚烫热血可能会让他们选择一种替代性的发泄方式，使他们陷入狂觞滥饮中不可自拔。最重要的是，我们要知道"特纳社团"的口号就是"热情、自由、快乐、虔诚"。

为什么后世之人对古希腊的痴迷和崇拜经久不衰？有关的历史和文献都将这种魅力归功于一个事实：古希腊代表了我们这个世界永恒不变的青春时光，它是对青春激情的最好诠释。我们可以以雅格（Jager）和盖德史里夫（Guildersleeve）为例，当然，如果算上格拉斯伯格就更好了，他们都致力于让我们相信，泛希腊的体育赛事，尤其是奥林匹克运动会，包含了现代各种竞赛活动中出现的最好特色，不管是野营会、集市、英国的大赛马会（Derby day）、瓦格纳音乐节、不列颠协会（the British Association）的联合会议，还是乡村斗牛会、校际运动会、中世纪锦标赛等。它们都是"最高节日"，吸引了所有热衷于金牌和荣誉的人来参加。在金牌和荣誉那璀璨的光芒之下，夜色与死亡显得格外黑暗，令人无法忍受。人们点亮火把照耀神的住所，以此来表达对神祇无限的尊崇，年轻运动员们的行为和成绩被归功于神的激励与指引；在对神表达敬意的同时，那些平时多有龃龉的国度再度握手言和亲如一家。比赛获胜者会获得一个简单的由桂枝编成的王冠；为了让自己城邦的选手夺冠，他们展开了激烈的比赛与争夺，为了迎接冠军的到来，他们甚至可以推倒城墙重建；对雕塑家而言，希腊古老的运动会就是他们塑造的人物的动作及体态的灵感来源，冠军的形象就是他们的代表作品；诗人将冠军推崇到与神等高的地位，而著名的希腊诗人品达（Pindar），甚至这样吟唱过："唯手足敏捷远胜常人者，方可谓圣人矣。"品达将冠军的胜利视为正义永远战胜邪恶的一种象征。如果一个人拥有最出色的身体，那就说明他也拥有最出色的精神世界。就连柏拉图（对他而言传统文化不仅能够滋养出一个人最美丽的心灵，还能让他的肉体显得富有力量、优雅无比，而虚弱无力距邪恶与丑陋仅一步之遥）也奉行这样的主张：在推行教育的时候，必须保证我们的灵魂能够更好地呵护我们的肉体。他的这种主张后来成为体育精神没落后兴起的角斗士运动的一句口号：想变强，想变壮，就成为一个哲学家（Valare est Philosophavi）。希腊人很难将身体与心灵层面的教育区分开来，他们认为，体能方面的教育就是为了达到智力训练的目的。一个正常、健康的心灵是不可能寄居于一具虚弱残缺的身体内的，因为心灵的完美取决于身体的健全。基于此得出的结论就是：如果知识只是单纯地为了知识而存在，就会沦为某种极具危险性的邪门事物，因为一个人如果不能有效地控制自己的身体，却将他的思想解放出来，这简直就是一种灾难；如果在运动能力方面没有达到一定的程度，保持无知是比满腹经纶更好的选择。所有促进体质发展的文化，其最终目的，也是唯一的目的，就是为了促进思想和精神的发展与完善，因为身体只是思想和精神的另一个自我。促进人体肌肉组织发展的文化，同时也在训练并塑造着我们的大脑。一个手无缚鸡之力、双腿绵软无能，因长期保持坐姿致使臀部堆满赘肉的书呆子；一个因贫血而脸色苍白，"早上发烧，晚上发狂"的天才少女，都是怪物一样的存在。最好的游戏也是帮助我们学习行为准则的课堂。它给予我们的不仅仅是力量，还有勇气和自信，它竭力简化我们的生活方式和习惯，为我们提供能量，让我们学会理清思路并计谋决断，在不幸的日子里为我们带来心灵的慰藉和宁静，支撑我们度过困苦岁月并培养自己的独立与个性。

那么，在苏格拉底（Socrates）所处的地域和年代，健全体能的理想是如何完成道德和智力训练的目标的呢？我们可以从当时对知识和德行的定义中一窥端倪："知之，且力足以致之。"只有极端且片面化的"唯智论"（intellectualism）才会将它们区别开来，并认为"知易行难"。如果以道德伦理为出发点，那么事实上包括哲学在内的所有知识体系，都是关于如何"从善"并"为善"的艺术。规范行为是掌握知识唯一的、真正的目标，不包括道德准则的科学是不存在的。色诺芬（Xenophon）说过，"一个通过学习让自己不断进步的人是最伟大的人，一个觉得自己一直在进步的人是最幸福的人"。生活就像手工艺一样，既是一门技术，也是一门艺术，每一种真正的知识都是意志力的一种表现形式。健全的道德观念和发育良好的身体，两者并不只是相似而已，如果才智与行动分离，前者就会变得费解、抽象、干巴巴；后者则会变成遵循固定模式的机械行为。因此，我们的良知、健康的心灵以及正义感是紧密联合在一起而且互相促进的。

游戏是对我们遗传的运动特质的一种最纯粹的表达，不过，不只是游戏，我们在劳动和各种运动中获得的愉悦感，都是来自过去生活对我们的影响。对那些处于健康状态的人来说，他们所从事的所有合理运动带来的第一个影响，就是一种健康感和喜悦感。这就是为什么人们往往对很多特殊形式的活动有着奇异狂热的主要原因之一。这种感觉的吸引力实在太强了，以致人们为了追求这种感觉特地开发了很多从保健学上来看并不太适宜的运动形式。感觉自己精力充沛、举手投足之间充满活力能够让人身心舒畅，有时候会唤起强烈的激情甚至让人沉醉其中。所有的动物都必须保持活动能力，否则就要面对老弱病死。既然虚弱就意味着面临悲惨境地，那感觉强大自然就是喜悦和骄傲的源泉。强大能够让人觉得自己高高在上，感觉自己有尊严、有毅力、有勇气、有自信、有进取心、有权势、有人格力量、有男子气概、有存在价值……我们可以用所有词典上与这种感觉相关的褒义词来形容。积极进取、才智敏捷、强壮有力，这是年轻人尤其引以为傲的优点。我们的自然天性和发育进程对人体结构进行了精心巧妙的安排，让所有生理和心理程序都能够被激活。人体活动分解出来的所有产物都在氧化运动中被清理出体外；所有的神经节都被激发出了最有力的反应；交感神经活动被触发；植物神经过程变得正常化、标准化。在处于性紧张的年纪，当性的压力集中到某些未成熟的部位时，这种压力对人是有害的。体育活动可能会使人意气风发，并将这种意气风发的心理感受推到一个近乎登峰造极的极乐境界，肉体感受到的愉悦将会分散、辐射开来，藉此减轻性紧张对青少年造成的压力。这种适时而止、适可而止的方式，将有助于青少年形成稳定而又灵活的情绪模式和脾气秉性，培养他们道德上的自我控制能力，让他们学会热爱自由，热爱所有重要词汇所代表的美好事物，并对那些更高远的人生抱负和志向青睐有加。

仔细观察各种促使我们对这个世界施加更多作用力的方式，就可以据此大胆设想：人类这个种族的发展进程，其轨迹与每个青少年的成长历程是非常接近的。正是来自遥远祖先的遗传动力赋予了我们体内的运动神经元和肌肉以生命力，让它们负责管理人体大部分组合动作。祖先遗传给我们的很多元素，依然在不同的年龄阶段在我们体内拥挤着，窃窃私语地喧嚣着。婴儿的第一批自发性动作就如同象形符号一样神秘幽远且饱含深意，可是对绝大多数这样的动作我们依然无法破译。还有一些元素被紧密地压缩在一起，我们无法将其拆分解析。很多元素已经消失湮灭，而另一些可能会在我们的生活中昙花一现，它们所暗示的东西我们仍然难以理解。到婴儿长大一些时，他们所表现出来的行为就会变得更加完整充分，这些行为的意义也更容易让人理解，而到了儿童期和少年期，他们的行为与种族发展进程之间的相关性就变得非常直白明显、有目共睹。游戏所带来的愉悦感，与人类当前所拥有的遗传素质的多寡以及遗传动力的大小是完全成比例的，我们在游戏中感受到的正是来自遥远祖先的快乐。我们的祖先在这些活动中所经受的劳苦艰辛和他们自身一起消失了，留给我们的是纯粹的轻松愉悦。游戏的多样性让我们的生活变得丰富多彩。原始人类也和动物一起嬉戏，这种嬉戏也在我们的生活中残留了不少遗迹。有人认为，劳动要么是游戏的进化，要么是游戏的退化，但事实上，游戏的领域随着一代又一代年轻人的出现变得越来越广阔，因为不管在何处，游戏总是"青春"最好的代名词。任何人在游戏的时候（也只有在游戏的时候），几乎都显得青春洋溢、活力十足。对老年人最恰当也是最形象的描述，就是"缺乏精神和身体游戏"。只有他们的大脑、心脏和肌肉内那些衰老固化的组织才清楚地知道，他们为什么不再热衷游戏。

古立克（Gulick）曾极力主张，当某些活动与其他活动相比显得更有趣更吸引人时，这种让它有趣的因素往往可以在种族发展史中找到端倪。在人类发展过程中，精准且快速的投掷能力曾经在生存之战中起着至关重要的作用，那些不善投掷者如同被大浪淘沙一样无力存活，而那些具有不寻常的投掷本领的人往往能够在战争中克敌制胜，在狩猎中收获颇丰，而且更善于保护家人。我们的神经系统及肌肉系统都是按照某种特定而明确的倾向组织在一起的，隐藏在这种组织方式背后的是种族背景的影响。所以，快速且持久地奔跑和闪避、用棍棒准确有力地击打也是狩猎和战斗中所必须具备的基本功。当然，现在对这些动作的实用需要已经不是那么迫切了，但它们对于完善人的机体组织还是非常必要的。举个例子，正是因为这些动作在人类发展史上所起的作用，才使得棒球成为一种能唤起人类熟悉感和亲切感的运动，因为这种运动代表了人类历史上曾经长期存在的、为生存所必需的一些活动。肌肉的组合运动曾经对人类种族的发展具有非常实用的意义，所以这种倾向我们也从祖先那里继承了下来。最好的体育运动和比赛，是那些将人类发展史上出现过的古老因素组合在一起的模式，所以对肌肉系统发育史的研究非常重要。在这里我想问一个问题，为什么一个城市男子会那么喜欢坐一整天静静垂钓？原因就是，这种垂钓的兴趣可以追溯到已经无法追忆的遥远过往。我们是渔民的后代，在远古时期曾经傍水而居，鱼类曾经是祖先的食物来源。这可以解释为什么某些活动会比其他活动更有趣——它们触碰并重新激活了我们最基本最原始的种族情感。由此我们不难明白，游戏不是去做那些在将来会有用的事情，而是对我们种族历史的重演。各种游戏和运动，它们随着时间、地点而改变的，仅仅只是外在的形式，而深层的神经－肌肉活动，以及这些形式后面的心理内容，却是一脉相承的。正如我们的心理状态是一级一级递增式发展的一样，我们的生理活动也是按照时间一步一步发展的，每一步都有属于自己的时间节点。

因而，对年轻人来说，最好的运动应该是那些能够更直接地促进基本能力发展的形式，这些基本能力在种族发展史上出现的时间，要比那些对个体而言相对特殊的能力早得多。这些运动所起的作用，就是强化遗传习惯中存在的心理－神经形式和肌肉活动形式，而不是去坚持那些主观设计出来、不顾遗传特性、一味追求身体匀称美的理想化形式。对于前者，最好的引导就是兴趣、热情和自发性。在决定神经系统功能的发挥顺序方面，遗传动力同样起着决定性的作用。那些最古老、具有种族意义的部分会最先起作用，那些更高级、代表着个人意志的部分出现的时间则会晚得多。休林斯·杰克逊对此有非常精彩的说明：说话所需的器官和吃东西所需的器官是一样的，但是与前者相关的部分是由更高层次的神经细胞控制的。所以，通过正确的咀嚼和吞咽等动作，我们正在完善自己的语言器官。因此，遗传性不但预先规定了运动的种类，还规定了运动的时间和强度。所有动物的生长发育或多或少都具有周期性。在经过一段时间的快速增长期之后，随之而来的往往是一段休整期，然后可能会紧接着一段提高期，这样的周期大概会出现好几次。

罗伯特（Robert）的第五次国会报告显示，系统性的体育运动如果在合适的时间应用在青少年身上，其所起的作用几乎是立竿见影的，在促进肺活量方面的作用更是令人啧啧称奇；可是如果应用在 12 岁的男童身上，则是完全失败的，因为在这个年纪，发育高峰期还没有到来。唐纳森（Donaldson）的研究表明，如果一只小猫甫一出生其眼睑就被强行撑开，并施以光刺激，那么这只小猫的髓鞘形成过程就是不成熟、不完整的；同理，如果迟迟不进行正确的运动，我们知道结果将会多么让人失望。我们的成熟水平、神经区域及纤维束的发展顺序——按照弗赖西希（Flechsig）的看法，都是具有因果关系的。或者如卡哈尔（Cajal）所言，那些用于生长发育的能量，最初来源于细胞分裂，其后传递到纤维束并引起其扩张，进而促使潜在细胞的生长；在小孩子身上，手指产生的初期动作可能会刺激大拇指，使大拇指也随之开始活动；两眼各自独立的运动或轮流进行的组合运动可能会引发第三方运动，甚至引发更高层次的运动。从这个意义上说，运动的目的应该是完善人的原始天性，遵守生长发育初始阶段的自然法则，否则，不但起不到任何好的作用，还会对人的生长发育造成巨大的伤害。因此，每一个阶段的定义都具有极大的实用性，同时具有科学上的重要性。下面要讲的就是人类迄今为止所做的各种尝试，它们都说明了青春期所具有的显著意义。

在 8 岁到 9 岁之间，孩子们对玩偶的喜爱程度达到了顶峰，这种痴迷在 15 岁的时候差不多就结束了，虽然仍然会有一些青少年将这种痴迷延续下去。为什么不再喜欢玩玩偶了呢？除了回答"有了其他更喜欢的事物"或者说"自己已经长大了""知道害羞了""喜欢真娃娃"等这些原因之外，孩子们说不出更令人信服的理由。罗马女孩在长到可以谈婚论嫁的年龄后，就会将自己童年时期的玩偶当作祭品奉献给维纳斯（Venus）。卡莱尔太太（Mrs. Carlyle）因为被成人逼着放弃自己的玩偶，特地为它做了一袭华贵精美的服装、一架四柱大床，并把它放在一堆葬礼用的柴垛上，让它像迦太基女王狄多（Dido）一样死去。在对玩偶最后道别后，卡莱尔太太用铅笔刀刺向自己的身体，就像提尔人（Tyrian）用他们的剑刺伤自己一样。到了 13 岁或 14 岁时，孩子们已经能够更加清楚地意识到，玩偶不是真的，因为它们没有内在的生命，没有感情。但是，有很多孩子仍然会悄悄地和玩偶玩耍并从中得到莫大的乐趣，这种状态会持续到十几岁甚至二十来岁。偶尔会有一些单身女子或者已婚无子女的妇女，在罕见的案例中甚至还包括那些有子女的妇女，会终身保持和玩偶做游戏的习惯。盖尔斯（Gales）的学生曾经总结说，那些在接近或者进入青春期仍旧玩玩偶的女孩子通常是人群中的佼佼者，她们和玩偶嬉戏，是因为她们真的喜欢这些玩偶，这些女孩会比那些很早就扔掉玩偶的女孩更有学问，更沉着冷静，更不会多愁善感、感情用事。不过，在她们身上，那种将新鲜事物或者最不合时宜的事物“玩偶化”（dollifies）的本能却消失了，那种存在于玩偶游戏和偶像崇拜之间的微妙联系也消失了。在青春期之前，对孩子们来说玩偶多半是成年人的替代品，而在青春期之后，玩偶则大多代表儿童或者婴儿。在青春期之后，玩偶世界里已不再有怀疑与介于虚拟和现实之间的矛盾挣扎，也不会存在放弃一个玩偶就是抛弃一个人的错觉。当对玩偶的喜爱在青春期依然存在时，多半只是一种返祖现象。在痴迷玩偶的高峰期，也只有极少孩子会觉得这些玩偶代表了自己将来的子女，所以认为“第一个孩子就是自己最后一个玩偶”的说法很有可能只是无稽之谈。玩偶与将来子女的齿序没有任何可比性，如果一个孩子在童年玩玩偶，然后在不该玩玩偶的年纪就非常果断地放弃，那她在将来是不是能成为一个更好的母亲呢？玩玩偶这种行为是不是会对将来成为母亲具有某种“实习”价值呢？对这些问题的答案都是存疑的。以玩偶这种形式存在的游戏有很多，以此为灵感而出现的各种行为活动不胜枚举，这些活动都能够引导孩子们向着健康的方向发展，所起的作用是不可估量的。但遗憾的是，心理学家和教师们却在漫长的时间里对此置若罔闻。在人类发展历史中，我们还能找出更多像这样由个体独立进行的对过往纯粹的复演吗？遗憾的是，我们还不能对其中的各种成分进行合理分析，并将这些成分与它们在种族发展中所起的作用一一对应。

在一篇很有意思的论文中，古立克博士将游戏划分为三个具有儿童特色的阶段，以 3 岁和 7 岁为划分界限。他还尝试着以其特色为标准将青春期早期的游戏与 12 ~ 17 岁及 17 ~ 23 岁的后青春期阶段的游戏区分开来。他说，在前两个阶段中，7 岁之前的孩子很少自发性地去玩游戏，通常都是在年纪稍长的人的刺激下才去做。从 7 岁到 12 岁，游戏变得无一例外地具有个人主义色彩和竞争性，不过，在青春期早期阶段，"两个成分占据着主导地位——首先，在这种游戏中团体游戏占优势地位，为了团体个人或多或少都要做出牺牲，每个人都必须服从上级的指挥，为了达到预定的目的一队人必须进行合作，游戏有计划、安排和结局。其次，这个时期游戏的特点就是游戏本身所具备的特色，这些游戏的内容似乎都与户外的原生态生活有关——狩猎、捕鱼、偷窃、游泳、划船、航行、打斗、英雄崇拜、冒险、热爱动物，等等。这些特色在男孩子身上保留得更多，程度远胜于女孩"。"青春期的游戏是社会化的游戏，要求参与者具有健康的价值观：魄力、毅力、自控力、勇敢、忠诚、热忱。"

克罗斯韦尔（Croswell）发现，在 2000 名儿童所熟悉的 700 来种娱乐活动中，与其他种类的游戏相比，涉及体育运动的活动处于绝对优势地位。"在 8 岁之后的每个年龄段，体育运动与其他类游戏的比率约为 2∶1，而在 16 岁男孩当中，比率上升到了 4∶1。"孩子们参与娱乐活动的种类在 10 岁到 11 岁这段时间达到了最高值，每个孩子几乎都能说出 15 种游戏，不过在接下来的 8 年或 9 年时间内，游戏的数量却出现了稳定减少的趋势，逐渐集中到某个专门的领域。在"复演"理论中具有暗示意义的追逐游戏，在 6 岁男孩参与的游戏中所占比例约为 11%，在 9 岁男孩子中上升为 19%，此后便开始迅速下降，到 16 岁时所占比例已不足 4%。玩玩具和过家家游戏所占比例则在更早的时候就开始下降，与此同时，对球类运动的热爱却开始稳步且快速地上升，一直持续到 18 岁左右。在女孩当中，纸牌游戏和桌面游戏所占比例在 10 岁到 15 岁这段时间内呈现出稳定上升的趋势，不过与男孩相比，这种增长速度还是稍逊一筹。"在十几岁男孩参与的娱乐活动中，约三分之一或者更多都是对抗性游戏——游戏的最终目的就是以某种方式战胜自己的对手，这类游戏的乐趣就在于与同龄人进行较量。""正如一个女孩坦言的那样，当少年儿童进入十几岁的青春年华，他们不再热衷于那些仅供玩乐的事物，而是开始倾向于那些有用的事物。"所以，父母与社会应该在每个不同的年龄阶段向孩子们提供最适合的条件、最合适的娱乐活动。随着孩子们年纪渐长，外部社会在他们的娱乐活动中所占的分量越来越重，从 13 岁开始"在娱乐活动中占有决定性地位的特色就是合作与竞争，参与者所有的努力都是为了达成某个既定的目标。在这个阶段，所有活动的发展方向都会集中在少数几种方法上"，而在每一种方法上孩子们都会投入更多的时间。想要成为某一方面高手的渴望在这个时期达到了顶峰，这种想法后面最本能的冲动就是想获得独立自主，而不是将成功寄托在无法把握的随机运气上。尤其是到 14 岁的时候，孩子们想获得手工艺训练的念头更加强烈，他们想用自己的双手创造出什么东西来，当然也有可能是与人合作制造点什么出来。

麦吉（McGhee）对 15718 名儿童进行了调查，收集了他们的游戏偏好。他发现，在 9 岁到 18 岁的女孩中，奔跑游戏呈现出稳定下降的趋势，而在 11 岁到 15 岁时，她们对碰运气游戏的喜好则快速上升。11 岁之后，女孩子对模仿游戏的兴趣显著下降，而在男孩子中下降率则相对较低，其中下降得最厉害的时期是在 14 岁之前。在 11 岁到 16 岁的男孩中，涉及对抗的游戏快速增加，这种游戏在女孩当中的增长率甚至比男孩还快，到 18 岁时，在她们参与的游戏中，这类游戏所占的比例超过了男孩，达到了 17%。青春期后，对少数几种游戏的特殊喜好显著增加，这在十几岁的男孩中最为普遍。而在女孩中，她们喜欢的游戏数量比男孩多，而且对这些游戏都一视同仁，没有哪一种是备受青睐。即使到了这个年龄段，女孩子们对游戏规则的概念依然很淡，而在男孩当中这种规则感已经非常强烈了。在青春发育期，女孩们对槌球游戏的喜好上升得最快，男孩们对这种游戏的热爱更是达到前所未有的程度，尽管他们最喜爱的棒球和足球运动所占比例同样也上升得非常快。麦吉在作品中并没有明确地加以说明，但从他提供的数据中我们可以发现，在男孩子中，游戏种类随着年龄变化的特点尤其显著，其中至少有部分原因是因为男孩子的户外活动比女孩更多。

费雷罗（Ferrero）及其他相关研究人员已经证明，在原始社会时期，强度越高的活动就越倾向于具有节奏感，并带有强烈的自动化特点。没有比跳舞更普遍的活动了吧？跳舞不仅是一种高强度的活动，而且在举手投足之间主要是依靠一些基础动作来进行表达。如果把那些附加的开头、结尾及细节都去掉，在人类生活中，不管他们说的是哪一种语言，每一种重要的活动、职业、情感及生活事件都具有普遍性和象征性。由此我们可以推断，所有的音乐及诗歌都是从这些具有普遍性和象征性的行为活动中抽象升华而来的。在各种劳动变得专业化之前，大多是以有韵律有节奏的形式存在的，而且通常都伴随着计时的模式，此外，出于经济省力和社会化原则的考虑，在劳动中还会要求大家统一定调，以此来保证动作的协调一致。在那些我们依然知之甚少的历史背景中，也能发现一些证据证明我们的某些观点，即：游戏、艺术及劳动并不是各自孤立的。它们可能都是从有节奏的活动中喷发而出的灵感，这些活动深深植根于人类的生物条件中，因为这种有节奏的模式能够保证人类以最小的代价获得来自生活的最大快乐。正是这种最原始最古老的律动平复了喧嚣，让混沌世界变得井然有序；正是因为对这种律动的明智利用，才使人类的精神世界变得有节奏有规律，并竭尽全力朝着更高的理想前进。

劳动号子的作用就是保证劳动者在进行抬举、拖拉、踏步及使用连枷、撬棒、锯子、斧头、锤子、锄头、织机时能够整齐划一、协调一致。从很多劳动号子中我们可以发现，不同的音区及强拍代表了身体不同程度的弯曲与伸展，当肌肉的紧张程度达到顶点时使用重音，同时我们还能清楚地看到，节奏与韵律在缓解劳动强度方面所起的是何种作用，又是如何将劳动变成社会行为的。大部分古老的劳动号子都已经失传了，机器已经让劳动的连续性变得越来越强，在这种情况下再使用节奏性的劳动方式，就会显得要么复杂费解，要么是没头没脑的强制措施，也限制了它们曾经自由的表达方式。现在，所有基础的、关键的或者要求力量的活动都倾向于摇摆性、一种下意识的重复性，或是像原始音乐那样带着简单的节奏性，似乎在这些活动的背后，那从我们人类最初的来处——那片浩瀚幽深的海洋中激荡起的浪潮依然还在有节奏地拍打着海岸。同时，那些在后来出现的次要活动则变得更具连续性、特殊性以及极大的复杂性和多样性。所以，在肌肉组织发育到具备最大能量时，几乎所有基础性的肌肉活动都应该用最强调最突出的音符去表达。在这段快速发育期的早期阶段，男孩子们会变得热爱长途步行；据我们的统计显示，孩子们对下列活动的热情呈现出显著的上升趋势：打拍子、跳吉格舞（jig）及双人曳步舞（double shuffing）、有节奏地拍手等。活动中所具备的重复性因素越多，心理活动和注意力的调整就越轻松、越下意识化。大学生们喜欢的叫喊、欢呼、赛艇、竞走、游行、自行车比赛、跑步、拔河、柔软体操，尤其是带着音乐背景的课堂体育活动、骑马等，都是节奏性运动；网球、棒球、足球、篮球、高尔夫、马球等，节奏性就稍弱一些，但是要求团体协作，强度很高。后面一类运动重点强调的是对抗性元素，这些元素在击剑、拳击和摔跤运动中得到了淋漓尽致的体现，其强度主要表现在心理压力上，要求注意力高度集中，并且要具备高度的技巧。在活动中充分利用音乐的影响力，其目的是为了使各种运动更贴近基础性活动，从而成为一种下意识行为，并相应地减少我们在意识层面的精力投入，将这些具体活动中涉及的神经－肌肉结构解放出来。令人遗憾的是，瑞典式体育运动拒绝将音乐引入自己的体系中，这是一个极大的错误。

青春期是产生节奏感和韵律感的黄金时期。在此之前，很多孩子对音律的感觉是迟钝而不完整的，甚至包括那些在节日游行、歌唱、游戏或诗朗诵时能够使用正确的节奏和韵律并且会用踏歌的方式来强调表达的孩子。在这段黄金时期，其意识领域会经历质的飞跃，感受范围大大扩展；在心理能量和精神领域方面，注意力变得更加强大，对语言句式的感受性也有了全方位的提升。这个年纪的孩子已经能够在意识层面上感受到抑扬顿挫、使用得当的升调以及恰到好处的停顿等所带来的听觉上的美感。我有充分的理由相信，这个年龄段正是节奏性、力量型运动的春天。音乐是从原地踏步的节奏中开始的，鼓是人类历史上最古老的乐器，不仅如此，长长短短的语音与韵律曾经在很长一段时间内在人类的感觉世界中占据着主导地位，也是表达心理内容的一种主要形式，而旋律与歌词是后来才出现的事物。即使只是简单有节奏的踢踏或以脚点地的动作——这就是诗歌韵脚和韵律的来源，后来变成了一种将单调的散文组成诗歌的强制性规则——都能给人们带来欢快的感觉，让精神变得愉悦，激励他们主动出击，让他们感受到足以打动人心的力量，并在他们内心激发出团结一致的情感。节奏和韵律后面的心理现象表明，正是因为有了它们，人类的精神世界才变得协调和谐、井然有序，这就是节奏和韵律最基本的价值。如果没有了它们，战争、爱情和宗教将会是什么模样？简直难以想象。有一句古老的谚语说得好，"诗歌乃散文之父，音乐乃诗歌之父，节奏乃音乐之父，上帝乃节奏之父"。这句谚语不仅在真实的历史进程中得到了证明，人类思想和注意力的本质也为其提供了有力的佐证。我们的思想和注意力并不是连续不断地进行的，它们时而翩翩起舞，时而静止栖息；有时像一只蝴蝶静静地停留在小溪中间的石头上，有时像被钟摆摇动的指针惊吓到的鸟儿那样到处扑腾飞翔。

舞蹈是青少年纯玩乐及运动需要的最好表达形式。在所有的运动训练中，舞蹈大概算是最自由的一种了。叔本华认为，舞蹈让人的生理兴奋达到了极限，让所有生命最真切鲜活地意识到了自己的存在，并以一种近乎狂喜的方式将这种感受展示出来。在中国，古代的人们在春天里尽情跳舞，并把这当作一种仪式，作为对 13 岁以后的男孩教育的一部分。尼尔（Neale）认为，这种围成一个圆圈或迂回循环的舞蹈，是古人表达崇拜的一种方式。他认为这是人类发展史上最古老的一种仪式。在日本、古罗马的撒利学院（Salic College）、埃及以及希腊的阿波罗祭祀（Apollo cult）中，舞蹈都是一种表达崇拜的形式。圣巴索（St. Basil）曾经推荐过这种形式；圣格雷戈里（St. Gregory）将它引入了宗教仪式中。早年被称为"praesul"的基督教主教们会带领信众围绕着祭坛跳"圣舞"，这种形式于 692 年被禁止出现在教堂中，但是后来再次兴起，于是在 1617 年又再次遭禁。尼尔和其他人曾经证明过，当教堂合唱团穿着圣衣吟唱着走在游行队伍中时，他们的魅力比平时大为增加，对那些他们想极力将其基督教化的落后部落的群众而言，这种形式远比布道更有说服力和吸引力，因为这些人根本听不懂教会使用的语言。几乎所有处于原始蒙昧状态的野蛮人都是优秀的舞者，他们模仿自己知道的每一种动物，并用舞蹈将本民族的神话传说生动地演绎出来。那些用舞蹈来表达的仪式是非常严格的，犯一个错误就意味着死亡。我们通常能从一个人的舞蹈中了解到他的性格特征，莫里哀（Moliere）曾经说过，一个国家的人民群众所选择的舞蹈类型往往决定了这个国家的命运。那些表演得最投入的舞者，往往属于最底层、最被人轻贱也最不快乐的人群。而有些谜团只有从他们身上才能找到答案，例如在宗教表演"耶稣受难记"（holy passion-plays）中。如果我们要探讨世俗舞蹈的历史，你会发现，其中的一些舞蹈形式在刚刚出现或最流行的时候，通常能在人群中引起最狂热的追捧。一位作家曾经说过，波尔卡舞（polka）让法兰西和英格兰的人们如痴如醉，连政治家们也因沉迷其中而荒废政事；老派波兰贵族的精神至今依然活在波洛涅茨舞（polonaise）中；吉普赛舞蹈的风靡推动了一所新的音乐学校的建立；希腊戏剧由悲剧性的合唱演化而来；民族舞蹈表达了各个民族不同的特质，例如，苏格兰的角笛舞（hornpipe）和里尔舞（reel）、德国的莱亨舞（Reihen）、法国的回旋舞（rondes）、西班牙的塔兰台拉舞（tarantella）和恰空舞（chaconne）、来自斯佩峡谷（Spey Valley）的斯特拉斯贝舞（strathspey）、爱尔兰的吉格舞，等等。这些舞蹈内容丰富、形式多样，例如，庄重典雅的帕凡舞（pavone）、优雅高贵的萨拉班德舞（saraband）、野性狂野的萨尔塔雷洛舞（salterrelle）、节奏强烈载歌载舞的奥弗涅舞（bourree）、轻快活泼的波列罗舞（bolero）、威严的巴亚德舞（bayadere）、充满戏剧色彩的普拉奇舞（plugge）、加伏特舞（gavotte）及其他乡村化妆舞会，节奏欢快喧闹的方丹戈舞（fandango）、手握武器的军事舞蹈等。这些舞蹈充满了最原始质朴的力量，让我们表达爱、悼念、正义、惩罚、恐惧、愤怒、安慰、礼敬，表达象征性的概念和哲学概念；生活中每一种劳动方式和特征性行为都可以用哑剧和手势来加以表达。而现在，我们在现代舞厅中所跳的舞蹈只是这些舞蹈彻底衰败后留下的废墟，其文化价值几乎可以忽略不计，而且通常还会和一些不好的东西联系在一起。对青少年来说，这是一种莫大的不幸。为了他们，我们急需将从前的舞蹈挽救回来并赋予它们新的生命，因为它们可能是最完整的表达情绪的语言，可以成为培养我们所有感性认识的最好学校，甚至还可以向我们反复灌输正确美好的思想，把那些不良的想法和念头从我们的头脑中驱逐出去——几乎没有任何别的教育文化形式能做到这一点，连音乐也不可能有这样强大的影响力。正确适宜的舞蹈能够让我们的精神世界协调一致，帮助我们舒缓神经和学会控制，让基础肌肉和更精巧的肌肉、感性与理性、肉体与精神和谐共处。舞蹈既可以唤醒我们，也可以成为我们智慧的试金石；它可以武装我们的心灵，使我们对抗邪恶，让我们远离恶习；它可以扭转我们品行的河流，让它朝着美德的方向前进。可是，目前现实中存在的是一种没落的舞蹈形式，对那些身体虚弱无法以正确的方式跳舞的人来说，它们的作用只是让他们更加灰心丧气。不过，现在我们都深知，即便是错误百出的舞蹈有时候也能起到驱除不良习惯的作用，而且这种方式远比其他方式更加温和无害，因为其他方式往往会迫使人为自己的不良习惯找到另外一个出口。关于舞蹈对健康的作用和影响，我会在另外一个很有意思的章节中加以详细说明。

在青春期的自发性行为模式与人类历史早期的劳动模式之间，存在着一种既具有科学趣味性又有深刻实质性意义的联系，我相信这种联系是一个最新的发现。原始人与文明人之间的一个最显著的差别，就是原始人工作与休息之间的周期更长。他们通常会在很长的一段时间内无所事事、闲散度日，这段时间可能会持续数天、数周，甚至数月。然后他们会使出浑身力气投入高强度、长时间的运转中：跳舞、狩猎、战争、迁徙，或建设家园。有时候他们会不眠不休地进行劳作，表现出惊人的忍耐力。随着文明程度和专业化程度的提高，劳动时间变得更有规律。文明人的生活习惯不再那么随意了，从饮食到睡眠再到执行社会和宗教义务，都变得更加规律、更有条理，尽管他们一年中投入的全部精力并不比原始人多。与男性相比，女性接受规律性劳动训练的时间要早得多，布赫（Bucher）曾经把教化未开化民族比作训练一只猫去拉小车，认为这是一件非常困难的事情。他们痛恨劳动，并非因为怕苦怕累，而是因为受不了那种单调乏味的劳动方式。原始人的劳动强度比文明人更大，但他们休息的时间也更长、更加懒洋洋。达尔文（Darwin）认为，人类身上所有关键性的功能生来就具有周期性活跃的特点，这是因为，脊椎类动物是由深受潮起潮落影响的海洋生物演变而来的。确实，在人类生活中我们可以找到很多这样的例子，表明有一些无规律的节奏是不受日夜交替影响的，这些节奏可能在本质上与性欲有关，不过不受月亮的影响，而且是属于男性的。在工业和商业这两种以规律性为首要前提的活动出现之前，原始人群这种劳动与休息周期性交替的方式在人类历史上持续了一段漫长的时间，其长度比工业活动和商业活动存在的历史还要长得多。在人类社会的早期阶段，我们的祖先总是会在一段时间内超负荷运转，一定要把自己累得精疲力竭直至崩溃，然后代之以一段漫长的如植物一般无活力的时期。在青春期肌肉组织的活动习惯中，我们可以看到大量这种来自人类远祖的心理痕迹。我的看法是，在学生生涯尤其是大学生活中，这种心理残留会影响他们培养规律的活动习惯，不管怎样强化，青少年的规则感与规律意识都是有限的。这并非是一种返祖现象，其中一部分原因在于，这是一种自然天性的表达，也可能是这个不成熟阶段的某种需求的表达；还有一部分原因在于，这是一种对强加于自身的统一规范的本能反抗，因为这种规范剥夺了生活的多样性，扼杀了人类的冒险精神，让人类失去了无拘无束的自由，正是这种规范让原始人群难以接受文明的枷锁。肉体渴望着精力宣泄后的疲惫感，这种渴望会演变成一种真正的激情，这种激情既不同于那种为了活动而想参加活动的冲动感，也不同于想获得某种成就的欲望感。用最原始的方式，在呐喊声中倾泻身体里存在的每一分力量，身体的每一个部分都绷得紧紧的，就像一名初生婴儿在用尽浑身力气哭喊一样，让身体充满张力，让皮肤泛起潮红，这时候血管扩张，迫使血液在体内快速循环流动，去浇灌那些新生的纤维、细胞和器官，让它们获得足够的营养而不致衰退——这是一个能引人兴奋甚至让人陶醉的过程。当整个发育过程完成并到达成熟期，这种需求也就减少了。如果上述理论成立，那么具有青春期特色的"第二次呼吸"现象（同时也是有酗酒倾向的人的一个主要特征），就是个体发育过程中出现的、在人类漫长的发展历史中存在的节奏性特点的一种表现方式。为了弥补过度轻松的生活，青少年需要在某些方面投入过度的精力；为了抵消时不时由睡眠过度带来的影响，他们需要偶尔失眠。这似乎是自然界一种不成文的规定，让肉体与精神在这个可塑性极强的阶段，向各个方向不断扩展新的可能性。如果没有这种时不时的过度行为，我们所具备的能力就会衰退枯竭，就会因为得不到利用而停滞不前；在青少年发育初期，如果没有这种特殊的训练方式，我们就不能认识到人体具有的更多可能性。我们将会在其余部分对此进行更加详细的阐述。

在种族发展史上，重要程度仅次于舞蹈的活动，大概要算人际间的对抗性活动了，例如摔跤、打架、拳击、决斗，从某种意义上说，狩猎也是其中的一种。在动物的世界中，处处充满了为生存而进行的各种争斗，原始战争也是一种为了某种赌注而在个人之间进行的较量，仇敌相见分外眼红，贴身缠斗、赤手肉搏，其中一方的胜利就是另一方的失败，这种失败可能就意味着死亡。在这种对抗中，参与者押上的往往是生命，而我们也能从那些更加残忍暴虐的方式中看到人类天性中最让我们羞于面对的部分。伯克（Burk）曾经让我们看到，在处于童年时期的男孩群体中，那些最野蛮的本能是如何存留下来并且不可遏制地表现出来的。在这个阶段，男孩之间的战斗往往带着一种孤注一掷的意味、撞鼻子、揪耳朵、踢敏感部位、扯头发、折胳膊、踩踏头部并将头往石头上撞、撅手指；一些暴徒有时候还会刻意地扼住脖子、挖出眼睛、扯掉耳朵、拽出舌头、打断牙齿、打破鼻子、折断骨头、将下巴或其他关节移位、扭断脖子、咬掉嘴唇以及使用其他种种稀奇古怪、莫可名状的折磨方式。在不可抑制的盛怒中，人类变成了恶魔，对自己的受害者恨不得饮其血、食其肉、啃其骨。这个时候脸会扭曲变形，嘴里会发出怒吼、咒骂，像动物一样用鼻子喷气，嘴里咕哝有声，会放声哭喊然后又会在疼痛中纵声狂笑。较量的各方都会变得满是瘀伤、浑身泥土、衣冠不整、疲惫喘息。对那些生性更加原始粗鲁的人群而言，这种冲突场景有一种强烈的吸引力，而一些在精神上有某种病态的人则会对冲突产生一种特殊的恐惧，即使是那些不那么激烈的对峙，也会让他们在看到任何有关冲突的蛛丝马迹时就惊慌失措。不过，在正常情况下，这些野蛮的兽性本能大多在童年时期出现，而且通常会被压抑下来，因为这个时期的儿童无论是在力量还是技巧上都不足以承受严重的身体伤害。如果这种对激烈冲突的原始欲望没有在成长过程中被削弱消减，青少年极可能会变成作奸犯科的罪犯。尽管表达愤怒的兽性方式让人厌恶，但这种野蛮的冲动不能也不应该被完全清除（不过，那些向着恶魔转化的表现必须被克制）。如何正确地表达愤怒，这是道德教育的重要内容。对所有的挑衅都怒不可遏，经不起任何刺激，这也是一种缺乏男子气概、懦弱胆小的表现。但是，如果一个年轻人身体没有任何缺陷，却不能用自己的身体进行搏斗，是很难获得真正的自尊感的，而且通常会被认为是一个懦夫、一个娘娘腔、一个鬼鬼祟祟的家伙。这样的人缺乏男子气概，不是个真男人，他的诚实也值得怀疑。所以，我们不应该考虑怎么去消除这种好斗的本能，而是要考虑怎么去解决下面这个大问题：我们应该进行什么样的生理与道德教育，才能恰当适度地缓和与引导这种本能？

斯巴达人会刻意地让男孩子们养成这种好斗的本能；在大不列颠的学校中，一代又一代的教育者都对这种本能予以了有策略的重视，并利用行为习惯来加以规范。他们采用具有教育意义的文学作品及传统习俗，不断强调这种好斗本能在塑造男子汉过程中所起的作用，并运用各种巧妙的方式来改变这种影响力的性质，休斯（Hughes）和阿诺德（Arnold）对这些方式都不乏赞美之词。采用这些刻意化方式的目的，就是与正威胁人类的各种退化对抗，因为这些退化的实质就是意志的逐渐弱化与尊严的日益丧失。真正的德行需要敌人，只有女人、娘娘腔和老年人才需要宁静、舒适的和平，而一个名副其实的男人会在高贵的战斗中获得快乐，因为战斗是人类勇气与胆量的主要来源，它会将所有伟大的理由神圣化，并驱散我们内心的恐惧。过分好斗当然不是什么好事，不过，我要说，一个不怕打架的男孩要比一个在战斗面前畏缩后退的男孩更加优秀。我没有耐心去做那些感性的事情，比如在这个地方犯"因噎废食"的错误，因为一些训练方法有某些不良影响就整个放弃它们。我会让所有健康的男孩子都去学习拳击，如果他们在青春期到来之前没有来得及学习，那么在青春期到来之时一定要让他们得到这方面的训练。在拳击台上进行的对抗是残忍而不体面的，不过，为了寻找一种更好的方式来让孩子们理解这种个人对抗的精神，我会鼓励他们参加拳击练习，然后研究这种活动究竟激发了孩子们哪些方面的兴趣，并根据这些发现设计一些更加符合教育实际并能被合理应用的模式。和舞蹈一样，我们应该将对抗性活动与一些和其相关的不良的模式分开，并利用它所具备的教育意义来达到道德培养的目的。不过，在使用这种方法时应该因人而异、因材施教，并主要用于弥补个体所欠缺的某些具体的性格缺陷。这种对抗性活动最大的好处就是，它确实是一种充满阳刚之气、属于男子汉的艺术，一种训练手眼协调并迅速反应能力的绝佳方式，它还可以训练我们快速决断的能力，锻炼我们的意志力及自控力。一旦我们失去了获得这些训练的途径和渠道，沉痛而尖锐的惩罚也就随之来临了。在所有化解过度愤怒的方法中，这是最有效的一种，不仅如此，人们发现它不仅能对那些天生就具有易怒倾向的人产生最有益的影响，对天生就缺少男子汉气概的人也同样影响深刻。对抗性活动包含了与各种规则有关的优秀理论知识、主动出击与还击的不同方式、耗尽对方体力并让对方精疲力竭的技巧、如何巧妙地阻止对方攻击同时又不会对对手造成严重的伤害以及应该在何时防御何时进攻的策略，等等。在训练和对抗中，得到主要锻炼的都是身体的基础性肌肉群。如果要达到脱胎换骨的效果，还必须面临无数的困难，其艰难程度是难以想象的，对此我从来不会盲目乐观。但是，据我个人的练习经验及观察结果来看，这些困难也并非不可战胜。

　　与决斗相比，上述个人对抗形式可能要稍好一些，即便是与相对无害的德国学生式决斗相比也是一样。尽管雅各布·格林（Jacob Grimm）、俾斯麦

（Bismark）和特赖奇克（Treitschke）都热切地维护这种决斗，身为哲学与教育学教授的保尔森（Paulsen）和神学教授施拉姆夫（Schrempf）仍然宣布其为"轻度有罪"。也有少数美国人认为，这种决斗方式至少不像互相欺凌那么恶劣。决斗方式最黑暗的一面，就是那种被过度强调并夸大了的荣誉感，在团体精神的共同作用下，它会演变成一种错综复杂、不可思议的推动力，按照齐格勒（Ziegler）的说法，这种推动力能鼓动一个只有 16 名学生的小团体在 4 个星期内进行 200 多场决斗。这种形式到最后必然沦为一种虚伪浮夸的社交礼仪，即便是遭到轻微而且无意的冒犯，也需要用决斗的方式来维护自己的虚荣。一名大学教授的脸上可能会带着在决斗中留下的伤疤，尽管他有权将学生的不敬行为定义为卑劣行径，甚至有权将一名学生开除，但他仍然会选择和对方进行决斗，以此来捍卫自己的尊严，因为当他站在决斗场上时，能够感觉到自己内心的荣誉感和尊严感正在慢慢生长。当时的人们热衷决斗的传统力量有多强大，从这个例子可窥一斑。拔剑决斗这种形式源于一种宗教式的浪漫情怀，因为人们认为决斗的结果是在显示神的判决。当一个人受到侮辱的时候，他就做好了为捍卫尊严而付出身体、甚至生命代价的准备，这是决斗理想主义的一面。这种决斗现在已经完全过时了，并慢慢转化为一项体育运动或一种表演形式。对那些让人难堪或者无知的行为，有时候也会有人用这种方式来表达愤怒和抗议，不过这样做显然有点过度惩罚的意思了。尽管如此，它依然能够向人们传达一种必要的观念：要对自己的言行负责；同时它也能让人们得到一些体能方面的训练，尽管这种训练的强度很小而且非常专门化。决斗的规则是按照传统惯例，直接援用古代法国军旅生活中的模式而来的。可是，什么是真正的荣誉，什么又是丢脸不体面；什么是真正伤害他人自尊的存心侮辱，什么又是因过度的敏感或傲慢而想象出来的伤害呢？决斗规则是给不出一个真正合适的判断标准的。所以，就目前存在的决斗形式来看，它并非捍卫神圣人格免受侵犯的最佳方式。如果正如它所宣称的那样，拔剑决斗是一种抵御带有腐蚀性魅惑的防御手段，那决斗行为发生的时候往往和当事人的过度饮酒脱不开干系，这又如何自圆其说呢？剑术是一种不断在完善、不断精致化的艺术，对姿势与体态的要求非常高，并且需要眼睛、手臂、手腕的迅捷反应和高度配合，这使得它逐渐成为了一种单人表演，并剥夺了表演者用手中的剑与人对决并重创对手的热情。

武士道（Bushido），意为带有骑士精神的武士规范与法则，将日本文化中有关尊严与荣誉的概念具体化为各种行为举止与对决模式。青少年们被武士道的精神理想激励着，在 5 岁的时候，一名未来的武士就会获得一把真正的剑，这把剑的意义就是让他开始产生自尊感和责任感。到 15 岁时，他会再次得到两把剑，一把寒光闪烁削铁如泥，一把尊贵华丽充满美感。这两把剑一把长，一把短，他必须与这两把剑终身相随不离不弃。铸剑者必须是来自于有神明护佑的铁匠铺子，在开始铸剑之前他们必须诚心祷告。这些武士之剑配有最精致的剑柄和剑鞘，每一把剑都被赋予了特殊的法力或者魔咒，象征着忠诚与自律，所以，一名武士是不能随随便便拔剑的。一名合格的武士，必须学会剑术、箭术、马术以及矛枪之术，还要懂得如何运用策略、了解伦理规范、熟读经史典籍，甚至要学会一些解剖学知识，这样才能在防守与进攻之时让自己立于不败之地。他要视钱财如粪土，安贫乐道，将自己的尊严置于最高地位，如果失去尊严，宁可放弃生命。这种武士道精神被称为日本的灵魂，如果这种精神黯淡了，那么生命就会失去光彩，变得庸俗不堪。它既是日本的伦理规范，同时也是体育训练的行为准则。

如果比赛双方都带着尊严与荣誉感踏上球场的话，足球算得上是一项高尚而有意义的比赛。最近，一位英国网球冠军和一位美国网球冠军进行了一场比赛，双方最后进入了决胜局。他们比分相平，但比赛已经接近尾声。正在这时，美国冠军发生了一点小意外，这个小意外足以让他和他的祖国失去冠军地位。而那名英国选手却不屑于因对手的意外而取胜，所以也有意地制造了一个和对方类似的错误，让自己失去了可能获胜的机会。反观现代美国足球比赛，威胁公平竞争的最大恶魔是什么呢？是一些球员不惜一切代价要赢得比赛的欲望，这种不加抑制的欲望导致了各种花招诡计和潜规则的出现。那些卑鄙奸诈的手段损害了比赛本应给人带来的荣誉感，而这种荣誉感正是青少年形成良好道德意识的最好也是最有力的保证。所以，在目前这种状态下，青少年是不可能在球场上学会如何成为一名真正绅士的。这让社会道德退步并沦丧，对青少年的危害要远远大于在比赛中造成的所有瘀伤、扭伤、骨头断裂甚至死亡。

摔跤是一种个人之间的对抗形式，在古代就已获得了高度发展，尽管在现代它们更多时候被认为是一种肢体运动。事实上，在实践中摔跤也主要是以身体为主，很少心理上的参与，但在摔跤的各种形式中，我们发现它们对人类的各种能力也具有特殊的训练作用。这种对抗方式代表了发生在没有武装与保护措施的两个人之间的最原生态的较量。剔除其最初的残忍与野蛮元素后，希腊罗马式（Greco-Roman）的摔跤运动制定了各种合适的规则，使得摔跤成为了一种非常有益的活动。它能比其他任何活动都更有效地锻炼人体的某些特定部位：四肢、躯干、颈部、手部、足部、以及所有与直立及俯卧状态相关的身体部位。与其他活动一样，摔跤也有自己的一系列技巧和规则，例如，如何虚晃一招声东击西，如何保存实力把握机会，如何巧使手段迷惑对方，都有自己的一些特色。摔跤这项运动还要求比赛者必须保持谨慎警觉、反应迅速、强壮有力、行动敏捷，要求双方不得为了获胜而采取残忍手段，要在不对对方造成任何伤害、甚至不让对方感觉到疼痛的前提下战胜对手。在比赛中，双方的身体会亲密接触，这种接触强调的是屈肌而非伸肌的运动，从而赋予了这种运动一种独特的模式。在这种模式下，双方可以使用大量不同的动作，在每一个不同的阶段都有各种不同的选择，同时也增加了各种不可知的风险，有一些甚至可能造成永久性的伤害。比赛双方进行的较量通常会比拳击持续的时间更长，而且与拳击相比，在摔跤中能够喊停并介入的机会要少得多，场上的局势进展得非常缓慢，最后的输赢结果往往也很难确认。所以，一言以蔽之，在所有对抗性比赛中，摔跤这种形式是非常独特的。作为一种讲究各种姿势的艺术，摔跤无疑具有最极端的表现力，同时也在不遗余力地不断发展进步中，因为这种形式几乎囊括了身体的每一个部位、强调了身体的每一个动作、调动了每一个肌肉组织群、使用了身体的每一个姿势。因此，摔跤对人体的锻炼是最具普遍意义、最少特殊化的方式，要想取得胜利，必须在每一个方面都具备优秀的资质才行。

与绅士风度恰恰相反的是什么？大概要算"让灵魂经历最猛烈的暴风雨"式的愤怒了。一个人如果脾气急躁、动辄与人争吵、脏话不离嘴，这种秉性几乎算得上是反社会的，而像疯子一样地任其爆发也让人厌恶。与之相比，和善顺从、甚至被人打了左脸再奉上右脸的人有时候反而是赢家，这可能也是一种在衡量谁的道德水准更高时所采用的策略。控制住自己的暴脾气，就像给狗系上狗链一样，会让一个人的性格变得很不稳定。不过，当面对那些欺凌弱小、徇私舞弊、不公正对待弱者的行为，还有那些犯下不可容忍的错误法律却对之无能为力的人时，依然保持忍耐与克制就不再是一种美德了。对这种行为应该毫不姑息立刻纠正，这有利于维护人类的道德水准与社会安宁。如果过度压抑自己，一个对非正义行为充满愤怒的人可能会变成一个尖酸刻薄、充满愠怒的人，原本美好的秉性也被破坏了。所以，爆发式的怒火发泄所带来的释放感和痛快感，往往能够将那些足以导致不良心理问题的情绪扫荡一空，就如同暴风雨将空气中的阴霾完全驱散一样，给我们带来那种被媒体过分夸大的"无法言喻的平静"。因为害怕树敌，所以在任何挑衅面前都一味忍让，这不是我欣赏的态度。我欣赏那些因为与某一类人为敌而名扬天下的人物。与其让年轻人死气沉沉、愤世嫉俗、吹毛求疵，不论在身体和精神上都畏缩怯懦并且道德败坏，我宁愿看到他们经常因打架而被打歪鼻子、伤筋动骨、脸上挂彩，有时候甚至可能会以某个有才华的年轻人的性命为代价，当然，如果我们的选择只能是非此即彼的话（事实上，有时候就是非此即彼）。

爱情与战争往往是紧密联系在一起的。对人类而言，性成熟期通常也是其最好斗的时期；对动物而言，则是在它们长出犄角、尖牙、利爪或毒刺及所有可用来进攻和防卫的武器的时候。与此同时，一种全新的团队精神也随之诞生了，这种精神让青少年开始拉帮结派，也正是因为有了团队精神，一些组织可以永久性地存在。足球、棒球、板球等，就连划船也能成为训练青少年智力与道德品行的方式。首先，比赛规则往往是非常复杂的，想掌握这些规则就必须通过仔细的观察，这种观察绝对是训练让思想控制身体的好办法。所有规则都在不断地被人们进行修正和改进，要想理解每一个有关内部结构和比赛行为的细节被改动的原因，就需要具备丰富的经验和对人性的洞悉。其次，团队成员对集体利益和领导者的服从，是培养他们的社会意识和合作和本能的最有效的方法。每一个团队都代表着一个学校、一所大学或者一座城市的荣誉，每个成员都有义务去维护这种荣誉。盎格鲁－撒克逊人在比赛中具有高度的团体忠诚度，这体现在他们从青春期就表现出来的合作精神和服从精神上，这样的精神形成了这个年纪独特的活动特点。如果加以利用，不仅可以发展成为对城市、国家和民族，还可以升华为对上帝和教堂的服务精神和奉献精神。每一位个体都必须融合在一起，每个人都应该养成良好的运动精神，宁可失败也绝不玩阴谋、搞小动作；宁可选择一场清静的比赛，不需要掌声、拉拉队和疯狂的粉丝；不以胜利为唯一目的，不会为了赢得比赛而不择手段。职业化运动引入了一大批身体强壮却粗俗不堪的运动员，这些人不懂礼貌、毫无礼仪，没有一点骑士精神，是被完全隔绝于高尚文化圈之外的。这些职业运动员的目的，就是不择手段、使出各种卑鄙伎俩去捞取利益。与这种职业化运动趋势进行的长期而艰苦的战争，为这些比赛项目的训练特色和运动精神蒙上了阴影，也抹煞了它们原本所具有的教育意义。刻意地对比赛进行干预，对各个学校的教职员而言，无疑是一个沉重的负担，因为每一年的季度比赛都会引起一股狂热的浪潮，对能否获得奖学金的敏感刺激了学生们的神经，让他们在激动中摩擦不断。来自朋友和赞助人的关注以及媒体的煽风点火过度报道，将这种狂热的气氛推到了白热化的程度，这个时候，我们就会发现很多可悲的证据，证明在我们的遗传特质中包括了那种崇尚武力、争强好胜以及不屈不挠的战争本能。但是，即便到了这种程度，比赛中好的因素依然是主流。现在学校实行的选举制度已经破坏了校园比赛的公平性，我们的各大学院并不像英国的大学那样设立各种不同的单位，这些单位彼此之间是你死我活的竞争关系，通过真刀真枪的实战才能获得出头机会。在选举制度下，随着学校规模的不断扩大，能够获得比赛资格的学生比例就越来越小。通常，谁能获得比赛资格是由学生们投票选举的，而选举的结果往往是最好的落选，次好的上位。不过，老师和学生都在不断地从经历中成长，相信他们会吃一堑，长一智。从整体的角度看，那种进行"魔鬼训练"和主张"唯胜利论"的现象还是少数，即便考虑到最坏的可能性，好的一面大概也还是处于上风，而且，近年来的一些进步也让我们对未来充满希望。

最后，军事目标和心理－生理教育相结合是一种非常有用的训练方法，满足了青少年对战斗的渴望，而且从整体上看，这种方法要比那些只讲究花架子的训练方式对健康更有益，也更充满活力。例如，踢正步，这种运动要求所有人的腿、胳膊和身体姿势都保持正确而统一的动作；在队列中胳膊如何摆动，如何完成每一个前进转体的规定动作，都严格要求与团体中的其他人保持一致，这可以在每个人的心里形成一种身为团体成员的归属感，同时也会让每个人都留意自己的个人形象和着装，而制服也凸显了他们在社会中的独特地位。对法国、意大利尤其是德国和俄罗斯来自下等阶层的青少年而言，两年或三年的强制性兵役通常被比喻为接受专科教育，军队也被称为

"穷人的大学"。军事训练带给他们的是严酷的操练、严格的规矩、规律的作息时间、简单但健康的食物；各种户外运动、日晒雨淋、长途行军；养成整洁的卫生习惯，学习各种技术和设备操作，定期参加比武，进行模拟军事演习。这些活动，除了满足国防军事的需要之外，还起到了促进国民健康和智力发展的作用。海军学校专门培养海兵，他们站在桅杆前面服役，在船上学习，每一年都要参观各种各样的码头；骑兵学校的每一个男孩都能分到一匹马，他们必须照顾自己的马，一边学习，一边驯马。炮兵课程，甚至连军事学院或部队中的教官，以及其他军旅生涯具有的外在特色，这一切能够赋予学院精神一种不同寻常的品质。这种军事化训练能够在学生们的头脑中营造出一种身为军人的假象，如果他们认为自己是一名真正的士兵，这种想象已经足以激发起他们头脑中极少被开发的、对一个全新领域的兴趣。他们可以学习各种军事谋略，了解军旅生活的全貌及如何服役；了解军事历史、各种战役；真正懂得爱国主义的含义，懂得一个国家、一面国旗的尊荣，明白个人对国家应该承担的责任。这些东西总是能让青少年树立起一种新的荣誉标准。青少年应该抓住每一个获得军事化训练的机会，而成年人应该对其进行正确的引导，利用他们对战争的兴趣大幅提高他们的知识水平。历史上不同时期的士兵是如何生活的；他们都有什么样的思想、感受；他们是如何浴血奋战，又是如何捐躯沙场的；那些伟大的战役是如何取得胜利的，它们取得胜利的原因又是什么——这些都可以被利用起来，此外，还可以参考各个级别、各个地方的优秀军事学院所传授的知识，总结出其中最精华的部分。有了这些内容，开辟一门全新的、能让学生们获益良多的军事课程也不是一件难事。

在对青春期活动影响最深的各个因素中，两性关系是无法回避的一个，它带来的影响尽管微妙到几乎难以觉察的程度，却是最强有力的。当有异性在场的时候，雄鸟及其他雄性动物会进行很多看起来非常滑稽的求爱仪式，向对方展示自己美丽的外形及非凡的能力。当雄鸟到了适合交配的年龄，它们身上那些让自己看起来更漂亮的装饰性羽毛会继续生长，这是出于想吸引异性的本能需要。唱歌、翻筋斗、来回踱步、假装打架，等等，都是动物求爱的表现形式。当一个男孩经过心仪女孩的家门时，会故意翻个跟头；她在场的时候，他会变得聪明、勇敢、言语风趣、身材挺拔并且强壮有力，而其他时候则不过是一个极其普通、非常无趣的男孩。这种现象说明，在吸引异性方面，人和动物都遵循着同样的法则。我们在南方常常看到的真正的"饼步舞"（cake-walk），大概算得上人类在求爱时所做出的滑稽行为的最纯粹表现形式了，可是这种舞蹈却广为流传、影响深远。当一个美丽的异性站在旁边时，青少年们自己可能都意识不到他们的肌肉会变得紧绷，血压也会随之升高。当异性在场时，比赛中的失败会显得格外令人羞愧，而胜利也会显得尤其令人骄傲。每一个人都在不断地为身旁的异性打分，每个人对异性的评判标准，都与对待自己的标准大相径庭。唉，对青年来说，又有哪一个异性不是与自己截然不同、令人好奇的呢？每个青年所取得的成就，都是为了证明自己有能力在将来支撑一个家，可以保护家人，并为家人带来荣誉甚至名望，而且自己浑身充满优点，是一个优秀的选择对象。如果一个男子有过人的力量和本领，最重要的是，是一个浑身充满荣誉光芒的胜利者，那么他就是一个英雄，在异性眼里他就具备浪漫而迷人的吸引力，即使她们迫于传统和礼仪的压力不得不掩饰她们对他的仰慕，但这种仰慕是无法遏制的，越是压抑反而越是让胜利者在异性心目中的魅力难以抵挡。来自同性和兄弟们的掌声固然令人愉快甚至让人飘飘然，但是来自女士们的掌声则简直令人欣喜若狂、神魂颠倒。最美丽的女子只能属于那些勇敢强大的胜利者，这是普遍共识。这种激励是健康的、高尚的。一个生性羞怯的年轻男孩会在心里选择一名少女作为自己的观众，下意识地认为自己在做任何事情时她都在密切关注，尽管事实上她根本就不认识他，而且很明显也从来没有注意过他。在男女同校的学校里，女孩子在学习文化知识方面受到了异性的影响，表现得比男孩子出色；而在运动方面，出于同样的动机，男孩子则会表现得更好。女孩子们心目中的理想骑士，不管他多么威猛有力，如何让敌人心惊胆战，都不应该做出凶残暴虐的行为。他应该具有细腻高尚的情感和一颗温情柔软的心，表现得宽容、克制。进化论学者告诉我们，女人只会选择和那些具备某些她们青睐的道德品质的男性结合，并将这些品质遗传给下一代，而对那些具有她们不喜欢的品质的男人，则不会给他们传宗接代的机会，在进化过程中，她们用这种方式将这些不招人喜欢的品质从人类身上完全清除。从这个意义上说，是女人通过一代又一代的繁衍将男人驯化成了现在的样子，现在男人身上被公认的美德也是受女人教育的结果。如果这种说法是真的，那么现在的女人仍然在干着同样的事情。男人会非常迟钝缓慢地感觉到，当有女人在场的时候，她们总是会将自己的标准强加到他们身上，尽管对男人来说，为了对女人妥协而牺牲自己哪怕一丁点男子气概都是一件令人讨厌的事情。那些男女都可以参加的大部分游戏和比赛，就如同男女同校一样，既有利又有弊。如果男女双方在比赛中的关系是友非敌的话，男性就不会显得那么畏手畏脚不敢发挥了。一个殷勤而彬彬有礼的男子，在比赛中一定会不遗余力地去帮助女性，而不会想着怎么去打败女性。因此，总的来说，女性做得最好的就是扮演富有同情心的旁观者的角色，而不是作为战友。在目前实行的青少年体育教育中，这一点是一个很重要的考虑因素。

那么，这些正在慢慢改变我们学校教育模式的女性特质，究竟在现实生活中有多普遍呢？如果你去教堂看看，会让你震惊不已。古立克认为，美国大部分教堂成员和工作人员都是女性，而男性只占7%的原因，在于教堂工作需要的品质是女性化的，例如，要充满爱心，让人感觉平静祥和，还要虔诚祈祷，全心奉神，同时还要具备能承受一切的勇气与毅力，时时保持谦卑顺从——大部分青年男子对这些特质都不感兴趣。教堂也没有学会如何吸引那些更具阳刚之气的男性。菲尔丁·霍尔（Fielding Hall）曾经提出了一个问题，为什么耶稣和佛陀这样伟大的宗教导师，都被自己的民族拒绝，而只能在别处受到拥戴呢？他的回答是，因为他们所宣扬的信仰都是非常温和的，例如和平、不抵抗、顺从，这是那些充满阳刚之气的战斗民族所不能接受的，例如犹太人和古印度人。能够接受这些信仰的地方，那里的妇女都是相对自由而且拥有话语权的。儒教和伊斯兰教都充满了男性特质，都在各自的本土得到了发扬光大，在这两种信仰和宗教崇拜模式中，女人的地位是很低的。这个例子再一次说明，性别在人们心目中的地位往往决定了他们的行为。

说到这个年纪的青少年对游泳和冷水浴的热爱，可说的就太多了。用马洛（Marro）引用科内普（Kneipp）神父的话说，完全可以与他对水疗法的热情相媲美。冷水浴能够促进身体内部的血液循环，这种功能部分缘于冷水能够使皮肤的毛细血管及皮下组织在受刺激的同时产生收缩作用，还有一部分原因则是因为，水能够对整个皮肤表面形成压力，这种压力能够加快人体肾、肺、消化器官的活动，使皮肤显得红润，对皮肤的循环系统来说，这大概算得上是最好的养颜护肤方法了。在所有的体育活动中，冷水浴是对平滑肌、不随意肌、心脏及血管最有益处的运动。正是因为这方面的好处，再加上它还具备帮助人体排出体内废物的功能，所以我们可以说，冷水浴能够帮助人体维持所有重要的皮肤功能。在现代生活中，这些功能通常很容易被外力损害。冷水浴可以帮助我们减少罹患皮肤疾病的概率，让我们的肤色更加鲜活润泽。在德育方面，当青少年纵身跃入冰凉的水中，努力让自己的身体在深水中保持平衡时，不仅可以培养他们勇敢刚毅的品质，还能提高他们的承受力，减少对生活的过度敏感。游泳这项运动的独特之处在于，身体某个部位的动作及各部位联合起来完成的动作，只有在游泳中才能得到发挥和使用，如果不游泳，这些动作就毫无用武之地。从这个意义上说，游泳或许是一种能够让我们感受到远古祖先呼唤的方式，也是一种让我们重新找回原始自由的方式，并非仅是一种业余爱好。所有曾经就这个主题写过文章的作者都承认，游泳对心脏和肺部形成的刺激是有益而健康的。就性方面来说，没有什么运动能够像游泳这样，能如此快速直接地将过剩的性冲动降到最低点。当除去身上一切衣物的束缚在沙滩上尽情奔跑的时候，这是一种多么欣喜愉悦的感受，带给我们的是一种无拘无束的自由感。如果条件允许的话，将身上的泳衣脱掉——即使是最暴露的泳衣也要脱掉，将会带来意想不到的好处。温暖的浴缸会摧毁我们的意志，让我们变得软弱怯懦，甚至出现身体功能的退化现象。虽然后来人类又发明了冷水喷头，也不会为这种退化带来更多好转的迹象。只有在冰凉的冷水中进行的自由畅游，才是最痛快、最能让我们焕发出生机的方式。

值得高兴的是，现在一些市政工作人员、教师和保健专家已经慢慢认识到，冷水浴在促进人类身体健康方面发挥着巨大的作用，同时还能显著改善人们的各种恶劣心情和坏脾气。所以，现在我们周围已经建起了越来越多的海滨浴场、冲浪地点、喷泉，以及各种漂浮或者固定的夏日澡堂和游泳池。通常，政府部门还会向市民提供各种指导，例如，什么地方需要穿泳衣，什么地方可以裸体游泳，什么地方可以踩水，什么地方能提供救助，什么时候是收费日，什么时候是免费日，哪里可以提供泳衣，等等。在伦敦，还专门设立了可以在入夜之后进行裸泳的场所；设定了游泳时间和游泳距离的标准，超过标准的人可以获得证书甚至奖励；将雪橇滑道、秋千等和游泳场地合并起来，等等。如果考虑到年轻人的喜好和对健康及德育的影响，恐怕没有哪一种运动能够与游泳相提并论。游泳对青少年形成的魔力能达到何种程度呢？根据一项综合性的调查统计显示，在导致青少年逃学的各种原因中，对游泳的热情居于首位；在各种离家出走的动机中，游泳也占据了重要的位置。在旧金山附近，有一座巨大的公共建筑，是由私人捐资建造的。这座建筑囊括了各种各样的游泳场地，有冷水也有热水，有淡水也有不同浓度的盐水池，有的在室内，有的在露天，有适合幼小孩童的游泳池，也有适合成人的浴池。里面有各种各样的器械，每一样器械都有专人指导，这一切都建在一个圆形的露天剧场中，周围有 2000 个观众席位，还有各种各样的附属设备。来自各地的参观者都会来这里开开眼界。有时候这里还同时提供洗衣房及公共洗衣服务。在不同的季节，每天白天及晚上开放的时间会相应地延长。

在青春期早期及青春期之前的几年时间里，孩子们最喜欢的运动莫过于那些包含被动运动及上上下下动作的活动了，例如，荡秋千及其他各种与此有关的运动，其中包括五月柱（May-pole）及单绳的各种跳法。李（Lee）曾经报告说，为了能够玩一下荡秋千，孩子们会在寒风凛冽的公园中排队等候，直到夜晚都不肯离去。从心理学的角度来说，与荡秋千这种活动有心理关联的还有玩滑轮及滑冰。现在能够滑冰的地方通常由消防队提供，在很多城市，成百上千的孩子会涌进来参与这项活动。冬天的时候，公园管理处会将池塘里的积雪清除掉，并驾着马车碾压一遍使其平坦光滑。人行道和街道上会挂起各种各样的彩灯，并有意让地面结冰，这样就能够让人们在上面滑雪橇。公园内还会支起各种帐篷，尽量经济地将空间分成一小块一小块，设立各种不同的运动内场及露天看台。在这里可以进行各种投掷、击打运动，例如冰球、网球等，场地内往往人满为患。而高尔夫、槌球、墙手球、板球、保龄球、掷环游戏、冰壶等，都是能够激发热情、让人情绪高涨的运动。

对人类而言，腿部的训练可能比身体的其他任何部位都重要得多，说到底，人类是被定义为直立行走的生物。不过，人类是经过了长期艰苦的适应与训练才达到直立状态的。在人类可以直立行走之后，手就不再是走路这项运动的必需部位了，所以被解放出来，成为了思维的奴隶。在现代学校及日常生活中，我们已经形成了伏案工作的习惯，而运动则可以帮助我们克服这种习惯带来的不良影响，让我们把更多的精力放在有益身心的活动上，这样我们就能够明白，行走的状态要远比坐在书房的安乐椅上就着台灯看书写字更符合常理。想同时锻炼心脏、肺部和血压的话，爬山是最理想的运动。如果希波克拉底（Hippocrates）的说法是正确的，那么"唯有站在群山之巅，我心方可自由飞扬"。散步、奔跑、跳舞、溜冰、滑行等运动也是改善体质的好方法，还能调节我们的性功能——在改善体质与调节性功能这两者之间，有一种深刻而又紧密的联系，尽管现在我们还不能对这种互惠性的联系给出一个充分合理的解释。在健身房运动中，对胳膊的锻炼相对来说占有优势地位。如果一个人坐着工作的时间过长，当他试图表达自己的情绪或观点时，可能会出现一种过于强势和偏激的倾向。这一点我们可以在鞋匠们发起的革命运动中找到有力的佐证。

对于游戏，现代社会已经持有相当开明的态度，并且衍生出不少与之相关的其他事物或问题。例如，屋顶游乐场、休闲码头、校园运动场以及学校大楼在课余时间开放的问题；如何开展各种形式及目的的远足、郊游，这些在成长中无疑起着重要的促进作用；在漫长春假中如何打发时间——这可是青少年犯罪的高发期；如何提供机会让青少年参加戏剧表演——一些警察证实，这是一项能显著减少青少年违法行为的活动；如何引导青少年参加一些有一定自我约束作用的俱乐部，例如"乔治初级共和国"（George Junior Republic）或者其他形式的社团，这一点我们将会在其余章节中加以说明；游乐场应该采取哪些有益的限制措施，不但让它们对青少年具有训练约束的价值，还是一个休养身心的好地方；"小时不会玩游戏，长大没有好工作"这句话有没有可靠性；在原始社会，男孩会憎恶所有长期而又规律的工作，那他们又是如何慢慢从各种游戏向手工艺训练和各种工业教育活动转变的；激发兴趣非常必要，但是要让一个男孩对某件事情产生兴趣，不应该是为他做什么，而是让他做什么；如何调整游戏与两性的关系；对于沙盒游戏、投环游戏、沙包游戏、沙狐球、陀螺以及抓俘虏游戏、施舍游戏、葬礼游戏等，平均年龄多大的孩子会对其最感兴趣并从中获得最大的好处；如何教育他们在游戏中认识各种设备的价值并且学会正确使用，理解游乐场上的兔子、鸽子、蜜蜂等这样一个小型动物园的意义；皮革、黏土，这些专门为了约束孩子而不让其玩得太野所使用的游戏工具，来来去去就那么几个套路，一个夏天下来足以让孩子们无聊得发霉，应该如何加以改善；该如何看待那些具有管教意义的"游戏化工作"以及缺乏活动量的比赛；如何正确认识搓衣板对青少年产生的利用价值，一位近代作家认为，手和膝盖在搓衣板上的揉搓活动能够让一个女孩子变得更聪明；对男孩来说，活动的形式包括挖、铲、夯、剁、挑等，我们该如何对此进行合理的指导；如何正确理解并利用女子俱乐部、父母俱乐部以及市民联盟之间的关系。上述种种，都是我们不得不面对的实际问题。

"游乐场推广运动"遇到的最主要障碍，来自人口最密集的地区及贫民区。人们期望这项运动起到的最大作用及取得的最大成功，就是能对那些十几岁的青少年产生真正的帮助。如果缺乏有效的监管，这些孩子很有可能会养成各种不良的行为习惯，例如，侵犯他人财产、欺凌虐待比自己更小的孩子，等等。这些不良行为将会使周围整个地区都陷入一种无序状态，以致麻烦不断。他们缺乏最起码的自控力，分不清哪些该做，哪些是禁忌，而且怨恨来自警方的"管教"。如果这些流氓团体也参加体育比赛，他们通常会痴迷于棒球和足球，尤其是可以赌球的赛事。对在赫尔馆（Hull House）或由公民联盟（Civic League）发起举行的那些温和的球赛，他们通常不会给予什么好的评价。相比有组织的正规球队，他们更喜欢那些倾向于展示个人力量的草台班子。处于 10 岁到 14 岁之间的男孩，对各种形式的攀爬活动有着天生的喜好。例如，他们喜欢移行吊环，通常会乐此不疲地从吊环的一端移动到另一端；他们会从高高的台阶上往下一跃，准确地抓住秋千架；他们热衷于爬到梯子的顶端，然后顺着一根长杆滑向地面；他们还喜欢玩单杠和双杠。对这种天性，李认为是"来自远祖的树栖本能"。这个年纪的城市男孩并不缺乏胆识与勇气，但比起生活在农村的同龄人，他们不知道自己能做些什么，所以需要更多的监管。胆大妄为的不良少年无处不在，那些比他们年幼的孩子会崇拜并模仿他们，将他们所谓的英雄气概和不良习气一并接受过来。

萨金特博士（Dr. Sargent）等人曾明确指出，体育运动能够给人提供大量新颖有益的讨论话题，还能让人保持长期的热情，从而帮助我们远离烦琐无聊的生活，丰富我们的精神世界，此外，它还能让处于青春期的学生们在交往时拥有共同的话题和爱好。体育运动的兴起，也促进了有关健康饮食和保健养生的讨论，刷新了人们建立的关于尊严与荣誉的标准。如果一个体育团队的成员做出了破坏规则的事情，他将会遭到来自团队内部的非难和排斥，因为他的所作所为已经不能为自己的班级或学校带来荣誉。当面临一些将使我们的身体变得虚弱、意志开始堕落的错误与恶行时，体育运动能够让我们获得足以保护自己的力量。青少年体内总是充满了躁动不安的能量，如果得不到正确的引导与宣泄，这些能量将会失控甚至变得更加狂暴，而体育运动就是一个健康的发泄口。写文章的时候，有关体育的内容是新鲜有趣而且很容易拿分的题目，也会使文章显得简洁、流畅而且充满生气；对老师们来说，借助体育运动的影响，对学生的训练和教育会事半功倍；学生们能够从体育运动中学会尊重事实，不会对表面的说辞或承诺偏听偏信；教师们能够借助各种有趣的形式来开展教学，从而让他们的工作显得不那么浅薄无趣。我们也不能避开体育运动与商业有关的那一面，对年轻人来说，组织并参加各种大型的比赛是一个非常值得珍惜的机会，因为他们可以从中学会如何进行艰巨的金融运作，有时候，与大型赛事相关的体育活动涉及的资金可能会高达10万美元，所以一场赛事下来，有的学生已经完全具备了成为一名成功的职业人士的能力。体育活动将高中和大学前所未有地紧密联系起来，减少了那些在身体上不适合进入大学校园的学生数量，赋予了大众教育一个更加真实也更富生气的理想目标。不过，这种模式也存在一定的风险。最显而易见的风险就是，这样做会将学生们的注意力中心从学业转移到体育上，同时会误导他们高估比赛胜利的价值，尤其是媒体赋予比赛的虚假魅力及公众的过度追捧，将使他们迷失其中；会助长一些缺乏运动精神的秘密伎俩和阴招，过度强调比赛时的好胜心和冲动，还会让他们养成暴脾气，在赛场上动不动就失控，在防守线上采取与人冲撞的策略；他们会与学校教职人员产生摩擦，指责或者轻视那些在热点问题上不附和大众的教练；在比赛后容易出现放纵行为及阵发性的兴奋状态，因为在比赛前和比赛时会对身体和精神进行过度的约束，所以在比赛后会出现完全相反的反应；可能会发生肌肉过度发达的现象；会让一些年轻人过度强调生活中与体育有关的方面，对身体的某些部位使用过度也会造成早衰现象的出现，而与此同时，身体的一些次要运动部位和运动能力则没有得到应有的发展，此外，他们还会觉得那些需要长时间保持专注的脑力工作单调、乏味、令人疲惫。

自由运动的最大好处，就是能够将个人的优势与意志发挥到极致。可是，人类似乎天生就有一种想要将一切变得整齐划一的倾向，他们会为各种运动制定统一的标准，例如身高、体重等，斯宾塞（Spencer）称之为"系统化"（regimentation），这显然是与个人化的运动理念背道而驰的。毋庸置疑，正是这种"系统化"将传统的圆场棒球发展成为我们今天所看到的棒球运动，这种进化当然是好的，但是我们可以在《德拉古法》（Draconian laws）中看到，就有关"球员的合格标准、转会甚至为哪支球队效命的问题"，有一些严格而细致的条例，比如外交、审判及立法程序。在某些比赛中，还必须严肃地考虑与国际惯例是否符合的问题。即便不存在任何专制和压迫，一些原本很好的形式也会阻碍人类天性的自由表达，限制个人随心所欲的行为。从运动服装到比赛目标，从球到球棒，从球拍到船桨，都严格地制定了等级或者编号，重量、大小长短等都经过了仔细测量，每一种紧急状态都有与之对应的规定，由一丝不苟的执行者加以判断并执行。这些严肃的执行者嫉恨所有的特权行为，并时刻将自己的尊严置于一切之上。所有这些，如同在体育比赛与大多数人群之间划出了一道深深的鸿沟，让比赛成为了特殊人士和职业运动员的专属舞台。不仅如此，将来判断一个人是否适合某一项运动的每一条要求时，都会从他的遗传角度来进行观察衡量。我们已经知道，根据一系列仔细测量的结果，长跑运动员、短跑运动员以及与跳跃有关的运动员，必须满足下列条件：个子高挑；身材苗条；胸部狭窄而厚实；与同等身高的人相比，他们的腿要更修长，尤其是小腿部分；小腿肚、脚踝、脚掌、胳膊不能太大；臀部必须狭窄紧实；胸部的扩展力量要足；大腿不能太粗。教练会对每一个运动员进行非常细致的观察，看看他们的自我调节性能达到什么程度。每个人的运动量都不能超过自身活动力的限度，要非常谨慎地利用人体的自我康复能力。教练还会仔细记录下每个人在初始阶段的表现，并通过训练慢慢清除个人存在的不足之处。

游戏的领域就如同人类的生活领域一样广阔，游戏的多样性要远远超出目前统计出来的工业活动和个人职业。不同的季节、不同的性别、不同的年纪都有不同的游戏和活动。麦吉曾经对 8000 名孩子进行了调查，得出了一个结论：6 岁到 17 岁之间的男孩子对跑步的兴趣非常稳定，相比之下，女孩子的兴趣要小很多，从 8 岁到 18 岁这段时间里，她们对跑步的兴趣呈稳定下降的趋势。16 岁和 17 岁的男孩对选择性游戏的兴趣会稍有增加，而女孩在 11 岁后对这种游戏的兴趣则会大增，16 岁后的增长幅度更快。对于模仿游戏，对其感兴趣的女孩数量要远远超过男孩，不过在青春期她们的兴趣会显著下降，而喜欢玩这种游戏的男孩则不会有太明显的变化。对于那些带有竞争因素的游戏，一开始男孩的兴趣要远远超过女孩，到了 18 岁左右却被女孩超过，尽管双方的兴趣都呈明显增加的趋势。女孩拥有的游戏数量远比男孩多，不过说到专注而且擅长的游戏种类，她们就远远比不上男孩子了，而且她们喜欢的游戏绝大多数都是那些毫无组织性可言的类型。约翰逊（Johnson）从种类繁多的游戏中选出了 440 种，并基于学校的评分标准将它们按照 1 – 8 的等级排列出来。排列的顺序由它们本身所具备的教育价值决定，例如，课堂观察、阅读、拼写、语言、算术、几何、历史、生物及体育训练，特别是对腿部、手、胳膊、背部、腰部、腹部肌肉、胸部等的训练。约翰逊认为，那些对人类来说最好的游戏，其中大部分都已经过时而且变质了。但孩子们在玩游戏的时候是以模仿为主的，他们不会主动去创造新游戏，不过能很快就学会新游戏。自 1894 年召开的柏林游戏代表大会（Berlin Play Congress）以来，人们已经渐渐认识到，游戏对一个国家来说具有极其重要的意义，与体育运动相比，不管在精神上还是身体上，游戏都是一个更好的选择。因此我们有了与游戏有关的学校、教师、场地、课程，不仅能让孩子们学会各种游戏，还能利用游戏产生的推动力帮助孩子们完成枯燥繁重的学业。以前很少有人会意识到，只需要利用游戏和各种活动，并掌握一条原则——没有乐趣就没有动力，就能将教育做得全面、丰满、灵活。

　　游戏就像运动着的诗歌。我们不应该过早地让孩子们懂得玩耍与工作的分别。也许教育真的应该以引导孩子们进行游戏为起点。福禄培尔认为，游戏是童年时期最纯粹也最具有精神意义的活动，是生命的萌芽期。缺乏娱乐活动的学校教育会让学生变得蠢笨无趣，而游戏却能够让孩子们的思维变得敏捷，游戏带来的快乐也可以帮助身体进行合成代谢活动。布林顿（Brinton）如是说："衡量工作价值的标准，是看它能让人得到多少乐趣；衡量游戏质量的标准，是看它能够让人藉此完成多少工作。"约翰逊对此进行了补充："如果在一个伟人的努力中没有寻找乐趣的因素，他就不可能取得辉煌的成就。"萨利（Sully）强烈谴责我们这个时代正不断增加的"隐忍者"或"不会笑的人"，在快乐的老英伦时代，每个人都会参与各种游戏，笑声自然无处不在；伊丽莎白女王的未婚侍女们会兴高采烈地在一起玩拔河游戏。然而，在我们这个充满劳苦、严峻与紧张的时代，我们已经久违了可以让人心无旁骛地投入游戏的快乐。稍微改变一下史蒂文森（Stevenson）的说法，那就是"一生负累"，所以"游戏和玩闹都是奢望"。至于欢笑，屈内（Kuhne）很早以前就说过，它是一种最特殊的运动形式，能够消除体内动脉血管的紧张状态。

游戏与劳动之间的对立其实并非如大众所想象的那样，因为两者之间最本质的区别，只是在行动时心理生理动力的强度不同而已。年轻人往往在游戏时最卖力。只要有兴趣，最令人讨厌的任务也会变成纯粹的玩乐，正如约翰逊提到的一个事例中所描述的那样：一个人想用石头填满一条沟渠，他想出了一个办法，在这条沟渠里燃起了一堆火，然后假装这些石头是一桶一桶的水，可以浇灭这堆火。最后，让他逃避了很久的苦活儿被一帮男孩干完了，他们虽然已经很累了，但仍然兴高采烈地一边大声喊叫一边扔石头。从游戏的一个方面来看，它是身体在完成了必要的消化、呼吸、心脏及各大器官的活动之后，仍然富余的能量的宣泄。那些即使有机会也不玩游戏的小孩子，在学习和劳动的时候难免会显得力不从心。圣经心理学认为，那些干任何事情都没有热情的人必然会堕落，这是一个自然规律。这一点不仅是老生常谈，对此现代人也同样一再地加以强调，因为当青少年离开可以让他们尽情游戏的伊甸园之后，就不得不面对现代的工作文明，就像一头拉磨的驴一样开始接受无尽的折磨。只有那些慢慢爱上自己的工作，并在辛苦的工作中重新找回游戏热情的年轻人，才能够打破这种困境。游戏也会让我们精疲力竭，其活动强度一点也不比劳动低，而且，因为我们在游戏时用的是心理生理层面比较古老的原动力，所以如果游戏时间太长、太投入的话，带来的运动消耗会更加彻底。与劳动时一样，在游戏中我们能够完成一些非常困难艰辛的任务，因为当你爱上某一个活动时，你会不遗余力地全心投入。而在劳动中，我们通常认为这只是一种肉体的辛苦，不需要投入精神上的热情，正因如此，我们在劳动时是分裂的，不是一个整体。所以，劳动对我们的限制是外在的、机械性的，我们是出于恐惧而劳动，而非出于喜爱；没有心甘情愿的投入，只是一种毫无热情的努力，这真是人生的一大悲剧。兴趣和游戏是一个整体，正如肉体和精神一样密不可分。如果一个使命让人感觉不到快乐和愉悦，是不可能让人投入足够的心思去琢磨的，也没有足够的分量唤醒年轻人的心理生理能量，让他们采取坚定的行动并耐着性子去完成。游戏的动力来自内部，源自我们先天遗传的冲动，它是将我们所有的天性与本能组织起来的最好方法。游戏具有宣泄或者净化的功能，它能够调节我们的烦恼和怒气，如果没有游戏这个最好的出口，我们的怒气可能会被自己默默吸收，或者另找一个错误的发泄口。正如布罗伊尔（Breuer）指出的，心灵的创伤如果过于强烈，可能会导致"歇斯底里的抽搐"。游戏也是一种自我表达的最好形式，它的好处就是具有灵活性，如果一个人有时间，随时都可以按照自己的心意选择合适的游戏方式，而这种选择大概就是他体内那些血气充盈、营养过剩的部位想要得到的活动。在游戏中会有各种虚拟场景出现，这是让游戏者的精神和身体紧密结合成一个整体的最好媒介。游戏还具有重要的社会功能，它能够让不同的个体在游戏中团结一致共同进退。在原始社会，人们聚在一起跳舞、举行节日盛会并展开比赛角逐，在这些活动中他们再现了各种生活场景，例如狩猎、战争，并用动作和舞蹈将各种传说表现出来，通过这些活动使个人和部落紧密团结在一起。劳动是枯燥无味的，让人情绪低落，它繁琐磨人，一成不变，而且比游戏需要更高的细致度和准确度。劳动无法让人轻松起来，既提供不了什么乐趣，也不能让人省心节力，所以，它更容易让人养成一些怪癖。虽然游戏与劳动在形式上通常势不两立，不过，正如卡尔（Carr）所说，很多时候我们都可以让劳动充满游戏精神，也可以在游戏中融入劳动因素，这样一来，我们现在所看到的劳动与游戏之间的区别就会逐渐消失，年轻人将日常活动从游戏慢慢转变成劳动的过程也不会那么悲剧了，他们的活动会逐渐成为一个系统化的整体，更好地满足其天性的各种需求。如果不想采用这种模式，那我们至少可以研究一下，在繁重的劳动和休闲娱乐活动之间采用什么样的比例最合适、两者如何系统地结合在一起才最好。

没有心理上的冲动而勉为其难地去做一件事情时，最坏的结果会是什么呢？最常见的表现就是疲惫厌倦。当一个人处于这种状态时，做起事来会迟疑拖沓、错误百出、准确度低，还会养成懒散、丢三落四、倦怠的坏习惯，在行动时一闪而过的念头太多，没有强烈的做事欲望，任性、反复无常，通常还会出现一些神经衰弱的症状。此外，它还会让人处于一种心神不定、坐立不安的状态，想做的事情变得琐碎杂乱，什么都想做，什么都浅尝辄止，从而让意志力变得更加薄弱。此时这个人的思维就像一张被充分使用过的吸墨纸，上面布满了各种各样的墨痕，但却纷繁芜杂不成文字。所有的事情在刚开始的时候都会显得很容易，随着做事的手法越来越熟练，我们就完成了能力掌握的初级阶段，但当我们进一步向自己的体能或智力发起挑战时，就会遇到很多困难。只有在这个阶段，我们才能清楚地看到人与人的区别，那些改变主意另做打算的意志薄弱者会渐渐增多。人与人之间最大的不同，大概就在于是否具备这种保持长期专注并不懈努力的能力了，因为"唯艰难处方显大师本色"。现在，如果说哪种文化或者哪种方法是完整的，那它必须满足下列条件：能够使人养成某种行为习惯；能够帮助人形成逻辑严密、结构严谨的思维体系；能够让人专注于一系列不同方向的事情；在任何时刻都能调动人的所有潜能来应对挑战。一个未经训练毫无条理的大脑，套用里克特（Richter）的陈词滥调来形容，就像硝石、硫磺、木炭，或者火药里面的各种成分，永远都不能紧密结合成一个实质性的整体，因为它们没有办法融合在一起形成结晶。所以，有某种意志力在内的行动是一个完整、成熟的人表达自己的语言，也是教育的目标。当我们养成了正确的行为习惯，很多事情就可以近乎机械化的完成，不仅如此，我们还能从中收获更多。首先，我们的思想可以被解放出来，去做更进一步、更高层次的工作；其次，一旦我们形成了这种最深层次的活动链接，它决定的不只是我们的行为和性格，甚至能够决定我们的信仰。如果一个人养成了良好的行为习惯，但是他的知识水平和理解能力却不够，在面对各种抉择时不懂得如何去审时度势、权衡利弊，那么他就成不了一个做事深思熟虑的人。所有的意志力都应该是强大的，能够帮助我们抵御来自生活中的随机影响。如果一个人的思想狭隘脆弱，却总是冒出一些很不切实际的想法，这将会带来一些意想不到的风险，这个时候只有强大的意志力才能够与之抗衡。在现代社会，那种属于个人的、甚至可能是全人类共有的无力感之所以存在，就是因为有很多原本应该被完成的活动仅仅停留在记忆里，或者只存在于抽象的理论中。这种情况造成的社会现象就是，那些发号施令的人固然孱弱无力，那些执行的人也不见得就强壮能干。"知"与"行"被割裂了，这种知识与能力之间的脱节，是古希腊人无法想象的。对他们而言，知识最终会以各种技能的形式体现出来，或者被各种箴言和格言不断证明其权威性，而违背这些箴言的代价是惨痛的。一个观点是否正确，需要在很长一段时间里不断实践，让生活来给出答案，比如说，来福枪肯定比猎枪更有说服力，软水管肯定最没有说服力。那些纯粹的思想，如果真的是思想的话，那它们不过是一些还没有实现的行动，需要慢慢酝酿成熟，直到找到一种更加可行的实践形式。肌肉反应总是走在意识的前面，意志力总是走在智力的前面，合理的想法总是以其行动上的可行性为基础，同理，所有毫无用处的知识注定会被淘汰，例如，那些错误或者迷信的行为。游戏、创造性的想象力和理想主义，这三者可谓同出一源。

与之相反的另一个极端，就是那些虚假浅薄的所谓动力，这些动力可能来自恐惧、奖励、考试、人为的即时性奖赏以及惩罚。这些动力，只能让我们的思想和身体被打上传统模式的烙印，却不能让我们的灵魂感受到生命的真实，因为它们没有深深扎根于天性或者遗传的土壤中。那些理论性的题材，不管它们本身有多新颖奇特，论述有多连贯一致，都不过是一堆被拼凑在一起的边角料、装饰物而已。一味强调抽象理论知识的文化也是虚伪、不真实的，是没有独立生命的寄生物。它可能会给人一个博学多才的头脑，但是根部却蛰伏着一条虫子。当那些持有严肃生活态度的人模糊地感觉到这些知识的浮华空虚，认识到它们根本就不能成为真正的生活规则时，他们不可避免地会对生活产生某种形式的悲观和失望。随着时间的推移，这样的文明会背负着越来越多的负累以及传统的琐碎细节，而背负的东西越多，人类的无力感就越强。相对而言，追求眼前的实质性功利似乎更好一些，但这些功利也不会比为了学业或考试而习得的抽象知识好多少。如果按照拉斯金所言，"所有真正的劳动都值得赞美"，那么所有真正的游戏都值得热爱和祈望。如果孩子们看不到也感受不到我们灌输给他们的学问有什么最高价值，这些学问就无法成为他们生活的一部分并且与日俱增，他们的新奇感、自发性和对游戏的热情自然会慢慢枯竭，他们的青春也会因此而慢慢褪色乃至枯萎。那些为游戏而存在的本能、情绪和直觉，被各种人为的方法和枯燥乏味的折磨所取代，教育变成了各种指令，唯一的目的就是弥补我们遗传中的缺陷。可是，这些东西充其量也只是某种庸俗而伪劣的替代品。最好的游戏是由真正的天才们设计出来的，它们总是很快流行开来，让游戏者从中获益良多。在游戏中，所有记忆袋子里装的东西都是需要随身携带的行李，而不是需要花大力气去负担的无用包袱。格罗斯威尔（Grosswell）认为，孩子们之所以青春逼人是因为他们喜欢快乐地玩游戏，没有游戏就没有青春。他可能应该再加上一句：老年人之所以变得苍老是因为他们停止了玩游戏，如果不停止心就不会老去。从本质上说，游戏是成长的必经阶段；从知识层面上说，游戏是一种永恒的探索，这种探索热情完全来自人类对真理的热爱。一个家庭、一所学校、一座教堂、一个国家、一种文明，衡量它们的主要标准，就是其所具有的实用价值——是否能够帮助青少年获得最完整、最充分的成长以及又是如何做到的。即便是青少年犯下的恶行、罪行和堕落行为，通常都是成长过程中遇到的阻碍、后退或者返祖现象，对此应该有正确的认识和理解。

如果一个国家或者民族将那些最后存在的、也是最优良的促进身体和思想发展的生活方式一个个消灭掉，它也就开始走向衰落了。一味地向国民施以过量的精神刺激，会让整个国家都营养不良。如果一个心理学家不愿意去研究那些细微的心理活动，而是宁愿去做一些服务于现实生活的事情，那么现在就是一个极好的机会。正如贺拉斯·曼（Horace Mann）所说："对于所有新兴事物，一个奠基人要胜过一百个改良家。"

第七章

过失、谎言及犯罪

西格特（Siegert）将问题儿童分为下列 16 种：性格阴郁；处于好与坏两个极端；空想家；粗心大意；情感淡漠；不爱与人交往；怀疑一切并爱搞小调查；极度谦卑；爱吹毛求疵；喜欢管人；反应迟钝像个小丑；过于天真；性格古怪；健忘；迷恋学习；不爱玩乐。他认为孩子们最需要具备的品质，是耐心、远见和自控力。

高泽尔（Kozle）进行了一项独特而有趣的研究，他收集并研究了 30 位佩斯特拉齐之后的德国作家有关教学的文章，并将文中他们用来描述儿童过失的词语进行分门别类。这些词语的总数达到了 941 个，在数量上远远超过了用来描述美德的词语。词语的分类标准是：本土词和外来词；严重和长期性的；自私自利和利他的；贪婪；过于好胜；自我意志；弄虚作假；懒惰；举止轻浮；三心二意；早熟；怯懦；妒贤嫉能，心存恶意；不知感恩；爱吵好斗；心狠手辣；迷信等。此外，还有 15 种类型被分在了合成组里，并引用了那些作者们对这些词语的精彩描述。

博安农（Bohannon）以从调查问卷中得到的反馈为基础，将那些与众不同的儿童分为如下类型：肥胖；高大；矮小；瘦小；强壮；虚弱；灵巧；敏捷；笨拙；美貌；丑陋；畸形；带有先天印记；敏锐早熟；感受性有缺陷；头脑不清晰；语言能力不佳；神经紧张；爱干净；品位高雅；邋遢；有组织性；顺从；桀骜不驯；不守秩序；调皮捣蛋；活泼开朗；滑稽可笑；残忍；自私；慷慨；有同情心；好管闲事；喜欢撒谎；脾气恶劣；沉默寡言；端庄稳重；直率；贫嘴；勇敢；羞怯；爱抱怨；骄纵；贪得无厌；独生子女。

年龄	11	12	13	14	15	16	17	18
人数	362	409	431	434	427	314	290	345

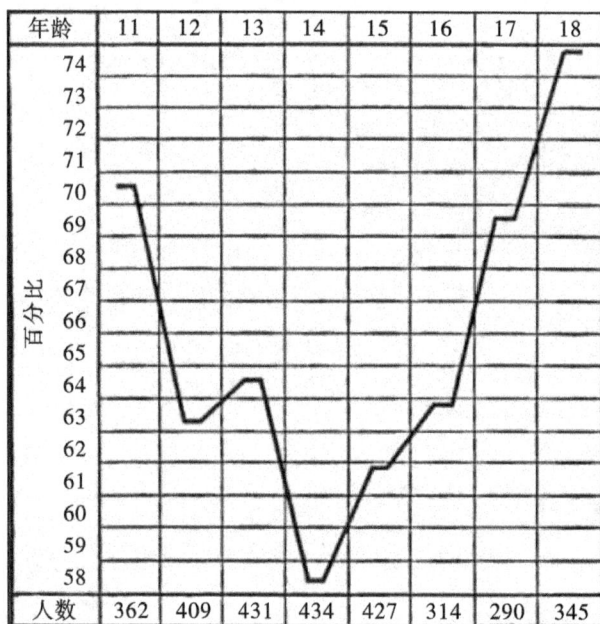

表 7 -1

马洛（Marro）调查了德国大学预科和中学的 3012 名男生，这些男生的年纪在 11 岁到 18 岁之间，马洛用表格的形式将他们的行为列了出来（见表 7 -1），并根据教师们的评价，将这些行为分为好、坏、一般三个等级。

从表中我们可以看到，在 18 岁的时候，74％的行为能达到好的标准，11 岁的时候是 70％，17 岁的时候是 69％，到了 14 岁时则只有 58％的好行为。就坏行为来说，15 岁领先，13 岁和 14 岁的比例也很高，不过稍微好一点，在 16 岁、17 岁和 18 岁这三个年龄段会慢慢改善。总的来说，11 岁时的行为模式还是好的，12 岁和 13 岁就开始走下坡路，到 14 岁的时候跌到最低点。然后在接下来的数年时间里一点点地进步，到 17 岁的时候几乎回到了 11 岁时的水平，到 18 岁时则比 11 岁还要高 4 个百分点。

西尔斯先生（Mr. Sears）的报告中列出了 1000 名儿童所受惩罚的百分数据，受惩罚的原因及百分比如下——不守秩序：17.33；不服从管理：16；粗心大意：13.33；离家出走：12.66；吵架：10；迟到：6.66；举止粗鲁：6；打架：5.33；撒谎：4；偷窃：1；其他：7.33。他列举了一长串应当受到惩罚的行为，例如：对人不友好；骂人；做出下流行为或说下流话；欺压同学；撒谎；欺骗；不讲卫生；傲慢无礼；侮辱他人；对他人要诡计；不服管教；冥顽不化；态度粗鲁；吵闹；取笑他人；破坏书本、教室或其他公共财物。他还仔细分析了各种惩罚措施的严厉程度；研究什么样的惩罚模式既符合这些违纪行为的严重性，又适于这个时期孩子的天性；探索惩罚对孩子们的训诫作用；计算受惩罚和下一次违纪之间的时间大概有多长；探讨应该按照什么原则来选择轻微但是必须完成的惩罚措施。

特里普利特（Triplett）统计了教师们指出的过失和缺点。其中，注意力不集中是最突出的。其他过失和缺点是：理解能力和表达能力不足；粗心大意；对外界漠不关心；缺乏荣誉感和自我约束力；懒散；精神萎靡、神思恍惚；紧张不安；精神涣散；不考虑别人；自以为是；矫揉造作；不服管教；虚伪；牢骚满腹；等等。当注意力不集中的表现达到一定程度时，这些孩子对周遭的环境是完全没有反应的，他们的精神状态一直处于游移之中，对此老师们当然一眼就能看出来。孩子们在看待自己和他人的过失时，关注重点很不一样。他们认为最突出的过失是打架、欺负人以及取笑别人，其次是偷窃、不礼貌、撒谎、不服管教、逃学、虐待动物、不讲卫生、自私等。特里普利特发现，家长们在这个话题上的看法也有很大的不同。他们认为最突出的过失是任性、倔强，其次是取笑他人、吵架、不努力以及其他很多毛病。与人类的七宗罪相比，这些过失的数量简直庞大得令人触目惊心。

就儿童行为与天气之间的关系，德克斯特（Dexter）做了一项非常有意义的统计研究。他发现，当天气过度潮湿的时候，是不法行为的高发期；当气温处于32℃到38℃之间时，不良行为的发生率增加了300%；气温在27℃到32℃度之间时，发生率增加了104%；大气压力异常时，不管是过大还是过小，都会将不良行为的发生率提高50%；风的异常活动会将不良行为的发生率增加20%～66%。相对而言，四季变迁和降水量则几乎毫无影响。天气的影响已经越来越广泛地被人们认识到，包括学校教师、监狱管理员、精神病院主管，其中甚至包括银行人员，这就是为什么伦敦的银行不允许自己的书记员在浓雾天气进行重要的记账工作。不过，天气对人类的影响究竟有多大，我们还需要更多的统计调查，需要更多基于数字得出的结论，才能进一步做出更多重要的决定。现在人们已经知道，气温对犯罪有着非常突出的影响，对自杀与逃学行为的影响也格外明显。在坏天气里，工人们的工作效率会降低，血压也会随之改变，等等。

克兰（Kline）有关逃学的研究，是以下面的假设为前提的：我们体内的新陈代谢功能，总是在促使我们自觉或者不自觉地寻找最适宜的温度，当一个环境过热或者过冷的时候，身体就会本能地想要离开。在青春期，逃学和离家出走的概率总是会显著增加，而我们现在所指的青春期有可能正是原始人类的成年期。少年儿童厌倦学校生活，渴望户外活动，内心里那种全人类所共有的兴趣及爱好正在萌芽，从这个角度来说，离家出走可以被诠释为一种源自本能的叛逆，以此抗议羁绊自由的生活方式、不自然的教育方法以及令人不满的家庭。在所有原因中，饥饿是最强烈的诱因，尽管它的作用往往是在潜意识当中发生的。曾经习惯的日常环境现在在儿童眼里变得呆板无趣，他们对各种约束的不耐烦也与日俱增。有时候他们会产生一种近似狂躁的冲动，想要离开熟悉的环境，去享受自由自在的流浪生活。循规蹈矩的好人在陌生的地方也会变得狂野，会放纵自己去享受一些异乎寻常的自由，这并不少见。这就是为什么漂泊的生活方式会增加犯罪率。在所有离家出走的理由中，想去有水的地方、在水边或水里嬉戏的渴望占据着压倒性的地位。室外生活如此美好，尤其是在春天，树林和田野对儿童的吸引力实在是太大了，想让他们心甘情愿地被关在教室里也确实太难了。对青春期的男孩女孩来说，待在学校里的自己无异于被关在笼子里的小动物。他们强烈向往着无拘无束的野外生活，这个时期的儿童最具特色的行为，就是频繁地除去脚上的鞋袜，取下头上的帽子和头饰，甚至脱掉身上的衣服，这些行为代表了一种盲目的本能，因为他们想要再次回归人类原始时期的生活方式。这种原始冲动的外在表现形式，如果能够正确地加以解读的话，其实是儿童对目前环境的一种控诉，因为它不能满足他们的心理倾向和自然天性。在这种情况下，家庭对儿童的约束力一旦破裂，任何一种犯罪行为都有可能发生，尤其是偷窃，其发生率将大大增加。那些旷课逃学的孩子，虽然按照克兰的标准通常比一般的孩子都更瘦小，但其精力却比一般孩子更加旺盛，通常也更有行动力，在各种户外活动中动手能力也更强。如果儿童得不到合理而且适合他们兴趣的活动机会，逃学的发生率就会显著增加。

里斯（Riis）曾经把那些漂泊者、流浪汉、无业游民、游荡者等的生活描绘得有声有色、充满乐趣，但事实上，这些人都属于不健全、堕落或者扭曲的群体。他们害怕工作，总是认为这个世界欠着自己一份幸福生活，而且一般来说，这些人最初的流浪经历都是从十几岁或更早开始的。这种流浪生活其实是一种属于青春期的长期性幻觉，他们总是认为"别处"有一种特殊的魅力。在这些人看来，因为当下的生活已经是一种习惯性的存在，所以总是显得那么破烂不堪、无聊透顶，而且因为太熟悉而让人觉得恶心。他们认为，如果去看看外面的世界，风光将截然不同。他们觉得人类天生就不应该是固定在某处生活的动物，应该不断地迁移，如果离开了定居的地方，那么所有的约束和责任也就随着自己的离开而消失了。在漂泊的生活中，他们极有可能进行偷窃，而且往往没有被人发现、也没遭到怀疑，更没有受到任何惩罚，这自然会促使他们再次走上偷窃的道路。这些流浪者也不会受任何人类共同情感的约束，这些共同情感通常表现为一种对自己以外的世界的责任感。在他们内心深处也不会萌生任何类似道德良知这样的东西，所以，整个人就完全处于一种野蛮的兽性状态。如果你认为，来自城市、家庭和学校的约束特别令人反感、厌恶，在这种反感的基础上又加上你对自然的热爱和对不断变化的生活的向往，那么可以这么说，你已经具备了成为露宿街头者的潜质。青春期通常是一个慢慢离开父母庇护的阶段，因为年轻人需要去建立一个属于自己的家庭，但是，在成长阶段他们必须花足够长的时间四处游历，这样才能找到一个合适的地方，然后建立自己的地盘并安定下来。如果有资金，也有兴趣，青春期是去国外旅行的黄金时期，也是每个人一生中都需经历的一段学习旅程，在决定将于何处定居之前，应该尽可能地去更远、更广阔的地方看看。不过，当年轻人找到能够让自己独立发展的适宜之地后，就应该明智地停止这样的游历。正因为这个地方是自己经过全方位的比较之后才选择的，这样的定居之处也更能让人愉悦和满足。那些长期流浪、无法安定下来的漂泊者，只不过是不懂得如何在合适的时候终止一段正常的行程而已。

犯罪行为总是在藏匿与隐瞒中慢慢生长，并最终开出罪恶之花，所以，不只是虚假与谎言助长了犯罪行为，犯罪行为也会导致一个人满嘴谎言。对谎言最明智的处理手段，就是将善意的谎言与恶意的谎言区别开来。我曾经仔细研究了 300 个行为正常的孩子的撒谎行为,当然所用的方法是经过严格设计的,尽量避免让孩子们觉得有任何不适。研究结果表明,这些谎言可以被分为不同的种类。当儿童意识到,自己可以想象并讲述一些在现实生活中并不存在的事物时,这是一个开启新纪元的重要里程碑。当进行一些荒谬而且骇人听闻的陈述时,儿童往往可以从中得到一种奇特的快感,而第一次故意打破真相的体验也能让他们感到一种真实的兴奋,就像打开潘多拉盒子一样,所有的想象力都跑出来了。在儿童游戏中,我们经常会看到这种情况,其中一部分原因在于自我欺骗所具有的魔力。儿童让自己相信,自己是动物、医生、怪物,他们进行各种角色扮演,假装自己已经死亡,模仿所有自己看到和听到的东西。3 岁或 4 岁的孩子有时候会突然宣称他们看到了一头有 5 只耳朵的猪,或者一个苹果长在樱桃树上,或者其他种种令人难以置信的奇迹,其实这些不过是表明,他们已经发展出了在各种互不相干的经历的基础上进行新的意识加工和组合的能力。有时候他们的想象几乎达到了真实可见的程度,这让他们发展出了创作神话的能力。他们可以讲述很多聪明的故事,这些故事表明他们具有令人惊叹的想象力,正如弗洛奇默(Froschmer)所言,这就是精神活动的力量,就像宇宙本身一样丰富多彩、神秘莫测,有时候我们甚至会怀疑他们是不是认为自己完全生活在想象中。我们在狄更斯(Dickens)的小说《艰难时世》(*Hard Times*)中的主人公葛擂硬(Gradgrind)身上所看到的愚蠢行为,是对客观事实的高度提炼和浓缩,作家的描写既基于现实又高于现实,正是这种想象力给文学作品提供了灵感。据哈特雷·柯勒律治(Hartley Coleridge)的兄弟说,这位诗人的生活中充满了各种各样的想象中的人物。他想象出一条他称之为"罐之力"(jug-force)的瀑布,这条瀑布起源于某个山野之间,流过很多位于人口密集地区的堤岸,这些繁华的地方由一个理想政府管理着;这里的人们长期进行着论战,他们甚至还改革了文字;这个地区的所有事务都会在一家杂志上登载出来——虽然这些只是存在于他自己的想象中，但对他本人而言，这个地方却是真实存在的，而且这种状态持续了很多年。这种鲜明真实的想象世界，类似于康定斯基（Kand-insky）定义的"假性幻觉"（pseudo- hallucinations）。一对姐妹小时候常会说："让我们扮演一对姐妹吧。"这样的扮演似乎会让彼此之间的关系显得更加真实。卡廖斯特罗（Cagliostro）发现，对那些处于青春期的男孩子加以训练后，他们特别适合用来配合自己展示颅相学骗局，让人们相信他的"35 种能力"。桑科·潘萨（Sancho Panza）曾经相信了一个男孩所讲的匪夷所思的故事，后来那个男孩向他承认这些故事都是编造出来的，对此桑科·潘萨感叹说："当他忏悔自己的谎言时，他仍然在撒谎。"詹姆士·麦金托什爵士（Sir James Mackintosh）接近青春期时，在阅读了罗马的历史后，常常想象自己是君士坦丁堡的君主，每次都要花费数小时的时间来想象他是如何管理自己的王国的。他从来也没把这些想象过于当真，不过，青春期正是这种喜欢想入非非和做白日梦的黄金时期，这些白日梦弥补了现实的不足，让我们的能力得到了全方位的展示。正是因为青少年有做白日梦的倾向，所以他们会觉得戏剧活动具有特别的魔力。但是，有时候这种白日梦也会演变成为一种病态的行为，让人在现实中模拟虚幻，或者拒绝承认现实。这种想入非非的状态虽然会给人带来一些不好的影响，但是相比之下还是好处更多，因为它能为生活增添更多美好的因素，也能让我们的思维获得更好的发展。在诗歌、艺术和理想主义情怀中，它们是一种高尚的谎言；但是在教育领域中，我们必须明智地对待这些想象。

儿童和野蛮人一样，他们心目中的真相很大程度上取决于个人的好恶。对朋友就应该说真话，对敌人撒谎完全无可厚非。年轻人通常觉得，对朋友说一些他们希望听到的谎言不是错，但是如果问他们，他们是不是也会对自己的母亲说这些谎言，他们往往会屈服忏悔。与女孩子相比，男孩子往往更擅长谋划一个共同的谎言，如果被发现了，他们也会更有担当。在学校里，对自己喜欢的老师撒谎对他们来说相对困难一些。当彼此分享一些知心话和秘密的时候，两个孩子的友谊会得到加强；但如果这份友谊褪色了，那么当初约好不说出去的承诺就变得没有那么强的约束力了。人们通常认为，对牧师，特别是对上帝撒谎，是最恶劣的行为。正因如此，我们必须对友谊、领袖人物及自己喜欢的人加倍在意，这同时也表明，在人与人之间保持普遍的真诚具有何等重要的价值。

最恶劣的谎言，大概要算那些出于自私自利的目的而说的瞎话了。很多时候，当儿童面对生活中的艰难时刻，他们发现谎言总是能够让自己感觉更轻松，能够更方便地将自己的弱点甚至恶行掩盖起来。总的来说，根据我们的统计，这些谎言事实上是非常普遍的，但也是影响最恶劣而且很难纠正的。所有的坏习惯都有一个共同的特点，那就是让人倾向于用撒谎来掩盖真相。几乎可以肯定的是，那些做错事的人会借助弄虚作假来让自己免责，正是这样的行为慢慢滋长了人心中的恶意。有时候，这种恶意会与学校竭力想在学生心中培养出的荣誉感相抵触。每当处于危险或紧张的时刻，孩子们总是会一次又一次地用谎言来帮助自己脱身，而当危机过去之后，他们很快就会将自己撒谎的行为忘记，也很少会觉得悔恨，于是，荣誉感就在一次次的撒谎中变得越来越淡漠。在那些天生就具有犯罪倾向的不良少年中，这种恶意撒谎的行为简直是肆无忌惮地疯长，其触目惊心的程度比我在后面将要提到的假性躁狂症更甚。

为了某种高尚的目的而说的谎言，通常被认为是一种英雄行为。青少年有一种很健全的本能看法，他们会把与道德有关的事件视为一个整体。卡洛案（Callow）的受害者都认为，他们有责任在母亲藏在屋里的时候宣称她没在家，如果只有这样撒谎才能挽救母亲的性命。但如果是为了自己，他们多半不愿意撒谎。很多人都认为，一个医生应该告诉一个过度焦虑的病人或者朋友，他们的病有希望痊愈。即便他认为病人其实已经没有希望了，他可能也会在良心的驱使下，通过自己的某些行为表现让病人觉得自己还有希望。在上述案例中，一开始的目的可能是很高尚的，说一句谎言或模棱两可的话也是无伤大雅的小事，但是，一些为了不那么高尚的目的而撒的更恶劣的谎言可能会紧随其后。每次描述这种两难的局面时，青少年都会显得很愉快，这些事情似乎能够给他们带来解脱感，让他们不用再恪守"必须严格保持诚实"的规则了。对那些因责任而产生的冲突有真正感触的青少年，这个时候会怀着一颗敬畏的心探索自己内心深处的良心和道德感，显然，这些良心和道德感就是他们私人的特别法庭。

很多青少年会在严格的道德约束面前变得懦弱胆小、谨小慎微，甚至产生一些特别的病态行为以及假性恐惧症，他们认为，自己的言行与事实哪怕有一点点偏差，都是一种不可原谅的道德败坏。对这样的孩子，最常采用的方法就是系统性的保守疗法、决疑法式的逐字分析、在不动声色中将一些类似"不是""可能""我认为"的词语灌输到他们的意识之中，以及其他各种治疗方法。在我们的记录中，我们悲哀地看到，为了减轻这些孩子因有意或者无意撒谎产生的负罪感，很多时候治疗师不得不把上述方法重复数百遍。

出于自保这种自私的目的而说的谎言，在研究青少年犯罪行为背后的心理动机时具有特殊的意义。紧随在自私谎言之后的，是我们称之为"假性躁狂症"的谎言。这种"假性躁狂症"尤见于十几岁的表现出病态行为的女孩子，她们的心灵充满了自私、矫情，而且总是洋溢着表演的欲望，希望时时刻刻吸引他人的注意。在近期有关测心术及催眠术的文章中，提供了很多令人震惊的先天就具有骗人倾向的"假性躁狂症"案例，男女都有。为什么这些人可以处心积虑地指白为黑，并且能够在颠倒是非的过程中获得异乎寻常的陶醉感呢？这真的是一个非常奇怪的心理学悖论。一个伟大的骗子，他自己的整个人生就是一幢用谎言建造的高楼大厦，就是这个悖论的很好例证。他们最大的乐趣，不仅仅来自于认为自己具有为这个世界制造麻烦的能力，还因为他们意识到自己可以将真相扭曲成谎言，能够凭空捏造事实，也能让真相凭空消失。

谢尔登（Sheldon）所做的一项非常有意思的统计表明，在美国少年儿童的一些常规活动中，参加一些掠夺性组织的高峰期是在 11 岁到 15 岁之间，而且主要集中在男孩身上。这些组织包括抢劫性黑帮、狩猎和捕鱼俱乐部、军事游戏、以地区为单位组织的斗殴帮派、联合建造堡垒的社团，等等。参与这些形式的组织活动是 12 岁男孩子的典型行为。在经过这段时期之后，他们的兴趣逐渐转移到了组织结构更松散的运动俱乐部上。下面就是谢尔登的统计：

年龄	8	9	10	11	12	13	14	15	16	17	合计
参加的掠夺性组织的数量	4	5	3	0	7	1	1	3	1	0	25 = 女孩
	4	2	17	31	18	22	(11)	7	1	0	111 = 男孩

表 7 - 2

这些掠夺习惯在小男孩身上可能是无害的，但是，如果这些习惯不能在十几岁的时候自然、正常地减少，并且将这些精力转移到运动类组织上去的话，它们就会变得很危险——"强盗武士、海盗首领、野人掠夺者变成真的原型了"。那些偷窃团伙会到处收集可食之物，有时候甚至是废品，如果手头一无所有，他们就会将魔爪伸向各种洞穴、地下室甚至树林里搭的帐篷，从这些地方偷窃财物；那些专门潜入商店作案的盗窃帮派甚至会建立自己的储藏室，专门用来储藏赃物。有的团伙还特别擅长破坏电铃和连接线路，对如何使用高尔夫球棒也颇有心得。里斯说，在纽约东部地区，每一个角落都是一个帮派的地盘，而每一个帮派都有一套如何与法律和秩序抗衡的套路。帮派中的那些小混混，落单的时候也许只是懦弱的可怜虫，可是当他们成群结队四处作案时，就变得极度危险。这些小混混甚至渴望自己像野兽被捕兽夹夹住一样被人当场捉住或者被警察逮捕，这样他们就可以假装自己是个人物了。这种虚荣心会让他们忘掉自己的恐惧和日常习惯，他们的意识完全被欲望和可怕的念头点燃了，以致干出一些令人发指的勾当。有时候，整个邻近地区的居民都受到了这些团伙的恐吓，不敢出面指证他们犯下的恶行。里斯甚至说出了这样的话："只是简单地将那些臭名昭著的帮派的名称列出来，就可以占满这本书的所有页面。"光看这些名字就足以说明很多问题了：地狱厨房帮、马厩帮、死人、游民、滚石、血债血偿、肘子帮、炸药房帮、打死丑货、后巷男人、致命打击、揍条子烤条子、地狱狂欢、链条帮、犹太扒皮者、街道清理人员、坏小孩、强击手、狂野印第安、穴居人类、哮月者、垃圾俱乐部、骗子帮。上述这些名字都是我听说过的。在这些帮派成员中，有的人从来不知道家为何物。他们可能是被裹着报纸扔在大街上的弃婴中的一个（里斯说过，在 1889 年被遗弃在街头的纽约弃婴中，其幸存率是72∶1），也有可能来自育婴院。他们也许是在街头长大的流浪儿，也许在贫民窟里挣扎求生，在社会大潮中，他们就像不断顺水漂流的浮木、废料和垃圾，或者像某种浮游生物。他们也许正努力挣扎着，想从庇护者那里寻求一个温暖的角落；也许住在第五大道拥挤的出租屋里。如前所述，在单独行动的时候，他们就是不折不扣的胆小鬼；当聚在一起的时候，他们就变得肆无忌惮、无所不为。曾经有一个团伙在纽约东城盗窃了一辆马车，沿着街道将马车往前赶了一段时间之后，他们停下来将车上所有的东西往下扔，一名成员持枪坐在马车后部，如果有谁胆敢上前干涉就会遭到射击。还有一个团伙，他们专门偷窃婴儿车，通常的做法是把车里的孩子扔在人行道上。另外一个团伙炸毁了一个杂货店，因为这个杂货店的主人拒绝给他们送礼。还有一个团伙想把一个犹太小贩的脑袋锯下来。在一个星期之内，这些黑帮团伙就犯下了 6 起谋杀性袭击。那些被警察抓住的成员，用他们的话说是"蹲了会号子"或者"歇了一阵"，被认为是一个英雄。如果一个黑帮头目被处以绞刑

（这种事情时有发生），那他的这种"臭名远扬"甚至会遭到同伙的嫉妒。这些帮派最常见的理想，就是能成功袭警。在这些帮派中，几乎汇聚了来自各个族群的人。如果一处房产经常被这些黑帮光顾，或者变成了他们的巢穴或"消遣地"，那这个地方基本上就卖不出去或者完全被毁掉了。一名住在哈得逊河上的市民曾经弄来了一座榴弹炮并瞄准一个水上黑帮，勒令他们不得涉足自己的河面。可是，这些黑帮利用呼喊、哨子以及各种暗号迅速从四面八方涌来并聚在一起，然后飞快地消失在各个胡同、地下室、房顶以及走廊——他们对这些地方了如指掌。他们往往有一种夸张的自负和虚荣，对这种虚荣心的最好叫法就是"贫民窟式自尊"，里斯称这些团伙为"狂野俱乐部"。他们也拥有自己的理想，一种花哨的冒牌荣誉感。有一个小混混被捕后，从手持大棒的警察手里挣脱了，冲进街道拥挤的人群，从一辆失控的马车底下救出了一个婴儿，然后又走回来投案自首。他们用一些老掉牙的原则来规范自己的行为。各帮派之间会互相攀比，表现自己的胆大妄为，这往往是犯罪行为泛滥的原因之一。"他们也会内斗，其中一个成员因为被另一个成员称作"非绅士"，一怒之下就将对方杀死了。"他们热爱无限制的自由和独立，有时候，如果有策略并谨慎地对他们施加一些好的影响，他们会很容易接受，但是这些好的影响的效果也很容易消失。对这个阶层的人来说，真正有效的道德抗毒素是什么呢？我们至少应该知道，对他们有用的安全阀是什么，在什么时候、用什么样的方式才可以拉下这个安全阀。现在我们的研究才刚开始，但在拯救城市生活残骸的伟大工程中，这是一个新的专业方向。在伦敦，那些团伙的组织性更好，数量也更加巨大，在这些团伙中经常发生战争，在冲突中他们会使用正规武器，这使得谋杀事件时有发生。在正常情况下，青少年拉帮结派的本能会慢慢被无害的、旨在开展体育运动的各种组织吸收和转化，它们为这些本能冲动提供了一个安全的宣泄口，随着他们的日渐成熟，这种本能会日益减少。

引发犯罪行为的原因，是一个足以与"原罪和魔鬼的起源"相提并论的问题，也是政府恨不得采取所有措施予以消除的。首先，基因问题当然首当其冲，接下来依次是产前环境、恶劣的家庭状况、不健康的婴儿期和童年期、杂乱、肮脏、拥挤的贫民窟环境。其中，贫民窟往往位于那些目无法纪的边缘地区，而且极有可能就是产生犯罪行为的最主要原因。在青少年犯罪分子当中，很大一部分（据估计大约是所有罪犯的十分之一）是街头流浪儿或无家可归者，其要么来自父母离婚的家庭，要么本身就是私生子，这两者所占的比例几乎持平。如果生理上有问题道德上就有问题，生理上正常道德上就正常，那么我们就有了一个以身体条件为前提的道德判断依据。毋庸置疑，随着有意识的智能的发展，在其发展早期的某个特殊阶段，一定会降低那些原始程序的力量，动摇其稳固的地位，所以，教育总是会与那些祖先遗传的本能及先天性倾向相对抗。教育最主要的目的，应该是进行道德启蒙，但不可否认的是，在战胜无知的过程中，我们并不能顺道把贫困或者恶习也消除了。在伦敦开放免费学校之后，青少年的犯罪行为反而有所增加。新型犯罪，例如，伪造、大宗盗窃案、错综复杂的诈骗阴谋几乎成倍增长，而潜入偷窃、酗酒闹事、扒手等犯罪活动确实有所减少，这说明高智商犯罪的比例大大增加了。从这个意义上说，将大量儿童集中到一起并向他们反复灌输那些未经同化的观念，这种行为并不是教育。青少年的犯罪行为是失败教育的一种表现形式，对此我们应该进行深刻而沉痛的反思。那些没有文化的罪犯是很容易被发现的，遭到社会指责并最终被判刑的也是他们，而那些高智商罪犯就不是那么容易被发现了。每一个人类学家都知道，在原始人群中，即便是最窘迫的贫困和最深重的无知，也与他们的诚实、正直及美德毫不冲突。事实上，我们有很多理由怀疑，极端的富有和极端的贫穷比无知更容易催生犯罪或者放纵的行为。教育学家们无疑过高地估计了三个 R（Respect for self, Respect for others, Responsibility for your action，即尊重自我、尊重他人、对自己的行为负责）对道德的影响力，并忘记了下面这一点：婴儿期的个性全都是本能的体现，儿童时期的个性由习惯逐步养成，青春期的个性则可以通过理想来培养。观念对性格的影响在青春期最深刻，是其他任何人生阶段都无法比拟的。在青春期来临前夕，尽管某种程度的道德迟钝是其特色，但很快就会被青春期狂风暴雨式的骚动所取代。人类灵魂中最好和最坏的冲动叫嚣着、彼此对抗着，想要争夺自己的主导权，所以这个时期青少年的独特表现就是，要不就是非常好，要不就是极端坏。当这种骚动慢慢平息，我们会发现，复活的要不就是灵魂中那些非常好的元素，要不就是那些极端坏的元素，当然，两者也有可能同时存在。

尽管教师们大肆宣扬学校对道德教育的影响，我却没发现任何一位犯罪学家表达过对现代学校的满意，倒是有很多人对学校提出了最激烈的指控，他们评论说，学校教育认为三个 R 或者仅传授知识就可以达到道德教化的目的，这种假设既盲目又无知。就天性而言，儿童或多或少都是"道德盲"，统计显示，13 岁和 16 岁之间的儿童，其无可救药的程度是其他任何年龄的两到三倍。在这个发展阶段，他们没有任何责任感，甚至会偶发道德上的"神经衰弱症"，这些都是成年人无法理解的。我们不妨设想一下，让一个女孩子像男孩子那样穿衣打扮，像他那样生活，并且和男孩子一样去接触那些不道德的行为；或者想象一个男孩穿着胸衣，被迫像个女孩那样生活。通过这样的想象，我们或许就能认识到，不管遗传在其中扮演了什么角色，那些行为错乱的青少年，在大部分案例中，都是环境的牺牲者，或者是因为不成熟惹的祸，他们应该获得怜悯，也应该被给予希望。正是这样的感情驱使着扎纳德利（Zarnadelli）重修了意大利的犯罪法，也正基于这样的想法和同情，让罗利特（Rollet）成为了一名自愿者。在巴黎，他每天早上都会为了那些被捕的 12 岁或 13 岁男孩以及 8 岁或 10 岁女孩向当局请愿。

这些沉迷于一时意气或任何极端性矫正观点的行为，是永远不可能真正解决青少年犯罪问题的。首先，我们必须谨慎而客观地对他们进行研究，和他们生活在一起，尽力去理解他们，正如美国的古立克、约翰逊、福布希（Forbush）及约德（Yoder）等人所做的那样，尽管他们采用的方法不一样，但都取得了成功。与普通的好孩子相比，那些天性中就具有犯罪倾向的青少年拥有更加尖锐的个性，而好孩子们则没有那么鲜明的辨识度。与罪行比起来，德行总是更加单调和千篇一律。对的标准只有一种，而错误却会有很多模式，所以，对每一种错误都要进行个别研究，找出其生理和心理上的原因。抚养者、监护人甚至赞助人，只要是和这些孩子有关系的人都应该是教育家，内心充满父爱和母爱。这些成年人应该了解，即使是那些身上带着最黑暗的犯罪倾向的孩子，他们身上的恶也常常可以被他们身上的其他好品质抵消；那些少年谋杀犯，很多时候对自己的父母、姐妹、其他儿童或者宠物都有一颗温柔的心。这些监护人还应该明白，构成那些犯罪分子的生理心理成分，和普通人是完全一样的，尽管它们组合的方式可能不同，重点强调的方向不同，成分之间的相互制约性也不同。所以，在绝大多数案例中，去了解一切，就是为了去原谅一切；对家庭的情感需要得到重点强调；应该减少因经济问题造成的不幸和随之产生的压力；最重要的一点是，他们需要一位良师、一位益友或一位指导者。

我相信，很多孩子能够通过阅读变得更好，至少可以不继续变坏。应该让他们在幼年时读一下《基德船长》（*Captain Kidd*）、《杰克·雪柏德》（*Jack Sheppard*）、《大盗迪克》（*Dick Turpin*）以及其他一些骇人听闻的故事；可能还应该包括一些比较新的故事，例如《尤金·阿兰姆》（*Eugene Aram*）；还有一些关于如何让恶人向善的小说，例如《埃尔希·文纳》（*Elsie Venner*）等。选择故事的原则是，根据亚里士多德的净化理论，将一些未来会出现的高级能力及早地激发出来，这样做的目的是将那些不良的冲动消耗殆尽，以此来镇压或者抑制它们的活跃程度。重申一次，我认为公正而且尖锐的责骂对道德意识的发展是有益的，青少年对此有迫切的需要，如果使用得当，效果是不言而喻的，因为责骂是健全的道德心对恶行和不良倾向的本能反应。在教育中，我们应该给予正义感特别的关注，对男孩子而言，正义感是个人道德感的萌芽。教师应该慎重地选择游戏的类型，不管孩子们个人的希望或者兴趣如何，都要鼓励他们牢牢地抓住这个信念。鼓励他们萌生进一步的善念，帮助他们挖掘正义感之下的冲动，去为自己的同伴做比单纯的正义感更好的事；对这个世界充满善意，做一个好人；给周围的人带去快乐，而不是痛苦。在教育过程中，这些都是教师们可以直接加以灌输或培养的行为。不过，正如我们前面已经讨论过的，要求孩子们总是说真话是一个格外困难的问题。剪掉孩子想象力的翅膀绝对不是教育的胜利，但我们可以努力做到只针对孩子们出于懦弱的原因而撒的那些谎进行教育，因为这些谎言的目的就是掩盖邪恶。敢于说真话并承担说真话的后果，这是一种英雄行为，也是道德意识的另外一个组成部分，但是这种意识太复杂，在发展过程中也出现得很晚，所以，在很多孩子身上，这种勇敢往往是一种永久性的残缺。至于金钱意识，现在学校中有各种方法来促进孩子们这方面意识的发展，培养正确的金钱观是防止青少年出现盗窃犯罪行为最保险的措施。教育者可以通过规诫、举例以及对"他人财产神圣不可侵犯"的道德强化来向孩子灌输正确的认识。规律性的学校功课对孩子们的道德教育很有价值，但仅仅依赖这些功课是远远不够的。教育者必须面对的事实是，正如哈勒克（Talleck）所言，对学校教育是否有用的最终裁决标准，是看它是否能够将孩子们从个人恶习和犯罪的深渊中挽救回来。

一旦在学校中发现一些不好的思想萌芽，教师们应该立刻查出污染源，并且迅速介入被污染的环境，使用一些人为手段净化孩子们的思想。换句话说，学校必须建立一套能够对学生进行道德矫正的系统方法。吉劳法罗（Garofalo）提出的新名词"恶意感受值"（temibility）也许能派上大用场。通过"恶意感受值"的大小，他能够判断一个人身上让别人害怕的邪恶成分有多少，是否足够让其产生犯罪的冲动。我们无法衡量罪恶和罪行，它们在一个人身上存在的程度可能会从无到无限多，但是我们可以做某种程度的等级测量，以此来判断那些阻止作恶的抑制措施的有效性，前提是这个人身上具有的犯罪冲动并不是绝对无法抑制的。在衡量一个违规行为的严重程度时，所采取的方法一定要尽可能的自然，按照其严重程度，严格并慎重地设计惩罚措施；而另一方面，对良好行为的奖励也要予以同等的重视和强调。所以，针对青少年的犯罪学就不能按照现在适用的法律原则来制定，因为大家都认为它们是针对成年人的。犯罪学的各种条例不能仅仅只保护我们的社会，还必须包括对犯人进行感化的规定。隔离措施可能会让人变得虚弱、狂怒和恐惧，而青春期是一个非常渴望群居的年纪，所以对青少年使用隔离手段时一定要非常谨慎。在如何处理青少年罪犯的计划中，不应该包括那些源自私人情感、动机不明的宽恕或赦免，因为有句老话说得好，"宽容杀人者，等同谋杀"。而另一方面，我们也不能过度鄙视、践踏那些无法合理控制自己行为的青少年，例如，那些持有"一竿子打死一船人"观念的人，他们的想法和另外一句古语"杀死所有违法者和嫌疑人，因上帝自有主张"一样，这样的想法和做法是完全不可取的。哲学家哈特曼（Hartmann）有一篇非常具有指导意义的文章，他在文中提议，所有为罪犯而建的流放地都应该让政治家们先去试水，这样他们才能够将那些有关自治的理论付诸实践。不管怎样，教育学家们必须面对来自看守所、少年劳改农场以及少年管教所等地方的各种问题。为了达到目的，我们采取的措施，必须超越有期徒刑这样拙劣的手段，也必须强过陪审团制度这个更拙劣的方法。我们必须承认，在处理那些有犯罪行为的青少年时，让他们悔恨、恐惧、忏悔，对自己造成的损失给予物质上的补偿，同时要求他们必须懂得自己的所作所为对社会和个人来说意味着什么，与更严厉的刑罚相比，这些措施在操作上其实并没有多大不同，尽管专家们认为他们的行为已经造成了品行上的败坏。当然，采取这些措施必须有一个前提，那就是这些青少年不负责任的程度还没到无可救药的地步。

上述主题涉及了很多与青少年有关的概念和实践措施，其中某些方面需要进行更彻底的重建。青少年能够为这个社会所做的最擅长的事情，一旦因环境的原因发生了意外，往往会遭到最强烈的谴责，甚至被指责为犯罪勾当；一次短暂的情绪失控或者桀骜不驯，就会让他们背上所有的骂名；一旦被发现曾经越过了那条无形而又至高无上的道德底线，无知而残忍的公众舆论和责骂就会像潮水一样涌来。这，就是犯罪心理学的核心部分。不仅如此，在这里我还要郑重地表达个人抗议：我强烈反对目前在学术机构中，把道德伦理当作一种理论性的、历史性的抽象学说来传授并研究的做法。摆在我们面前的是各种具体、鲜活的客观犯罪事实，我们应该从这里开始，投入更多的热血和精力，去近距离接触邪恶与德行之间你死我活的决斗战场。唯有从大量事实中找到平衡点，并具备更强的净化力量之后，我们的道德伦理体系才能拥有真正的优势，才能逐步前进，成为应用得更广泛、更深入的行为哲学。在这个基础上发展起来的行为哲学，将会彻底区别于我们现在的中学和大学所传授的、很多当代道德学家所声称的那种如幻象一样不现实且严谨苛刻的理论。

第八章

青春传记

把中世纪及之后兴起的骑士精神和具有普遍性的世俗理想与早期基督教会的苦行精神放在一起比较，就能发现两者形成了巨大的反差。从某些方面来看，这些骑士精神和世俗理想与希腊的理念更为接近。荣誉总是最重要的理想目标，肌肉发达、身体强健也被赋予了很高的地位，所以，那个时候的时代精神所孕育出来的一些概念，与日本的武士道精神并没有什么不同。当基督教元素和这种武士精神相结合的时候，我们就看到了亚瑟王（King Arthur）的骑士精神及有关圆桌骑士的传说，这些传说赋予了历史上很多年轻人最高尚的理想，有关这一点我们将在后面进行详细的讨论。

利比（M . F. Libby）博士写了一篇名为《莎士比亚与青年》（*Shakespeare and Adolescence*）的文章，在文章中他做了一个非常粗略的估计，"在喜剧中出现了 74 个很有意思的青年；悲剧中出现了 46 个；历史剧中出现了 19 个"。他从中选出了 30 个角色，选择这些角色的原因"有的是直接考虑到他们的年纪；有的是因为他们的爱情故事；有的是因为他们在情感和智力上表现出了青春期特有的灵活性，可以被当作青少年的典型代表"。他选出的 30 人如下：罗密欧（Remeo）、朱丽叶（Juliet）、哈姆雷特（Hamlet）、奥菲莉娅（Ophelia）、伊莫金（Imogen）、珀迪塔（Perdita）、阿维拉古斯（Arviragus）、吉得律斯（Guiderius）、帕拉蒙（Palamon）、阿赛特（Arcite）、伊米莉亚（Emilia）、费迪南德（Ferdinand）、米兰达（Miranda）、伊莎贝拉（Isabella）、玛丽安娜（Mariana）、奥兰多（Orlando）、罗莎琳德（Rosalind）、拜伦（Biron）、波西娅（Portia）、杰西卡（Jessica）、费布（Phebe）、凯瑟琳（Katharine）、海伦娜（Helena）、维奥拉（Viola）、特洛伊罗斯（Troilus）、克雷西达（Cressida）、卡西欧（Cassio）、玛丽娜（Marina）、哈尔王子（Prince Hal）以及格罗斯特的理查德（Richard of Gloucester）。前面说过，选择这些角色作为青少年代表的理由是各种各样的。利比还认为，除了这些角色以外，在莎士比亚的十四行诗和其他诗歌里，还能找到有关青春期的更深刻、更精华的知识。他认为，《维纳斯与阿多尼斯》（*Venus and Adonis*）是用直白、天真的手法来描写两性关系的成功尝试。如果人们能够正确理解莎士比亚想要表达的意思，他们就会明白，这是一种激情的宣泄，在这些描写后面潜伏着的，是一套完整的有关艺术的哲学体系。他还在《热情的朝圣徒》（*The Passtonate Pilgrim*）中也有所发现，认为故事里"充满了对青春期早期各种激情的最深刻的理解"。在十四行诗第 116 首中，莎士比亚认为爱情是人类唯一的指路明灯，将对青春的一系列诠释推向了高潮。有人或许会说，这些只是将柏拉图最好的学说以直线方式表现出来而已。正是莎士比亚的诗歌，让人类在文化断层的时代又重拾了那些有关青春的细节，以及那些除一些意大利诗人之外无人记起的东西。

如果浏览一下当代著名人物的一些自传，看看他们是如何描述自己的少年时代的，你会发现，这些自传很奇怪地处于两个极端。其中一个极端，是以歌德（Goethe）为代表的一类人物。在自传中，他不厌其烦地用大量篇幅描述细节，伴随着缜密而且富有指导意义的哲学反思。他认为，自己品位、能力的发展以及成年后的整个意识体系，都应归功于童年时代及青春期发生的各种事件，尤其是青春期。对他来说，这个阶段充满了各种最具严肃意义的问题，这些问题对其自我认识的发展起到了不可或缺的作用。在描述自己的人生故事时，歌德不遗余力地发掘了这段暴风骤雨一般充满能量的时期，给予了其最浓墨重彩的描写，这种强调可能是其他任何作家都不能比拟的。而在另一个极端，我们可以以查尔斯·达德利·华纳（Charles Dudley Warner）为代表。华纳是一个完全靠自己的努力取得成功的作家。他的早期生活是在农场度过的，在自传中，他对自己少年时期的生活表现出了极大的轻视，这种强烈的轻视是其他成名作家在撰写类似经历的回忆录时所没有的。在华纳的自传中，每一个被记录下来的事件似乎都是很重大的，不仅如此，当他描述自己的每一位家人时，无一例外地带着一种强装出来的幽默感以及一种浅薄的哗众取宠，这说明他对这些被他嘲讽的家人的一点一滴都很反感。在一个新英格兰农场度过青少年时代，本来是一段非常宝贵的经历，但是在华纳的笔下，这种生活不但显得荒唐可笑，而且从头到尾，他的书都没有给那些对名人的童年生活感兴趣的人以任何指导或者建议。奥尔德利奇（Aldrich）要相对好一些，从他的自传中，我们可以瞥见有趣的宠物马和猴子；他怎样和那些欺负他的男孩子干仗，怎么逃跑；他如何爱上一个年长的女孩，在她和别人订婚后，这个打击又是如何使得他的生命变得黯淡无光的，凡此种种不胜枚举。在这方面，豪厄尔斯（Howells）、怀特（White）、米特尔（Mitter）、格雷厄姆（Grahame）、海蒂（Heidi）以及伯内特夫人（Mrs. Burnett）大概可以代表这个领域内逐级增长的描写水平。

约德对一些伟人的少年时代进行了很有意思的研究，他提醒人们注意，这些伟人传记的作者在处理他们青年时期的各种事件及影响时，其漫不经心

第八章
青春传记 145

的程度简直令人发指。他认为，传记具有重要的教育影响力，应该让更多的人对历史上的重要人物产生"博兰德主义者"（Bolandists，指那些专为精英人物和圣徒著书立传的专业人士）曾经感受到的那种感动与欣赏。孔德（Comte）创立了实证主义日历，并将1849年的365天都用一个伟人的名字来重新命名，他这样做的目的，和约德的主张是一样的。约德选择了50本现代人物传记，其中大部分是自传，用来帮助自己进行研究。他发现，在不少人的生命里，他们所具备的素养和获得的动力都来自一位具有奉献精神、充满正能量的年长女性，这真是令人吃惊。这也使我们有机会看到这些伟人的才能最初是如何产生的，又是如何让他们在以后脱颖而出的。约德认为，伟人们拥有比常人好得多的记忆力，还拥有仍然处于青春期状态的出色想象力；他放大了贫困在一个人成长中的刺激作用，并举出了事实：贫困家庭的长子出人头地的几率是弟妹的两倍；他还提出了一个问题：当生理发育势头过于强劲的时候，是否并不会削弱才能和天分的发展？

当我们对青春期的每一个现象及每一个阶段都进行探究时，发现了一个让人无法忽略且异乎寻常的重要事实：青春期的各种经历及体验都是转瞬即逝的，而且容易被遗忘，所以在成年人的意识中，它们经常整个地消失了。兰卡斯特（Lancaster）观察到，我们通常会听到那些年过三十的成年人说，他从来没有过这样或者那样的经历，那些有这些经历的人都是不正常的；他们坚持认为自己当年在学校要远比老同学口中的自己优秀；等等。兰卡斯特说："在和我有过自由开放式谈话的年轻人中，没有任何一个人没被严重的自杀念头困扰过。"但是，这些人后来都记不起来了。在我收集的众多案例中，最典型的是一位还不到中年的女士，她曾接受过非常严格、认真的教育训练。她在听一个有关青春期典型阶段表现的讲座时，声称自己一定是个不正常的人，因为她没有任何相关的经历。不过，她的母亲在当年写了一些日记，并当着她的面朗读了这些日记。日记从她13岁那年的一月份开始，记录了针对她当年一系列不良行为的解决方法，这些行为让她脸红了，因为其中包括了骂人、撒谎等，这无可辩驳地表明，她的确经历了讲座所描述的所有阶段。在青春期，有些现象带来的冲击有时是非常剧烈的，在成年之后的生活中可能还会时常想起，但是，我们已经不可能再准确地重现当年的感受和情绪了。而且，那些在当年曾经深深触动我们的东西，现在可能已经成为生活中司空见惯的一部分了。所以，当回忆起青春年少时那些悲恸欲绝的情绪，回顾那些目前看来非常正常却让当年的自己难以接受的经历时，我们常常觉得不可思议。因为随着时间的流逝，阅历会不断增加，新的记忆会将过往的痕迹从我们的意识中轻轻抹去。

怀特说，男孩城（the town of Boyville）的四周是一面坚实的城墙。如果那扇城门在一个年轻人面前合上了，就意味着他永远不可能再次入城。成年人可能会爬上墙头窥视城内，试着模仿城内的人正在进行的游戏，但是，他们会发现，不管怎样模仿，自己的动作都是那么笨拙可笑，因为自己已经被永远地放逐于迟钝的成人世界中了。这座男孩城非常古老，它存在的时候古代亚述（Assyria）的首都尼尼微（Nineveh）还只是一个小村庄。城里执行的是古老的法律；拥有自己的统治者和偶像；它永恒不变，变化的只有城外的成人世界发出的模糊而不真实的噪音。

在寻找与青春期有关的描写时，我们很快发现，很少有作家对这段发展期的主要特点给予翔实的描述，大概是因为这段时期的各种特点实在很难准确定义。成年人发现自己很难再回忆起十几岁时的情感，对那段完全依靠本能和直觉生活的时光无甚印象，因为它们已经在意识中消失无踪，剩下的大概只有一些零碎散乱的线索，只能从日记、一些意外经历或者其他人的追忆中模糊地记起。但是，即便是最好的观察者，其对青少年的心理也只能了解到极小的一部分，因为绝大部分心理发展是隐藏在表面以下的。只有当青少年的情感忍不住以某种令人吃惊的方式爆发出来时，这种心理发展的过程才会显露出来。自传是我们了解青春期想法与行为的最好来源，但是在这些自传中，只有极少的几本写满了有关这个阶段的细节。很多国家的文化在描述本国的史前阶段时，都充斥着虚构的传说故事，这些传说会以不同的形式出现在各种记录中，自传也与此类似，那些与名人们有关的各种传说和故事，就像浮游生物一样，出现在很多名人的传记中。传记作者在为某一个名人作传时，往往会对这些故事和传说进行混合加工，把其与自己笔下的英雄有关的具体时间、地点、人物联系在一起。

正如伯纳姆（Burnham）所暗示的那样，很多文学作品对青春期的刻画都带着显而易见的夸大倾向，有时候甚至可以明显地看到作者为了加强表现效果在描写时太着痕迹的地方。这种文学作品并不是对青春期的真实记录，尽管它们通常也是建立在个人经历的基础上。对有关自我剖析的描写通常用力过猛，甚至达到了刻意歪曲的程度，尤其是这个年龄的各种烦恼苦痛，在文学作品中被渲染得过于尖锐突出了。想了解乔治·艾略特（George Eliot）笔下的青春期人物的特色，玛吉·塔利弗（Maggie Tulliver）是最好的例子，她身上具有一种狂热的自律克己精神；她"被囚禁的激情如火山一样等待着爆发"；她"不可救药地盼望着一样东西，不管它具体是什么，都应该是这个世界上最伟大最美好的东西"。在描写格温德伦（Gwendolen）第一次与德龙达（Deronda）四目相对的情景时，艾略特写道："在一个从未谋面的异性面前，她完全失去了控制自己情感和行为的能力"，而且，"她表现得如此果敢坚决，这是一种完全出于本能的行为，违背了所有慎重和理智的考量，心里只有想要结婚这个最明确的欲望，所以她的行为是完全奔着想要对方求婚去的"。在青少年写的文章中，往往可以看到他们对成年人特性的夸张描述（虽然还没有达到刻意歪曲的程度）。相对而言，他们笔下的青少年的行为却显得很理性。这是这个年龄阶段的人写出来的文章的一个主要特色。这意味着什么呢？这意味着青少年的意识活动是他们发泄心中不满的主要出口，如果他们不能将这些想法投注到意识活动中，而是真的付诸实践，那就可能酿成大祸。如果哈尔摩狄奥斯（Harmodius）和阿里斯托革顿（Aristogeiton）这两个刺杀暴君的希腊年轻人是理论家的话，他们可能会采用更加温和的策略，因为理论分析能够消释和融解人心里过于强烈的情绪。

兰卡斯特收集并阅读了大约 1000 本传记，他从中选择了 200 本供研究之用，目的是为了展示具有代表性的人类活动的不同发展方向。在这些传记人物中，有 120 人在青春期就对阅读表现出非同寻常的狂热；109 人成为了大自然的热爱者；58 人喜欢写诗；58 人出现了突发性的能力大增的趋势；55 人表现出对学校的渴望；53 人爱上了艺术和音乐；53 人变成了虔诚的信徒；51 人在十几岁时离开了家；51 人显示出卓越的领导才能；49 人对很多事物都表现出巨大的热情；46 人发展出了科学素养；41 人对自己的未来感到非常焦虑；34 人表现出超越常人的敏锐和敏感，至少观察力超强；32 人比其他人更重视健康；31 人是热情的利他主义者；23 人成为了理想主义者；23 人显露出发明的能力；17 人对老朋友忠心耿耿；15 人想要改造社会；7 人憎恶学校。就像其他方面的很多统计数字一样，这些数字只能起到大概的指示作用，因为他们的基数不够大，而且获得的反馈也并不完整。

在这里我们只需举几个兰卡斯特提供的具有代表性的例子就够了。多明我会修士萨沃纳罗拉（Savonarola）是个遗世独立的人，喜欢沉思和冥想，他深切地感到，这个世界充满了邪恶，需要进行一次彻底的改造，因此在 22 岁那年花了整整一个晚上的时间来计划自己未来的职业。雪莱（Shelley）在青春期也不爱与人交往，很多时候他都是一个人胡思乱想，在月光下徘徊，和星月交流，与比自己年长的人待在一起。乔治·艾略特 13 岁的时候对音乐产生了极大的热情，后来成为了一名出色的钢琴家；16 岁时她是虔诚的宗教信徒，为穷人和动物创建社区；当然，她也曾在很短的时间内愤世嫉俗。爱迪生（Edison）几乎读遍了底特律图书馆里的免费图书，一直到读过的书放在书架上排列在一起达到4.6米长时才停止——他说自那以后他读的书相对来说就少了。托尔斯泰（Tolstoi）觉得自己可能会犯下最可怕的罪行，虽然除了好奇心和想要干点什么的冲动外，并无任何作恶动机；当他向前看去，觉得未来一片灰暗；他经常会无缘无故地感觉怒不可遏，觉得自己迷失在这个世界了，所有人都憎恶他，认为自己也许不是父亲的亲生儿子；17岁的时候他是个孤独的少年，思考着关于永生、人类命运等深刻的问题，总感觉自己的死亡已经触手可及；他放弃了学习，幻想自己是个伟大的人物，手里握着关于全人类的新的真理；不久后，他开始意识到自己浪费了太多时间，于是带着新的决心和力量，开始学习生活中古老的道德课程；也是在17岁的时候，他拥有了一次深刻的宗教体验，发现生活突然以崭新的面貌出现在自己面前，他对此感激涕零；在20岁之前，有一段时间他无可救药地爱上了撒谎，而对这些谎言他完全无法自圆其说；随后他对音乐产生了极大的热情，后来又爱上了法国小说。卢梭在这个年龄的时候，对现实充满了不满，他极度渴望爱，经常无缘无故地哭泣。济慈（Keats）在14岁的时候经历了巨大的变化，几乎是脱胎换骨——他与那些频繁出现的、来自灵魂深处的模糊而深刻的冲动对峙、抗衡，突然之间对知识产生了如饥似渴的需求，这种饥渴就像火一样点燃了他的日子，使他"充满着热切的渴望，恨不得一口气饮尽知识的酒杯"；他会通宵达旦地阅读，"在凌晨时分，目睹整个世界变成金黄""就在电光火石之间，男孩变成了诗人"。富兰克林（Franklin）对海洋有着热切的憧憬；13岁的时候他经常整夜读诗，后来自己写诗，并在波士顿的街头叫卖自己的作品；15岁的时候他怀疑一切；17岁的时候为了追寻更好的生活而离家出走；21岁之前，他就在费城开设了第一个公共图书馆。英国诗人布莱恩特（Bryant）14岁之前一直体弱多病；不过14岁之后就再也没生过病了；他对大自然和宗教的热爱程度就他的年龄来说已经超前了；他拥有上帝恩赐的诗人天分，在18岁之前就写出了《死亡随想录》（*Thanatopsis*）。

霍索恩（Hawthorne）热爱大海，他希望自己能够一直在海洋中航行，直到永远，希望此生再也不用触摸海岸；他会一个人徒步穿越缅因州的树林；他一直心怀恐惧，害怕自己会在 25 岁之前死去。赫伯特·斯宾塞（Herbert Spencer）闲逛了一年之后，在 17 岁的时候成为了一名工程师；他从来没上过学，不过，他是他叔叔的私人学生。詹姆士·麦金托什爵士 11 岁的时候喜欢历史，幻想自己是君士坦丁堡的君主；13 岁的时候，他喜欢独处；14 岁的时候，他开始写诗；17 岁时他陷入了爱情。英国军事家纳尔逊（Nelson）12 岁出海；15 岁时指挥船只战胜了凶险的风浪；同年，他出发去挑战北极熊。植物学家班克斯（Banks）在 14 岁之前一直四处游荡、百无聊赖，甚至不能独立走完别人给他标示出来的一段路程；一次沐浴回来的路上，他被鲜花的美丽深深吸引了，几乎就在这一刻，他未来的职业被决定了。圣女贞德（Joan of Arc）13 岁开始看到一些不同寻常的景象，这些景象后来成为了她人生的指引。

斯威夫特（Swift）先生收集了很多有趣的传记资料，这些资料表明，在校的学业是分解式的，而生活是合成式的，学校类同于监禁生活的狭隘促使很多处于任性期的青少年越过篱笆墙，去寻找新的更有吸引力的生活。按照学校的标准，很多这样的青少年是迟钝而且懒惰的，但事实上是这些标准要求得实在太多了，或者说它们所代表的理想太高了，很难获得满意的结果。瓦格纳在莱比锡的尼古拉高级文科中学被降为三级生，可是他之前已经在德累斯顿达到了二级生的水平。这种降级激怒了他，让他失去了对语言学的所有兴趣，用他自己的话说，"变得懒散邋遢"。普里斯特利（Priestle）认为，对他来说，系统化的课程学习从来没起到任何促进作用。威廉·哈维·吉布森（W. H. Gibson）曾经反应很慢，他在学习素描的时候，因为浪费了太多时间而受到责骂。詹姆斯·罗素·洛威尔（James Russell Lowell）曾经饱受斥责和惩戒，刚开始是私底下，后来在公开场合也遭到训斥；在大二的时候，被斥责的原因是"写论文粗心大意，辩论时错误百出，背诵时丢三落四"，"因为长期忽略自己的学业"，他最终在 1838 年被停学了。欧文（Irving）说，如果一个少年"拥有的青春激情不够强大，就不能给予他足够的勇气离开那条由家庭教师为他制定的、与他本人的爱好无关的所谓科学道路——在这条道路上坚持数年之后，他可能会得到大学能提供的所有好处与荣誉。但是，他们的青春是在不带丝毫情感的谨慎中平静度过的，我会把这种青春比喻成永远不会发酵的酒，一直都是糊里糊涂的一堆原料"。汉弗莱·戴维（Humphry Davy）在学校里表现得很老实，但是没有显示出任何天分，而且"是众所周知的懒孩子，有写诗的才华，但是没有学习更重要的知识的资质"；他后来认为这是一件幸运的事情，因为他被老师们撂在一边，让他有了更多属于自己的时间。拜伦（George Byron）是一个学习非常不用功的学生，按照传统，学习不好的学生只能站在教室的最前面，爱逗乐的男教师总是会一遍遍地对他说："乔治，小伙子，让我看看你什么时候才能到教室后面去。"席勒（Schiller）因为粗心大意和缺乏警觉性屡屡遭到批评，他最后的大学论文也不符合要求。黑格尔（Hegel）也是一个差生，他在大学里获得的评价是"不太努力，知识平平，哲学尤其差"。海涅（Heine）赞成僧侣们的说法，认为希腊是魔鬼制造的产物，"上帝知道我受过的苦"；他痛恨充斥法国社会的衡量人的各种标准，他的教师发誓说他不具备诗人的灵魂；他在波恩无所事事地消磨着自己的青春，宣称那些粗粝乏味的教授们宣扬的"可憎、呆板、俗套的论调"让自己感觉"极其厌烦"。拿破仑（Napoleon）以全班第 42 名的成绩毕业，斯威夫特还为此好奇地问"在他前面的那 41 个人都是谁？"达尔文"不能掌握任何一门语言"，离开学校后，他说："所有的老师，还有我的父亲，都认为我是一个非常平常的男孩，甚至达不到一般人的智力标准。最让我羞愧的是，我的父亲曾经对我嚷道：'除了玩枪、撵狗、逮耗子，你什么都不关心。你将会为自己感到羞耻，也让整个家庭蒙羞。'"

兰卡斯特总结了 100 名演员的传记，结果表明，他们取得第一次巨大成功的平均年龄正好是18岁。他选中的调查对象都是主动选择演艺生涯的，因为最好的演员不是训练出来的，而是天生的。在这100人中，大约有一半是爱尔兰人，来自表演呆滞、缺乏感情的美国剧院的演员相对要少很多。只有少数人首次登台成功是在22岁之后，16~20岁这段时间是一个演员的天分绽放得最耀眼炫目的时候，是他们表演才能的最高峰——尽管在这段时间之前或之后（有人甚至会在25岁之后）也能达到第二高峰。不过，在25岁之后才逐步攀上顶峰的演员，他们的成功应该更多地归功于他们后天的知识积累，而不是天赋。再来看100名小说家，他们的第一本小说获得公众认可的平均年龄是在30~35岁。在53名诗人中，他们发表第一首诗歌的平均年龄是15~20岁；在第一首面世的诗歌中就表现出天赋的诗人的平均年龄是18岁。发明家的情况与诗人们形成了鲜明的对比，在被调查对象中，他们取得首个专利的平均年龄是33岁。

将100名音乐家与100名专业人士进行比较，其结果更是让人大跌眼镜。在所有天分当中，目前看来音乐才能是最先表现出来的，也是最基于本能的。音乐家身上的天赋第一次以引人注目的形式表现出来时，平均年龄不到10岁，其中，95%的人在16岁之前就表现出罕见的天分。而专业人士结束学业的平均年龄是24岁11个月，如果按照他们取得被认可的成功的时间来算的话，这个平均年龄至少还要再加上10年。在53名艺术家中，90%在20岁之前就显露出了自己的天分，平均年龄是17.2岁。在100名离家前往边境地区淘金并最终在西部地区闯出名堂的先驱者中，大部分人与家人诀别时才18岁。至于118名科学家，兰卡斯特估计他们应该在不到19岁时，就找到了自己毕生的兴趣所在，并开始投入炽热的激情。总的来说，与那些在理性领域中获得名望的人相比，那些因感性特质而大有成就的人取得首次成功的时间通常更靠前。把所有的领域都综合起来计算的话，那些名人取得初次成功的时间主要集中在18~20岁。

至于那些献身于物理科学的人物，当叙述他们那段惊心动魄的青春时光时，其传记作者呈现给读者的可能是最不生动和轻松的描写了。原因大概是他们普遍成熟得比较晚吧，几乎所有的传记都体现出了那段特殊时期的骚动和成长中的回旋运动。我们不妨随便摘几个可以清楚地看到这种特点的例子。

第谷·布拉赫（Tycho Brahe）于 1546 年生于丹麦的一个贵族家庭，由叔叔抚养成人。13 岁时他就进入哥本哈根大学，在那里学习了乘法、除法、哲学以及玄学。14 岁时，他亲眼目睹了日食的发生，被这种神奇的自然现象深深吸引了，由此决定全身心投入到对天体的研究中去。他发明了一系列有趣的仪器，这些仪器按照大小排列，最后他还在汶岛（Island of Hven）建立了一个天文台。说来奇怪，对他来说，他的科学结论都具有一种深刻的占星术意义。他如此描述自己发现的一颗重要新星："最初它就像金星和木星，所以它带来的影响首先应该是令人愉快的；但是，当它变得像火星的时候，接下来人间就会经历一段时间的战争、叛乱、囚禁、王孙死亡以及城池倾倒，伴随着这些灾难的还有干旱、炽热的陨石雨、瘟疫及巨蛇；最后，这颗星星又变得像土星了，这时候人间就会遭遇饥馑、死亡、监禁以及各种各样让人难熬的事情。"他还说："天文学的一个特殊用途，就是让我们能够从天体的运行中知道它们将如何影响人类的命运。"他在自己的小岛上辛苦奋斗了 20 年。他一直没有停止过写诗，在他的地下天文台入口，刻着一首他写的诗，以掌管天文的缪斯女神（Urania）的语气，惊叹在地球的内部居然存在着这样一个可以研究天堂的洞穴。

艾萨克·牛顿（Isaac Newton）生于 1642 年，出生后一直体弱多病。上学的时候，他的成绩在班上非常靠后；他会写诗，16 岁的时候还尝试过种地。大学的时候，在一次欧几里得几何学的考试中，他考得特别不好，因此遭到了特别的责骂。第一个促使他发愤图强的诱因，是一个高年级男生狠狠地踢了他。于是他决心在学习上超过那个男生，很快，他的成绩就蹿升到了全校第一。他制造了很多精巧的玩具和风车；他还做了一辆四轮马车，但是让轮子动起来的不是马，而是由坐在车里的人用手转动轮子；他制造了一个时钟，是用水作为驱动力；他还动手做了窗帘、风筝、灯笼等。在不到14岁时，他爱上了比他大好几岁的斯托瑞（Storey）小姐。18岁时，他进入了剑桥大学的三一学院（Trinity Couege）。

赫胥黎（Huxley）12岁时成为了一个博览群书的少年，2年或3年后，他狼吞虎咽地啃完了汉密尔顿（Hamilton）的《逻辑学》（Logic），并深深地迷上了形而上学。14岁时，他目睹并参与了平生第一次尸体解剖。这次解剖带给他一种奇怪的感觉，那就是对尸体的漠然。后来困扰他终身的消化不良症状也是这次经历留给他的后遗症。他接受的训练是不规律的；他自学德语，往往是一只手拿着书，另一只手还得打干草；他思索事物的本质、灵魂以及它们之间的联系，还思考激进主义和保守主义的关系。尽管学习如此勤奋，他还是会常常指责自己没有好好努力，进步不够。17岁时，他尝试着将人类的各种知识进行广义分类，在完成了自己的调查后，他下定决心要一个接一个地掌握所有的主题，一旦觉得自己掌握了，他就奋笔疾书将它们记下来。"字迹终将一行行显现，而我此时却怯于下笔；因我心惶恐，怕玷污了这洁白的纸张。"在那些年里，他的生活就像一洼充满泡沫的水塘，充斥着无关紧要的各种琐碎细节。但是，他后来获得的那些深层次的构思和激情，就潜藏在这些泡沫之下，这个过程难以用语言进行描述和解释。后来，他还从事过制药的行当以及其他一些职业。

在重现青春期那重要、短暂且易于遗忘的激情时，有文学天赋的女性可能比男性的表达能力更强。其中的原因如下：首先，由于她们更加趋同化的天性，在后来的人生中，与男性相比，她们与青春时光的回忆之间的隔膜更小；其次，尽管从心理角度说，女性的青春期比男性的要相对短一些，但是她们在青春期后并不像男性那样必须面对养家糊口的沉重压力，所以有机会将自己的青春发挥到极致；再次，女性更加感性，在她们的青春时光里，心理世界的主要成分都是由情感组成，或者说，她们更多地停留在主观世界里。

马侬·菲力普（Manon Philipon，即 Madame Roland，意为"罗兰夫人"）生于 1754 年。她的父亲是一位雕刻师，生活过得很舒适。最早激起罗兰夫人阅读热情的是《圣经》和《诸圣传》（Lives of the Saints），她后来几乎对阅读产生了一种偏执的热爱，所有类型的书她都如饥似渴地读着。在父亲工作间的一个角落里，她可以数小时不动地坐着阅读希腊历史学家普鲁塔克（Plutarch）的著作，憧憬着过往那古老的荣光。她甚至会激动地喊叫、哭泣："为什么我不生在希腊？"她渴望自己能够效仿那些古代的勇士。

书籍和鲜花唤起了罗兰夫人充满激情的梦想、浪漫的情感以及远大的理想。她发现，当时的法国社会根本就没有英雄生活的土壤，失望之余，她将自己的热情转而投向宗教神秘主义，泽维尔（Xavier）、洛约拉（Loyola）、圣伊丽莎白（St. Elizabeth）、圣泰瑞沙（St. Theresa）成为了她的新偶像。她渴望自己能跟随这些虔诚男女的脚步，甚至愿意像他们一样背负骂名，饱尝贫困、饥渴的折磨，经受各种苦难；愿意和他们一样，为了耶稣的名义，作为一个殉道者在痛苦中迎接死亡。她身上那种自我牺牲的精神大概算是她最主要的特点了，她总是向往过一种悲壮的生活，就像乔治·艾略特笔下的多萝西娅·布鲁克（Dorothea Brooke）一样。11 岁的时候，她获准进入了一家女修道院。在那里，她常常避开所有人的陪伴，自己一个人享受孤独，坐在树下读书、思考。尽管修道院的氛围充满了刻意营造的人为气息，但那段生活无疑给她的人生带来了深深的影响，给了她自始至终不曾改变的温柔情感、远大的目标以及带有神秘色彩的想象。后来，她经历了一个对自己过往思想和经历的彻底反感期，这种反感源于对自己轻信的青春的怀疑。那时她已经涉猎了各种知识，开始怀疑自己的信仰，甚至对上帝和灵魂也心存疑虑，不过她还是紧紧抱住福音书（Gospels）不放，认为这是有关道德伦理的最好的法典。后来，罗兰夫人意识到，在她的理性迷惘动摇的时刻，她的心却一直保持坚定。17 岁时，她成为了全法国最高贵的女子——如果不是最美丽的女子的话。青春的帷幕徐徐落下，宣告她少女时代的结束。她身上所有在青春期形成的特质，注定了她将经历一个伟大的人生，也注定了她更伟大的死亡。

天资聪颖的人似乎都有永葆青春的本事，他们可以一直保持着自己的孩子气。尤其是那些感受格外强烈的青少年，其天分的一个重要表现，就是能够将青春期的灵活性和自发性一直保持到成年。有时候甚至将青春期特有的激情、幻想以及淘气的怪念头也保留下来。在《我的一生》（Histoire de Ma Vie）中，可以很明显地看到，乔治·桑（George Sand）在这个年龄显示出了非同寻常的天赋。她编织了很多冗长的故事，这些故事日复一日地展开，就连她的知心朋友有时候也忍不住会取笑她，问她王子究竟从森林里出来了没有。她甚至会把山林里传来的回声拟人化，一本正经地和它交流。她一天天地做着白日梦，在想象的故事中扮演各种不同的角色，在此过程中她是如此投入，以至于当从想象的世界中回到现实时，会被眼前的景象吓一跳。以乡村传说中的大野兽为原型，她虚构了一个奇异的以动物为主角的浪漫故事。

被阿姨送到女修道院后，她度过了整整一年的叛逆期，横眉冷对修道院的种种管束，而且成了一个名叫"恶魔"（les diables）的小团体的领袖，这个小团体由一群拒绝成为宗教信徒的孩子组成，她们专干各种各样疯狂的恶作剧。15 岁时，她对那些圣徒的生活产生了浓厚的兴趣，尽管对那些神迹还是嗤之以鼻。一天晚上，她偷偷潜入修道院的教堂，这种未经允许擅自进入的做法是一种严重的违规行为。晚上的教堂充满了神秘，那种神圣的魔力瞬间让她感觉自己被洞穿了。她忘记了外面的一切，仿佛整个世界只剩下自己一个人，在她身上，有些不可思议的改变正悄悄发生。她"呼吸着的空气里充满了无法言喻的美妙"，这种美妙并非来自感官，而是由她的心灵感受到的。在那一刻，她突然感觉到一种难以形容的不安，眼前的景象开始旋转，觉得自己被包裹在白色的光晕里，听到一个低沉的声音在耳边响起，说的内容是写在修道院墙上圣奥古斯丁（St. Augustine）、托雷（Tolle）的画像下面的句子。她转过身，以为是爱丽西娅嬷嬷（Mother Alicia）在说话，却发现只有自己一个人在这里。她知道，自己产生了幻觉，但却清晰地感受到信仰降临在自己身上，紧紧攫住了她的心，正如她曾经希望过的那样。她啜泣着，向未知的上帝祈祷着，直到一名修女听到她的哭声前来查看。刚开始的时候，这种突然产生的宗教热忱不仅促使她勇敢地去面对自己的小团体——那些轻率、鲁莽的假小子，还让她计划在将来成为一名修女。这种想成为遁世者的狂热向往后来终于退烧了，但是，她却再也不是从前的那个自己了。

后来，她离开做女店员的母亲，到诺昂（Nohant）和祖母一起生活。从母亲处简单而又忠诚的天主教信仰氛围，一下子到了身为伏尔泰信徒的祖母那种愤世嫉俗的环境中，她发现自己陷入了一种窘境。一边是被初次领圣餐所唤醒的深刻的宗教感情，一边是心里同时出现的对这种信仰的蔑视，这种蔑视是由祖母灌输给她的，祖母对她出于传统的原因被迫奉行的各种仪式大加嘲讽。她的心灵被信仰深深触动了，可是她的头脑却固执地认为宗教只是一种幻想或者隐喻。正是这种复杂的情感促使她去编织一个故事，这个故事可能是一种宗教，或者是一种在故事里存在的宗教，她可以自行决定对这种宗教信仰的程度，也可以按照自己的意愿随时终止这种信仰。这个全新的神的名字以及存在的形式，是她在一次梦里得来的创意。"他"叫科拉姆比（Corambe），像基督一样纯洁，像加百列（Gabriel）一样美丽，像希腊文学中描述的仙女和俄耳甫斯（Orpheus）那样优雅，完全不像基督教的神那么严厉，而且，"他"是一个更像女性的男性，因为凭着对母亲的爱，她觉得自己更能理解女性。"他"身上有很多方面都体现出肉体与精神之美;"他"能言善辩、舌灿莲花,通晓所有艺术,其中最杰出的是即席创作音乐的神力;她可以像爱一个朋友或者姐妹那样去爱"他",同时又敬"他"为神;"他"不是那种可怕的、通身完美、毫无瑕疵、无懈可击的神,"他"也会因为过于放纵而犯错。据她自己估计,在创造"他"在世俗中存在的模样的过程中,她构思了大约上千本宗教书籍或上千首赞美诗。在每一个故事里,"他"都会幻化成人形和世俗中人在一起,"他"接触的总是一群好人,但最后"他"总是会被邪恶所害而最终殉道,那些邪恶的人对"他"充满了恶意。在这种"温柔的幻想"中,她可以一边让自己尽情投入和朋友的嬉戏中,一边又能随时向自己的神寻求安慰。光有宗教典籍是不够的,她还必须为自己的神准备神殿和宗教仪式。于是,她在花园的一角找到了一个别人无法发现的灌木丛,在一个布满苔藓的石室里建了一个圣坛。这个圣坛靠在一个大树干上,她还在圣坛周围挂上花环作为装饰。她没有用任何牺牲物来供奉自己的神,因为她认为这种行为太残忍而野蛮,所以她用让一些小生物重获生命和自由的方式来代替祭祀,例如蝴蝶、蜥蜴、青蛙以及鸟儿。具体做法是,把这些小生物放在一个盒子里,将盒子置于圣坛上,在"向神祈求自由和保护"之后,再打开盒子。在这种带有模仿性质的仪式和有趣的幻想中,她发现了适合自己心灵土壤的宗教萌芽。然而,一个男玩伴发现并闯入了她布置的圣所,从那一刻起,"科拉姆比就不再住在那里了。森林女神和小天使也抛弃了那个地方"。对她而言,那里不再真实了。她非常小心仔细地摧毁了神殿,并将装饰用的花环和贝壳埋在了树下。

路易莎·奥尔科特(Louisa Alcott)的浪漫历程始于15岁,那时她已经开始写诗,记心情日记。她常在月光下徘徊,梦想着自己能成为爱默生(Emerson)笔下的贝婷(Bettine);她给"他"写信,但从来没有寄出过;半夜,她会坐在高高的树上;早上在"他"门前的台阶上放一束野花;在

"他"的窗户下唱米扬（Mignon）的歌曲；为了她崇拜的人，她努力让自己变得更好。她的日记里写的全是自己。

每一次，当她凝视着镜子里自己的长发和姣好的脸庞时，她都试着将自己的虚荣感强行压下去；她口齿伶俐，喜怒无常，物质上的贫困和那些无法实现的渴望，让她觉得每一天都像是在煎熬，令她心力交瘁，找不到活着的乐趣。这个时候，她必须找点事情做，因为等待让人感觉更加难熬。在想象中，她觉得自己的头脑是一间乱作一团的房子，必须加以整理，把那些没有意义的想法清理出去，像掸尘一样将傻乎乎的幻想赶走，用更好的决心来重新填满自己的头脑。可是，她不是一个很好的女管家，她让自己的头脑变得像一间布满蛛网的房间，难以掌控自己的思想。她渴望一个舞台，这种狂热让她终日神魂颠倒，把绝大多数的闲暇时间都用来写作、表演戏剧，这些戏剧无一例外都充满了夸张的感伤、神经质的情绪以及匪夷所思的事件，内容大多和现实生活无关，没有多少幽默感，情节中充满了隐瞒和意外，对话过于机巧，整个戏剧充斥着一种超越凡俗的感性氛围。她身上具备了很多戏剧表现力，最喜欢想象自己是哈姆雷特，模仿他那种英雄气概，向世界大声表达自己的抗议。17 岁到 23 岁是她学着如何去适应生活的时期。她教过书，给报纸写过文章，当过女仆，做过裁缝。她发现缝制衣服是一份很让人愉快的工作，因为它能让人安静下来，不会有人来打扰她，她可以一边干着自己的活，一边任由思绪飞扬。

与大部分女性一样，伯内特夫人在记录自己童年和青春期的记忆时，远比大部分男士更具主观性、更为有趣。

在青春期早期阶段，只要是和鲜花在一起，她就永远不会觉得孤独，因为她喜欢"弯下身对它们说爱抚的话语，躬身亲吻它们，当它们扬起脸来像看朋友和爱人一样看着自己时，称赞它们的美丽。有一种小小的紫罗兰花，看上去似乎总是孩子气地仰着它们小小的脸庞，好像在说'吻我吧，不要就这么走掉'"。她会坐在长廊上，将手肘放在膝盖上，托着下巴，凝视着天空，有时候还会躺在草地上看天。天空是那么高远，可她却觉得自己是天空的一部分，有时候甚至觉得自己是那些闪烁的繁星中的一颗。当长久而热切地仰望天空时，她感觉有一种奇异的感觉淹没了自己，似乎有一股力量将她往上拉，拉到高高的天上去，脚下这片土地好像消失了，被远远地抛在了身后。每时每刻，她都觉得身边充满了精彩而美妙的事物。她觉得自己懂得和兔子交流的语言。每次她经过的时候，那些摇曳着沙沙作响的叶子似乎都在表达着什么。去户外随意地走一走，坐一坐，躺一躺；走走停停，带着一颗如年幼的森林女神一样好奇的心看看这个，看看那个；追逐飞翔的鸟儿，和小溪玩玩捉迷藏——这些都是她最快乐的时光。

如果要用一个词来形容海伦·凯勒（Helen Keller）在成长过程中为了了解"爱"的含义而做的各种努力，那就是"笨得可怜"。

像花儿一样芳香甜美吗？她问。不是，老师说。像太阳一样温暖明亮吗？不完全是。爱不可触摸，"'但是你能感觉到它倾注在一切事物中的那种甜美。如果没有爱，你不会觉得快乐，甚至提不起玩乐的兴致。'这个美丽的真相让我如同醍醐灌顶一般醒悟了。我感觉到，在我的精神世界和他人的精神世界之间，有一根根看不见的线连在一起。"对这个非凡的孩子而言，这段逐渐了解爱的时期是逐步推进、顺其自然地完成的。在此之前，她生活在一个算得上是最纯洁的世界，过着最温馨甜蜜的生活。她对自己能够接触到的大自然的每一个方面都充满热情，没人能够像她这样深爱自然，也没人能够像她这样对大自然的迷人之处有如此敏锐的感受力，对美丽的情感有如此深刻的感触。令人不快的《冰霜之王》（Frost King）抄袭事件可以说是有生以来笼罩在她头上的最大乌云了，不幸的是，这件事发生时，正当她的青春期来临前夕。1893 年，她在芝加哥参加了万国博览会（World's Fair），思想与见识都得到了巨大的拓展，那年她 13 岁，对她而言，这应该是青春期来临时的一个标志性事件了。也正是在这个时候，她有了一个有生以来最大的梦想：去上大学，享受其他女孩拥有的一切。考虑到她生理上的障碍，这个梦想可谓像她这样的人的最大野心了，但是她不断地加强这个信念，深化自己的决心。她那清澈纯净的心灵一直认为，每一个人都具备理解人类所有经验与情感的能力，所以，她对那些横亘在自己的灵魂与生理缺陷之间的、来自教育与科技的障碍恼怒不已。这些发自内心的、充满活力且剧烈强劲的反应，以及她写下的那些具有里程碑意义的文学作品，都表明在她的青春时光里，她拥有那段黄金时期特有的、最有价值的勇气与冲动，而这种勇气与冲动，对这个世界具有永恒的意义。

玛丽·巴什克采夫（Marie Bashkirtseff）大概可以被看作最能代表夸张的青春忏悔派的人物了。她出身贵族家庭，家境富裕，自 1873 年起，年仅 12 岁的她开始写日记，这些日记的真实性应该是毋庸置疑的，而且极其坦诚，没有虚假、矫饰或隐瞒。这些日记一直记到她逝世的日期——1884 年 10 月，当时她年仅 23 岁。在某种程度上，这些日记可以被称为卢梭《忏悔录》（Les Confessions）的女性版，因为在某些方面，这本日记在记录心理活动时所具有的价值，是其他任何一本书都难以望其项背的——它如实描述并阐释了一个非凡的、充满活力和天赋的灵魂在青春期萌发出来的激情和骚动。这本日记我从头到尾仔仔细细地读过两遍，每读一遍，我对它的兴趣就会增加一分。

12 岁时，她深深地爱上了一位公爵，有时候她能看见他经过，可是他对她的存在却一无所知。她自己编织了很多想象，想象中的情景一般都是他跪在她脚前向她求婚，然后他们幸福地生活在一起。她热切地祈祷着，希望自己能再看见他，能够让他对自己心醉神迷，然后他们就可以拥有完美的生活。

她希望自己的声音变得甜美动听，成为一个完美的妻子。每次站在镜子前，她都会怀疑自己是否美丽，并为这个问题感到痛苦不已。她决定就这个问题去询问一些年轻男子，但是又宁可选择让自己感觉良好，哪怕这种良好的感觉只是幻象。她不断地调整祈祷的方式，深情地祈求上帝能够满足自己所有的愿望。有时候她会因为绝望而心情压抑。快乐与哀愁总是交替出现。她相信上帝，因为她曾经向其祈求，希望能得到一套槌球，希望上帝能帮助自己把英语学好，结果这两个愿望都实现了。在教堂的时候，她觉得有些祈祷和仪式完全是为自己而举行的。她觉得巴黎此时就像一个令人恐惧的大沙漠，让她无心修饰自己的容颜。对于如何整理自己房间里的物品，她有很多奇怪而又多变的主张。当她听到那位喜欢的公爵结婚的消息，差一点从桥上跳下去。她祈求上帝原谅自己的罪过，绝望地认为一切都结束了。她发现，要在公众场合掩饰自己的情感是一件可怕的事情。对她而言，改变以往有关公爵的祈祷是一种折磨。她讨厌周围那些普通人，嫉妒、羡慕、欺骗以及各种令人难以忍受的情感就像耙子一样抓挠着她的心，她觉得自己内心深处已经凝固了，只剩下一具行尸走肉。当她的声音终于开始变化，她喜极而泣，感觉自己变成了充满权势的女王。她认为自己爱的男人绝对不能和其他女人说话。她决心让自己的日记成为一本有史以来最富有指导意义的书。她相信自己是世间最有价值的珍宝，没有人能配得上；对那些自以为能够取悦她的人，她心里充满怜悯；她认为自己是个真正的女神；她向月亮祈祷，希望能够让她在梦中看到自己未来的夫君；她还会和自己的画像争吵。

　　情绪好的时候，她觉得自己很美，认为自己一定会很成功，感觉一切都在对自己微笑，快乐极了。可是，在下一段日记中，对生活又充满了激动不安的情绪，因为高强度的压力给她的生活蒙上了一层阴影，让她感觉一切都是麻木的，显得那么不真实。她努力想更好地表达自己的感受，这种努力让她几近绝望，因为文字不足以表达她的心情。她经常哭泣，在绝望面前屈服，时不时地想到死亡，认为这世上所有的一切安排都是无可比拟的巧妙。她慢慢开始轻视男性，怀疑是不是所有好男人都很蠢笨，而智商高的男人又往往虚伪而卑劣，但总的来说她还是相信，总有一天她会遇上一个真诚而伟大的男人。有的时候，她为自己的血统、天分而自鸣得意，认为所有人在所有事情上都得服从自己，因为她从来不会说出一个平庸的字眼。可是，那种悲观沮丧的感觉很快又会回来找她，让她感觉自己的人生极其失败，注定只能终身等待了。她跪下来悲伤地哭泣，伸出双手向上帝祈求，就像其此时就在自己的房间一样。她差一点就发誓要踏上去耶路撒冷的朝圣之旅，并承诺步行完成其中的十分之一路程。她把自己的钱捐给慈善事业。她缺少这个年纪应该有的快乐，怀疑自己再也不会遇到爱情了。有一次在科尔索（Corso），她从窗户把一束花扔进了熙熙攘攘的人流中，被一个工人接住了。一个青年男子扼住了这个工人的脖子，差点让他窒息，最后把花夺了过来。在她眼里，这个青年男子的动作是如此优雅美丽，以致她一下子就爱上了他。这个青年男子名叫彼得罗（Pietro），后来前来拜访她，有一段时间他们经常见面。每当这个时候，她就用冷淡的礼貌将自己从头到脚地武装起来，有时候她会高傲自负，有时候她又多愁善感，在他们的会面中，这种矛盾的情绪似乎一直占据着最重要的位置。她怀疑，是不是犯一定数量的过错（例如装腔作势），对一个男人来说是维持生活的必需品。最后，他们终于宣誓效忠彼此的爱情，接下来他就离开了。这个时候她开始担心，怀疑自己是不是产生了某种错觉，是不是受到了轻视和侮辱。她被那些没有说出来的话折磨着，担心自己的法语表达不好。后来她开始咳嗽，在连咳了三天后，一个新的念头出现了：自己快要死了。她虔心祈祷，因为随身带着的念珠串上一共有 60 颗珠子，所以她跪下了 60 次向上帝叩拜，每一次都以额触地。她不知道上帝会不会去计算自己跪拜的次数。此外，她还决定去读《新约全书》（New Testament），可是到处都找不到，只能读大仲马（Dumas）的书来代替。在读小说的过程中，她把自己想象成每一个场景中的女英雄，遇到了自己的爱人，和他一起计划未来的生活，最后他们彼此亲吻。可是后来她又觉得屈辱，慢慢失去了兴致，怀疑这根本就不是真正的爱情。她会检查自己嘴唇的颜色，看它们是否有所改变，担心自己是不是过于委曲求全。后来她觉得自己的眼睛出现了不适的症状，开始担心自己是否会变成盲人。有一次，她正在读《圣经》，读着读着就微笑起来。她紧握双手，望着天空，感觉自己的灵魂出窍了，肉体已不复存在。她为自己的人生制订了很多计划，但总是被一句俗语所困扰，那就是"生命仅此一次"。她想一次就活出 12 个人的人生，却感觉连自己人生的四分之一都没活到。她数度让自己与世隔绝，在孤独中感悟人生的真谛。在另外一些时候，她希望自己能够成为一个沙龙的核心人物，并想象自己被众星捧月时的情景。她觉得自己正乘着诗人的翅膀翱翔天空，可是地狱却压在她的心上。随着时间的流逝，她认为从今后，那些彼此宣誓过的爱情对她而言也不过是一句空谈。尽管她感觉疲惫倦怠、百无聊赖，但是当她意识到属于女人的如花生命只是从 16 岁到 40 岁时，还是无法承受失去自己生命的想法，哪怕只是一刻。她批判自己的母亲；对结婚生孩子嗤之以鼻，认为这是任何一个洗衣女工都能实现的；她渴望更美好的生活。有时候她讨厌看到新面孔，可有时候又渴望遇见陌生人。她想伪装打扮成一个贫穷人家的女孩子，到外面的世界去碰运气。她认为疯狂的虚荣心是自己最大的恶魔，因为希望屡屡落空，所以开始调整自己的野心。她痛恨一切中庸的东西，认为生活应该要不就是强烈持续的兴奋，要不就是绝对的平静。15 岁的时候，她终于抛开了有关那位公爵的任何想法，渴望能有一个新的爱慕对象，最后她决定将名望作为毕生追求。她仔细研究自己的肩膀、臀部及胸部，估摸自己能够达到的人生高度。她练习飞靶射击，每一次都能命中目标，觉得这有一种预言性的意义。有时候她会瞧不起自己的母亲，因为母亲太容易被自己所左右了。后来她遇见了另外一个男子，她觉得他对她的喜爱里带着一种宗教性的虔诚成分，他从来不容许自己产生任何一个不好的念头来玷污自己纯洁的生活。不过后来她还是抛弃了他，因为担心自己会让他失望，她不能容忍这种事情发生。她发现，越是能够让爱自己的人感到难过，自己就越开心。她不知道自己为什么总是喜欢流泪，不明白人们说了那么多的爱情究竟是什么，自己最终是否能够懂得。17 岁的一天晚上，她突然感觉一阵阵的绝望，让她忍不住爆发出一阵呻吟，直到她站起来，抓住餐桌上的钟，冲出家门，将钟扔进大海。直到这个时候，她才变得开心了。"可怜的钟！"

还有一次，她担心自己过去过于轻率地就说出了"爱"这个字，并决意不再祈求上帝的帮助。不过接下来她又开始祈祷了。她想，上帝是想要她死吗？因为所有的一切似乎都在和她作对，她的思维失去了连贯性。她恨自己，身边的一切似乎都是那么可悲可鄙。她希望自己能够平静地死去，死时有人在旁边唱着威尔第（Verdi）的美妙旋律。她又一次想把自己的头剃光，这样就省得再打理头发了。一想到时间正在分分秒秒地带着自己走向死亡，她就觉得自己要发疯了。浪费生命的任何一刻都是可耻的，可是她却不知道自己应该相信谁。所有属于生命的新鲜活力似乎都消失了。很少有事情能够影响到她了。她不明白，自己过去为什么会表现得那么愚蠢，却又能思考得那么明智。让她引以为傲的是，这个世界上还从来没有来自他人的任何劝告曾经阻止她去做自己想做的事情。她觉得自己前些年的日记过于夸张了，决定以后要更加平和中庸一些。她想让别人理解她的想法和感受。她发现，当人对生活的幻想破灭时，唯一的疗愈方式就是全身心地投入工作。她总是担心，自己的脸上是否呈现出焦虑的神情，而不是自信的表情，她知道自信的表情是自己最大的魅力所在。"不可能"是一个阴险且令人恼火的词语。她不愿意像绝大多数人那样，像一只狗一样死去，什么也没有留下，就连这种想法也让她愤怒不已，就像一堵她恨不得立刻用脑袋去撞的花岗岩墙。如果她爱一个男人，那么他当着她的面赞美任何其他女人的行为都是一种亵渎。她认为自己爱的男人必须去追求他所有的梦想，永远都不应该知道金钱上的匮乏是什么概念；如果不能满足女人的需要，他应该觉得悲哀，会发现上流社会将他拒之门外了。在她缺乏欢愉、充满悲伤的生命中，艺术成为了最明亮的光彩，但是她已经不敢再乞求任何东西了。

18 岁时，她所有任性而反复无常的想法都没有了。她以圣父、圣子和圣灵之名发誓、祈祷，希望自己的愿望能够实现。她想成为一名百万富翁，想恢复自己的声音，还梦想女扮男装赢得"罗马大奖赛"（Prix de Rome）并和拿破仑四世（Napoleon IV）结婚。有一次她的画作获得了奖牌，她高兴得放声大笑，大喊大叫，并梦想着自己能一炮而红享尽盛名，可是第二天她就受到了指责，又变得灰心丧气。她对自己的每一步成长和蜕变都极度敏感，所以过去的天性没有留下任何一点点痕迹。她感觉在自己的天性中，有一些非常突出，有一些又远远不足。她看到了母亲性格中的不足，因为母亲的执拗简直就是一种严重的病态。她还意识到，自己最主要的热情就是去激发爱，而不是去感受爱。她认为自己的气质很大程度上受着装打扮的影响。她谴责自己的家庭成员，认为他们总是希望她能功成名就，实际上他们应该不断地鼓励她，但不要用期望来给她制造压力。她声称，对自己写下的每一个字，她都经过了仔细推敲。有时候，她对自己感到厌烦，甚至会极度痛恨自己。有一次她表达了对康德的好感，开始想也许他的观点是对的，所有的一切都只是存在于想象之中。她对那些看上去既充满新知又符合逻辑的"难以置信的荒唐事"抱有极大的热情，同时又悲哀地感觉到它们都是假的。她渴望自己能够进入知识的世界，去观察，去学习，去了解所有的一切。她对巴尔扎克（Balzac）非常赞赏，因为他总是坦诚地描述自己真实的感受。她热爱弗勒里（Fleury），因为他向她展示了一个更加广阔的世界。有一段时间，她对自己动人的肤色很满意，抱怨自己无法独自外出。她感觉自己正在失去对艺术的敏感，对上帝的感知也越来越弱，因为其已经听不到她的祈祷了，并认为如果自己30岁之前不能成为一个有名的人物，上帝就会下决心杀死她。

在她19岁，甚至更早的时候，她就时不时地觉得自己对生活无能为力，她哭泣着，呼叫着上帝，感觉精疲力竭。当她听说那位她曾幻想与之发生浪漫故事的年轻的法国王子被卡弗斯（Kaffirs）杀死后，几乎目瞪口呆。她觉得自己变得越来越严肃，也越来越理智。她不再害怕死亡，而是瞧不起它。她认识到，上帝并不是她想象中的样子，更有可能只是"自然"或者"生命"，或者可能只是"机遇"。她思考着自己将要完成的画作会是什么样子。她还和自己的教授发展出了一段柏拉图式的友谊。她曾经想过，也许自己可以嫁给一个拥有270万法郎财产的老年男子，但很快就踢开了这个念头。她发现自己的听力正一点点丧失，19岁时就发现了三根白头发。当她觉得自己无法工作时，就会沉溺于看小说或者抽烟，然后又会对虚掷时光感到悔恨不已。她会做很多决定，去做很多很有益的事情，然后又会像做梦一样干一些荒唐事。有时候她会回忆起从前的很多事。后来医生发现她的肺有严重的问题，要求她使用碘、鱼肝油、热牛奶以及法兰绒，一开始她对死亡嗤之以鼻并拒绝使用这些东西，甚至很愉快地欣赏着朋友们恐惧的模样。但是，后来她逐渐开始执行医生的所有要求。她认为自己过于早熟，觉得一切都是命中注定。她最痛恨的是肺病将会让自己失去美丽的容颜。有时候她会突然感到强烈的愤怒，有时候又会爆发出一阵眼泪。她得出结论，认为死亡是一种彻底的消亡。一个可怕的想法开始缠绕着她，原来在她身体里面隐藏着一具骨架，有一天自己留在这世界上的就只有这么一副骨架。她重新阅读了《新约全书》，再次开始相信各种神迹，并开始祈祷耶稣和天使。她拿出1000法郎，分发给穷人。她把每天晚上浮现在头脑里的恍惚的错觉记录下来，也把每个白天出现的奇特感觉记录下来。她的眼睛再次出现了一些不适症状，又一次产生了对失明的恐惧。她变得迷信了，相信各种征兆及算命者说的话。她的心里产生了一种强烈的冲动，促使她主动去拥抱母亲，并努力弥补与母亲之间的关系。她时不时地会对上帝和死亡产生抵触情绪。后来她去看了一次西班牙斗牛比赛，从中得到的总体印象是人类真是懦夫，但却对血腥有了一种奇怪的迷恋感，感觉有一种想把长矛插进遇到的每一个人的脖子里的冲动。她和走入婚姻的想法纠缠了很久。她还画了好几幅非常成功的画作，证明了自己的艺术和绘画天分。她总是一次次地问自己这个可怕的问题："我该怎样公平地看待自己？"她发现自己最大的渴求就是名望。后来她的另一个肺也出现了问题，日记变得更不稳定了，有时候更严肃一些，有时候则更狂乱。她想为自己的人生找到归宿，这个想法让她痛苦不堪。她是应该走入婚姻，还是专注于绘画？后来，她从巴斯蒂昂·勒帕热（Bastien-Lepage）的来访中找到了些许安慰。当时巴斯蒂昂·勒帕热经常来看她，而他自己当时也正受着胃病的折磨，一天天走向死亡。她一直不间断地保留着记日记的习惯，有时候甚至每天都会更新，直到她死亡之前的第 11 天。她于 1884 年 10 月去世，时年 23 岁，死得很突然，死因是在外出画素描时感染了风寒。

玛丽·麦克雷（Mary MacLane）忏悔式的倾诉，构成了一部独一无二、具有高度价值的青春期记录。尽管这本日记自始至终都受到了某些外在因素的影响，而且写作的目的也是想造成某种影响力，但是它很好地代表了一种真实存在的类型，虽然这种类型在这个国度可能已经荡然无存了。玛丽的这本日记很有可能是受到前人的激励而写的。

在日记的开头部分，她就宣称自己是一个异类、一个天才、一个极端的自我中心分子。她称自己没有道德心，瞧不起自己的父亲——"吉姆·麦克雷（Jim MacLane）是个自私鬼"。她喜欢用力刷洗地板，因为这种行为给予她力量感，让她的身材更优雅，尽管她的日常生活"空虚无聊，令人厌倦"。她是一个女性版的拿破仑，热切地渴望着功成名就。她觉得自己既是个哲学家，也是个懦夫。她说自己的心是木头做的。尽管只有 19 岁，她却觉得自己已经40岁了。她渴望得到快乐，比对名气的渴望还强烈，她说为了一个小时的欢愉，自己会毫不犹豫地将名声、金钱、权力、美德、尊严、真理以及天分向魔鬼双手奉上，而且她也一直等待着魔鬼的降临。她在日记中讨论自己的画作，这些画作在她这本日记的卷首可以看到。她对自己健康而强壮的身体很满意，表示自己一直在一种狂野激动的情绪中不耐烦地等待着魔鬼的来临，她会心甘情愿地献上自己的生命作为牺牲品，希望魔鬼笑纳。在这个世界上她只爱一个人，那就是比她年长的"银莲花"女士，其曾一度做过她的老师。她无法清楚地分辨是非对错。对她而言，爱情是唯一真实的存在，有一天爱情会将幸福带到她身边，但是等待的过程是一种痛苦的折磨。"哦，该死，该死，该死，该死！世界上所有生物都该死！整个宇宙都该死！"当然也包括她自己。她认为自己具有"不可思议的深度"，不过感谢魔鬼，将她打造成了一个没有良心与美德的人，所以当世界毁灭的那一刻来临时她必将甘之若饴。她的灵魂在不断地寻觅，但这是一种盲目的探索，因为一切都没有答案。当爱与光明来临时，她将会感到无比的幸福，她将热血沸腾、战栗不已，世界将会在她面前不断翻滚，耀眼夺目，她会跳舞、奔跑，甚至会像大海一样汹涌、疯狂和咆哮，她会看见山河变色，一片混乱。

在她的想象中，魔鬼迷人、强壮，拥有钢铁一般的意志，穿着传统服装，每隔一段时间她就会深深地爱上他，想象着自己嫁给魔鬼，心甘情愿地被他折磨。她幻想和魔鬼进行了很多次谈话。如果幸福迟迟不来，她会结束自己的生命，想到死亡她就感觉一阵狂喜。在她生活的蒙大拿比尤特（Butte），她会混迹在那些偷牛贼、醉鬼和女招待之间，有时候也会深入沙漠和不毛之地，可最终发现一切都是那么愚蠢而令人厌烦。在浴室里面发现的6支牙刷也会让她狂怒和咒骂。她在一口黑暗幽深的矿井顶部挑逗死神，想象着自己死亡后身体是如何一步步腐烂，她相信死神一定会非常喜欢自己的身体。她承认并忏悔了自己的几次偷窃行为，然后又安慰自己，因为那些偷来的钱都被她分给了穷人。有时候，"强壮的双腿"带着她走向原野，在那里她可以在想象中和魔鬼交谈，但是周围的世界实在太空旷、沉寂而且阴冷了，一个年仅19岁的女子很难承受这样的情境。她有一套自己的祷文，会周期性地祈祷"仁慈的魔鬼，请拯救我"。她会祈求魔鬼把她从各种各样的人和事中拯救出来，例如，麝香的味道、鬈发的男孩子、娘娘腔的男人、周围那些颤抖的屁股、红色便笺、鳕鱼丸、莱尔棉线袜、冈特（A. C. Gunter）和阿尔伯特·罗斯（Albert Ross）的书、蜡花、温和的老单身汉或鳏夫、可爱的青年男子、锡勺、假牙、夹脚的鞋，等等。她觉得自己不是一个真实的存在，周围的一切都显得空虚和茫然。尽管怀疑一切，但她依然会对爱情保留一点点信心，相信自己心里装的是爱情和生命。当她听到来自身体内部的尖叫声，她就觉得自己所有的苦痛都毫无意义，感觉自己是个不折不扣的傻瓜。当别人说她不同寻常时她会觉得恼怒，但是又会忏悔，说自己喜欢听到别人的赞美。只要稍微努力一下，她就能很容易找到一个伴侣并让对方为她着迷。她在想象中对麦瑟琳娜（Messalina）表达自己的赞美之情。如果真的有上天的指引，她最渴望的是培养自己的邪恶，"我想过7年清醒的邪恶生活，然后就让我死去吧，如果你愿意。""我渴望让我体内的邪恶开花结果。"她还不厌其烦地描述了自己如何迷恋制作及品尝奶油软糖。她花了整整一章的篇幅来描述如何吃橄榄。她还会认真地讨论自己的身材。"在收腰衬衫的前面部分，我很巧妙地放了9条细棉布手绢。"她讨论自己的双足、美丽的头发以及臀部。她描述了自己保存的17个拿破仑的浮雕画像，每一个都是她的爱恋对象。她发誓说，如果能够摆脱孤独，享受可爱而明亮的一天，她愿意以自己非凡的天才为代价来换取。如果她的裙子需要缝补，她会简单地用别针别住，觉得这样会更耐用。如果用针线来缝补的话，她觉得自己就会变得很世故理智，可是她痛恨这样的世故理智。有一天，在沙地里散步时，她对自己发誓说，想要一个男人来到她的身边，这个男人必须很强壮，是一个完美的恶棍，她会请求他带领自己走向彻底的堕落。如果不能消除她的不安和苦痛，那么这世界上所有的一切都不重要。她不会仅仅消极地感受邪恶，还会积极地制造邪恶。她认为如果让自己的灵魂受到污染，就会强化自己的精神力量。"哦，让我领略被爱的滋味吧，一次足矣！""我知道自己是个天才，足以傲视世间所有天才的天才。"但是她又常常认为自己只是一个微不足道的小生物，没有人会在乎。世界是无法言喻的沉闷，上天却总是在愚弄她，她觉得自己正在爱的饥渴中死去。

至于那些有文学天赋的男性，他们在记录青春期的经历时，在几个重要方面与女性有很大区别。第一点，他们写得远远不如女性那样直率坦白。我想不起有任何一位男性麦克雷，至于女巴什克采夫就更不可能了，像内格里那样心里装满了社会改造理想的男性也不多见。不过，男性往往更倾向于在事后去描述他们在青春期所经历的改变，而到那个时候这些记忆往往已经开始褪色，大概他们也觉得自己已经没有必要去为年少轻狂进行忏悔。不管怎样，对这种区别进行过于详细的描写将是一件很危险的事情。第二点，也是更清楚的一点，男性更愿意通过行动发泄自己青春的狂热。他们会砍断家庭锚链对他们的牵绊，在新的领域自谋生路，也可能会用各种行动和梦想来表达自己的精神，例如，立志去重建政治、工业或者社会秩序。很多时候，他们的梦想在现实生活领域都不太可能实现，与他们当下的生活环境也相去甚远。在我们这个注重实用主义的国家，这一点尤其常见，因为到目前为止，我们对当代文学的杰出价值都缺乏一种主观性的描述，尤其是在有关青春期的文学领域。第三点，男性在青春期力量的爆发方式上有更多的选择，这种外在的爆发方式就像命运一样，占用了他们的各种天才和潜能。与女性宣泄青春能量的方式比起来，男性采取的方式显得更加多样化，也更加个人化。在这一点上，有很多极端的对比例子，例如，安东尼·特罗洛普（Anthony Trollope）对青春的怜悯与歌德对青春的歌颂；约翰·斯图亚特·穆勒（John

Stuart Mill）在少年时的麻木不仁与杰弗里斯（Jefferies）那无法解释和分析的激情爆发；约翰·阿丁顿·西蒙兹（John Addington Symonds）充满美感的仪式主义和菲尔丁·霍尔（Fielding Hall）逐步推行的宗教解放；德·昆西（De Quincey）的反常早熟与马克·帕特森（Mark Patterson）稳定健康的成长；戈特弗里德·凯勒（Gottfried Keller）和歌德同时发展的肉体和精神之爱与沃尔特·佩特（Walter Pater）的二元性——佩特对自然的感受是敏锐的，这种感受甚至被他粗暴而专制地强化了，直接导致了他对神秘主义与象征主义的执迷。对有的人而言，青春的激情突如其来，如人生的一段插曲一样短暂；对其他人而言，这种激情则是逐渐强化，最后成为终其一生的存在，就如同永恒春天的来临一样。第四点，在主观世界中，女性的意识在成年后也不会离青春期那种状态太远，而男性则走得更远，也更明显。第五点，在宗教方面，男性会更多地纠结于教义，他们需要付出更多智力上的辛苦才能从中解放出来。然而，撇开所有这些区别不谈，两性之间的相似之处可能更多，也更普遍。这些传记罗列的事实以及它们所揭示的东西，在对大量青少年所进行的问卷调查的反馈中都可以看到：这些传记人物也不过是普通人，他们的感受之所以会被夸大，是因为卓越的头脑对事物的感受比其他所有人都更深入。接下来我会将这些传记按照国籍排列，这种安排并不足以让我们从中得出任何推论，除非考虑到我们在上文提到过的美国的特殊性。

在德·昆西的自传中，他提到了 1785 – 1803 年这段时期，他记得自己当时的感受，那时他只有 6 岁，却感觉自己的生命已经萎谢并结束了。这是那位大他三岁的姐姐对他造成的影响。不过，他最早的记忆来自两岁之前的一个壮观而又恐怖的噩梦，这表明他的梦源于他固有的内在世界，而不是吗啡引起的。这个梦最令人恐惧的地方，就是让他第一次瞥见一个邪恶的世界。他和三个姐姐一起在安静的花园中长大，在成长的过程中，所有有关贫困和压迫的知识都被父母隔绝了。不过，他还是听到了一些谣言，例如，一个女仆曾经粗暴地对待过几个孩子中的一个，然后她就死了。这个消息使幼小的他过早地沉入了悲观的情绪中。他理所当然地认为，自己死去的小姐姐琼（Jane）会在下一个春天，和玫瑰花一起回来。庆幸的是，因她的死亡而在他身上引起的那种混乱和困惑的悲哀，他后来并不能彻底想起。他曾经偷偷溜进停放着她的尸体的房间，站在那里，感觉有一阵阴沉沉的风刮了过来，那种风声是他听过的最让人哀伤的声音，也许这风千百年来一直穿行在死亡之地。自那以后，他就经常听到同样空洞的风声，每一次都会将他带回那个房间——窗户打开着，尸体就躺在那里。在他家附近有一个直指蓝天的穿形拱门，他经常躺在那里看天，看着看着就沉沉睡去并开始做梦，梦里他站在琼的身边。他不知道这种梦境还会持续多久。一条虫子钻进了他心里，这条虫子永远不会死去，因为这是两个孩子之间神圣的爱，永不消亡。对他而言，琼的葬礼充满了黑暗和绝望，葬礼结束以后，他变得喜欢一个人独处，常常凝视着天空，想看看他的姐姐是否在那里，直到他的眼睛疲惫不堪，然后才意识到自己是那么孤单。所以，在他生命的第六个年头结束之前，他就已经具有了少年的意识，尽管他的身体滞后于其精神的成长。生命的小全音开始占据主导地位，可是觉醒过来并意识到它的存在，对他而言仍是个艰难的过程。

当还是个一文不名的在校学生时，他就经常游荡在伦敦街头，和一些流浪女子建立了纯洁的关系，他们彼此熟悉而亲密。对当时身处窘境的他而言，她们虽然只是处于灾难性处境的姐妹，但是他却在她们身上看到了人性、无私的慷慨、勇气以及忠诚。一天晚上，他和那群无依无靠的女孩中的一个走在街上，她那时还不到 16 岁，当时他们已经在大街上结伴散步了好几个星期了。当他们坐在一幢房子前面的台阶上时，他忽然觉得非常不舒服，如果不是她从自己瘪得可怜的钱袋里拿出钱，奔跑着去给他买了一瓶甜果汁饮料，并且温柔地喂他喝完让他恢复过来，他可能早就死掉了。很多年以后，他依然常常在这座房子前面徘徊，带着一种真诚的温柔回忆起那段年轻的友谊；他渴望自己能够再次遇到那位"心灵高尚的安妮"——他和她经常在一起亲密地交谈，他曾徒劳地想去惩罚背叛过她的人；他急切地盼望着能够收到她的来信，希望自己能够向她传递一些关于感激、安宁和谅解的信息。

比德·昆西大很多的兄长在 39 岁那年回到家，然后在家中去世了。他少年时曾桀骜不驯，身上具备的恶作剧天分令人印象深刻。他仇视一切懦弱、自以为是、有远大抱负的人和事，他甚至随时准备和自己的影子吵架，因为影子居然跑到了他前面。一开始，他想让自己的小弟弟给自己干苦工，不过最后，却在死前成了给弟弟的生活带来重大影响的人。在德·昆西和另外一位兄长之间，战争是最主要的相处方式，而另一边，他和一群工厂男孩之间的战争也进行得如火如荼。在工厂下工的时间里，战争一直在不间断地进行，有时候这一方是胜利者，有时候另一方是赢家。他们利用石头和棍子作战，为此他曾经三次锒铛入狱。曾经有一次，工厂里的一个女人亲吻了他，让他感觉自己的心快乐得想要飞起来。最后他自己创造了一个类似哈特雷·柯勒律治笔下的王国，并命名为"冈布龙"（Gom Broon）。一开始的时候他不想让这个王国有具体的地点，不过后来因为哥哥想象王国坐落在北方，他想与哥哥的领土划清界限，因此选择了南部地区。这个王国方圆仅 435 公里。有一天哥哥告诉他，将把自己的领地向南推进 80 度，这让他目瞪口呆，因为这样一来，他之前设立的两个王国之间的距离就消失了。不管怎样，他还是继续统治着自己的王国，在这片土地上征税，供养着一支想象中的常备军，捕获鳕鱼，然后卖掉自己的渔业产品买更多的肥料，在此过程中他体验到了什么叫"为王者无安宁"。他日夜为"冈布龙"操心，连现实生活都因此蒙上了阴影。尽管哥哥的王国"泰格罗西瓦尼亚"（Tigrosylvania）比他的王国疆域更广，但是他的王国拥有很多杰出的人物和精彩的历史，所以相比之下毫不逊色。他的一位朋友了解蒙博多勋爵（Lord Monboddo）认为人类是由猿类进化而来的观点，建议他让"冈布龙"的居民都长出尾巴。结果哥哥告诉他，他的臣民不能来自猿类，所以他必须想出一种方法除掉这些臣民的尾巴。哥哥建议，他应该想办法让臣民们每天都坐上 6 个小时。虽然他的臣民们每个人都长着 3 条尾巴，但是他并不打算退位。毕竟，他们曾一起经历了一段非常艰难的时期。哥哥又建议说，他可以想象出一个身穿托加袍的古罗马人，这个人能够帮助这些臣民将他们那丢人的附属肢体藏起来。不过这个建议也是徒劳无功。他一度对王国内两个堕落的白痴非常感兴趣，不过最后他们都死了。他很担心自己的臣民是否都和他们类似。

约翰·斯图亚特·穆勒的《自传》（*Autobiography*）最具代表性的地方，就是将一些本应属于青春期之后的人生阶段的改变，呈现在了青春期的经历中。没有任何一个男孩能够像他那样，认真而孜孜不倦地接受父亲给予他的各种训练，也没有人能够像他表现得那样好。他自己已经不记得究竟是几岁开始学习希腊文的，不过父亲告诉他那时他年仅 3 岁。他 12 岁前就阅读了大量的原版经典著作，如果列成名单的话，可以说前所未有，更别提他读过的历史、政治、科学、逻辑及其他著作了。他平常主要和父亲以及与父亲同等水平的朋友来往，不过他一直很谦虚地将自己取得的所有成就归功于环境的影响。他坚持认为，就自然天分来看，他其实并没有高于一般标准，反而低于一般标准。他声称，自己做到的一切，其实是任何一个拥有普通智力和健康身体条件的孩子都能做到的。他的父亲认为，希腊美德中的自我节制是人最主要的道德标准，并且认为，人类的生活"在青春的活力与永不满足的求知欲消失后，就乏善可陈了"。他对"激情"嗤之以鼻，对那些强烈的情绪也只有轻视。

十几岁的穆勒是个口才非凡的辩手，也是一些季刊的写手，致力于宣扬边沁（Bentham）、李嘉图（Ricardo）的理论及联想主义（associationism）。

从 15 岁开始，他就为自己定下了人生目标——改造这个世界。这个目标让他感觉幸福，感到自己的未来深远、永恒而又笃定。为推动"功利主义"（utilitarianism）而奋斗，对他而言是人生最大的激励。然而，在 1826 年秋天，时年 20 岁的他陷入了一种"神经迟钝的状态"，他不再有享受生活的感觉，在他大脑中制造愉悦感的部位仿佛枯竭了。"这种状态，在我看来，就如同那些皈依卫理公会（Methodism）的人被他们的首次'自我认罪'所迷惑那样。在这种思维结构中，我忍不住直接质问自己：'假设你所有的人生目标都得以实现；你盼望改变的那些制度和观点在这一刻全都改变了，这是否会让你感觉巨大的欢乐和幸福？'而我那压抑不住的自我意识清楚明确地回答'不'。这让我的心沉入了谷底：那块我将自己全部的生活都建立其上的基石一下沉没了。我把自己所有的幸福都寄托在对目标的持续追求中。如果这个目标本身已经不再让我着迷，那么我又怎么能在各种达成目标的手段中找到乐趣呢？我好像已经找不到活下去的理由了。最初的时候，我希望那片笼罩在我头顶的乌云能够自行散去，但是它没有。一夜安眠，这种对更小的生活烦恼来说算得上立竿见影的修复手段，对我也不起作用。每天早上睁开眼，我都会重新意识到这个令人悲哀的事实。带着这种悲哀，我去见不同的人，做不同的事。几乎没有任何一件事情，能够让我遗忘这种悲哀，即便只有几分钟也不行。在好几个月的时间里，这片乌云似乎变得越来越厚重。科尔里奇（Coleridge）的诗《忧郁》（*Dejection*）中的句子，准确地描绘了我当时的状态——尽管我当时对这些诗句并不熟悉。

> 没有剧烈的悲伤，只有空虚、黑暗、阴郁
> 昏昏欲睡，令人窒息，毫无激情
> 找不到宣泄的出口，也得不到解脱
> 语言、叹息、眼泪，都毫无用处

我徒劳地想从自己喜爱的书籍中寻求解脱，在以往，我总是能够从记载

着高尚和伟大的历史事件的典籍中获得力量和生气。可是现在再读它们，我竟然毫无感觉，或者因习以为常对它们的魅力已不以为意了。我不得不相信，我对人类的热爱，对一切优秀品质本身的热爱，已经消耗殆尽了。我试着向他人倾诉我的感受，但得不到任何安慰。如果我曾足够深刻地爱过一个人，深到可以理所当然地向她吐露我所有的悲伤，那么我可能就不会落到这步田地。我自己也觉得，我的悲伤不是什么有意思的事情，这种抑郁不管怎么看都无法让人尊重。它不具备任何能够引人同情的特点。至于忠告，如果我知道到何处去寻求它们的话，对我来说将会弥足珍贵。可是我找不到这么一个人，可以赋予他我全部的信任，相信他能够向我施予援手。我的父亲，原本应该是我在遇到现实困难时最自然的依赖对象，但在这件事情上，却是我最指望不上的人。每一件事情都让我相信，他对我正在遭受的精神状态一无所知，甚至想让他理解都不能，他并不是一个可以治愈这种疾病的医生。对我的教育，曾经是他全部的工作，他从来没有想过自己投入的心血最后会产生这样的结果，让他知道自己的计划彻底失败，而且这个失败可能是无法补救的，也是他无能为力的，并让他因此而备感痛苦，我不觉得有任何必要。至于其他的朋友，在那个时候，我对他们之中的任何一个人都不抱希望，因为他们不可能理解我的处境。而我自己，却对这种情形的每一个细节都能理解，我对此研究得越透彻，就越绝望。"

此时，他明白了对他来说不可思议的东西是什么了，那就是对任何事情都要进行分析的习惯，将他原本该有的各种感受消磨光了。他觉得自己"在航行一开始就搁浅了，虽然拥有一艘装备精良的船舶，拥有一个性能优良的船舵，却忘了给船装上帆；我曾经仔细地为自己的工作设定好了最后的目的，但对这些目的却并没有真正的欲望。对自己的各种长处我并不觉得开心，即使变得平常似乎也无所谓，对其他事物也是如此。在我内心深处，虚荣与野心的源泉似乎已经彻底干枯了，与之一起枯竭的还有我的善意与仁慈。"当虚荣心得到初次满足时，他的年纪实在太小了，和所有过早得到的快乐一样，最后导致了冷漠与厌倦，直到他绝望地发现，自己已经无法创造出能够满足人性欲望的新鲜乐趣了。与此同时，当他感受到那种如同寒冬一般的沮丧与忧郁时，他继续机械地完成自己的工作；他认为在科尔里奇的诗句里发现了对自己处境的最形象的描述；他担心独特的教育方式将自己打造成了一个与众不同、与他人无法融合的人。"我问自己，当生命必须以这样的方式度过时，我是否应该继续生存？我是否还能继续生存？我总是回答自己说，我恐怕挺不过一年时间。"不过，大概在他说完这些话的半年之后，他读到了一篇非常感人的文章，讲述了一个小男孩如何拯救自己的家庭，并把他们失去的所有土地都拿回来的故事。那一刻，在他脑海里浮现出了关于这个场景的鲜明画面，他感动得落泪了。从那一刻开始，他感觉自己的负担变轻了。他终于明白了，自己的心还没有死去，在内心深处依然有一些东西存在，正是这些东西创造了他的个性和幸福。尽管后来又发生了好几次心理异常，而且有一次还持续了好几个月，但他的境况再也没有从前那么悲惨了。

这些经历带给他两个方面的变化。他有了一个全新的人生理论，和卡莱尔（Carlyle）的反自我意识理论（anti-self-consciousness theory）有共通之处。他仍然把幸福当作人生的终极目标，不过认为应该用间接的方式去达到，而且要保持一颗平常心，不必刻意就好。另外一个变化是，他第一次给予个人的内部文化以应有的地位，尤其是对感觉的训练，这种感觉训练在当今已经变得极其重要。他认识并感受到了诗歌与艺术的力量，并深深地被音乐打动。他着迷地爱上了华兹华斯的诗歌，也爱上了大自然。后来当他再次处于抑郁状态时，是乡村美景的力量让他得以摆脱。自然美景的魅力不仅仅在于它们本身，还在于它们从人的内心深处唤醒的状态和感受。他写下的有关永生的颂歌表明，他同样认为青春的快乐时光是短暂的，必须去追寻其他事物并找到补偿。因此，他找到了一个与自己的父亲大相径庭的出发点，尽管父亲一直在影响着他的思想与生活。正是在这个基础上，他发展出了自己独特的个性。

杰弗里斯18岁时，开始创作他的《心之历程》（Story of my Heart）一书。据他自己所说，这本书是一个灵魂对自己的情感历程的绝对真实的自白，这是一个抹去了所有传统与教化痕迹的灵魂，一个直面自然与未知的灵魂。

他的心灵已经蒙尘很久了，在对情感的需求中饥渴难耐。他常常会爬上那座小山，在那里，他感觉自己灵魂中的每一个毛孔都张开了，贪婪地呼吸着新鲜的空气。"在草地上躺下来，我用自己的灵魂和土地、太阳、空气以及遥远的海洋交谈……我渴望拥有它们的力量、神秘与荣光。我对太阳说话，想要得到和它同等的光明和智慧，像它那样持久忍耐，像它那样永不停歇地奔跑。我抬头看向头顶的蓝色天穹，一直望进它的深处，将它那优雅美妙的颜色和甜蜜的芳香吸进自己的身体。天上那触不可及的鲜花，它饱满的蓝色牵引着我的灵魂，让我的灵魂在这片美丽的蓝色中停驻吧，因为在我的心里，只剩下一片纯净的蓝色。我为所有的一切祈祷。我感觉到了灵魂中的感动，它超越所有的定义，祈祷文在它面前也显得微不足道。"他用百里香草祈祷；用泥土祈祷；用他触摸过的鲜花祈祷；用那些从他指缝间滑落的尘土祈祷。在祈祷中，他充满了"一种极致的狂喜、一种忘形的快乐，还有一种充盈的喜悦。我开始祈祷……我将脸深深地藏进草丛里，完全五体投地；在这种较量中我完全忘记了自己……此时我终于明白，我苦苦寻觅的，原来就是一种灵魂生命，以及更多有关灵魂的知识"。在长久地凝视天空后，他会将自己的脸贴向草地，用双手将脸颊两边的所有东西都刨开，直到他感觉自己已经陷入了泥土中，和泥土融为一体，然后他会和泥土深深地耳语。每一种自然的现象、树木、昆虫、空气、云彩，他都可以用来祈祷。"我的灵魂可能会比整个宇宙还要丰富"。他的"天琴座"（Cyra）祈祷文是用来祈求让灵魂生命更加喜悦、更加富有激情，让自己能享有更多肉体的欢愉，活得长久，并有能力来执行自己的计划的。他常常想试着把所有青春的体验记录下来，但是努力多年都难以将哪怕一丁点的感受形容出来。他觉得自己是不朽的，正如他觉得美的东西是不朽的一样。他已经身在永恒的国度了，其实超自然不过是被误称的自然。当他趴在草地上，用双手紧紧揪住那些青草时，他向往着死亡。他希望自己可以在一座高高的山上，被放在松木柴堆上焚烧，让自己的骨灰播散到四方，被扔进他生前曾那样渴望的太空中去，不过他又担心，这种将自己分解成元素的奢侈方法的代价可能会太高昂。因此，他将自己赤裸的思想，紧紧地贴着同样赤裸的自然母亲，想要从她那里攫取关于灵魂、永生以及神祇的信念，就像那些穴居人类一样原始、一样野蛮。他重复得最多的祈祷文就是"请赐予我最深刻的灵魂生命"。

当处于其他情绪中时，他觉得这个世界是超越人类的，认为自己的意识无需扭曲就可以与宇宙相连。眼中所见的那些丑陋、粗制滥造的生物导致他停止了在大自然中寻找神明，因为尘世中存在的这一切看起来都是随机发生的，看不出有神明精心创造的痕迹。最后，他终于得出结论，宇宙中一定有什么东西是高于灵魂、凌驾于神明之上的，比上帝还要伟大，他苦苦寻觅的就是它。他还发现了最适于思考的地方，他把这些地方当作圣地，在那里他"感觉自己的灵魂进入了天穹的最深处"。他的身体执行不了心灵发出的指令。身体的任务就是吃肉、喝水。"我从来没觉得吃够过。在得到满足之前，我已经经历了漫长的疲惫，可是疲惫却不能让我的欲望停止，饥渴的感觉仍然在那里。我骑马，挥舞斧头，用楔子劈开粗壮的树干。我的胳膊疲惫了，可是我的精神却依旧充满活力，因身体的疲惫而恼怒不已。"他向往得到更大的力量，想让自己变得无限强壮。他通常一整天都待在户外，常常半夜都不回家。他想要更多的阳光，希望每一天能有60个小时。他挑战寒冷并从中得到很多乐趣，认为寒冷不应该是生命的破坏者，而应该是重建者。他害怕禁欲主义。他和有关灵魂起源的问题较劲，和自己的命运较劲，但是却找不到解决的办法。他反对"一切都是为最好的人设计的"这种主张。他认为"一个具备知识与人性的人，可以用一种极其高明的方式，让一切成为可能"。他发现，从来没有人是老死的，只有病死的，人类甚至都不知道真正的老年是什么样的。他发现自己的精神世界是无穷无尽的，但是被暂时搁置了。他认为，人类是被自己的祖先谋杀的，应该追赶着死亡的浪潮回溯到从前。他认为，如果一个人能够做到100分的努力，那他做任何事都能取得成功。他还认为，无所事事并非恶习。他声称，在未来我们十分之九的时间都将是悠闲自在的，为了那一天的到来他将付出全部心力。"那时我还没超过18岁，某种生命的奥义开始进入我的内心深处，它来自所有可见的天地万物，在刹那之间，我的心里充满了不可思议的抱负与志向。"

虽然这些文字很有意思，但却免不了被人质疑，因为在这些体验开始的时间和最终将它们记录下来的日期之间，横亘着17年的时光，为了增加叙述的文学感染力，作者可能会在描述时不自觉地进行修饰，而这或多或少减少了它们在记录青春期天性时的价值。

菲尔丁·霍尔是《一个民族的灵魂》（*The Soul of a People*）一书的作者，他还写了一本书，讲述了一个男孩子的故事（很有可能就是他自己），这个男孩几乎完全由女性抚养长大，周围都是比他年幼的孩子。

他苍白虚弱，经常生病，不信仰《旧约全书》（*Old Testament*），但信仰《新约全书》和《登山宝训》（*the Sermon on the Mount*），他认为这是所有人都应该接受而且在生活中遵循的。他认为战争和财富都是不好的，学问也容易成为一个陷阱。他相信理想的生活就是像一个贫穷的教区牧师那样努力工作，郁郁寡欢。12岁时，他进入一所寄宿学校，从女人的世界过渡到了男人的国度，就像从《新约》进入了《旧约》，从梦境走进了现实。在这里，男孩子之间的战争是一个赢得荣誉的机会，一切都遵循着英国的传统模式，在战斗结束后向大众宣布谁是最后的胜利者。那些勇武的男孩子将进入桑德赫斯特（Sandhurst，英国陆军军官学校所在地）或伍尔维奇（Woolwich）军事学院。校园里经常有各种集会。在学校奉行的行为准则里，从来不会包括"打了左脸再奉上右脸"这样的隐忍行为。战争就像来自上帝的暴风雨，将他身体里那停滞的天性唤醒。财富是值得追求爱慕的东西；特殊情况下的谎言也是一种尊严；知识是绝对值得人去拥有的东西——刚开始的时候，这些认知都是新鲜的，让人兴奋，但又极度邪恶。在礼拜日做礼拜是唯一一条他还保留的来自《旧约》的规则，不过很快也被他抛诸脑后了。慢慢的，他开始厌恶所有的宗教形式。他还感觉自己的教师是个伪君子。对这些情绪他并没有警觉到，"因为他几乎没意识到自己的锚被人拽走了，或自己已经永远失去支撑了"。18岁的时候，他开始阅读达尔文的文章，意识到如果达尔文说的是对的，那么《创世纪》（Genesis）说的就是错的；人类是一点点进化而来，而不是从天而降；如果一个理论的其中一部分是错的，那么满盘皆错。如果说上帝创造了这个世界，那么看来是魔鬼统治了这个世界。祈祷文再也无法影响他了。为什么所有人都声称信仰宗教，却没有人真正相信宗教？为什么上帝要如此严厉同时又如此偏袒，三位一体究竟是怎么回事？后来他自己找到了答案：天堂是为那些穷人、伤残者、蠢人、幼稚者以及不适合在尘世生活的人准备的，所以已经变得让人反感。

他从东方找到了其他信仰。"北欧只能创造出托尔（Thor，北欧神话中的雷神）、奥丁（Odin，北欧神话中司智慧、艺术、诗词、战争的神）、巴尔德尔（Balder，掌管光明的古斯堪的纳维亚神）、瓦尔基里（Valkyres，北欧神话中奥丁神的婢女之一）。"这些神话中的阴暗与寒冷让他的内心变得更加男性化，但却无法打开他的心。他发现，在东方一个人可以安静孤独地生活，不需要劳心劳力，而且与大自然无限亲近。每一种信仰的代表者都可以招摇地穿着自己这个教派的标志性服装，在公开场合理直气壮地祈祷，没有人会讥笑任何一种宗教。男孩为自己心目中最理想的宗教写下了三点要求：有一套关于宇宙的合理理论；有一套可行的行为准则；有一个能满足自己今后欲望的承诺。所以，他开始广泛地涉猎各种书籍，想要为自己理想的宗教创建一个理论系统。

在东方一座山上，当亲眼目睹了一场大雷雨后，他明白了雷神托尔是怎么诞生的。人类害怕雷声，因为它听起来就像是巨人的咆哮。如果拒绝承认神祇也有双眼、双腿和身体，那神也就不复存在了。很难想象上帝只是一种抽象的精神，但是，佛教并没有给我们提供一个上帝，只有道理。自然规律、不可知的力量、道理，或者个人的自由意愿，这些都是佛教提供的选择。自由限制了独裁，这两者不共戴天。"德国皇帝所信奉的神戴着德国式尖顶头盔，叮叮当当地行走在其在天上的府邸，嘴里发出的诅咒是德语"，这样的神是不符合他的要求的。一个人心目中的神，应该是他自己最仰慕的对象，他能够从神那里得到抚慰，并与神和谐相处。你不能违背一种道理，但是你可以去学习它。去质询、追问，而不是仅仅恭顺地服从，这才是对宗教应该具有的态度。也许命运和自由都是真实的，但是真理只为光明而存在。

雷神托尔没有道德准则，古希腊人是无所谓道德或不道德的。耶和华最初要求的仅仅是惧怕、敬畏与崇拜。而这些并不能为凡间的生灵提供指引。大部分行为准则都是针对敌人的，是为了对付那些讨厌的人和事而存在的。忠诚、宽容、谦恭，这些都是后来慢慢添加到敬畏那一条里的，然后才制定出更加纯良的规则，并从此传播开去。基督教的教义，佛教的佛理，在所有宗教法典中是最突出的。它们共同的地方在于：都不颂扬财富、功名或者权力，只赞美纯洁、遁世，一个人似乎只有让自己不容于这个世界，才能见容于另外一个世界。

天堂是一种诱惑吗？理想的天堂是小孩子的世界：白色的翅膀、漂浮的裙裾，没有羊群，只有羊羔。"毫无疑问，在整个尘世中都找不到这样一个婴儿般纯净的地方"。很难想象一个声音低沉的男子，灵魂里充满了来自生命的暴风骤雨，却混迹在这样一群婴儿面孔中。如果某种行为方式或处世态度能够带给人完美的幸福，那它将会永远存在。如果它没有成为永恒，是因为人类对之厌倦或者餍足了吗？可是，如果这种幸福是完美的，那就不可能让人厌倦；不过，如果一切都是永恒般的幸福完美，生命就会成为单调乏味的存在，和灰飞烟灭也没什么两样。但是，只要生命存在，就意味着要面临不断的改变，改变就意味着不幸。现世里要努力奋斗，但是在神赐予的出人意料的平安喜乐里则不必；没有失败，但也没有胜利；没有朋友，因为没有敌人；没有欢乐的相聚，因为原本就没有别离。阴影和那些黑暗的秘密说出了我们内心深处的语言。如果可以选择重新回到青春时光，或者选择前往任何想去的天堂，那么不会有任何一个活着的人会选择后者。人们可以为很多东西去死，但都对死后的世界充满恐惧。可以说，没有任何一种宗教给了我们可理解的"第一因"、某种行为准则或者我们想要的天堂。对宗教最虔诚的人，是那些听着祈祷的钟声，将一小片酥油供奉在他的神面前的穷苦农夫；是在佛塔里哭泣的女子。所以，要想找到宗教的真相，我们只能寄望于人类的心灵。

名人的传记和自传为我们提供了很多生动的画面，让我们得以了解他们在青春期经历的挣扎和获得的体验。

安东尼·特罗洛普的自传令人油然而生同情之心。他家境贫寒，几乎所有的老师都不喜欢他，同学们对待他也是极尽侮辱之能事。他形容自己"总是丢脸"。15岁时，他每天步行往返学校，来回都是4.8公里的路程。他是一个减费生，一个地位卑贱的农夫之子，身上总是散发着粪堆的臭味，却在学校里和大贵族的儿子们坐在一起。周围的一切都和他格格不入，学校不允许他参加任何运动比赛，在这样的环境里，他学到了些什么呢？他告诉我们，除了一丁点希腊语和拉丁语，他什么都没有学会。有一次，他被激怒到不顾一切的地步，奋起反抗了一个欺负他的学生，并用鞭子抽了那个家伙一顿。这个男孩一直没能摆脱在学校里被完全孤立的处境，虽然他极度渴望自己能够在同学中受欢迎，梦想着自己能够在板球和网球运动中高人一筹，但事实上他根本没有机会去接触这些运动。他还记得，一直到 19 岁，他都没有正经地上过一堂写作课、算术课、法语课或德语课。他对老师们的认识是从他们的教鞭开始的。他相信自己"遭到鞭打的频繁程度比任何活着的人都高"。"在温彻斯特，按规定对人的鞭打处罚一天不能超过 5 次，我经常向人吹嘘说，我每天都不会漏掉一次。"在他的学校有各种名目繁多的奖励，但是他从来没有获得过其中任何一种。对于这段为期 12 年的学习生涯，他说："我不记得我曾对任何一门功课有过了解。"

　　他形容这个年纪的自己是"一个无所事事的混混、一个被孤立的学生、一个靠别人活着的人……脑子里面毫无职业、专长或者手艺的概念"。不过他还是能为自己找到一些快乐，因为可以幻想自己和美丽的女孩相爱，然后从学校的凄惨处境中摆脱出来。但是，他从来没有产生哪怕一丁点关于将来的抱负和志向。家里三个亲人正在承受着肺病的折磨，一天天走向死亡，他的母亲白天夜晚都做着看护的工作，药品盒和墨水瓶将她的时间分成两部分。她 76 岁的时候，已经写了 140 卷书，其中最早的作品也是写于她 50 岁之后。

　　慢慢的，这个男孩开始意识到父亲那过早凋零的对生活的希望，以及母亲正在承受的压力。可怜的母亲，一边照顾着病重的家人，一边写着小说，想努力为自己的家人提供体面一点的社会地位。后来安东尼没有经过考试就在一家邮局获得了一个职位。他不懂法语，也不懂科学；他拼写很烂，写作更差，任何一个科目的考试他都没办法应付。但是他无法忍受眼前的无所事事，总是带着满脑子空中楼阁走来走去，常常数周甚至数年持续地构思一个相同的故事。他用一些准则、礼节来约束自己，要求自己的行为始终保持一致。他总是努力做自己的英雄，将自己认为毫无可能发生的一切粗暴地摒弃在外，根本不去做任何努力。他称这样的心理训练是一种危险行为，在他进入邮局前6年或7年就开始了。他将自己的写作能力归功于对虚拟故事的兴趣，因为这可以让他生活在世外桃源一般的想象世界中。在这7年时间里，他养成了不拘小节的个性，也变得越来越无所顾忌。

马克·帕蒂森向我们展示了他真正的生活是如何从十几岁开始的，那时他的精力"直指一个目的，那就是完善自我"。"打造我自己的思想，将所有的一切和盘托出，摆脱所有非理性的束缚，从传统的偏见中解放出来，当我最初开始思考的时候，它们曾构成了我的整个精神结构"。当他开始自己的生活时，带着满脑子"顽固守旧、约定俗成的知识"。他为我们描述了"从那种凝固的状态走出来的具体步骤"。他相信"记住童年时期的梦想和困惑，永远不要丢失与那个时代的好奇心以及质朴生活有关的回忆，是一个诗人性格中存在的伟大天赋之一"。他告诉我们，尽管这一点对乔治·桑来说确有其事，对他却并非如此。从12岁开始，他的人生理想就是获得"奥里尔奖学金"（a Fellowship at Oriel），虽然他17岁的时候是以自费生的身份进入奥里尔学院的。他最与众不同的地方，就是他显得那么稚嫩，却又那么有主见，任何人都休想轻易影响他。

西蒙兹在自传中描述了当他还是一个青涩的仪式主义者时对教义产生的那种"昆虫式"的热爱。在10岁刚出头时，他正在一个寄宿学校生活，他和同伴们半真半假地跟着一个同班同学去做晚祷。他们穿着白色的法衣，晃动着香炉，在书房安排圣坛，还为他们的窗户买来了一些彩绘玻璃，并用金粉和朱红色装饰十字架，让它看起来熠熠发亮。他后来确信，这次的经历可以算得上是一个新纪元的开始。前期的准备工作就像一把犁头一样，尽管它似乎并没有什么真正的价值，但是却激发了对美的敏感和情感上的狂热。他模糊地感觉到，上帝就在附近，但是他还没有学会如何张开自己灵魂的双臂，带着信仰去全心拥抱耶稣的十字架。后来，他在柏拉图的学说中找到了启示，这让他进一步远离了童年时代。他爱上了灰色的哥特式教堂、彩绘玻璃、风琴台，等等。

沃尔特·佩特通过对弗洛里安·德里尔（Florian Deleal）这个人物的塑造，描述了青春骚动的各个阶段，不过他很有可能是在回溯自己的经历。他看到红色山楂花时总是欣喜若狂，"这绝对是世间最鲜艳的一抹绯红"；他"对美丽事物的兴趣总是压倒性的，这是一种感官上的专制"。他后来做了很多有趣的尝试，想要衡量出感官上的美与理想中的美两者的比率，认为最重要的还是美的可感知性以及场合和时机。他把所有的思维与触觉及视觉联系起来，作为自己和事物之间的联结，直到他变得越来越"难以关心或者考虑灵魂这个东西，除非它在一个真实的身体之内"。当想到死亡时，只有想象肌肉会变成紫罗兰才能让他得到安慰，理性世界给他的压力几乎让他感到不堪重负，对美的渴望更增强了他对死亡的恐惧。他喜欢在巴黎的停尸房里凝视着那些逝者的脸，尽管它们给他造成的阴影会让好几天的阳光都变得惨白。他总是想象它们其实并没有离开，也不是一动都不能动，而是过着一种隐秘的、半逃亡的生活，夜色让它们重获自由，也许就在他们生前出没的地方躲躲闪闪地生活着，对生者不怀好意。这种想法让他对鬼魂的感情总是在怜悯与憎恨之间交替，认为这些鬼魂会随风归来，敲打生者的门窗。他对宗教的虔诚逐渐变成了对《圣经》中那些神秘人物的信仰，他相信他们存在于世人无法确定的地方，他们的存在能让这个世界变得更加令人满意，所以信仰他们是人类高贵本性的本能反应，也是人类应当遵行的美德。他认为"那些具有代表性的形象总是会有真实的替代物"，所以天使可能随处可见，只是他们已幻化为真实的人身，我们认不出来而已。"每一次真正的相聚与别离都被罩上了一层浓重的神秘主义色彩"，包括婚姻以及生活中的各种行动与意外。"事物的本质让它们的意义更加重要"，或者"充满了忏悔与缄默"。"有一段时间，当他穿梭在这个世界时，心里一直充盈着一股敬畏之情，但这种敬畏并不会让他不安，因为他越来越肯定地意识到，我们的人生除了会遭遇各种各样的环境和五花八门的事件外，还和天上有着某种神秘的联系。"

狄更斯为我们描述了一些很有意思的青少年形象：《博兹札记》（Sketches by Boz）中的丁沃尔小姐（Miss Dingwall）"非常感性、非常浪漫"；脾气暴躁的青年尼克利比（Nickleby），19 岁时彻底打败了斯奎尔斯（Squeers）；巴纳比·拉奇（Barnaby Rudge），蠢笨而肌肉发达；乔·威利特（Joe Willet），家人一直坚持把他当作一个小男孩一样对待，直到他离家出走并应征入伍，后来与多莉·瓦登（Dolly Varden）结婚——多莉大概是狄更斯所有作品中最具青春活力、最有幽默感、最美丽的女孩了；马丁·索威（Martin Chuzzlewit），和大卫·科波菲尔（David Copperfield）一样，也是一个离家出走的青年，他的形象可能最接近一个真实的青春期少年，因为在他身上有很多让人联想起作者本人生活的东西；斯提福兹（Steerforth）——一个来自外地的陌生人，以及他的被害者小爱弥丽（Little Emily）；还有山姆·韦勒（Sam Weller）、迪克·史威乐（Dick Swiveller）、侯爵夫人（Marchioness）、阿特佛·道奇（Artful Dodger）、查理·贝茨（Charley Bates），这些角色在某种程度上也代表了不同类型的青春期人物；而奥立弗·退斯特（Oliver Twist）、小内尔（Little Nell）、小杜丽（Little Dorrit）、《荒凉山庄》（*Bleak House*）中的乔（Joe）和特尔维多（Turveydrop）、保罗·董贝（Paul Dombey）等，虽然都还很年幼，但是已经表现出青春期来临之前的一些改变。不过，狄更斯在塑造人物时采用了夸张和讽刺的手法，所以他笔下的绝大部分人物都显得不那么真实。

一位非常有名的美国人给我写了一封信，讲述了他的青春岁月，不过，他希望我隐去他的姓名。下面就是他的讲述：

"在最初阶段，我的情感变得丰富起来，喜欢读那些比较重口味的爱情故事。我的脑子里充满了各种各样的冒险念头，想象着自己能发现地下通道，将我救回来的美人们关在那里。我用红色的墨水写了一个故事，自己一次都没看过，不过我的一位女性朋友读了，并认为写得非常精彩。对异性的狂热让我总是把喜欢的女孩子理想化，最开始，我喜欢一位比自己大 5 岁的女孩，后来的一位大我 3 岁，再后来的那位和我一样大。有那么一两年，我觉得自己可以为她们赴汤蹈火、在所不辞。对其中的两个，我总是极尽殷勤之能事，任何时候都愿意挺身而出英雄救美。但我却一直都很自卑，甚至鼓不起勇气和她们当中的任何一个说话，我的校友们也从来没发现过我的心事。14 岁时，音乐成了让我着魔的东西。此前，我讨厌音乐课程，但是此时我却为它激动、为它疯狂，一心想成为音乐家，根本不理父母的反对。我卖力地练习钢琴，自己作曲并抄写了大量乐谱，还整理了好几百首曲子，只要是我知道的音乐都包括进来了。我总是想象着在一个人群拥挤的大厅里弹着钢琴，随着美妙的旋律轻轻摆动。一曲弹完，潮水一般的掌声响起来，听众不肯让我离开，而我弹的只是一首简单的曲子，那时的我也不过是一个普通的演奏者。一直到 50 岁时，这个梦想始终在我心中。现在的我，会好几个小时不知疲惫地敲击着琴键，像做梦一样想象着听众在我的琴声中神魂颠倒、如痴如醉。后来我又开始对演讲感兴趣。当我带着火红的领带，滔滔不绝、慷慨激昂地演讲韦伯斯特（Webster）的《答海恩》（*Reply to Hayne*）、布莱恩特的《死亡随想录》以及拜伦的《黑暗》（*Darkness*）时——其中最好的一篇是帕特里克·亨利的《疯子》——我感到自己热血沸腾、激动不已。我还记得一个令人激动的场景：我站在一座孤零零的高山之巅，峰顶光秃秃的，什么也没有。这座山离我的家大约 3 公里，有一次被父母责骂后我曾经去过那里。我一个人待着，努力想对自己做一个全面的归纳总结，清点自己身上的优点和缺点。那是一个星期天，我在峰顶思考着自己的人生，盘算着一些大的人生决定，祈祷自己的梦想能够实现，期待着未来理想化的生活，这一切纷至沓来，让我心绪杂乱、浮想联翩，头脑发热以致激动得发狂。上大学的决定就是那个时候做出的，对我来说，那座山一直是我心目中的圣山，是毗斯迦山（Pisgah）、摩利亚山（Moriah）、何烈山（Horeb）、西奈山（Sinai）四者合一的神圣化身。我在风中来回踱步，对着天地大喊：'我要让世人知道并尊崇我，我要干出一番大事业。'我命令周围的一切来见证我的誓言，除非我的梦想实现，否则我不会再重返这个山峰。唉，可惜的是，从那以后我就再也没有机会回去了。有一次，朋友们想在那里举行夏日聚会，我找了各种理由否决了这个地点。对我来说那里太神圣了。毫无疑问，当我独自一人站在那里时，那是一种极其深邃、永生难忘的体验，在我的灵魂深处，那一刻发生了翻天覆地的改变。"

在读歌德的自传性作品时，有两个特殊的地方值得人仔细玩味：首先，不只是因为他正处于那个多烦恼、多思想的青春期，他所在的环境也很重要。他住在一个小地方，而就在这片人与人之间紧密联系的方寸之地，却充满了各种庆典、节日、盛况以及激动人心的事件，这种环境尤其适合对孩子们进行教育，因为它能吸引他们加入外面的世界。其次，这个聪明出色的男孩生来就有一种天分，能够从身边发生的所有现实事件中升华出理论，总结出教训。同样的特质也体现在他笔下的人物威廉·迈斯特（Wilhelm Meister）身上。他是歌德塑造的一个非常独特的少年形象，歌德对他的描述也细腻深入、新颖别致、不落俗套。从他对木偶的狂热到早熟的大学生活，歌德一直怀着热情去探索、发掘他所有的经历和体验，然后对这些经历进行反思，从中升华出道德理论，并用诗一样的语言表达出来。除了歌德之外，大概没有别人像他这样，仔细深入地研究并分析自己人生的初始阶段。他独一无二的天性，使得他可以带着鲜活的青春回忆走向成熟，然后用文字的形式将它们永远保留下来。大部分人都缺乏这种将自身经历充分利用起来的能力，即便只是用来提供前车之鉴并帮助他们认识自我也不行，但对于歌德而言，所有的经历和体验都不会有任何一丁点浪费，他可以从中提取人生的精华，提升个人的自我修养。

　　歌德对女性可爱之处的第一印象，是来自一个名叫格雷琴（Gretchen）的女孩。有一天晚上，她到他身边为他奉酒，此后，她的脸蛋和体形就在他脑海里挥之不去了。每一次见到她，他总是能感觉到一种因快乐而产生的激动战栗，尽管他对她的爱意和很多初涉爱河的人一样，完全是精神上的，而且是被对方的善良和美丽唤醒的，但这种爱情让他的整个世界都充满了不一样的光彩，他觉得只有靠近她的时候，才能感觉到自己的存在。在大部分情况下，他的未婚夫都陪在她身边，当发现她成为一个女帽商的伙计时，歌德大大地吃了一惊。尽管他和所有来自贵族家庭但崇尚天性的男孩一样，对普通民众怀着一种热爱之情，但这种对平民的兴趣让他的父母很反感。加冕日的第二天晚上，好几个人都不得不在椅子上过夜，他、格雷琴和其他几个人都睡着了，在睡梦中她的头靠在了他的肩上，他们保持着这种姿势直到第二天其他人醒来。最后一天，他们在她的家门前告别，他们第一次，也是最后一次亲吻了对方，从此就再也没有见过面，尽管他经常在思念她的时候情不自禁地流泪。当他清醒地意识到，尽管只比他大两岁，但她可能只是将他当作一个小孩子看待时，他产生了一种深深的受辱感。他努力想把她身上那些可爱的品质剔除掉，只去想她可憎的地方，但是她的形象仍然在脑海里萦绕不去。少年的理性本能促使他摆脱了那种孩子气的、爱哭泣的可笑习惯，想到她可能只是把她当作一个需要保姆的小孩子，这种屈辱感帮助他慢慢地从情伤中恢复了过来。

　　他很喜欢自己的名字，常常像那些没受过教育的年轻人那样，把自己的名字到处写、到处刻。后来，和他的名字挨在一起的是他的新爱人安妮特（Annette）。再后来，当他找到那棵刻着他们两个人名字的树时，泪洒当场，感觉自己的心为了她而融化成温柔的水，在这种情感之下他为她写了一首田园诗。和她在一起时，他总是控制不住自己那莫名其妙地想折磨人的嗜好，乐此不疲地取笑她，在她全心全意的投入和奉献面前，他飞扬跋扈、专制蛮横，甚至带着一种恶意去折磨她的感情，将自己的失望化作尖酸的嘲讽向她发泄。他的嫉妒心变得越来越荒唐，最后，当她对他的忍耐终于被耗尽的时候，他也永远地失去了她。为此，他在她面前发疯了似的吵闹，但是无济于事。这沉重的打击差点让他发狂，在极度的伤心之下，他开始折磨自己的身体，而将他从疾病之中拯救出来的，是他诗人的天赋。《恋人的脾气》（*Lover's Caprice*）就是在这个时候，在心中那沸腾的情感激励下写出来的。周围的世界正在发生各种各样的严肃事件，身处这种环境的他养成了一种轻率鲁莽、对一切都满不在乎的幽默感，这要归功于他那放肆的生活方式，这种生活方式让他觉得自己比周围的一切都更优越。有时候，他甚至会故意让自己身处险境。他会搞一些恶作剧，尽管大部分情况下都不是故意的。后来他开始冥思苦想，想弄明白为什么爱情总是那么短暂，人的性格为什么总是那么复杂多变；在道德允许的范围内，一个人能够让自己的感官快乐沉溺到什么程度。他写诗歌和警句，想通过这种方式来摆脱那些困扰他的东西，但这种行为在外人看起来似乎不务正业，有一个朋友甚至想借助宗教来改变他。这件事情最终以他远走莱比锡宣告结束。渐渐的，他感觉到一个新的时代即将来临，因为人们对权威的崇拜正在慢慢消失殆尽，想到那些他所认识的最优秀的人物，他就开始怀疑，甚至一度感到绝望。后来他和一个年轻的助教产生了亲密的友谊，尽管这位助教总是在不断地闹笑话、干蠢事。他的心情不断地在快乐和忧愁这两个极端波动，这时，卢梭吸引了他的注意。与此同时，他的健康每况愈下，最后生了一场漫长而严重的大病。这场病始于一次大出血，导致他的生命在生与死之间徘徊了好几天。当恢复期到来时，本来形势是很乐观的，却又在他体内发现了严重的肿瘤。他父亲天性严厉，常常在家人面前大发雷霆、让人痛苦不堪，而母亲由于从小受到家庭的影响，是一个虔诚的信徒，所以他一回到家，就被熟悉的宗教氛围包围了。这时候，一个对歌德怀有敌意的小孩告诉他，他并非父亲的亲生儿子。这句话促使他为了得到真相进行了各种各样间接的调查，在调查期间，他把自己的面相与所有叫得上名字的客人的面相一一对比，想找到那个与自己有血缘关系的人。

在莱比锡那段生活之前，他一直喜欢一个人悄悄地、全然忘我地徘徊踟蹰。到莱比锡之后，他很快就开始用一种过于夸大的幻觉来折磨自己。在他的想象中，每一个人都在注意他，别人的眼睛都转向了他，并记住了他；他被众人审视评判，他的所有缺点都被发现了。正因如此，他对乡野生活产生了热爱之情，爱上了田野、树林以及那些偏僻荒凉的地方，在这里他可以躲开所有的喧嚣，将整个世界都隔绝在外。在这里，他开始抛弃以前的一些习惯，不再总是从艺术的角度出发去看所有的事物，而是学会了感受自然界万物本身给人带来的快乐。有一种新的感官冲动正在觉醒，可是它却是以智力活动的形式表现出来的；精神上产生了很多需要，而这些精神需要却包裹在各种具体的感知形象中，这让他惊奇赞叹、沉迷不已。他开始在自己反感的课堂上想入非非，完全沉溺在对理想中的大学环境的想象中。刚进大学的时候，他对自己参加的课程都很勤勉，但很快就发现进步太快并不是什么好事，他学了太多东西，而自己却没办法整理归纳，因此感觉非常不自在。他开始对自己的着装感兴趣，而之前他是完全不关心的。他对自己的品位和判断力非常不确定，这让他感到他沮丧和绝望，甚至担心是不是必须对自己的思想来个彻底的大改造，与自己迄今为止学到的所有东西决裂。正是在这种对自己过去的极度轻视中，他将自己的诗歌和札记付之一炬。

他很早就学会了重视并热爱《圣经》，并将自己的道德修养归功于它。《圣经》中的事件和象征深深地印在他的脑海里。所以，尽管他并没有成为一个虔诚的信徒，但当在大学里接触到那些对《圣经》大肆嘲弄的批判精神时，他还是被深深地震动了。从青春时代开始，他一直和神保持着良好的关系，有时候，在某些事情上，他觉得需要谅解神，因为对自己那些雄心壮志，神并没有给予更好的帮助。所以，在各方面的影响之下，他将目光转向了犹太神秘主义，对水晶球、微观世界和宏观世界产生了浓厚的兴趣，并逐渐对那些很久以前相信、甚至不久前还深信不疑的东西感到绝望。他接触了很多一个比一个奇特怪异的小圈子，并得出了一种遗世独立、新柏拉图式（neoplatonic）的神性观点，直到最后发现了一个最大的悖论，那就是：这个世界应该是路西法（Lucifer）创造出来的。开始的时候，他极尽详细地在想象中树立了一位天主，然后在私下里设计和制定了一整套神学理论。他还将一个镀金的曲谱架子改造成一个圣坛，用熏香作为焚香之礼，每天早上神都会光临来享受他的供奉，直到有一天突发火灾，这种仪式才被迫停止。

安徒生是一个贫困鞋匠的儿子。在青春期到来前，他在一家慈善学校读书。刻在学校墙壁上的《圣经》图画给他的想象力装上了自由飞翔的翅膀，他经常在课堂上想入非非、神不守舍。他常给伙伴们讲述长篇故事。他曾坚定地发誓，自己一定会成为一个有名的人。14岁时，他离家前往哥本哈根，在那里他极度渴望登上舞台。后来，他和一家剧院负责张贴海报的人成为了朋友，后者帮他获得了一些在舞台上扮演男童、羊倌等角色的机会。他曾经拜访了一位著名的舞蹈家，但对方对他不屑一顾，最后他痛苦地感觉到，除了上帝之外自己无人可以依靠，从此开始热切而频繁地祈祷。当他看到一个没心没肺者的画像时，他会用自己的眼泪将画像的眼睛弄湿，似乎想用这样的方法来弥补对方的无情无义。他在一个木偶剧团干过一段时间，经常带着一种孩子气的快乐清点着那些穿着俗艳的碎布衣服的木偶，这些零碎布料是他从各个商店里讨来的。他还写了好几部无人接受的剧本。有一次，他在新年第一天潜入一家空无一人的剧院，站在舞台中央大声地祈祷，兴奋地放声大叫。他曾经对着一棵山毛榉树又搂又亲，以致旁人都认为他疯了。他曾经认为学习拉丁文是件令人恐惧的事情，可是后来为了生活他还是不得不去学了，但对拉丁文的成见却让他一直处于危机当中。在处于青春期的孩子中，他可能算得上是最喜欢做白日梦、最多愁善感的人了，对宗教和祈祷也是最虔诚的。

在戈特弗里德·凯勒所著的《绿衣亨利》（Der grüne Heinrich）一书中，这位被迈耶（R. M. Meyer）称为"19世纪最杰出的德国文学家"的伟大作者回顾了自己的早期生活。这本自传是对一个普通孩子平实且非常现实的描述，不像歌德那样掺入了虚构成分，也不像卢梭或巴什克采夫那样充斥着精神错乱的影子。他就和任何一个男孩儿一样，童年和青春期没有任何出奇之处。在这部作品的第一部分里，作者描述了他的青春时光，一直到18岁为止。这是最为重要的一部分，作者对每一件事情、每一个细节都娓娓道来，并充满了令人称道的诚实。这是一个由诸多平淡无奇的小事构成的故事。和任何普通人一样，在他故事里有友谊、爱情和各种属于少年的冲动，而他自己，本质上是一个自私的功利主义者。对他来说，上帝与自然是同一种存在，唯有当爱人安娜（Anna）去世时，他才希望真的有永生。当还是个孩子的时候，他就发现自己心里装着两种爱——一种是精神和理想之爱，一种是感官和肉欲之爱，这两者彼此独立。前者是对纯洁无邪的青春少女的爱恋，后者是对一个比他年长的美艳少妇的倾慕。当然，这只是纯洁的想象，是他将自己的感觉拟人化了。他对自己这种同时产生的奇怪爱意进行了细微和犀利的观察，并记录了自己的感悟。他详细记述了自己对食物的独特品位，叙述了他的白日梦，介绍了一个自己保持了很久的习惯——躺着不动，因为他想不出别的活动来宣泄自己。在字里行间，他表达了对自己过早离开学校的悔恨之情；像火山一样剧烈的愤怒；对自己的不信任；时不时的自暴自弃、任性放纵；心中交替出现的绝望和愤世嫉俗；独身生活中的孤寂凄凉；喜欢讲故事的习惯；他所信奉的哲学与他所爱的女孩之间的冲突等。

在圣皮埃尔（Saint-Pierre）的《保罗与维吉尼娅》（Paul and Virginia）

一书中，作者试图描述一段发生在少男少女之间的似花蕾般含苞待放的青春恋情。他们出生在一个遥远偏僻的小岛，在一种完全自然的原生态环境中长大。作者的描写非常感性，采用的是当时法国流行的一种风格，充满了哀婉凄怆的情调。对我们来说，这种写作手法带有一种矫情和造作的味道，不过也能从中看到一些真实的迹象。故事发生在两个孩子 12 岁的时候，作者描述了维吉尼娅心中那即将萌芽的爱意和女孩子的忧思，不过有时候她故意在保罗面前把这种心情隐藏起来；描述了她心中的不安，还有她虔诚的信仰；描述了他们如何向对方表白爱意，并立下永远相爱的誓言；还描述了他们那令人扼腕同情的分离，那无法被任何力量扑灭的爱情，以及最后的悲剧结局：双双死去，同穴而葬。对一代又一代读者而言，这个故事之所以魅力不减，主要原因就在于，这是对人最本质的情感的真实写照。这部作品和卢梭一起为法国文学做出了不可磨灭的贡献，因为它们独特的风格赋予了这个时期的法国文学一种与众不同的魅力。

天性早熟的卢梭那"烈火一般的性格"的"第一次爆发"是令人头疼的，他过早地感觉到了对肉欲的渴望，不过并没有因此干坏事。他渴望"跪在傲慢的情妇面前，服从她的命令，或者乞求她的饶恕"。他只想要一个女人，希望自己像一个骑士一样去犯错。10 岁的时候，他将满腔火热的情怀献给了沃尔森小姐（Mlle Vulson），对于她他可以公开并且专横地宣告所有权，不允许任何人接近她。而对于高登小姐（Mlle Goton），他怀有的是一种完全不同的感官上的迷恋，他们之间的关系非常富有激情，尽管也很纯洁。两个女子对他拥有绝对的控制权，她们对他造成的影响毫无共同之处，也互不相干。对沃尔登小姐，他怀着一种兄弟般的喜爱之情，还夹杂着一点点爱人的嫉妒心，而对高登小姐则完全是狂热滚烫的、像老虎一样凶猛的情欲，带着土耳其式的暴虐。当得知沃尔登小姐结婚的消息时，他怒火中烧，发誓再也不会去见这个背信弃义的女子了。在人生的大部分时间里，他都带着一种轻微的神经质倾向，这源于他那持续时间过长的少年男子习气。

　　在我看来，是时候承认青春期文学是一个单独类别了，在文学史和评论史上，也应该给予它应得的地位。有很多作品应该单独推荐给青少年阅读，对他们来说，这些书将激发出非凡的热情，也将真正地激励他们，矫正他们的言行和思想。青春期是人生中一段最重要的时期，它本身就应该被称作一所学校。在这所青春的校园里，青少年们互相求助，互相倾听，但他们却不会对成年人敞开心扉，他们采用的方式成年人无法理解更无法欣赏。我想再次强调，如果在这些传记，尤其是自传中，我们找不到对这段转型期的全方位描述，也找不到为将来的生活提供的关键线索，那么这些传记就不能算是完整的。如果能从这段时期的经历中提取经验教训，我们不仅不会浪费这段无比丰富但原始粗糙的经历中所蕴含的不可言传的奇妙体验，还能让我们的成年生活更加健全、更加完善。最后，我们应该鼓励绝大部分青少年（如果不是全部）去阅读足够多的自白式私人日记，让他们学会了解自我，学会自我表达的艺术，这种艺术通常都应该在青春期掌握，否则就为时已晚了，因为这段岁月正是各种主观素材最丰富的时期，也是可以用最独特、最多样化的形式表达内心各种需求的时期。

第九章

社会理想的形成

　　随着儿童的兴趣逐渐向更广阔的环境辐射扩散，我们已经能够从几个方面勾勒出儿童心理发展的正常轨迹。适应环境并学会服从，这几乎是幼童唯一的责任了。我们的存在将一条基本规则强加给他们，让他们必须奉行，那就是——一切遵从我们的意愿去做，避免让我们感觉不愉快。他们会察言观色，将那些我们曾微笑赞许过甚至注意过的行为一一记下来并遵照执行。他们朝着我们希望的方向前进，就像植物向着太阳的方向生长一样。他们第一次撒谎往往是因为认为这种谎言能够讨我们的欢心。在内心深处，最不安分的孩子更钦佩和喜欢那些能够强制他们安定下来的成人（当然，采用的强制手段必须是合理恰当的，而且要让他们感觉自己在心智上远远处于下风）。但是，总会有这个时候的到来：父母会发现孩子突然对自己失去了尊重，这种变化让他们震惊。在孩子的心目中，父母不再是最高的偶像了。逐步适应各种道德规范并将之习惯化的时期已经结束了，他们接下来渴望的是实现独立自主，按照自己的经验去做事，保持个人的道德心。有时候，按照自己独立的意愿去做事，而不是遵循最高的理想动机，能够让孩子们产生一种单纯完成责任与义务的冲动和喜悦。如此一来，他们就可以给这个世界带来一股新的原动力，那些世间最高尚最卓越的人生指引，或者与外界束缚相反的内心信念，将会逐渐成为他们人生的现实规则。当青少年努力想去理解并诠释自己的道德本能时，他们会调动自己最丰富的思考能力，这样他们就不会陷入一个道德空白期。而这，就是自我认知的真正目的。这是真正有关意志力的训练，能够让青少年爱上克服困难、解决冲突的感觉，而这种感觉冲动往往就是他们不屈不挠的秘密。此外，"如果处于青春期的人被另外一个比自己年长且更有智慧的人平等相待，甚至被认为更优秀，他们的反应会非常强烈，没有任何一个人生阶段能与之相比。如果你试图把处于青春期的孩子当作一个远远不如自己的人来对待，就永远别想让他好好听你的管教"。父母们依然认为自己的子女还是个小孩子，死死拽住那根本应松开的缰绳不放。很多青少年都认为，自己有个最好的家，但是如果必须一直待在那里的话，他们会发疯。如果早期父母给予孩子的训练是得当的，那么，到了青春期，那些命令式的引导方式应该退出，因为他们自己的理想目标会及时出现，成为他们前进的指引。这些理想通常都充满了英雄主义色彩。对青少年而言，生活中最不可原谅的就是呆板、愚蠢，学校或者老师缺乏生气、兴趣与热情。其中最不可忍受的，大概就是过于严格的管束了。在这个阶段，学校或者学校里的课程，对他们来说简直就像一个藏着古老遗骨的洞穴一样阴森可怕。家长们现在要做的，就是带着孩子们去参加各种家庭委员会，让孩子看到，他们感兴趣的，父母也一样感兴趣。如果无法做到这一点，会有什么样的影响呢？我们这里有一些很有意思的案例，表明在这个时期很多青少年都会怀疑自己的父亲或者母亲、甚至双亲都不是自己的亲生父母。这个年纪的青少年，不仅对和同龄人交往的兴趣迅速增长，还产生了一种新的欲望，那就是将自己的交往人群向上扩展到成年人的圈子。一个明显的特点是，他们会寻求来自年长者的友谊或陪伴，或者退而求其次，去找那些比自己更年幼的。这一点与前青春期形成了鲜明的对比，前青春期的儿童总是喜欢与和自己年龄相近的孩子交往。这种现象背后可能的原因之一，是人类的心里一直潜藏着对他人进行无情戏弄的本能，这种本能冲动在青春期正处于高峰期，这可能影响了青少年和同龄人的交往。不管这是否成立，至少有一点我们可以肯定，那就是，这个时期他们感兴趣的对象按照年龄标准上下波动。其中一个原因就是他们产生了对各种信息的新的渴求——并不仅仅渴求和生殖本能有关的信息，对各种各样的其他事物同样充满好奇，所以这个时期的青少年通常会默默地四处收集知识。兰卡斯特曾经就这个主题提出了一些问题，从这些问题的答案中我们了解到，有的青少年寻求年长的交往对象，是因为自己可以从对方那里学到更多东西，认为对方是更好或者更踏实稳当的朋友。他们渴望得到的同情和理解大部分来自年长者，而且可能是已婚人士。比起和父母之间的谈话，有的青少年对父母和其他成年人的谈话更感兴趣，尤其是那些与自己无关的话题，在他们看来是一种特殊的娱乐。青少年往往觉得，成年人根本认识不到他们对友谊的这种新需求，表现出来的同情有时候也几乎是一种残忍。

斯特波尔顿（Stableton）就进入青春期的男孩做了一些很有意思的笔记，他强调，在和这个年龄段的孩子打交道时，重点要放在共情、欣赏以及尊重上。他们需要平等的对话，只有通过这样的方式，才能说服他们养成勤劳的习惯，甚至连他们那些危险的风流韵事也能得到控制。斯特波尔顿说："面对处于这个人生阶段的男孩子，没有比如何公正地对待他们并和他们成功相处更重要的问题了。这个年龄是辍学高峰期，有太多的孩子在此时离开校园。"他认为，那小部分能熬到高中毕业的男生应归功于"大家的成绩都不好，或者是高中老师正确地对待了这些处于人生关键期的孩子们"。大部分老师"知道他们所有的缺点，却发现不了他们的优点"。那些严格执行纪律、采取机械化管理方式的老师，他们意识不到学生们对自由的需要，也不知道如何在生理心理上给孩子们松绑，尽管这类老师在学校受到高度赞赏，但他们真的应该离开自己的岗位，让那些能够看透孩子们的心思、用一个眼神就能让孩子们知道他或她是自己朋友的老师取而代之。"我们学校工作最薄弱的环节，就是不知道如何管理那些进入青春期的学生。对这个年纪的孩子而言，既然他们并不了解自己，但如果能遇到一个懂他们、信任他们、一天天领着他们前进直到他们可以独自前行的老师，生命中还有什么比这更大的福气呢？"

斯莫尔（Small）发现，教师是模仿的中心，教师身上的影响力——既包括身体上的，也包括精神上的——会辐射到每个学生身上。他们的每一个口音、手势、无意识动作以及好恶都被学生们有意无意间捕捉到了。老师的每一个知识趣味都会弥漫渗透到整个班级。一个爱撒谎的学生，如果被信任，会变得诚实；被当作绅士或淑女对待的学生，会真的表现得像个绅士或淑女；如果喜欢的老师告诉他，他有能力做好什么事情，这个学生就会有一种强烈的冲动要去做好这件事；有的年纪大一些的学生，如果老师经常要求他们陪伴，认可他们身上的好品质，如果有错老师还会向他们道歉，在这种情况下，这些学生几乎会发生脱胎换骨一样的变化。

关于青春期的独立性，我们发现了一份很有意思而且很可信的调查结果。调查对象是 2411 名来自二年级到八年级的学生，调查目的是让他们说出在自己心目中最好的老师应该具备哪些特点。所有二、三年级学生、95% 的四年级学生特别指出了"帮助学习"这个特点。而这个特点的支持率到了六、七、八年级时快速下降，跌到了 39%，与此同时，"耐心"这个特点的支持率从只有两个学生提起一路攀升到了 22%。

桑福德·贝尔（Sanford Bell）对 543 名男生和 488 名女生做了一个调查：

你认为在过去接触的所有教师中谁对自己最有帮助，在哪些方面有帮助；你最喜欢谁，最讨厌谁，原因是什么。他把结果用曲线图标示出来，非常令人震惊：14 岁的女孩和 16 岁的男孩会感觉老师对自己最有帮助；在 12 岁这个年龄，无论男孩或女孩都感觉到了对老师最强烈、最无法磨灭的厌恶之情，而且，怀有这种情绪的学生所占的百分比一直持续到 15 岁或 16 岁时才开始快速下降。看来，在教师身上存在的各种特点中，学生们最欣赏的是：能够明确地向学生指出学习目的、激发他们各种各样的理想、点燃他们想成为什么人或去做什么事的野心，让他们找到自己的人生目标、鼓励他们去克服环境中的困难。总结起来就是，要能够激发他们的自信，同时为他们指引方向。其次，他们欣赏的是那些能同情并理解他们、和他们有共同的兴趣爱好、以友善的态度对待他们、激励他们产生自信心的老师。他们希望获得小小的赞扬，希望老师懂得自己的心思。接下来最受欢迎的是能够在功课上提供特别帮助，适时地给予善意忠告的老师。此外，在他们看来，老师应具备稳定安详的个性、清正廉洁的作风、不伪善的品质以及自信独立的表现。老师在外表上是否有个人魅力、运动能力是否有过人之处、是否充满活力，对孩子们来说也很重要。男性和女性获得的大部分帮助都来自同性，这一特点在男性当中尤为突出。尽管如此，五分之四的男性和约一半的女性一生中所能获得的大部分帮助都来自男性。男性教师，尤其是那些年纪比青春期的孩子大不了多少的教师，对两种性别的学生来说似乎都是最有帮助的。

在教师身上存在的各种特质中，学生们最不喜欢的是：恶毒、讽刺、实施不公正的惩罚、怀疑、苛刻、严厉、不苟言笑、冷漠、动辄威胁、不守信用、过度批判、声色俱厉，以及偏好体罚。那些从来不给学生好脸色的老师往往最容易引发他们的抵触情绪。大部分男生都不喜欢男教师，女生讨厌的教师男女各占一半。我们经常会听到一些学校里发生的残酷且带有侮辱性质的事件，对此深感痛心。在很多情况下，那些根深蒂固的仇恨其实都起源于极小的原因，然而，大部分孩子心中的厌憎之情是如此持久，如此难以释怀，其强烈程度真是让人吃惊。有时候，10岁之前的幼小心灵萌生的恨意会一直持续到成年，其间强烈程度一点也不会有所缓和。有很多让人难过的记录表明，一些孩子就是因为在学校里遭到了恶意或者不公平的对待，导致他们辍学一个学期、一年，甚至永远离开了校园。

曾经有一项在2000名学生中进行的调查，要求学生们回答一个问题：当老师和家长的意见发生冲突时，你会选择尊重老师的权威，还是选择尊重家长的权威？结果表明，对年幼的儿童来说，尊重父母的权威是第一选择。大约从11岁开始，选择父母的孩子所占的百分比开始出现明显的下降趋势，在14岁女孩、15岁男孩当中，下降的速度最快，而与这种下降趋势相对应的是，青春期的少男少女们选择尊重老师权威的百分比却快速增长。在对做出这种选择的原因进行分析后，我们发现，尽管对年幼的儿童而言，父母的权威与生俱来，通常应该是更恰当的选择，但对于青春期的少男少女们来说，那些更抽象的权威在他们心目中占有更突出的地位。"当青少年到达16岁时，他们当中差不多75%的人会因为这个原因而选择尊重老师。这种选择表明，他们已经能够在不违背自己公平意识的前提下，扩展他们关于权威的观念。"

巴恩斯（Barnes）研究了1400份调查反馈，调查内容是要求被调查者回答，在听过或读过其事迹的人当中，他们最希望自己像谁。巴恩斯发现，与男孩子相比，女孩子的理想人物更多地来自自己所熟悉的圈子，而且这个人常常是自己的家庭成员。不过，当女孩子进入青春期后，她们越来越倾向于将目光投向自己的生活圈子以外，选择历史人物和公众人物的想法大大增加，其中，以那些在慈善、助人方面有突出表现的英雄人物居多。男孩子很少选择女性作为自己的理想人物，不过在美国，约占半数的8岁女童和三分之二的18岁女孩会选择男性理想人物。女孩可选择作为目标的重要女性人物的范围小得令人吃惊。巴恩斯由此产生了一个担心，从一开始选择亲属人物作为自己的理想目标，到后来转向外界甚至整个世界来选择，这种选择圈子的扩展如果过于迅速，可能会"导致人格的瓦解，让人不安于现状"。"而另一方面，如果这种扩展过于缓慢，又会造成发展出现停滞，在此基础上产生愚蠢、野蛮、酗酒等不良习气——这些往往是懒散迟钝、过于自我满足最容易出现的结果。""本土的理想人物消失，代之以世界级别的理想人物，这是心理发展中的一种规律性现象，在此过程中每个人都会感觉自己受到了某种强制性力量的影响。"而这恰恰强调了一个事实：教师或家长并不是生活在一个可以为所欲为的世界，因为青少年心目中的权威人物往往并不是他们。

瑟伯博士（Dr. Thurber）收集整理了来自纽约的数千名少年儿童的作文，作文主题是"长大后想做什么"。孩子们的回答都是很严肃的，从中我们发现，那些出身贫苦的孩子非常愿意在将来从事艰苦的劳动，这种愿望在青春期会变得越来越热切，至于对"为什么"这个问题的回答，就更值得关注了。所有参与者都放弃了那种属于童年的随心所欲的快乐，认为自己更需要忍耐。10 岁或 10 岁以前，有两个或者更多愿望的孩子在数量上呈上升趋势；11 岁时，增长曲线出现快速下降的趋势；12 岁时又快速增长，此后保持缓慢的下降趋势。在 9 岁或 9 岁之前的女孩中，选择教师的人数最多，到 11 岁时人数迅速下降，次年有轻微增长，此后就一路下滑。10 岁时想要成为女装裁缝和衣帽商的人数增加，11 岁时下降，13 岁时快速上升到最高峰，甚至超过了想当教师的人数，此后就开始持续性的下降。从 11 岁半开始，想成为书记员和速记员的人数呈现显著增长的趋势。在男孩子当中，想要子承父业的人数在 9 岁时达到了最高峰，12 岁时降到最低点，直到 14 岁时才会出现轻微的增长，不过调查人群的年龄到此就截止了。理想是成为生意人的人数在 8 岁时达到最高峰，13 岁时是第二个高峰。在选择原因上，"想挣钱"在 12 岁时达到最大值，约 50% 的孩子是这么想的，不过下降趋势也很快。"因为喜欢"在 10 岁达到最大值，此后就稳步下降。在影响职业选择的动机中，"完全为了父母"或"部分为了父母"在12岁半时达到顶峰，然后开始下降。"因为适合个性"的上升趋势贯穿始终，不过到了12岁之后增长速度开始加快，"希望对世界有用"从9岁开始缓慢上升，13岁之后上升速度陡然加快。因此，"11岁时所有观点和倾向的增长率都朝着最大值前进。12岁时，领先的是利他类的愿望、'为了父母的幸福'以及'想挣钱'；13岁的时候女孩最突出的愿望是做女装裁缝、书记员和速记员；14岁时，银行或办公室工作成为男孩的首选；12岁时孩子们开始意识到了人生的不确定性，同时，'因为适合个性'和'希望对世界有用'的愿望也达到了顶峰"。

在1234份书面调查表中，其中一个问题就是"如果有一座存在于想象中的新城市，你想在其中扮演什么角色?"调查对象一共回答了114个不同的职业，在女孩当中，除了13岁和14岁，几乎所有年龄的女孩都把教师作为首选，其次是女装裁缝和衣帽商。在男孩当中，除了14岁和16岁选择"因为喜欢"外，其他年龄的男孩都把赚钱的动机作为首选。其中，选择与父母一样职业的孩子在13岁时人数最多，不过此后就开始稳步下降，个人独立选择占据了绝对的优势。女孩选择与父母相同职业的人数在14岁达到了最大值。把慈善、助人作为选择动机的人数在13岁时达到了最高点，不论男女都一样。

杰基（Jegi）得到了密尔沃基（Milwaukee）的3000名德裔儿童写给真实或虚拟朋友的一封信，信的内容是询问对方长大后想做什么，以及为什么。他把从200个男孩和200个女孩处得到的回应制成了图表。这些孩子的年龄跨度是从8岁到14岁。他也发现，从8岁到13岁，家庭成员对孩子们的影响出现稳步下降的趋势；在前青春期，因为喜欢而选择一项职业的个人动机所占比例增加了，而男孩从12岁开始，女孩从13岁开始，考虑将来寻找一份轻松职业的人数急速增加。

克莱恩（L. W. Cline）用统计法研究了来自2594名儿童的调查反馈，调查中要求儿童回答"希望自己成为什么样的人，做什么事情"。他发现，在列出自己的理想和心仪的职业时，女孩子要普遍比男孩子保守，而且更愿意对自己的选择做出解释。在这方面，农村孩子往往比城市孩子表现得更加偏男性化。农村男孩表现得更加粗犷，也更加独立、更会照顾自己，这表明，在打造理想和个性方面，农村孩子的家庭生活方式要比城市孩子的更有效果。年幼的儿童喜欢工业化的职业，而随着年纪的增长，孩子们对专业化和技术化工作的追求也随之增加。青少年对权力和公正的判断更倾向于感性认识，而不是理性的思考。农村孩子似乎比城市孩子更有利他意识，而女孩在比男孩更富有同情心的同时，在看问题时也更容易失之偏颇。在这些调查反馈中，明确无误地说明了一个现象：在一些家庭和学校里面，对孩子的教育已经过度道德化了，形成了一种过于感情用事的道德观，其结果就是，孩子们总是急于去表达自己关于道德伦理的观点，而不是相信理性的建议。孩子们很容易形成一种倾向，那就是给自己设定一套理想规则，给别人设定另外一套。总的来说，男孩比女孩更忠于天性，农村孩子比城市孩子更加真实。

弗里德里克（Friedrich）曾询问德国学校的儿童，会选择什么样的人做自己的榜样。这些孩子的答案随年龄、性别以及宗教信仰的不同而不同。首先，是对历史人物的青睐，这个结果似乎表明，对6年级和7年级的孩子而言，从本质上来说，学习历史是在进行道德教化，或者进行某种心态和倾向性的训练。对此，笔者强烈建议进行改革。弗里德里克似乎认为，让这个年龄的孩子了解历史的目的就应该是对他们进行道德教育。其次，是来自《圣经》的影响。这个答案显然毫无悬念，尽管这些影响大多来自教义问答手册，以及孩子们生吞活剥的背诵。从这里我们也能看到，对这个年龄的孩子来说，把当前现实生活中的人物作为自己榜样的机会不大（约占4.2%），因为孩子们总是能发现身边人物的缺点，对他们具有的美德反而没那么敏感。因此，有关宗教的教育应该以情感为导向，而不是以理解为目的。这项统计同样引起了我们对儿童阅读内容的关注，他们应该阅读一些与当前生活中的好榜样有关的内容，此外，在对儿童进行指导时，要充分考虑到性别的因素。

弗里德里克对年龄研究的主要成果，就是发现在德国学校中，7 年级或更高年级的孩子在选择自己的榜样人物时，其考察重心是放在勇气和魄力上，这一点明显比 6 年级的孩子强，6 年级的孩子通常会选择那些象征着虔诚、圣洁的人物。弗里德里克将这些人物分成了 35 种类别，每一种类别代表人物的一个特点。他发现，为国为民处于领先地位，紧随其后的是虔诚孝顺；接下来依次为：忠于信仰、勇敢刚毅、谦逊稳重以及纯洁忠贞；接下来是慈悲和同情心、勤劳、善良、耐心，等等。

就儿童和青少年希望成为什么样的人、做什么样的事等问题，泰勒（Taylor）、杨（Young）、汉密尔顿、钱伯斯（Chambers）等人也收集了一些很有意思的数据。在青春期，很少有人觉得自己足够优秀或者幸福，对自己很满意。大部分青少年会或多或少地流露出对自身命运的不满。从 6 岁到 11 岁或 12 岁，认为自己的理想人物就在自己的生活圈子中的，其数量急剧减少。在 10 岁出头时，对历史人物的仰慕最强烈。而从 11 岁、12 岁到 15 岁、16 岁时，对当代人物的景仰开始稳步上升。在理想人物选择范围扩大化这个问题上，伦敦儿童要落后于美国儿童，在所有年龄上，伦敦女孩对生活圈子内的人物的青睐都要高于男孩。对于这种选择范围扩大化的现象，研究者也将大部分原因归于对历史的学习。例如，乔治·华盛顿，迄今为止，在所有理想人物中，他遥遥领先，其影响力已经达到了泛滥的地步。与之形成鲜明对比的是，英格兰那些和他处于同等地位的英雄，因为被世人看到了身上的不完美，很快就褪色暗淡，被淹没在滚滚的历史长河中。从现实生活中解脱出来，将眼光投向更广阔的视野，这对于青春期的青少年来说再正常不过了。选择《圣经》中的人物作为自己理想人物的人数所占的百分比非常小，大部分是女孩。选择小说和神话人物的比例要大得多。选择耶稣基督的，都是神的子民，他们选择的是他身上神性的一面。在此我们又一次看到，教师也是一些孩子的理想人物，尤其是对那些想教书的女孩子们而言。但总的来说，教师并不是那么受欢迎的选择。在孩子们理想人物的选择范围扩大化的过程中，教师可能会是他们踏出家庭范围的第一步。在青春期青少年的心目中，战争英雄和发明家处于领先地位。

在校女生，不管处于哪个年龄，都会随着年级的升高而逐渐增加对国外理想人物的好感，会梦想成为某个功成名就者的妻子。女子一旦进入贵族阶层就意味着拥有了特殊的机会，可以光彩夺目，可以活跃在时尚圈，这对于女子来说是一个极大的诱惑，至少这是 16 岁之前的少女的梦想。在所有相关的研究中，有一个最令人感到悲哀的事实：在美国，接近半数的青春期少女会选择男性作为自己的榜样，或者宁可自己是个男人。这个数字几乎是英国持同样观念的少女的三倍。而且，女孩心目中理想人物的数量，是男孩的 6 ~ 15 倍。从这个具有重大意义的事实中，我们认识到，现代女性已经割断了传统观念的缆绳，像一艘船一样漫无目的地漂流在海上，可是船上没有锚，无法停靠。尽管一个女孩在低年级和高年级都能找到大量的同性校友，但她心目中的理想人物依然是充满阳刚气息的异性。教科书里很少提到女性。如果提议她们使用女性专用的《圣经》、历史教材、学习课程等，性别意识又会让她们心生忧虑，担心这样会一点点剥夺自己业已拥有的自由和独立，回到被奴役的状态。男孩子很少会选择女性理想人物，即便有也是在非常年幼的时期才会这样做，而大部分女孩子却宁可选择去过异性的生活，持有这种想法的女孩数量有时候甚至会达到60% ~ 70%。对于女性来说，一方面是自己渴望的生活，另一方面是必须承担的种族责任，这两者之间的分歧往往是无法调和的。最悲哀和最违背自然的事实就是，就在短短的几年时间内，女孩子对有关理想人物的观念几乎以迅雷不及掩耳之势发展，这个时候本来正是那些富有女性气息的理想人物在她们心目中成型并且占据绝对优势地位的最佳时期，而缺少女性理想人物的现状，让其身上的女性特征面临着分崩离析的危险。目前有关这方面的数据调查尚不充分，所以在这个话题上我们还没有什么确凿可靠的结论，不过目前的调查研究表明，女性不但会慢慢将理想人物的选择范围指向相反的性别，还会指向与自己的生活圈子完全没有交集的领域。

选择理想人物的原因多种多样，目前尚无定论。不过，从青少年的反馈中我们可以看到，他们对理想人物身上所具备的公民道德品质的要求有所提高。对青少年而言，物质和功利似乎并不是需要着重考虑的，数据显示他们对这方面的关注有所下降。他们对地位、名声、荣誉以及其他闪光点的关注度迅速上升，不过在接近青春期时，对道德品质的重视程度是最高的，也是上升得最快的，而且这种上升趋势会持续到将来。从他们的选择中我们可以看出，男性与女性都表现出了对道德和社会品质的赞赏，女孩表现得尤为明显。从 10 岁或 11 岁开始，少年儿童在选择理想人物时，对对方身上具备的艺术和才智特质的关注保持着稳定的增长速度，不过，对男孩子而言，这种关注远远达不到他们对军事能力和成就的关注高度。在这些研究中，令人震惊的是少年儿童对历史人物的态度，他们的历史感快速增长，知道每个历史人物以及与其相对应的历史阶段，尤其是从 8 ~ 14 岁这段时间。与现代依然活着的人物相比，他们对那些已经去世很久的人物几乎不再提及。在调查中我们还发现，大部分孩子的选择都直接反映了他们在品位和性格方面存在的差异。

关于财产，克兰（Kline）和弗朗斯（France）的定义是："个体所获得的一切可以保障及维持其生活、有助于生存并战胜敌对力量的物品。"很多动物，甚至包括昆虫，都会为自己和幼小的后代储存食物。在生命的初期阶段，小孩子们就会表现出一些占有欲的迹象。勒图尔勒（Letourneau）的观点是，尽管私有财产的概念对于我们来说是如此自然，但在历史上它是很晚才出现的，而且其萌芽过程极其缓慢，在原始人群中，公有制才是最基本的规则。物品的价值有时候是按照其使用价值来衡量，有时候是按照其制造成本来衡量。在青春期之前，儿童被一种很急切的渴望驱使着，企图去占有那些在当下很有用的东西，不过，在青春期的曙光出现之后，占有欲却以另外一种表现形式出现了。青少年对金钱的概念最初是相当抽象的，但渐渐的，他们开始认为金钱是一种令人极度渴望的东西，因为它被看作所有价值的等价物。

我们现在经常说起的金钱观念是非常复杂的，迄今为止还没有令人满意的心理学方面的分析理论。李伯特（Ribot）等人将其追溯到动物储存食物的行为，认为两者背后的心理感受是一样的。门罗（Monroe）对 977 名男孩和 1090 名女孩进行了调查，要求他们回答一个问题：拿着一份数目不大但每月都有的零花钱，你会干什么？他将得到的反馈制成了表格。表 9 - 1 显示，在青春期到来时，选择将钱存起来的人数出现了显著增长的趋势。

年龄	男孩	女孩	年龄	男孩	女孩
7 ·········	43%	36%	12 ·········	82%	64%
8 ·········	45%	34%	13 ·········	88%	78%
9 ·········	48%	35%	14 ·········	85%	80%
10 ·········	58%	50%	15 ·········	83%	78%
11 ·········	71%	58%	16 ·········	85%	82%

表 9 - 1

男孩身上有更明显的节俭倾向，但不论男女，都倾向于将节俭当作一种美德，尤其在十岁出头的时候。学校的算术课大部分都和金钱计算有关；学校的储蓄银行，原本是为贫困学生准备的，现在已经对所有阶层的学生开放。这种金钱意识有利于防止青少年陷入贫困、铺张浪费，同时也能够激发出他们巨大的想象力，还能逐渐让他们树立长远的目标，学会为将来打算。当然，将所有的事物和价值都用金钱来衡量的话，无论在教学还是道德方面都是有局限性的。但是，金钱观的出现是一个必不可少的阶段，也是教育上的一个巨大进步。不仅如此，金钱观的形成过程在整个种族发展史上都具有重要的意义。

社会判断、朋友圈、孤独。下面我们将向大家呈现两个调查案例，从中可以一窥青少年道德判断的发展轨迹。被调查者包括 1000 名男孩、1000 名女孩，他们都来自 6 岁到 16 岁这个年龄区间。调查者的问题是：一个小女孩，得到了一盒新的颜料，她用这些颜料将起居室的椅子涂花了，希望能让母亲高兴，那么，你应该怎么对待这个小女孩呢？大部分年幼一些的儿童声称要揍这个女孩，但是从 14 岁起，持有这种想法的人数急剧下降。在年幼儿童中，建议对女孩解释她为什么做错了的人很少；而在 12 岁时，有 181 名孩子；16 岁时，有 751 名孩子选择向女孩做出解释。年幼儿童对女孩进行惩罚的动机是报复；年长一些的儿童的动机是防止这种行为再次发生；年纪更长的一些儿童则提到了对女孩进行改造这个目的。随着年龄的增长，孩子们对这个女孩行为动机的看法、对女孩因无知犯错这件事情的感受各有不同，分歧也越来越明显。只有年长的孩子提出了要让女孩承诺以后不再犯类似的错误。由此看来，随着青春期的到来，少年儿童看待事物的角度也变了，在对一个行为进行判断时，从以结果为标准变成了以动机为标准，也只有年长者才明白，如果没有出现不堪的后果，错事可能会一直继续。此外，随着年龄的增长，怜悯心、同情心也逐渐增强。

另外一项调查是在 100 名 6 岁到 16 岁之间的少年儿童中进行的，被调查者有男有女，来自各个不同的年龄。他们被要求回答的问题是：对一个窃贼应该进行怎样的惩罚？调查主题中明确指出，对这种罪行的量刑是 5 年监禁。在年幼的儿童中，接近十分之九都直接将法律忽略了，以一些其他的制裁取而代之。不过，从 12 岁开始，那些打算与法定量刑一较高下的人数稳步减少；到了 16 岁时，74% 的少年选择根据法律规定来惩罚罪犯。因此，"在 12 岁或者稍长一点，随着青春期的曙光逐渐点亮，少年儿童开始意识到身边更大的生活圈的存在，意识到自己的生活必须与其他人同步。带着这种认识，他们生出了维护社会规则的欲望，因为这个社会规则是为公共利益服务的"，他们也不再把惩罚当作一种个人化的、专制的东西。

从 1914 名孩子对另外一个问题的回答中，我们发现，随着青少年心理能力的发展，他们越来越能理解惩罚是防止恶行的一种手段；他们的个人价值感上升，要求对个人权利进行保护的倾向性也越来越明显；他们的公正感不再建立在情感和对权威的忠诚上，而是建立在理性和理解上。在对 2536 名 6 岁到 16 岁的少年儿童进行的测试中，我们发现，他们对惩罚措施的态度在青春期前后有明显的区别，处于青春期的青少年已经开始逐渐意识到惩罚措施所具有的矫正功能，而前青春期儿童则普遍认为惩罚就是以牙还牙或是寻求公平。此外，少年儿童对违规或违法行为的种类及危害程度的分辨能力也有显著上升；他们开始考虑当时的环境、给他人带来的不便、行为是无心还是刻意以及肇事者的动机等因素。上述所有观念在 16 岁之前都处于上升期，由于调查截止到 16 岁，之后的情况我们不得而知。

奥古斯特·迈耶（August Mayer）在维尔茨堡进行了一项非常仔细的研究。他找了 14 名 5 年级和 6 年级的男孩，对他们进行测试，想确定他们一起做事的时候效果更好，还是单独做事的时候效果更好，以此来研究社会本能对他们造成的影响。测试的内容包括听写、心算和笔算、记忆力以及艾宾浩斯（Ebbinghaus）的综合练习。在测试过程中，测试者用非常严谨的手段预防了一种情境对另外一种情境造成的影响。结果显示，孩子们集体参加测试的时候比单独参加测试更有优势。在集体情境下，孩子们的竞争意识更强、反应更快、做事的效率也更高。从这个测试我们可以推断，不应该按照能力的大小将小学生们分成不同的小组，因为那些迟钝的学生会受到周围聪明学生的激励，不好的学生会受到好学生的影响，等等。所以，让孩子们各自在家学习不是明智之举，只会让有缺点的孩子的情况更加恶化。有关教学方法的实验也表明，对 11 岁或 12 岁的孩子而言，来自社会的推动力能够激发他们好好学习的冲动，如果让他们在没有任何外界干扰的情况下独处，反而达不到这样的效果。

我们对处于 7 岁到 16 岁之间的 1068 名男孩和 1268 名女孩进行了一项调查，要求他们回答自己最喜欢的朋友类型。答案表明，十几岁的孩子更希望和那些能够保守秘密、衣着整齐的同伴做朋友，而且越来越多的孩子更希望朋友能在各方面与自己互补，而不是相似。"很明显，他们在现实自我和理想自我之间挣扎。他们强烈渴望和那些具备其最想具备的特质的人做朋友，因为他们很清楚地知道自己身上缺乏这种特质。"强者往往喜欢弱者；成天嘻嘻哈哈的人青睐那些严肃的人；羞怯的喜欢胆大的；瘦小的喜欢个子高的；等等。只有孩子们的表现能够最好地诠释被孤立所带来的不同影响，那些沉溺于"二人世界"或信奉极端的超裙带主义（ultra- crony- ism）的人，是社会化本能遭到不正常限制、交往对象不能向周围社会辐射开来的结果，而青春期正是社会化本能萌芽的阶段。

斯莫尔指出，群居动物比习惯独居的动物的智商更高，而即便只是列举社会化本能是如何发展并向周围世界辐射的过程，就足以写一本人类发展史了。随后他又研究了将近 500 位名人的案例，这些名人都属于性格孤僻、不喜交往的类型。对这些案例进行仔细观察，看看有多少人是从青春期就开始拒人千里的，是件很有意思的事情。我们可以看到，在青春岁月里，他们是如何恐惧自己会变得平庸，并开始将注意力放在自己的内心，开始不断内省，对周围的世界却逐渐变得漠然；如何变得优柔寡断，以及如何成为主观主义者的。在这个年纪就厌恶社会，其原因不外乎以下几种：想要获得外界赞许，却没能得到满足；受伤的虚荣心；对专制的反抗；给自己设定的理想太高，但随着时光流逝却慢慢发现，当个人被置于整个社会环境中时，无法不受其限制。至于遗世独立的动机，可能是因为他们感觉自己缺少物质或精神的力量与他人抗衡；也可能是因为身边的人对他们的容忍退让，使得他们可以肆意地以自我为中心，直接导致了他们将自我无限放大，而无需去考虑他人的感受；也可能是因为他们当下的个人欲望和需求与社会的主流兴趣相去甚远，而不被社会认同的兴趣数量和范围越大，对身边的社会关系的认识越清晰，他们对社会就越是拒绝。适当的孤独有助于性格的成熟和完善，但过量的孤独则会阻碍并弱化正常的发展，或多或少地造成沟通能力的低下。正如那些回忆录所描写的那样，一个人之所以变得孤标傲世，或是因为孤独地经历了北极之旅，或是因为在沙漠中与世隔绝，或是因为迷失在深山老林，或是因为被单独监禁以致与外界失去了联系。我们也可以从有关野人的传说中，找到他们为何无法融入社会的解释。在斯莫尔研究的这些名人案例中，有一些人是被宠物、想象中的同伴、工作等拯救，所以没有陷入彻底的闭塞状态。通常，"青春期的厌世情绪并非表示他们一无所求，而是充满渴望"。一般说来，明智地平衡休息和工作的关系、追求自己喜欢的目标、对世界充满衷心的理解和同情、寻求智慧的伴侣等，能够让厌世者的社会关系逐步恢复正常。

自发性社会组织的初期形式。古立克对 13 岁以上的孩子进行了专门的研究，想了解他们渴望拉帮结伙一起鬼混的先天性倾向。这些孩子们热衷于结成团伙，同患难共进退，愿意为彼此两肋插刀。这些团伙有固定的行为习惯和做事手段，通常是建个棚屋做据点，用弹弓来狩猎，在树林里的小木屋前点上一堆篝火，逮只松鼠烤着吃，或者进行其他一些游戏，例如，假扮印第安人，搭建一个树上平台，在一起抽烟或者跟着一个领袖人物行动，这位领袖人物可能拥有一支旧左轮手枪。他们可能会找到或开凿出一个洞穴，或者搭一个穹顶，将谷仓当作堡垒或战舰。10 岁出头的男孩会开始在帮派混战中使用冰冻的雪球，或者在雪球中裹入石子，或者干脆直接用石头开战，其互相敌视的程度甚至超过了那些争端连连的非洲部落。他们会变得越来越强悍：开始挑衅警察和毒贩；戏弄每一个敌人，甚至连那些碰巧独自闯入他们地盘的陌生人都不放过；经常砸破别人的玻璃窗户；在混战中开始使用棍棒和铜指虎；互相投掷青苹果；随身携带橡木棍或者气枪。他们的争斗会变得越来越有预谋：洗劫无人的房屋；伏击那些与自己的帮派有仇的团伙；很多帮派还有自己的秘密活动及加入仪式，例如，新来的男孩会被绑住腿，悬挂在大树上或者悬崖边。他们有时候会像印第安人那样把自己的脸涂花，变得极其兴奋，在冲进水里或者教室时莫名其妙地大声狂叫；他们会模仿罢工中的暴力场景；会点燃一堆堆可能造成危险的篝火；攻击警察；恶毒地争吵咒骂；等等。

处于青春期的男孩子们是如何自发地建立社会和政治组织的呢？位于巴尔的摩的一所学校提供了一个很好的范例。这所学校位于一个占地 324 公顷的农场中，农场各处都分布着沼泽和树林，有数目众多的鸟儿、松鼠、野兔等。这所学校建立后不久，男孩子们就开始成群结队地去采摘坚果。在这里有一条不成文的规矩，如果一个小团体的人看上的那棵树已经被另外一个小团体摇过了，那么他们在进一步摇晃这棵树之前，必须先把前面的小团体摇下来的坚果收集起来堆到一起。如果不这么做，就会被所有人认为不诚实，受到大家的一致鄙视。当然，要把所有的坚果堆到一起是个苦力活，所以第二个小团体的人通常宁愿去寻找没有被人摇过的树，只要策略得当，他们只需摇晃这棵树的一部分就可以得到树上的所有果实。在这里，学生们可以随便把鸟蛋拿走；无论何时，只要他们发现一只鸟或一个松鼠洞，发现者只需将自己的名字写在纸条上钉在附近的树上，就等于宣告了所有权。同样，将一个盒子放在一个鸟巢旁边也有一样的作用。宣告占有权的物品（纸条或纸盒）不得被风刮走。刚开始的时候，这种所有权只能维持一季。在野兔出没的地方，每一个设下的陷阱都宣告了对一个固定区域的所有权。有些贪心的男孩很快就布置了许多陷阱，几乎布满了收获最丰的整个地区，这样一来，原本的公共土地就落入了少数几个人的手中。整个冬天，这些陷阱都闲置着，来年春天又被重新设置。最后，所有这些好事的所有权都被两个或三个男孩独占了，他们一步步独揽大权，当毕业离校时，会按照自己的意愿将这些所有权留赠他人。那些"寡头"往往会有很多吃不了的野兔，他们用这些野兔和其他学生交换"黄油"——这是学生们少得可怜的每日补贴。这种交换也可以采用移交"宣告所有权物品"（纸条、纸盒、陷阱等）的方式进行，这样一来债务也可以用从来没有人真正见过的"黄油"来偿还。后来，一个农业合作社兴起了，他们要求从"寡头"手里收回土地所有权并进行平均分配，这个过程正如亨利·梅因爵士（Sir Henry Maine）所描写的那样，在古老的村落中是经常发生的。接下来，法律法规和司法程序开始慢慢确立，他们用仲裁、考验、赌博的方式来解决争端，男孩们会聚在一起召开群众大会，在会上决定对违法行为采取什么样的惩罚措施。"黄油"商品的价格标准也逐渐确定下来。所以，我们在这群男孩的一系列行为中看到的，几乎就是对整个人类社会发展史完全自发却令人惊叹的快速重演。

按照学校语文课的要求，1166名少年儿童在作文中描述了他们参加的各种组织。谢尔登先生（Mr. Sheldon）在对这些作文进行了仔细研究之后，得出了一些很有趣的结论。美国的少年儿童都有参加各种组织活动的强烈倾向，只有30%的孩子不属于那些主流的组织。在这些组织活动中，"模仿"起到了非常重要的作用。对那些由成年人为了儿童利益而组织起来的各种社团，女孩子的态度要远比男孩子友善。不仅如此，女孩子更倾向于服从成年人的安排，在组建各种组织时她们的利他动机也更强烈，相比之下，男孩子显得更落后、更不谙世事。在10岁之前，孩子们都会经历一个自发性模仿的阶段，煞有介事地设立所有成人世界中存在的组织机构。他们会将周围的各种生活场景忠实地复制出来。农场的孩子会在游戏中再现耙地、打谷、建谷仓等农业场景；在海边生活的孩子会模仿造船、入港等活动。总的来说，他们在游戏中再现家庭、商店、教堂，还会像成年人那样推选政府官员。青少年是没有种姓、等级等观念的，但在10岁之前的孩子的心目中却是存在的，对社会等级的感受在10岁时最强烈，不过之后就会逐渐下降。在10岁到14岁这段时间里，孩子们的社会交往呈现出一种新的特征。尤其是男孩，他们不再模仿成年人的组织机构，而是开始组织一些属于他们自己的社会单位，这些社会单位具有人类发展低级阶段所独有的特点——有海盗、劫匪、士兵、流浪者等，与其他从蛮荒时代继承下来的各种组织形式组合在一起，形成了各种团伙，这些团伙的头目通常都是最强壮、最胆大妄为的孩子。他们建棚屋，穿兽皮，以战斧为标识，随身携带刀具、玩具枪，四处劫掠并出售赃物。单独行动的时候，他们可能是懦夫，结伴而行的时候则毫无畏惧之心。他们的想象力大概是被各种小报和廉价的恐怖小说激发出来的。这样的组织通常横行于那些贫穷落后的农村地区，在这些地方，人丁稀少而且偏于羸弱，民众通常没有什么严格的家教。缺乏管教的最直接的结果，就是滋生出各种流氓、暴徒。那些行事野蛮凶恶的流氓组织会划出自己的地盘，进行发号施令。如果没有遇到镇压或者削弱的话，这些组织就会演化成一个半野蛮的社会形态。一般到 12 岁的时候，这种属于掠食动物的本能冲动通常都会退居次要地位，如果没有，那这种组织就会造成更大的社会危害性，因为组织成员将不会再满足于过家家似的打打杀杀，他们会变得更加强大，从而有能力去造成更大的危害，而因为他们对危险的行为有着特殊的兴趣，这种迷恋最终会促使他们铤而走险去犯罪。现在我们看到的各种运动竞赛，其实就是一种转化人类野蛮本性的最好形式，它能让他们体内的野性找到一种不但不会造成危害，还能有益健康的出口。在青春期早期阶段还有一个变化，那就是各种互助组织的数量增加了，其中包括社交、文学方面的组织，甚至还有慈善组织，它们的目的或许是为了让孩子们远离恶习、享受快乐时光、一起去野餐及聚会玩乐。在这个时期，青少年逐渐将利他主义当作一个行为动机。

校园生活及组织活动。如果想研究青春期的自然发展过程，大概没有什么地方会比校园更合适了，虽然校园生活还没有被研究者们好好利用起来。据近现代史的记载，校园生活已经有 800 年的历史了，尽管每一个时代都各有其显著的特征，但它最基本的特色却一直没有改变。那些在修道院和部队里实行的严苛规矩，一直都没有被强加于校园生活中，即使学生们也同修道院和部队的成员一样，居住在各式各样的宿舍里。像父母那样去严格管教学生们是不可能实现的，尤其是在人数众多的校园中。"school"这个词，其原始意义是"休闲"，去了学校就意味着不用在外面辛苦工作，它是无异于伊甸园一样的存在。有些人竭力主张对青少年进行精英式教育，使那些出类拔萃的年轻人不用为生计奔波劳碌，可以自由地按照自己的理想和爱好去发展，从而最终成为人类这个种族的指南针，为全人类指明前进的方向。然而，在这一生中最美好、各种条件最优越的青春期，从青少年最自然的行为表现中，我们固然能够看到很多进步，可他们表现出来的倒退也是一样多，而且这种表现并非来自于外力作用，完全是他们成长过程中出现的一种必然现象。由于和家庭的纽带渐渐断裂，这促使他们将目光投向了更广阔的社会，此时社会本能就以各种形式表现出来。他们的每一种品位和特质都能够在社会上找到志同道合者，与志趣相投的友人为伴，会使得这些志趣更强烈，自我意识也会因此变得更加清晰。在青春的灵魂中，那些一直被深深压抑的东西，因为社会交往面扩大的缘故，现在被释、被强化了，可能会变得过于强烈，甚至达到了会对周围环境造成威胁的地步。儿童时代存在的那些与人类种族有关的特色消失了，这个阶段存在的特色更接近蛮荒时代的生活。对校园生活来说，自由就像天然的空气那样，保证了他们能够顺畅地呼吸和生存。个人的自由感，是他们达到精神成熟不可或缺的因素。如果没有一次次的错误，我们就无法找出真理；要想"失去犯罪能力"，必须先"培养不犯罪的能力"，因此，教师们在教育学生的时候，必须广泛使用"不能因噎废食"这条原则。必须给予学生们一些偷懒的自由，在一些重要方面保留自己的原则；允许他们宣泄对那些他们觉得毫无用处的事物的不满。当置身于一群陌生人之中时，他们可以自由地表达自己，让自己显得与众不同；可以形成自己独特的人格，经受革命精神和怀疑精神的洗礼。这个年龄可以在很多事情上走极端，因为极端或者过度的行为往往能够让他们以惊人的速度吸取教训和智慧——如果他们想成为一名真正具有骑士精神的人，想主宰自己的人生。齐格勒曾坦率地告诉德国学生，他们中大约有十分之一的人会在此过程中遭遇精神上的迷失，但他坚持认为，从整体上看，给学生们自由所带来的好处要远远多于禁锢他们。他说这是因为"处于这个阶段的年轻人，正如席勒的钟还在大熔炉中一样"。

我认为，在针对这个年龄采取的所有防范措施中，用正确的方式培养起来的荣誉感是最有效果的。可悲的是，各地那些不成文的学生行为规范都需要重新修订。这些规范要么有失偏颇，要么匪夷所思，要么几乎完全被歪曲滥用，或者充满瑕疵，或者软弱无力，或者简直就是康德那句名言"汝能践行，盖因汝应践行"的真实表达。费希特（Fichte）曾说，"懒惰、懦弱、虚妄"对学生们而言是三大极不光彩的缺点。如果学生们稍微研究一下历史，真正融入并领悟自己所在的兄弟会的传统精神，他们通常都能更加敏锐也更加广义地理解何为荣誉，并庆幸自己能够拥有这样的感受。如果教师们能够不断强调坦诚是一种光荣，要求学生们绝不能隐瞒自己在知识上的不足；要求学生们唾弃不懂装懂的行为；真诚地赞扬那些具有独创性、不随波逐流的观点；不向学生灌输他们无法从心底信服的教条；不讨论他们不感兴趣的话题；不阻挡任何人去追寻真理——这样做的老师一定能够更有效地对学生们施加影响，从而让他们更深刻地理解生活和学问，例如，他们将认识到，表面上的懒惰其实并没有真正影响一个人的内心；拿文凭其实并不难，正如一位教师后来所说，一个资质平平的学生，只要每天学习一个小时，就能轻松毕业；不要过超出自己财力的生活，因为这样会增加父母的负担，让父母支付不必要的费用；不要去接受自己并不是迫切需要的补贴，尤其不要去剥夺那些真正需要补贴之人的权利；不要利用不诚实的手段赢得学习名次、团体地位或社会身份，这些行为不但缺乏教养，更是小人行径，必须连根拔除。荣誉感应该起到推动学生自律能力发展的作用，让他们自觉地不光顾那些不敢让学校和兄弟会知道、甚至需要化名前往的地方；不和那个阶层的女人有任何接触——齐格勒曾经报告说，在一年的时间内，那些女人，就让柏林大学 25% 的学生感染了病症，不得不求助于内科医生；让他们记住，别人的姐妹也和自己的姐妹一样值得珍视，不要去犯下玷污清白的罪行，否则将会引来愤怒的报复，正如瓦伦丁对浮士德的仇恨一样——瓦伦丁（Valentine）与浮士德（Faust）的故事强化了社会各个等级之间的仇恨，将贬低妇女的念头植入读者的脑海中，让母亲和姐妹显得令人生厌，而那些带有暗示性的观点更是令人作呕；让他们避免浪费自己的神经冲动，导致神经衰弱，正如易卜生（Ibsen）和托尔斯泰所描述的那样。上述这些行为，正是隐藏在青少年荣誉感背后的最黑暗的污点。

由成年人规划或领导的青少年社团。这是一个非常不同的领域。福布什（Forbush）对这些组织进行了仔细分析，根据各组织制定的目标把它们分成了 9 个主要类别：体育训练、手工艺、文学、社交、公民事务和爱国主义、科学研究、英雄崇拜、伦理道德及宗教。对那些按照男孩年龄来分类的社团，他通常把年龄范围限定在 17 岁以内。他还讨论并用图表列出了一些有用的数字、组织行为中利用到的天性本能、每一个组织所起到的教育作用，以及其中个人兴趣所占的百分比、被培养出来的特质。他还对里斯"拉安全阀"的方法进行了评论，所谓"拉安全阀"，就是打入一个具有相当危害性的少年帮派，成为其名誉成员，然后巧妙地介入，引导这个年龄的各种冲动，使它们沿着"冒险活动"而不是有害社会的"危险活动"的方向前进。福布什还提醒我们，在美国所有居民中，有三分之一正处于青春期，其中有 300 万处于 12 ~ 16 岁之间的男孩，"那些被人们称为异教徒的人，不管他们的年龄有多大，都处于人生的青春期"。

下面我们简单描述一下几个属于这种类型的美国社团。

大型地方青少年俱乐部的典型代表是**"十个上尉"**（Captains of Ten），原本是为 8 岁到 14 岁的孩子而建的，后来在毕业班中也包括了那些大于 15 岁的青少年。数字"十"指的是 10 根手指。俱乐部向成员传授如何削木头、制作剪贴簿、编织地垫等技艺。他们的座右铭是"勤劳的手大权在握"；口号是"忠诚"；首要目标是"让俱乐部的男孩子们领悟忠诚精神"，去了解基督的国度，为基督的国度而努力工作。俱乐部成员都佩戴银色徽章，每年聚在一起照一张合影。他们用选举的方式决定领导者；用投票的方式决定如何向教会捐钱（他们一般召开会议来讨论这个议题）。平常的活动包括：穿着演出服表演《圣经》故事；听故事，观察科学实验；开办一所学校专门学习中文；为宗教杂志的儿童版块写文章；培养成员之间的情谊，并"享受快乐时光"。

"阿加西协会"（Agassiz Association）在 1875 年建立，目的是"鼓励个人为自然科学而奋斗"，现在已经拥有 25000 名成员，其分会遍及整个美国，用已故的海厄特（Hyatt）教授的话说，囊括了"有史以来最大数量的为了互相帮助而走到一起的科学工作者，共同对大自然进行研究"。协会提供科学研究的实用教程，在数千个城镇、都市以及世界其他国家都建立了分会。他们发行月报《瑞士十字》（*The Swiss Cross*），加强成员之间的联系，促成标本交换活动。协会拥有一个小规模的基金会，有专门的徽章，还与具有共同理念和精神的大学合并成为其附属学校，从而被注入了新的活力。尽管这个协会并不是为年轻人所独有，但其成员主要是青少年。

"天主教完全禁欲联盟"（the Catholic Total Abstinence Union），是一个强大、组织严明、分布广泛的社团，主要由年轻人组成。它要求每一位成员都必须立下的誓言同时也解释了其目标："我承诺，出于对神的渴慕，为了神为我们所承受的痛苦，我将倚靠神的帮助，戒绝所有酒精饮料，并忠告他人，竭尽全力阻止他们犯下放纵的罪，坚决反对社会中饮酒的习惯。"自 1877 年起，联盟每年都会召开例行会议。

"个性城堡王子骑士团"（the Princely Knights of Character Castle）建立于 1895 年，这个组织主要面向 12 岁到 18 岁的男孩，目的是"灌输、传播、实践英雄道义——忍耐、爱、纯洁和爱国主义"。其中心城堡是联合式组成形式，同时也承认各地城堡为自己的分支，并负责指导与各地分支相关的礼仪和神秘仪式。城堡的工作人员分别扮演王子、族长、抄书吏、司库、主管等，有卫兵上尉，有看管地牢的看守、门房及狱长，还有乐人、传令官以及受欢迎的大众宠儿。参与神秘仪式的工作人员有不同的级别：牧羊少年、俘虏、总督、兄弟、儿子、王子、骑士、皇家骑士。城堡里有各种珠宝、礼服、日常用品，还有规定的入会仪式。第一级的入会誓言是："我特此承诺并宣誓，戒除各种形式的酒精饮料；不使用亵渎或不当的语言；反对任何形式的烟草；保持身心纯洁；服从命令，遵守所有的规章制度，不以任何方式泄漏机密。"成员们能得到应得的利益，可以申请救济；成员之间进行联络有规定的暗号；它还定义了违规行为，并制定了惩罚措施。

在**"美国人道主义教育协会"**（the American Humance Education Society）的领导下，目前已经建立了 35000 个慈善团体。其目的是培养对动物的仁慈和对贫穷及被压迫者的同情。他们阻止残忍驱赶动物的行为，反对牲畜流通转运，提倡人道主义的杀戮方法。他们还关心那些病弱、被抛弃或者被虐待的动物。在大量发行的组织刊物中，绝大多数内容都是关于上述主题的。他们有自己的标志、赞美诗集、卡片以及成员证书，座右铭是"仁慈、公正、悲悯地对待众生"。他们的誓言是"我将善待一切无害的生灵，保护他们免受残忍奴役"，目标是对人类和那些不会说话的生物一视同仁。我们必须感佩那位创建者兼干事的用心和努力，他深入学校，组织有关人道主义主题的有奖演讲大赛，收集获奖作品，装订成册，印刷发行。自1868年社团成立以来，他不知疲倦地四处募集资金，到中小学及大学校园进行演讲，创办月报，每期印刷达50000~60000份。在唤醒大众的同情心这方面，这个组织做得很不错，不过，为了让这种努力更有效果，很明显他们需要添加更多知识和理性的成分，例如，精心选择或编制一些课程，至少应该参考一些有关动物本能、习惯、历史及生活的知识。此外，这个组织还需要提高认识——要承认现代慈善不仅是美德，还是一门科学。

"未来美国人"（the Coming Men of America），尽管其1894年才出现，创建时间并不长，但据称现在已经是美国拥有最多分支的属于少年和青年男子的秘密社团。其雏形初次出现在创建之前两年，是由一位19岁的芝加哥少年在一个小屋中想出来的点子，本意是模仿"共济会"（Masons）、"怪物"（Odd-Fellows）等组织的创意，这些都是这位创建者从年长的哥哥那里听来的。第一次社团会议是在地下室召开的。在此基础上，一些年长、有头脑的人在其发展过程中给予了不少帮助，所以，这是一个始于男孩模仿行为、在父母帮助下终成大器的良好范例。这个组织现在在每一个州、每一片土地上都有代表处，成员们带着组织的徽章就可以随意漫游。他们还有一份官方报纸《星辰》（The Star），有会徽、标志，还有一套秘密的手语，被称为"最佳字符"。他们的秘密仪式工作获得了极高的赞誉。其成员仅限于21岁以下的白人男孩。

"亨利·沃兹沃斯一世俱乐部"（The First Harry Wadsworth Club）成立于1871年，这个组织直接起源于爱德华·埃弗里特·黑尔（E. E. Hale）前一年发表的《十倍于一》（Ten Times One）。他们的座右铭是"向上看，别往下看；向前看，别往后看；向外看，别往里看；助人一臂之力"，或是"忠诚、希望和慈善"。这个组织的会刊是《十倍于一记录》（Ten Times One Record）。

他们将银色的马耳他十字（Maltese cross）作为自己的会徽。下属的每一个俱乐部都可以自行组建，并自由选择名字，唯一的条件是接受上述座右铭。组织的口号是"以他之名"。他们分发救济金，实行午睡制度，走访各地，其成员都致力于助人行善。

第十章
文化教育与学业

　　正如幼童唯一的责任就是学会无条件服从一样，对 8 岁到 12 岁的孩子所实行的最主要的心理训练就是随意记忆、反复练习、习惯化，并不强求他们能够理解。6 岁或 7 岁是一个至关重要的过渡期，在这段时间，儿童的大脑已经发展到和成人的大脑一样大小和重量，牙齿也长得差不多了，没有牙齿覆盖的牙龈面积已经减少到最小值。在这之后，他们迎来了一个独一无二的人生阶段。在这段时间，他们的生长发育速度相对减慢，活动量增加而且变得不易疲惫，对疾病的抵抗能力显著增强。这些现象表明，当我们人类还处于后类人猿时代的时候，这个年龄已经是成熟期。而现在，这个年龄仅属于受训阶段——书写练习、阅读练习、拼音练习、背单词、手工训练、乐器练习、专有名词练习、绘画练习、算术练习、外语口语练习（如果错过这个时期，今后将很难掌握正确的发音），等等。在这个时期，他们的手脑协作达到了前所未有的默契程度。意识的大部分内容来自于各种感觉，因此，应该让这个时期的孩子们睁大双眼，张开耳朵，尽可能地多看、多听。此时对他们来说，来自外界的权威解释比他们自己的推理更重要。如果我们不提供任何解释，孩子们也能够自行快速理解和吸收很多东西，但是这将减慢他们直觉的反应速度，有可能导致他们理解得似是而非，却还自以为是，最终会削弱他们的推理能力。在这个年龄，他们会遇到很多问题，掌握的方法和手段却非常少。此时此刻，他们需要的最好老师就是一个"鞭策者"。这个年龄的男孩子并不友善可爱，对其喜欢的老师，他们会很乐意地展示自己的热情和主动，并乐此不疲地模仿这位老师的一言一行；如果是其不喜欢的老师，他们则会显得冷漠和抗拒。这个阶段的孩子大多很自私，对他人缺乏同情和理解。当他们10岁时，这段具有各种鲜明特色的时期也宣告结束，此时多数孩子都不会是书呆子，而是应该可以很好地读和写了，并且应该了解十几本精选书籍；会玩数十种游戏；为学习一种或更多种古代和现代语言打下了基础——如果必须要学这些语言的话；了解几种工艺的相关知识，知道自己感兴趣的东西大概是怎么制作出来的；参加了几个小组或社团；对所处的自然环境有了相当多的了解；会唱歌、画画；记住了比前一个阶段多得多的知识；熟悉（至少是以故事的形式）一些文学名著，了解历史上的不同时代及历史人物。在道德品行方面，他们可能有了一些被父母和老师称为"不良"、被约德教授称为"恶劣"的经历。他们极有可能跟人打过架，抽打过别人，也被别人抽打过；辱骂过那些假正经、假道学和过于循规蹈矩的人；曾在某些时刻陷入麻烦；结交了一些不良人士，不过交往更多的可能还是好人；就像接种腮腺炎和麻疹疫苗一样，他们曾经暴露在一些不道德的"病毒"中并被轻微感染，但是已经痊愈了，这使他们获得了对这些不道德行为的免疫力，即使在将来他们还会接触到这些"病毒"更危险的变种，也不会被感染，因为他们的道德和宗教观念就像理智的天性一样，是最本质最基础的东西。他们并没有堕落，只不过正处于一个野蛮的、半兽性的阶段而已，尽管对一个学识丰富、胸怀宽广、心里充满真挚的父爱或者母爱的成年人而言，孩子们所处的这个满嘴脏话、动辄骂人、给自己带来不少麻烦的人生阶段，很难称得上是可爱的，更别说富有吸引力了。其实，我们对少年儿童了解得越多，就越发现成年人对这个阶段的理想化期望是多么狭隘，而且经常充满自私的想法。如果一个10岁的少年表现得非常乖巧、好学、勤奋、善解人意、乐于助人、文静、有礼貌、尊重他人、顺从、彬彬有礼、有条理、总是保持良好的如厕习惯、通情达理、不听暴力故事、不和同龄人交往却喜欢与成年人为伴、拒绝所有有失身份的社会交往、讲标准英语、就像一个典型的未婚女教师或父母所期望的那样对宗教充满虔诚并深深地爱上了宗教仪式——那么，这个男孩一定有什么地方不对劲。这样的男孩要不就是了无生气、无精打采、老气横秋的早熟者；要不就是被压抑、被训练过度、被世俗化的人格侏儒；要不就是因过早承受沉重的压力而变得虚伪的伪君子，不然的话，就是匪夷所思的天才。

不过，等他们成长为十几岁的少年，一切就开始发生翻天覆地的变化，从前的很多规则必然逐渐向相反的方向转化。这个时期的青少年以惊人的速度生长发育，这需要消耗他们身体里大部分活动能量。他们对成年人产生了新的兴趣，渴望被人当成大人对待，想要为自己将来的人生制订计划，对来自成年人的赞扬或批评更加敏感。在这个阶段，他们身体的那些大型肌肉开始登上舞台大展拳脚，身体和思维都呈现出一种新的笨拙迟钝状态。血管扩张，他们变得更加容易脸红；全新的感受和情绪诞生了；想象力像鲜花一样尽情绽放；内心生出了对大自然的热爱；对音乐产生了一种全新的、触及灵魂的感受力；身体比从前的反应速度更快，也更容易感到疲倦。在这个阶段，如果他们的遗传因素和外在环境赋予的力量能够让其稳稳当当地走过这段人生的独木桥，我们将看到，其成长几乎会打破发展的连续性规律，使其成为完全不同的人。在前一个阶段所使用的那些严格训练、反复练习的方法现在已经不适用了，我们应该给他们更多的空间，让他们自由地发展自己的爱好和兴趣。我们不能强行介入他们的选择，如果不想抑制他们的成长，就必须给予适当的引导和鼓励。他们的个性必须获得更少的束缚，更大的发展余地。他们的欣赏力从来没有像现在这样，远远领先于表达能力；理解力也从来没有像现在这样，大大超过了解释能力。在这个时候，过度地要求他们一丝不苟、丝毫不差，只能扼杀他们的能力。他们会立刻将思想和道德上的收获沉淀下去，因为沉淀得太深，所以如果非要用考试的办法来重现这些收获，会不可避免地对他们的智力发展和个人意志造成伤害。青春的天性对周围环境中的一切刺激都会有敏锐的回应。我们可以采取适当的教学策略，向他们传授所有值得学习的知识，但是，如果我们过多地强调某些方面，让他们选择性地学习，而不是让他们看到所有知识的全貌；如果我们在敲响钟声之后，将木槌长久地停留在大钟身上不让它余音缭绕；如果我们要等到学生们将所有学过的知识完全重现了之后，再继续进行下一步——我们就是在把他们置于对知识的极度饥渴状态中，将导致他们的发展陷于停滞，因为这个阶段的青少年是领悟力、接受能力最强的时期。他们的可塑性正处于巅峰时刻，而表达能力却处于发展低谷。尤其是男孩，除了使用他们特有的那种风风火火、粗鲁不雅的表达方式之外，他们通常处于张口结舌、表达不清、结结巴巴的状态，类似于一个半失语症患者。这个时期的沉默是他们的天性导致的，是青春期特有的，所有已经告别青春期的人，都应该对此予以尊重，不应笑话。他们终会找到自己真心喜欢的东西，在发现自己爱好的那一刻，那种幸福感就像发现一个新大陆一样。他们思维的发展有时候完全是跳跃式的，似乎是在挑战最大的敌人——疲惫；但是，如果老师让他们感到一丁点无聊，他们立刻就会变得疲乏倦怠。所以，如果他们不情愿或者没有做好思想准备，而我们却依然强行向他们灌输其不喜欢的知识，这是很危险的举动。从心理角度说，这与美国的某些地区存在的那些叫不出名字的罪行一样，将会遭到即刻的报复。

（一）教育的核心和它的族群根基一样，是本国的文化和语言。这些文化和语言，是社会交往的主要工具，也是体现民族文化和爱国本能的工具。在上一章，我们讨论了社会化问题，现在我们来讲文化和语言的民族性和本土性，其独特性是我们首先应该考虑的。

本世纪最大最全的英语词典号称囊括了 25 万个词汇，打败了旧韦氏全本词典（old Webster's Unabridged）。1860 年面世的伍斯特全本字典（Worcester's Unabridged）有 10.5 万个词汇；默里（Murray）的词典现在已经编纂到 L 了，据说将包括 24 万个主要词汇和 14 万个复合词汇，共计 38 万个词汇。法国科学院（the French Academy）的词典有 3.3 万个单词；西班牙皇家科学院（the Royal Spanish Academy）的词典有 5 万个词汇；范达拉（Van Dale）的荷兰语词典有 8.6 万个词汇；意大利语词典和葡萄牙语词典，每本包括 5 万个书面词汇或 15 万个百科词汇。当然，词汇量与思想和感觉一样，是很难真正数清的，尤其是各种技术和专业词语，可以将词汇量无限扩大。一位杰出的语言学家说，如果他有这个自由，他"可以提供 100 万个单词来换取 100 万美元"。按照张伯伦（Chamberlain）的估计，我们现在使用的词汇量大约是拉丁文留下来的词汇量的 24 倍。很多未开化民族使用的语言大概不过数千个词汇，甚至有的仅有数百。我们讲的语言基本上属于撒克逊语系，沿袭了它的词汇和精神。当撒克逊语言遭到鄙视并变得粗俗鄙陋之后，我们的语言采取了一种扩充词汇量的策略，将其他语言的词汇稍作修饰就直接吞并过来，不但从古语言中，还从所有现代语言中纳入大量词汇，例如，印度语、非洲语、汉语、蒙古语等，根据自己的需要，毫不客气地兼收并蓄。这样一来，外来词汇如同被领养的孩子，其数量已经远远超过了本土词汇。不管是街头俚语，还是黑帮黑话，都被随心所欲地加入了词汇大军中。它事实上还创造了一些母亲和看护专门使用的儿语；它丢弃、遗忘了一些词汇，又不断创造出一些根本找不到辞源的新词汇，例如 Lear（浓稠肉卤）、Carrol（冠军）等很多单词。

在语言这片广阔的领域里，少年儿童的思想很早就开始展翅飞翔了。语言就是让他们的精神保持自由呼吸的空气。他可能成为一名农夫，正如马克思·穆勒所言，像大多数人一样，终其一生掌握数百个词汇就够用了；也许他需要像弥尔顿（Milton）那样掌握 8000 个词汇；又或者他需要像莎士比亚一样掌握 15000 个词汇；如果想做一个像赫胥黎那样的人，他就需要掌握 2 万或 3 万个词汇，因为想做赫胥黎的话，不但要用到很多文学词汇，还需要很多科技方面的专业词汇。某些语言可能只包括一些民间文学和当下生活实践所需要的术语，而某些语言可能被应用于丰富的文学和科学中，显得无比复杂和高深。在语言还没有成为可怜的研究对象之前，前者通常会沿着自己的轨迹发展得很好。在希腊的诡辩家们及亚里士多德奠定了语法的基础后，希腊文学就发展到了一个全盛时期，语言和亚里士多德形而上学的十个范畴也有了非常紧密的联系。与那些古代语言不同，我们的现代语言有幸在其因简陋粗糙而被人鄙视的时候，得到了拉丁文语法学家的帮助和调整，并且在很长的一段时间里将这些语法维持原样，当然，这样做既有好处也有坏处。不过，对这种严格控制语法行为的反抗也一直没有停止过，简直可以写一本漫长的抗争史了。曾经有一段时期，拼写方式成为一种时尚的象征，甚至被认为关乎个人品位。从一个例子中我们可以看到当时对语言的限制达到了什么程度：13 世纪时，两个好为人师者就一个词语的拼写发生了争执，都坚称自己是正确的，两人为此举行了一场决斗，并约定，谁活下来了，谁的拼写就可以被大众接受。现在，正字法的正统观念再次受到了冲击，读音方式和是否省力这两个因素的影响占了上风。词汇的定义也面临着同样的挑战。在约翰逊（Johnson）词典流行的时代，个人依然可以在相当大的范围内决定词语的意义。在发音方面也是如此，例如，"tamato"（西红柿）这个词，我们可以有 6 种不同的发音方式，每一种都得到了词典的认可。对我们所讲的这门语言来说，就更是如此了，正如泰勒（Tylor）所做的总结性归纳那样："语言这个东西，归根结底就是一个敷衍潦草的创造，一个经验法则的产物。它是来自蒙昧时期的古老工具，发展的最高阶段就是在被改来改去、缝缝补补、敲敲打打之后，成为了一种能力。其自然本质就是低等文化的产物，经过一个又一个时代有意和无意地改良后，差不多完美地满足了现代文明的要求。"

　　因此，很明显，没有一种语法（更别提由古板拘谨、贫乏窘迫的拉丁文衍生而来的分支了），足以为我们华丽精巧的语言提供一种自由的精神。如果出现了这样的语法，如果英语能够拥有一套属于自己的语法体系，正如拉丁文法属于拉丁文一样，那只有在语言心理学发展完善的情况下才可能出现，正如冯特在《语言心理学》（*Psychologie der Sprache*）中所呈现的那样——这本书将所有语言的语法精华收集到一起，并进行了组织加工。为什么以英语为母语的人会觉得学习其他语言那么困难呢？这是因为我们的语言不但扔掉了那些复杂的曲折变化，还摒弃了古老的句法规则，在发展的道路上远远超过了其他语言，因此，重新学习其他语言就如同回到一个更早的阶段，重新经历人类发展史上的"青春期"。1414 年，在康士坦茨湖会议（the Council of Constance）上，西吉斯蒙德（Sigismund）皇帝因为一个词性错误而遭到指责，他回答道："我是罗马帝国的君主，凌驾于语法之上。"托马斯·杰斐逊后来写道："如果对语法的严格要求并没有削弱表达的力度，当遵守语法；但是，如果忽略一个小小的语法规则，就能够让观点更加简练，或者用一个词就能代表整个句子的意思，这时候我会对严格遵守语法的要求嗤之以鼻。"布朗宁（Browning）、惠特曼（Whitman）以及吉卜林（Kipling）甚至会有意违反语法规则，以此来保证自己的文字能产生独特的文学效果，而且他们从不为这种行为进行解释或辩解。

目前的共识是，美国的青少年，包括高中生和大学生，对英语的掌握能力，已经退化到了令人吃惊的地步，尽管英语学习通常都是从小学一直持续到大学，没有任何一门课程比它更重要。任何一门学科，如果你认真仔细地研究了它将近 20 年，都会表现出退步倾向。内布拉斯加州的舒曼（Shurman）教授认为，目前的情况是 40 年中最恶劣的。我们的现状就像但丁（Dante）笔下的基督徒一样，他们努力地祈祷，希望自己能够靠近神，而事实上他们每重复一次祷文，就离神更远一步。在这个令人担忧的事实后面，一定存在着多种原因。

（1）原因之一，就是少年儿童把过多的时间花在了学习别的语言上。从心理学的角度说，这正是他们语言学习的可塑性和接受力处于巅峰的时期。我们难以理解的是，学校课程和传统习惯中那种看不出丝毫教育意义的做法为何会存在（甚至可能起到了反作用）——让孩子们学习用好几种不同的语言来说出一天中的时刻、铲子的叫法，还让他们学会用不同的语言祈祷，可是，难道不是只需要一种语言上帝就能听懂吗？如果你旅行时在国际公路上碰到了一个能说好几种语言的人，你就认为他是一个语言学家，这就好比你看到一个晃荡在不同舞台上的蠢货，他能够演奏十几种乐器，但每一种都一样糟糕，可是你却认为他是一个音乐家一样可笑。让这个年龄的孩子们去学习一门外语，从心理学的角度说，是不可能不对他们的母语造成伤害的。极端的对比例子就是，在古希腊，青少年只需要学习自己的母语，而现代中学校园里的少男少女们则被要求涉猎 3 种或 4 种语言。在 1898 年之前的 8 年时间内，拉丁文在中学的课时比从前增加了 174%，而与此同时，各地大学，甚至包括麻省的大学在内，对拉丁文的要求却在稳步下降，显然，现在还要求孩子们学习拉丁文本身就是一种匪夷所思的行为。在拉丁文最风光的时期，它是饱学之士的通行语言。按照斯特姆（Sturm）的想法，让男孩子们学会拉丁文的目的，就是假设有一天他们突然被送回古罗马或古希腊时，他们也能像在家里一样毫无语言障碍。有人说，语言是文化最重要的工具，而拉丁文是一种最重要的语言，因此它对母语的训练作用要强于母语本身。当现代语言尚处于婴儿期时，拉丁文的规则就是裹在外面的襁褓，帮助其健康地成长。那时在操场上，男孩子必须只讲拉丁文，他们必须用拉丁文思考、感受，用拉丁文来构筑自己的知识体系。然而今天，这一切已经改变太多了！统计研究结果显示，每周用 5 个小时来学习一门语言，在一年时间内能掌握的词汇不过数百，花了两年时间之后，掌握的词汇也不会随之翻番。而且，想要完全掌握一门外语，了解它的来龙去脉，几乎没有人能达到这个目标。越来越多没有进入大学深造的年轻人，在离开校园之后就抛弃了拉丁文；也有越来越多进入大学的年轻人，将它永久性地扔在了大学的入门处。可是为什么，在中学里拉丁文的教学有这么令人吃惊的巨大增长呢？第一，这要"归功"于学校的要求；第二，越来越多的女学生愿意听从老师的劝告选择学习拉丁文，这大概和女学生的总体素质越来越下降有关——随着越来越多的女孩有机会进入学校，这种情况似乎无法避免；第三，世人还具有这样的意识，认为学会了拉丁文就意味着能够踏上通往高等教育的康庄大道；第四，天主教家庭的孩子对拉丁文有一种特别的敬畏；第五，这也是拉丁文教师市场过于拥挤的产物，一位近代作家曾经讽刺地写道，取得拉丁文教师资格的考生的考试分数之低，是其他任何一门学科都无法比拟的；第六，现代先进的教学方法让拉丁文教师们可以不必具备渊博的学识就能教得不错，而这一点是学校中其他科目都做不到的。可是，这种疯狂的增长也不可避免地伴随着教学质量的下降，尽管教师们总是吹嘘自己掌握了新方法。直到现在，拉丁文入门教学都还在普通中学里存在着，已经变成了一种神圣的遗迹、一个记忆中的幽灵，让人想起斯威夫特《格列佛游记》（*Gulliver's Travels*）中虚构的那个老而不死的人物，注定会在肉体上永垂不朽，但是却日益衰老萎缩，惧怕所有的新鲜事物。1892 年，德国皇帝宣称，如果一个男孩擅长用拉丁文写作，这不是好事，而是耻辱；在瑞典和挪威的中学中，已经废除了拉丁文教学。在现阶段，拉丁文教学无疑是衰落了，然而百足之虫死而不僵，从对古罗马发音的追捧中我们还能看到它垂死挣扎的影子——这种发音和我们的语言的相似性已经太模糊、太遥远了，采用这种发音将对那些专有名词造成破坏。在欧洲的学校中，这种发音闻所未闻，也不可能得到认可，它会让单纯的发音变成装模作样的卖弄。我不知道，也不关心古罗马的发音是不是就是这样的，但是，如果忠于历史就是这种行为冠冕堂皇的理由，那么他们为什么还要教学生学习类似 *Viri Romae* 这样的作品，它可不是什么古典文学，而是由现代的好为人师者写的。

我深信，拉丁文在综合性大学中是一个很好的专业，有很多学生甚至已经接近精通的水平了，但是，对众多在初学阶段就止步的学生而言，它给母语带来的影响是灾难性的。我们不妨看看那些经过翻译后的蹩脚英语吧，即便是最有能耐的老师碰上最用功的学生，也不能完全阻止这种蹩脚译文的出现，就更别说那些漫不经心的简单化指导了，简直就是直接培养出那些三脚猫翻译的罪魁祸首。对翻译过程进行的心理研究表明，一个初学者在将一门语言翻译成自己的母语时，他会一直在意识层面留心每一个词的词源，而这种有意识的行为将对思维的正常流动造成阻碍，弊远大于利。乔伊特（Jowett）认为，在把任何一门伟大但已死亡的语言翻译成英语的过程中，想不做任何妥协几乎是不可能的，而且还会影响对母语语言习惯的掌握。在尝试用自己的语言将别人那些古老的思想形容之前，我们必须不断进行调整以选择合适的方式说出自己的思想，这是一个极其艰难的过程。在我们的语言当中，有一些词汇源自拉丁文，很多人常常将对这些词语的有限了解与拉丁文中更高深微妙的句意混淆起来，而事实上，句子的意义才是一门语言的灵魂所在，是它区别于其他任何一种语言的关键。所以，在学习拉丁文时，应该不断训练对句意的理解，直到这个人差不多成为语言"造型师"，懂得如何娴熟地为这种语言设计出各种组合模式，来自由地表达个人感受。从某种意义上说，麦考利（Macaulay）根本就不是一个英国人，他只是一个雄辩的拉丁文学者，将一种外来的语言风格强加于我们的语言之上；就连阿狄森（Addison）——和阳刚的吉卜林相比，也不过是个外来者。青少年思想的天性和需求要用"面包"和"肉"才能满足，而拉丁文的入门学习只是"谷壳"。布克·华盛顿（Booker Washington）在他的自传中说，在他们获得解放后的十年中，南方青年黑人有两个最大的愿望，一是能够获得公职，另一个就是能够学习拉丁文。布克·华盛顿补充说，他毕生的主要努力，就是打消他们的这些倾向。对美国孩子而言，上中学通常就意味着去学习拉丁文。一开始的时候他们会觉得很兴奋得意，因为这意味着他们踏上了人生的一个新台阶，但是，在一到三年内，大多数进入中学的人会垂头丧气地离开校园，辍学的原因很多，不过其中很大一部分原因在于他们的求知欲没有得到满足。最近一项关于逃学的研究表明，在"离家出走"和"家庭饮食不好"两者之间，有一种强烈但是很奇怪的潜意识层面的联系。精神层面的营养不良也会引起身心的不安，这加强了少男少女们不愿待在学校的念头。

（2）英语能力退化的第二个原因，就是在语言学习中，文学作品和内容被放在了次要地位。语法是在语言已经步入老年的时候才兴起的。当语法被应用于我们相对来说处于无语法状态的语言时，英语就像被套上了一个充满学究气的人工制品，或者一个外来的枷锁，英语变得越强大、越自由，这种束缚就越明显。它就像一个幽灵，出现在很多专门强调语法的书籍里，却缺乏章法和逻辑，显得捉襟见肘、没有灵魂。语言学也是一样，尽管它显得那么高端和精深，却并不是语言处于初级阶段时就出现的产物。大学校园是语言学的根据地，英语教师们受到的影响深到什么程度呢？这些教师们的理想就是让自己具有能挑刺、会批评的能力，而不是希望自己拥有创造力。他们宁可选择那些一分钟就能读完的所谓佳作，也不愿意全面、大范围地去接触一般性知识。一个很有代表性的大学宣称，"在所有情况下，主考官都更看重良好的写作能力，而不是书本上的单纯知识"，所谓良好的写作能力，就是经得起句法分析，拼写、标点、大写及分段都正确无误。现在很难找到真正优秀的英语文学教授，因为语言学家取代了他们的地位。这样的语言学家很多，而且总是流露出一种大材小用、屈尊俯就的神气。在很多与英语相关的职位上，都盘踞着那些对我们的文学只有狭隘了解的人，他们希望成为语言学家，而不是文学研究者，这种情况在古代语言领域也是一样。

在一次高水平的考试中，一个攻读博士学位的人回答了很多道关于卢克莱修（Lucretius）的问题，当被问到卢克莱修是一个剧作家、历史学家、诗人还是哲学家时，他回答不出来，而他的教授则认为这个问题并不合适。我曾经在一所中学观看 19 名学生第 11 次背诵莎士比亚的《奥赛罗》（Othello），他们中没有一个人知道这个故事的结局是什么，因为他们的心思完全放在了那些冗长的措辞上。在这儿，我要提一提我书架上那些堆起来足有 4 米厚的标准英语教科书，这些都是专门为学校课程编写的，在这些书里，注解比文章还长。目前流行的做法是，学校的工作是由上而下展开的，升学考试的要求就是造成这种情况的罪魁祸首，可以说，这是目前内容被迫向形式让步的最糟糕的情况。

长期受这种一味强调语言外在美的方法的影响，学生们的写作就会朝着字斟句酌、过于讲究的方向发展，他们会用极其精妙复杂的语言来描述一些不值一提的鸡毛蒜皮，似乎内容越空洞，就越是能体现出形式本身的胜利。这些微不足道、辞藻华丽的废话就像德国甜点一样，看起来很吸引人，吃起来却索然无味，吃到肚子里更是没什么营养。青少年对细节那犹如绣花一般的繁琐描述，表现出了一种超乎他们年龄的老气横秋，诺杜（Nordau）曾经大量列举了这样的句子，并称之为文字的退化。语言的范围要远远大于其内容，而传授语言的方法，应该是让学生们把心思集中在故事、历史、演讲、戏剧以及《圣经》上，去体味其中蕴含的美，领略其中的精神内容，最重要的是其中有关道德的内容，正如我们在上一章所提到的那样。当我们对周围的事物产生了强烈的兴趣，并迫不及待地想与人分享时，我们会在潜意识中折射出自己所处的语言环境，并直觉地为内心那些想表达出来的冲动寻找一个出口——或说出来，或写下来，这个潜意识的反应过程，正是教会我们如何应用母语的关键。在青春期早期，正是少年儿童的精神内容大大丰富并且对语言表达有了全新感受的时期，他们极其反感、也做不到精准无误并措辞得体地表达自己的感受，在这个阶段不断地提醒他们注意自己语言表达上的错误，训练他们如何避免错误、纠正错误以及如何意识到自己的错误，毫无疑问，其起到的阻碍作用将远大于对他们的帮助。永远都拿着放大镜寻找他们的错误，以此来束缚青春期充满生气的思想，让它们不能自由飞翔，这样的做法，借用橄榄球运动的语言来形容，就是"低截球"。我宁可被指控在表达方式上犯下了一系列错误，也不愿意用这样的方法来作茧自缚。当然，强调规范化的表达方式也有它的可取之处。在一本新近发现的被认为是耶稣所作的语录中，有这么一段：耶稣发现有个人在安息日还在外面捡拾柴禾，就对他说："如果你明白自己这样做的用意，那还好；但是如果你不明白，汝当受诅咒。"有人问耶稣，他是怎么从上帝的诫命中得出这样奇怪的结论的，他回答说："小心地忽略掉那些表面的意思，彻底理解原本的旨意。"耶稣不但是个伟大的老师，还是一个优秀的应用心理学家。在以前的年代，这种流于表面形式的倾向也一样根深蒂固，因此才造就了那些教育著作者、犹太法典编著者、神话记录者和诡辩学家，他们夸大了字面含义，却丢失了文字的灵魂。不过这并不是唯一的原因，还有其他因素造成了目前的困境。

（3）在人类发展史上，人最初是通过用耳朵聆听的方式来接收语言，后来开始用眼睛看，即借助阅读的方式来学习语言，显然，读比听要困难多了。阅读的方式不仅在知觉上明显比听觉更慢，而且，把书面语言和口语比较，就如同将植物标本和一个丰富的花园相比，或者拿一个陈列动物标本的博物馆和一个生动的动物园相比。在人类发展史上，文字是相对较新的发明，而我们的语言在有文字记载前就已经存在了无数个时代了。当词汇从我们嘴里蹦出来时，它就像长了翅膀一样可以自由地飞翔，充满了各种鲜活的颜色，将每一个人生动的个性表达得淋漓尽致，也是人类群居本能最完美的体现。而书本是死的、冷冰冰的，不带什么人情味，只有独自一人埋头苦读时才能最好地理解书本的意义，它所承载的内容是偏于理性的；它所传递的知识都是经过二次加工的，这也是为什么柏拉图曾指责亚里士多德，说他只是个解读者，认为他是从其他人的创作中提取观点并归纳出自己的理论的。那些强悍的中世纪骑士对阅读嗤之以鼻，认为它只是书记员的把戏，他们不想让别人的观点扰乱自己的心智，认为自己的思想已经足够深刻了。不过，尽管历史上有一些伟大人物也不会阅读，尽管一些文学作品在道德意义和知识意义上要比另一些文学作品高明，但我们还是必须面对这样一个极具争议性的话题：有没有必要过于突然或过早地将书本横亘在孩子们和其无忧无虑、自由自在的生活之间？为了达到道德教育的目的，最合理的选择应该是采用讲故事、讲解甚至生动的诵读的方式让孩子们接触书本。目前美国有十几家公立图书馆会按时举行这样的诵读活动，大部分情况下由图书馆的工作人员朗读，偶尔也会有教师参与。这样做的目的，就是让作为接收语言的主要工具的耳朵发挥其优势，如此一来，它们对声音、节奏、抑扬顿挫、发音以及语言的音乐性等会一直保持敏锐的感受力，至于眼睛，它们的主要功能本来就应该是极目远眺、左右顾盼，不应该被囚禁在书本上那些弯弯曲曲的字里行间，一点一点地受到伤害。

与此密切相关、而且从心理角度来说更糟糕的行为，就是用笔和写来代替嘴和舌头。言语是直抒胸臆，也是直抵内心的表达形式。而写作是一种需要深思熟虑的表达方式，适合已经不再是青葱少年的成年人，因为急躁冲动的情绪用文字表达出来后就会缓和好几倍。无论从哪个方面来看，文字表达和口头表达之间的差别，都比眼睛和耳朵之间的差别大得多。在美国，可能从来没有像现在实行的"纸笔教育"这样，需要那么多的笔和纸，产生了这么多不必要的涂鸦。"每日一篇作文"的教学方法就像感染一样，蔓延到各个学校，不仅如此，现在就连每天的课程都不是通过嘴来讲授，而是让学生们从一大堆抄写内容中提炼出来。舌头弃之不用，每天不断书写使身体痉挛抽筋的现象激增，看来我们的学校旨在培养一群抄书员、记者和校对员。在有些学校里，老师上课的时候就像是在和自己的学生进行书信交流。这种方法让学生们心无旁骛地埋头书写，课堂上安安静静、秩序井然；使得学校的工作成绩有了量化的可能，也给了学生们仔细选择措辞的时间。但是，用写信代替亲自登门拜访，用书写代替口头表达，这真的是一种进步吗？这里我们再一次违背了那条重要的原则：少年儿童的发展是在重演人类的发展史，而且，从更广泛的历史观点出发，书写作为一种表达方式是在人类发展晚期才出现的。

当然，学生们必须写作，而且还要写好，这和他们必须阅读，而且读得要多是一样的道理。但是，目前英语教育的最大困扰，就是教育者们坚持过早地进行读和写这两项长期训练，而且力度超过了必要的限度。这样做的后果，就是让学校里通用的语言失去了生气和活力，变得有些失真，听起来就像成年人那样装腔作势，所以，为了摆脱这种语言氛围的束缚，儿童和青少年会堕落到去使用街头语言，而这种情况是前所未有的。这是对"想学会干什么，就去干什么"这条原则的错误应用。青少年并不能通过不断写作写出好文章，而是应该多读多听。想成为一个好的写作者，你必须去阅读、去感受、去思考、去经历，直到你有了可说的东西，而且这些东西别人也很喜欢听。法国文学的黄金时期，正如加斯顿·德尚（Gaston Deschamps）和布伦蒂埃（Brunetiere）所说，发生在沙龙盛行的年代，那个时候，比起文字，人们更喜欢高谈阔论，谈话成为时尚，让法国风情显得格外迷人。法国文学的低谷期，发生在书生气成为领导潮流的那段时间，此时人们开始文绉绉地说话，连交谈也像在写文章。

（4）学校英语教育没落的第四个原因要归之于数目庞大且日益增长的具体名词，这些具体名词被用来指代各种具体的感觉和物理活动，其数量已经超过了用来命名和描述概念、观点和非实质事物的高级语言成分。为了防止知识变得纯文字化和定义化，学校教育引进了实物教学法，以免让学生对知识的记忆仅限于文字。但是，这种方法涉猎的范围太广了，不仅仅是有关各种具体事物的知识，甚至包括语言，无论母语还是外语，都采用直观的方式进行教学。再后来，基础科学教育引进了另外一种采用图片和实体的教学方法；工业教育则进一步强调具体的感觉运动元素；地理教学需要用到的教具包括工艺品、地球仪、地图、沙盒、绘图。玛格丽特·史密斯（Margaret Smith）小姐清点了一下艺术课的教具，她发现，仅在一节只有40个学生的艺术课上，就需要准备280样物品，这些物品需要一一分发给学生，然后再一一收回。此外，课堂指导也越来越关注局部和细节，反而忽略了整体；忙于分析，却忘了综合。因此，在现代教学法中，几乎完全是实物的天下了，对那些看不见摸不着的东西越来越忽视，越来越排斥。

这种做法造成的第一个后果就是，现代学校中的孩子们在没有感官的对象时，就会在心理上陷入一片茫然，不知所措。交谈越来越具体，如果不是关于实质性的物体或者此时此地的人，就无话可说。谈话、文章都和各种具体感觉密切相关，所使用的词汇也都是关于各种形象和动作的具体名称，几乎不涉及思想层面和观念性的东西。但是，语言还有另外一个更加高级的部分，这部分没有像我们前面提到的具体名词那样，被强行和知觉紧紧绑在了一起。虽然它凌驾于我们的知觉之上，却是鲜活的、生动的，在概念的领域中有其对应的实物，但却不是我们的感官所及的。按照厄尔（Earle）的区分标准，它是象征，而不是表象；它描述的对象是我们头脑中的意念，这些意念没有空间上的连续性，也没有时间上的顺序性，但是，它们在更高级的精神层面紧密相连，高度相似；它与具体的行为活动无甚关联；套用逻辑学的术语，它既有内涵，也有外延，既有引申意义，也有本来意义；它需要我们去抽象、去归纳。没有抽象和归纳，我们的精神世界就不可能发展到更高级的层面，因为它们所意味着的东西要远比用语言去粉饰这个物质世界更深刻、更重要。

而今天，在校的青少年们所欠缺的，正是这些东西。如果他们的心理活动可以被称为思维的话，那也是最基础的、类似于动物的那种思维方式，思维的内容完全由形象组成。他们的谈话都是关于当前的事物和眼前感兴趣的东西的。他们连最基本的想象力都没有，因为他们的精神世界已经被各种心理图像和心理感觉占满了，而想象力才是进行新的思维组合和产生创造力的关键。让他们远离自己所熟悉的人、事物及行为并进入更广阔的思维空间，对他们来说毫无吸引力。缜密严谨的思维对他们来说太难了。教师们认为，思维的所有内容都必须来自感官系统，如果由感官系统接收到的信息能满足他们目前的需要，随后他们自然就能学会推理和归纳。有很多学生，在他们一生中，从来没有在其他人面前高谈阔论达 5 分钟以上，不管是什么话题，只要他们所说的能够被称为理性知识。如果让他们去进行纯粹的思考，只会让他们厌烦不已，因为他们已经成了身边具体的、与个人有关的事物的奴隶，当需要用最优美、最理性的语言来表达时，他们往往捉襟见肘、词不达意。

作为思想的工具，语言的灵魂存在于非表象的元素中，尽管很多人的语言都是缺乏灵魂的。关于这一点，我们可以在与言语能力有关的各种疾病中找到有力的证明。最近，科学家通过严谨的研究发现，在慢性失语症中，病人最早丧失的是那些与他们最为熟悉的事物和行为有关的词汇，而在言语中枢的废墟中坚持得最久的，通常是那些与具体的感官事物无关的词汇。一个裁缝无法说出自己常用的粉笔、量尺和剪刀的名字，尽管他可以长篇大论且流利地探讨他很少有机会去了解的上帝、美、真理、美德、幸福、成就等。一个农夫不知道自己后院的牛叫什么，也不知道自己的职业是什么，却可以像从前一样和人辩论有关政治的话题；他没法和人讨论硬币或支票，却可以谈论金融政策和金融安全，或者是有关健康和财富的一般话题。原因很明显——具体的思维有两种形式，一种是文字，一种是形象，而形象总是想取代文字的地位，这样一来，如果没有任何补救措施，随着病情的发展，具体的事物在病人的思维中既失去了意义，又失去了发音。而概念性思维由于缺乏具体的形象，完全依靠文字而存在，因此，这些概念没有可选择的替代物，自然就会被保留下来了。

在口头语言发展的低级阶段，与具体的物质世界紧密联系在一起有其必要性和必然性。但是，语言真正的华彩是在之后的阶段中以更高级的形式迸发出来的，因为此时语言的灵魂才开始在智慧和知识的世界里自由地翱翔。语言的发展进入了一个更加具有灵性的精神世界，抽象的思维现象有了属于自己的名字，与为具体的事物命名相比，这显然属于更高级的层次。最优秀的书里所描述的最美好的事物，都可以从这个世界找到。然而，现代的学校教育却厌恶这些东西，教育触发的是那些属于低级范围之内的心理活动，它们只能在物质世界的海岸线上盘旋，却不能热情地冲进那无边无际的思想海洋；既不能在精神层面与过往时代那些伟大的灵魂对话，也不能触摸到那些属于当代但与自己距离遥远的伟人的思想。这些所谓的现代教育似乎是让学生们一步一步地放弃语言的高级品质，让他们陷入那种婴儿或者动物式的图像化思维模式中。如果学校慢慢变成了这种意义上的失语环境；如果学校教育在各方面都变成了没有什么实质意义的瞎忙活，让学生们无法沉静、安宁，没有进行逻辑思维的能力，甚至连冥想沉思都不会（这些正是提供创造灵感的关键性因素），可以说，在所有现代教育所造成的退化中，这是最严重的一种。如果孩子们独处时就不知所措；没有视觉上的刺激就不能思考；正在逐渐失去属于自己的主观世界，失去对公共事务的热情，对社会和伦理问题不感兴趣；没有追求智慧和知识的欲望，只是偶尔关注下散文和诗歌；只对感官刺激和眼前的事物有反应，对所有与自己关系不太密切的人以及道义上的责任都漠不关心；只关心自己的利益，琢磨该在田径运动中采用什么策略；只在意自己在实验室里的工作，以及那些在教学博物馆中都能找到实例的具体事物——那么，可以这样说，对于那些即将迈入成年时光的青少年而言，这原本应该是他们人生发展的高峰，所有高级能力都属于这个人生阶段，而学校的教育却让这些他们本应具有的能力发育不良，阻碍了其精神世界的发展。

在这种应受谴责的情形下，如果我们能够将目光投向儿童语言研究领域并从中寻求帮助的话，我们会发现，尽管儿童语言研究的对象主要是婴幼儿的词汇，但是我们也能从中窥见一些简单、微弱的语言雏形，即便只是如此微不足道的发现，也为我们寻找丢失的语言发展路径带来了前所未有的光亮，其作用超过了其他所有资源的总和。孩子们再一次现身说法，纠正了自认为智慧的成年人的错误。接下来我们将简要概括一下这些过程，然后再进行陈述和应用。

威廉姆斯（Williams）小姐发现，在253名年轻女士中，仅有133名没有自己最喜欢的音素，在原音中，[a:]和[æ]是最受欢迎的，在辅音中，[l]、[r]和[m]最受青睐。85人有自己最喜欢使用的词语，这些单词共计有329个。221人在童年时代有最喜欢的与地理有关的专有名词，一些男孩也会有这样的情况，不过大部分是女孩。

在青少年认为最有趣的10个单词中，murmur（咕哝）是最受欢迎的，这大概是因为他们觉得它的发音好玩。此外，lullaby（摇篮曲）、supreme（最高的）、immemorial（古老的）、lillibulero（勒里不利罗）、burbled（窃笑）、incarnadine（粉红色）这些词也受到了大部分人的青睐，而 zigzag（之字形）则不受人待见。研究者认为，青少年对与运动有关的单词有一种明显的偏爱，对与自己有关的事物更感兴趣，不过同时也对新的单词和发音表现出了越来越强烈的兴趣。"最重要的是，他们把单词看作思维的工具，并对它们产生了巨大的兴趣。"新的经历和体验、新的感受和观点像潮水一样涌来，从前的词汇量明显不够用了，所以"绝大多数青少年会在某段时期抱怨自己词不达意、语无伦次，不知该如何表达自己。我对女孩子的研究更加深了我的怀疑：也许这可以解释为什么青少年会对俚语越来越感兴趣"。"我们的研究得出的第二个观点是：倾听在语言的情感方面极其重要。"

康拉迪（Conradi）研究了 273 名孩子对"学习和应用新单词的兴趣"的调查反馈，发现 92% 的回答是肯定的，8% 的回答是否定的，有 15% 的人还列出了自己特别"喜欢"的单词。有人偏爱长单词，有人喜欢单词里带"z"。有人认为把这些单词读给自己听是件快乐的事，有人则认为用来和别人交谈更有意思。这样的单词共计有 300 来个，其中很少是"人造"单词。至于那些形式和发音都绮丽典雅的单词，康拉迪说他能列举出一长串来，不过，某些单词比其他单词更受人喜爱的原因也因人而异。60% 的孩子都曾经主动地试着建一个属于自己的词汇表，他们把自己会用的单词列一个清单，或去翻查词典寻找自己喜欢的单词，等等。做这种事情的孩子的平均年龄离青春期已经不远了，但是由于这方面的数据太少，所以我们还无法得出定论。不少孩子会开始翻遍整本大词典，有的是希望能够震住自己的同伴，有的是想在自言自语或对玩偶说话时使用更复杂的词语。70% 的孩子喜欢用外来词汇，尽管英语完全能够表达自己的意思。康拉迪说，"喜欢这样做的孩子的年龄在 12 ～ 18 岁，大部分人在 14 ～ 16 岁"。有的人在写作时会沉溺于这种倾向中，在谈话中他们也愿意这样做，但又担心被人笑话。56% 的孩子报告说自己在使用词语时有下列情形：字斟句酌，务求典雅；反复推敲，循规蹈矩；

精挑细选，一丝不苟。有的孩子就像着了魔一样沿着这个方向不断努力；有的孩子反复练习写作文，试图寻找一种适合自己的写作风格，为了这个目的，有的孩子还会背诵名篇名句。有的孩子会不断调整自己的声音来让自己显得更加优雅，他们有时会找一个同伴来练习，有时则会在镜子面前一边摆出各种姿态一边自言自语。根据康拉迪的统计，这种情况在 14 岁时最为普遍。

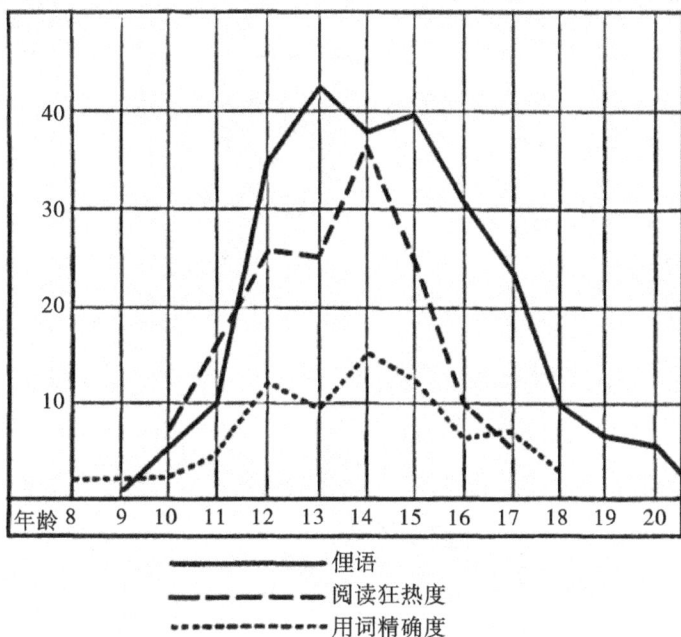

表 10－1

在 10 岁出头的年龄，孩子们对形容词、副词以及名词的兴趣大增，很乐意让这类词在自己的词汇量中成倍增加，其中他们最喜欢的是形容词，其次是副词，最后才是名词。他们常常把形容词当作副词来使用，用来修饰另外一个形容词。康拉迪的报告有一半是关于这方面的内容，但是能够被这样使用的词语不多。威廉姆斯小姐用曲线（表 10－1）呈现了一些俚语的应用情况，这些俚语被青少年们公认为"很有趣"，在 251 个被调查对象中，就有 226 人会使用它们。青春期是最乐于使用这些俚语的时期，其中，14 岁是最高峰。11 岁以下的孩子们很少使用这些语言，女孩对这些词的使用率上升得非常快，而在 15～17 岁之间，下降也同样迅速。在 104 名使用俚语的被调查对象中，就有 93 名属于这种模式，尽管他们并没有因使用这些俚语而遭到批评。

康拉迪收集了一长串当代俚语和成语，并装订成册印刷出版。他发现，在 295 个少男少女中，没有一个人说自己没有使用过这些语言，85% 的人还说出了自己认为使用得最多的年龄。在此基础上，他制定了上述曲线，同时还拿"阅读狂热度"和"用词精准度"这两条曲线与之比较。

使用这些俚语的原因，按照出现的频率大小，依次为：措辞更强烈、表达更精准、用词更简练、使用更方便、听起来更酷、不落俗套、更自然、更有男子气概、更合适。只有少数人认为它们粗俗、词汇量有限、有骂人的含义或本身就是变着花样儿的脏话、破坏了语言的准确性。康拉迪试着按照其表达的意义对这些俚语进行暂时性的分类，这些类别为：有伤自尊的、吹牛饶舌的、虚伪的、古怪而强烈地进行否定的、夸张的、表示惊叹的、语气温和的咒骂、让人不要多管闲事的、金钱的各种称谓、可笑荒谬的、因受惊而神经质的、诚实与谎言、被搞糊涂的、有关好的外表和打扮的、帕特里奇（Partridge）收集的有关醉酒的词语、张伯伦整理的有关愤怒的词语、质朴或者天真无邪、爱与感伤，等等。在俚语中，还有大量描述各种冲突的词汇，赞扬勇敢的行为、指责探听别人隐私的行径，有一定的道德训诫作用。尽管已经列举了很多种类，但康拉迪发现，不能归类的词汇数量依然非常巨大。他还将这些俚语按照"男孩使用"和"女孩使用"区分开来，得出了 6 种并非太明显的差异。大多数的词语都只在一个类别中出现，有少数词语几乎在所有类别中都位居前列。青春期的各种感受是如此强烈、如此庞大，各种心理活动又是如此迅速、如此有力、如此难以操控，而俚语在表达上的简洁直接能够让青少年们显得聪明出色，拥有天才一般的创造力，所以，在尝试着使用了这种语言之后，他们当然会欣然接受。俚语的无拘无束能够让口头语言摆脱僵化，不再显得干巴巴和索然无味，而且，它们能够一针见血地表达青少年所有的生活和经历。

常规的口语模式满足不了青少年的需要，所以他们要么沉默寡言，要么满口俚语。沃尔特·惠特曼（Walt Whitman）认为，俚语是"普通人为了摆脱单调的咬文嚼字，自由自在地表达自己而做的一种尝试，当这种尝试达到登峰造极的时候，就产生了诗人和诗歌"。他还认为："这样说或许鲁莽，在语言发展史中，如果回溯俚语的源头，我们无疑会发现，在蒙昧之初，我们就能在人类那富有诗意的表达中发现它。"洛厄尔（Lowell）曾说："在词典里语言已经死亡，因为它在这里受到了传统的严格限制，也限制了更多表达方式的出现。我们从中得到的文学，是盆景、矮脚蕉之类，而不是健康挺拔的大树。"劳恩斯伯里（Lounsbury）声称："俚语是语言使用者为了摆脱现有默认语言的束缚，为了能够更生动、更有力、更简洁地表达自己所做的努力。俚语也为我们正在日益衰落的口头语言提供了资源，让它不断地获得能量更新。"康拉迪对此进行了有力的补充，他认为那些表达力不足或带有邪恶意味的俚语是无法生存下去的，而另外那些俚语之所以幸存下来是因为它们满足了人们的需要。普罗大众才是最终决定语言好坏权的裁判，让年轻人学习如何区分俚语的好坏，要比完全禁止他们接触俚语高明得多。爱默生把俚语称作正在成形的语言，它是原生态的，生机勃勃且充满新鲜元素。很多时候，俚语还是进行道德教育的有效方式，它减少了亵渎语言的使用频率，也表达了人们想要攀上人生顶峰的本能渴望。青少年将一些谚语、格言改成了俚语的形式，用简洁直接的方式指出并谴责各种过失，同时他们也会借此反省自身，纠正自己的错误。老学究们反对俚语，认为它违背了良好的表达形式和固有的语言用法，可是，为什么还要让数百年前的语言习惯控制我们今天的表达方式呢？它们已经不能满足青少年的需要，他们需要的是一种属于自己的混合语言，通常被称为"俚语语言"。大部分中学生和大学生，无论男女，都有两种不同的语言风格，一种是在课堂上使用的拿腔拿调、不自然的语言，其正式程度仿佛把说话者置身于王室客厅的接待处，或者正在进行一次正式的拜访；另外一种是属于他们自己的轻松、自由、自然的生活语言。这两种语言通常互不相干也互不影响，第一种语言风格常常被青少年刻意地放在一边，不折不扣地、有意识地使用俚语来表达生活中的一点一滴。不过也有少数人，通常是高大强壮的男孩子，肆无忌惮地在学校允许使用的语言中，夹杂一些粗鲁但充满活力的属于自己的语言。

相对于俚语这个广大领域而言，上述这些研究都太简单了，能证明的东西很少，或者说什么都证明不了，但是，它们的确给了我们很多启示。俚语通常表达的是一种道德判断，应该被归为伦理的范畴。它表达的内容常与观点、情感和意志有关，有心理内容，绝对不会像学校里使用的语言那样，只有感官实体的图像或者对具体行为的描绘。如果想用正确的英语来重新诠释这些内容，将是一个涉及多方面的过程：道德、礼貌、品位、逻辑性的论断和对立、诚实、沉着、谦逊等，这些正是青少年最需要的、理想中的，也是被注重感官外表的教学方法所忽略掉的、非表象的精神内容。很多人认为俚语一无是处，觉得其内容粗俗下流，并对其横加指责。青少年只能独自努力去寻求更高层次精神需要的满足。为什么那些简单粗糙的形式能大行其道？这是对教育者所犯下的过失的控诉，他们没有教会自己的学生正确地开发和利用自身的才智。如果把俚语比喻成果实，它的果核和鲜嫩多汁的果肉就是一个有力的证明——青少年需要对各种各样的知识进行加工提炼，并在成长中对它们进行分析。这些表达方式还证明了一个法则，那就是：精神内容越高级、越丰富，对事物本质含义的诠释就越详细、越精准。现在，进一步的研究还正在进行中，我相信，我们将来一定会对这一点有更清楚的认识。

此外，我们还从上述研究中看到，扩充词汇量是青春期强烈本能的体现，这种本能驱使着他们以两种方式来丰富自己的语言：第一种，是喜欢用外来词汇表达心中所想。这种行为首先说明，青少年渴望了解其他语言。这也是促使很多孩子去学习拉丁语或法语的动机之一，但这种动机并不深刻，因为严谨的研究最后证明，它不过是为了假装高人一等，让自己在别人面前显得莫测高深而已。第二种和第一种完全不同，是一种扩大自己母语词汇量的冲动。如果在母语能力发展的过程中，停下来转而去学习如何用其他语言指代各种事物、各种感觉，这种反教育的做法会限制我们在母语语境中开拓自己的思想。事实上，这两种方法呈反比关系。当孩子们想在母语中搜寻一个新的词汇来表达自己的思想时，教育者给他们提供的却是一个外来同义词，这样做是不合适的。在我们学习母语的过程中，有时候是先经历了一些情绪或感受，看到了一些行为、事实，并认识了引发它们的客体，然后才产生了寻找相应的词语来为这些主观体验和客观事物命名的需要；或者反过来，那些表示声音、大小，或是让人一看就感到奇怪、听上去就觉得悦耳的词语，会在一开始就吸引我们的注意，然后我们才会试着理解其意义。第一种方法是大部分人所使用的，第二种方法则需要得到更多的认可和利用。教师应该要求学生们列出那些自己喜爱的词语，学习如何拼读和拼写，并解释它们的含义，因为这些词语往往能让他们感受到一种新奇的魔力，如同站在知识海洋的边上一样，令人心醉神迷；就像哥伦布发现新大陆一样，大大拓宽了他们的思想疆域。当孩子们对词汇这个"表达思想的工具"有着如饥似渴的需求时，我们绝对不能让他们"忍饥挨饿"。

在 12 岁或 13 岁之前，孩子们非常喜欢讲故事；在这之后，讲故事的兴趣就下降了，而且可能下降得非常突然，部分是因为，这个时期的青少年更喜欢去接受，对付出的兴趣减少了。正如我们在绘画能力曲线中所看到的那样，孩子们会在某个年龄段失去创作的兴趣，对图画的鉴赏能力却快速上升，这是那个年龄段的特色。所以，现在阅读曲线的变化也是一样的道理，对阅读的兴趣上升了，听觉方面的感受性自然退居二线，让视觉方式占据主导地位。阅读曲线的上升表明，青少年对通过看书来获取知识的热情越来越高涨了。在童年时期，他们对这个世界的认识处于一片黑暗或暧昧中，他们对故事有那么强烈的兴趣，是因为故事消除了他们一些理解上的困惑，鼓励他们展开想象的翅膀。但是，童年的想象力如同蝙蝠，只能在黑暗中徘徊；而青少年的想象力，则可以勇敢地在广袤无垠的阳光中自由翱翔。在篝火或者壁炉旁边，读着有关动物、幽灵、英雄和冒险的故事，这些故事能教给他们什么是美德，而海量词汇、写作风格和作品内容也自然而然地以整体的方式呈现在他们面前。

　　一方面，青少年的阅读兴趣引发了他们对成人世界的新的热情，让他们更愿意顺从并听取来自成人世界的教诲；另一方面，对成人世界的热情和顺从又促使他们去阅读更多的书籍。此外，他们此时的接受能力要远远超出他们的创造能力，这也是他们的阅读兴趣高涨的原因之一。他人的经验和学识带给自己的好处，要远比自身现有的经验和学识给自己的帮助多。现在，在他们的精神世界里，有一片新的领域出现了，这片领域半明半暗，几乎是学校的所有教育方式无法抵达的，这是一个闪烁着智慧微光、充满暗示的世界，在这里进行的是类似勘探者的工作，而不是一丝不苟的开采工作。这是一个不求甚解、浅尝辄止的年龄，也是一个为将来埋下各种线索和伏笔的年龄。在这个阶段获得的各种知识是经不起严格考查的，它们只具有启发性的意义。此时读过的所有东西，大致都会留下它们的印记。可是，这些收获是不能随心所欲地用语言来描摹和重现的，不过在紧急时刻，它们却能派上用场。正如奥古斯丁所形容的上帝一样，青少年也可以这样形容自己精神领域中的大部分内容。这和一个非常具有代表性的女孩子对老师说的话有异曲同工之妙："如果你问我，我不知道；你不来问我，我却清楚得很。""你用不着解释，我全明白，也能干得很好。"这也是为什么戈德文·史密斯（Goldwin Smith）

和牛津大学都坚持认为，如非必要，举行英语考试肯定会弊大于利，让学生们反复背诵并细致点评文章也是不合理的，这样做往往会带来一定的风险，可能会破坏学生们对文学作品的鉴赏能力——正是因为有了这种鉴赏力，我们才能领悟到文学作品和生活的紧密关联，从中吸取温暖、善良的力量，巩固作品带给我们的向上的动力，帮助我们完成自己的人生选择，并对世界充满理解和同情。

布洛克（R. W. Bullock）收集了有关2000名学生阅读习惯的调查反馈，并进行了分类。调查对象不分男女，都是从三年级到十二年级的学生。结果显示，三年级男孩平均"6个月读4.9本书，这个平均值在四五年级时下降到3.6，到七年级时上升到最高值6.5，然后开始有规律地下降，到高中课程结束，也就是十二年级时，平均值降为3"。布洛克从另外一些城市收集到的反馈和这个结果相差无几。"和同年级的男生相比，女生的阅读数量更多一些，她们阅读的最高峰也比男生早了一年，不过她们的平均值最高为5.9，到高中结束时下降到3.3。"根据附近有没有图书馆这个前提条件，阅读高峰期可能会提早一年或者推迟一年出现。将他们平均每周阅读的短篇小说数量制成图表后发现，三年级的时候平均每周阅读2.1篇，到七年级时上升为7.7，到十二年级时又下降到2.3，呈现出和上述书籍阅读曲线相同的趋势。

男孩们喜欢的八类书籍的百分表在这儿只有指示性的意义。"三年级男生似乎最喜欢战争故事，同样的爱好在六年级、七年级和八年级的男生中也很显著。对冒险故事的喜爱几乎在整个英雄主义时期贯穿始终，在八年级和九年级达到顶峰。对传记、游记或探险故事的喜爱到九年级逐渐达到顶点，而且在整个过程中都维持着相当高的呼声。对大多数男孩来说，那些温柔感伤的情感故事没有什么吸引力，只有在高中阶段他们才承认这些爱情故事也有一些可取之处。六年级的男生喜欢侦探故事，不过年长一些后，他们就觉得这些没有吸引力了。"至于女孩，"六年级是冒险故事最流行的时期，旅行故事一直很受喜爱。女孩们喜欢传记，但是到了高中阶段，她喜欢描写伟大女性的书籍，这也符合她们的性别特点，但这样做是因为她们读不下去那些以男性为主角的书！遗憾的是，全世界以女性为主角的传记实在太少了。对爱情故事的喜好一直呈稳定增长的状态，一直到高中阶段结束。此后，我们就没有记录了"。就这样，"在每一个调查中，阅读量最大的时期都是在六年级和八年级之间，平均起来看是在七年级，平均年龄为 14.1 岁"。在被调查对象中，有 75% 的学生会和别人讨论自己看的书，布洛克呼吁，"既然 95% 的男生喜欢冒险故事，75% 的女生喜欢爱情故事，那就让他们读这些书"，教师或者图书馆的任务，就是保证他们能最大限度地阅读自己喜欢的书，并保证这些书不会对他们的心灵造成污染。

亨德森（Henderson）发现，在 2989 名年龄从 9 岁到 15 岁不等的孩子当中，9 岁是阅读量最小的年龄，15 岁是最大的年龄，而且，"从始到终阅读量都保持一种逐渐上升的趋势，当女孩 14 岁、男孩 12 岁时，是唯一出现突破性增长的时候。"11 岁时，男孩和女孩对小说的偏好都达到了高水平线，随后就开始下降，不过女孩下降的速度远比男孩更缓慢。"13 岁时，男孩最喜欢的是游记和冒险故事，这很不寻常。随着年龄的增长，他们对历史的兴趣逐渐增加，对小说的兴趣相应减少。"

柯克帕特里克（Kirkpatrick）收集了 5000 名四年级至九年级的少年儿童对与阅读有关的问题的回答，并将这些回答分门别类。他发现，在六年级时，孩子们的阅读量有一个突发性的增长，这个时候他们大约是 12 岁，这段时期孩子们通常会变成一个名副其实的"阅读狂"。玩偶被抛在一边，而且"玩乐、游戏和他人的陪伴不再那么有吸引力了，很多孩子对阅读的渴求变得无法满足，他们常常会不分青红皂白、狼吞虎咽地疯狂读书"。这种现象"一般从 12 岁左右开始，至少持续 3 ~ 4 年的时间"，此后，由于家务、社会责任及学校的要求逐渐增加，阅读的数量逐渐随之减少，也越来越讲究书的品质。

"在历史和游记方面，男孩的阅读量是女孩的两倍；而在诗歌和故事方面，他们只是女孩的三分之二，这个事实无可争议地表明，在达到性成熟之前，男孩、女孩的情感和知识需要有本质上的不同。"

基于 1269 名孩子从图书馆借书的数量，沃斯托夫斯基（Vostrovsky）小姐发现他们对阅读的兴趣有显著的增长。其中，在 11 岁时的增长率最高、最突然，此后一直保持稳定的增长速度，直到 19 岁调查结束。她还发现，在 17 岁之前，男孩读的书最多，17 岁之后，就被女孩超过了。他们对少儿读物的兴趣逐渐减少，对小说和通俗文学的兴趣快速增加。16 岁左右，男孩、女孩都会发生一个大的改变，这个改变表明，"他们开始对那些描写大众化人物的作品产生了更多兴趣"。不管在哪个年龄，女孩读的小说都比男孩多，但她们对小说的兴趣在青春期会变得格外明显。在女孩身上，这种对通俗文学的爱好出现得稍微早一点，也更加突然，而男孩则对少儿读物保持着长期的兴趣，甚至到 15 岁之后。不管是男孩还是女孩，他们对少儿读物兴趣的下降，要比对小说兴趣的增长表现得更明显。如果问十几岁的青少年，为什么要选择这些书，他们的答案会随着年龄增长越来越明确。他们一般不会回答，选择这些书是因为"写得好"或者"好看"，而是会说因为有人推荐或者因为某些方面的特殊兴趣。与男孩相比，女孩更依赖别人的推荐。男孩受理性指引，而女孩则被感性左右。很多十岁出头的男孩之所以选择一本书是因为它惊险刺激，有这种感受的人数是女孩的 3 倍。即便是被女孩称之为"刺激"的故事，与男孩选择的书比较起来也显得很平淡。女孩之所以选择某些书通常是因为里面有小孩，更常见的答案是因为它们很有趣，她们读过的这类书籍的数量往往是男孩的四倍。男孩几乎不关心书的风格，但一定要有惊心动魄的事件和英雄人物。沃斯托夫斯基小姐说，"女孩对小说的特殊兴趣大概始于青春期，16 岁以后，故事给她们带来的强烈的愉悦感渐渐消褪"。当然，兴趣之所以消褪也有可能是因为学校对阅读的要求越来越强制化、一致化。女孩们喜欢读本国的书，喜欢与自己有相似之处的故事人物，喜欢故事里有自己熟悉的场景。"没有男孩承认自己读过那种纯粹关于女孩的故事，而女孩则坦承被那些描写男孩的书所吸引。女性作家更吸引女孩，男性作家更吸引男孩。所以，在不同性别的作者之间，几乎毫无相似之处。就小说而言，那些更被大众推崇的作品对男孩的吸引力要大于女孩。""如果不干涉青少年的阅读兴趣，让它们自然发展，他们通常都会倾向于选择那些对日常生活没有什么帮助的书——一方面，这些书里吸引人的刺激场面可能显得过多，另一方面，这些书可能会让人的视野变得狭隘。"

根据 523 份全面的调查问卷，兰卡斯特发现，其中 453 人"在青春期被称为'阅读狂'"，他认为父母对这种强烈的阅读欲望了解得太少，不知道这个阶段是培养品位的黄金时期，也不知道这个时期多读书可以预防将来受不良作品的影响。在 11 岁到 14 岁之间，阅读曲线快速攀升，15 岁时达到最高峰，之后就迅速下降。有的人喜欢兼收并蓄，什么书都看；有的人喜欢深度阅读，并被某一本书深深打动，这可能与他们的生活经历有关；有的人会在一段时间痴迷历史，一段时间又沉溺于小说，另外一段时间则为戏剧或诗歌发狂；有人会吞下整套百科全书；有人想象自己将成为一个伟大的小说家，并开始构思长篇爱情故事；有人还给出了准确的数据，历数自己的阅读品位在不同阶段的变化，从幼儿时期的童话故事到少年时代的游记和冒险故事，再到爱情故事、诗歌、历史等；还有一些人历数了自己是如何一步步发展出对诗歌的兴趣的。

雷耶（Reyer）博士所做的详细统计表明，阅读欲望最贪婪的时期是在 15 岁到 22 岁之间，20 岁是平均值最大的时期。他还发现，10% 的年轻人在这个年龄所读的书，占他一生所有阅读量的40%。20 岁之前，阅读曲线上升得非常快，20 岁之后则以更快的速度下降，因为此时生活的重任已无法逃避，他们必须养家糊口。25 岁之后，仍然有很多人读书，但是读得已经很少了。每一个年轻人都应该有自己的藏书之所，不管地方有多小，都要选择一些自己喜欢的书。带着拥有者的愉快心情，将读过的知识封存起来，这不但有助于保存文化载体、留住早年的青涩回忆，还是来自父母的爱和关怀的一份可以触摸得到的纪念品。尤其是对年轻人而言，当印刷商们出版的各种读物像洪水一样席卷而来时，黑暗中唯一安全的方舟，就是果断地放弃数量，追求阅读的质量。阅读文学作品可以帮助青少年摆脱个人所受的限制，使他们以旁观者的身份去行动、思考，领悟万事万物的奥秘。然而，这种热情也有可能超过必要的限度。那些沉默地藏身于美国5500个图书馆内壁的图书，其数量在世界上首屈一指，超过历史上任何时期。然而，如此大量的书籍也可能会导致年轻人在不断扩大阅读范围的同时，忽略了书里的圣贤之言，削弱了它们的分量，还有可能让他们变成谈话迂腐的书呆子，更糟糕的是，他们可能会被外来的观点和思想淹没，失去了自己的主动性和原创性。

当精神在书籍的世界里开始第一次漫长飞行的时候，阅读的热情就迎来了它最有生气的怒放期，在康拉迪的研究中，90%的案例都证明了这一点。其中，32%的人希望阅读能触动自己的情感，而寻求知识的动机并不常见。有人读书是为了打发时间；有人想让自己显得更有学问——或是培养自己的个人风格，或是扩充自己的词汇量；还有人是为了吸引异性。有人专门对某一类书感兴趣；有人却像杂食动物一样杂学旁收；有人喜欢有关小孩的书，或者是专为小孩写的书；有人喜欢童话故事；有人只找成年人的书看。他们通常通宵达旦地读书，有人会完全沉迷在刺激的冒险故事中，或是真心相爱的恋人所经历的危险和困境中，随着故事从沉重走向快乐，他们也跟着大笑或者哭泣，其中少数人一周就能看完好几本书。有的孩子被父母禁止看课外书，他们就一个人偷偷摸摸地看，要么把书藏在课桌下，要么藏在教科书下面。有些人会在数年时间内，一直沉浸在文学作品制造的浪漫氛围里，失去了对自我的正确认识，在幻想的世界里经历急剧而极端的自我膨胀，过早地耗尽自己的热情，觉得自己周围的现实世界单调无趣，并且对真实世界产生了一种非真实感，导致他们在平常生活中对事物反应迟钝。康拉迪整理了二三百本青少年最喜欢的书籍、二三百个他们最喜欢的作者。对于那些处于青春期早期的少男少女们而言，他们发自内心的阅读兴趣既不会遵循传统，也不会在外力的逼迫下减少，更不会人云亦云。这个年龄的青少年所寻求的，是用个人选择的方式和兴趣来表达自己的创意和个性。

邀请不同领域的权威人士，让他们花一定的时间来精心选择一些书籍（它们必须是由最好的作者写的最好的书），并为这些书写一些简短而有提示意义的话——可以谈谈这些书的大概内容，提炼出它们的知识点，但是不对如何阅读做任何建议，更不做任何规定，这或许是引导青少年培养快速阅读能力的最好办法。在科罗拉多的德龙（De Long）教授出现之前，就有人持有这样的观点，认为一会儿就读完一页书的快速阅读能力，就像数学家将一长串数字相加快速得出结果一样，或者像艺术家多尔（Dore）能够通过快速翻页来读完一本书一样，是可以通过长期训练和反复练习达到的。学校不应该向学生们施加压力，压抑他们看各种杂书的天性，在这个年龄，有的孩子会雄心勃勃地决定看完整套百科全书，甚至读完整个图书馆里的书；有的孩子会在家里对从书本中学到的所有知识进行体验和尝试。学校应该对这种热情因势利导，而不是想法设法去压抑。确实应该规定一些阅读内容，但是在选择书籍的种类时，必须遵循我们前面提到的四个原则，或者按照斯坦福大学提供的五种分类方法，提供大量同类书籍和作者供他们自行选择，允许老师和学生有更大的选择自由度。那些持均衡发展论的学者们所获得的少得可怜的所谓胜利，就是把学生们当成一个整体来对待，牺牲学生们的个人需要，强迫他们服从一种机械的便于控制管理的集体需要，结果就出现了那些令人悲哀的条条框框、标准化的整齐划一的要求。原本应该让广阔的土地雨露均沾，而今兴趣的源泉却被迫流进了深深的峡谷，以致峡谷两侧的土地得不到浇灌而硬生生地变成了沙漠。青少年在选择阅读内容时，有时候是模仿他人，即别人读什么自己也去读什么，不过除此之外，他们还有一种去读别人没读过的书的欲望，而这正是让他们保持独立个性的有效保证。很多学校不但对阅读的规定不合理，选择的书目更是糟糕透顶，其中甚至包括坦尼桑（Teny-son）所著的甜腻得难以形容的《公主》（*Princess*，表达了对高中女生日益女性化的奇怪看法，同时又讽刺了女孩想要获得更多学识的愿望），让充满阳刚气息的男孩子们厌恶不已；还包括那些远离现实生活的书籍，例如，写给撒克逊男孩看的冗长沉闷的拉丁文——大卫（David）穿着索尔（Saul）的盔甲去战斗等；还有一些书，完全是在破坏青少年刚刚产生的句法意识，因为它们让他们模仿外语句式结构，这造成了曲解和使用不当。最糟糕的是，青少年阅读的最主要目的——培养道德意识，完全被学校忽略了，形式和风格成了选择阅读内容的前提。这些书里充斥着越来越多的笔记与注释，将读者的注意力从内容转移到了语言上，可是，对语言的深度研究难道不是应该属于大学阶段的任务吗？这种做法导致的结果就是，学生们对文学作品的理解和鉴赏能力还没有发展到高级阶段，就被引导着向考证批判的方向发展了。

（二）目前，对青少年其他心理能力和天分的研究还非常少。对与文学息息相关的历史，少年儿童又具备什么样的兴趣和能力呢？我们在这方面所做的观察实在是太少了。我们对历史以及其他几门学科的研究，正处于瓦特（Watts）凝视着茶壶并开始梦想蒸汽机的阶段；我们只是正在认识到，有一种新的能量和方法注定会重建整个教育体系，提高教育成效，但是在经过了一段漫长而艰苦的路程之后，取得的成功依然极其有限。

巴恩斯夫人故意讲了一个没有时间、地点、名称或道德意义的故事，看看孩子们都会问什么，并比较了 1290 个孩子提出的不同问题。她发现，女孩子对人物更感兴趣，会问"谁"这个问题的人数在 12 岁时达到高峰，这和男孩的情况差不多，不过男孩对这个问题的兴趣会一直持续上升，直到他们

15 岁时为止。对事件发生的"地点"的兴趣，女孩在 11 岁时达到最高值，而且在她们到了 15 岁时，与男孩子比起来，对这个问题的兴趣依然高出很多。而"如何"和"为何"的问题，一个涉及方法，一个涉及原因，都是在女孩 12 岁、男孩 15 岁时达到最高值，但是与前面的问题相比，它们出现的频率更低，不同年龄之间的差距也更小。至于对行动结果的兴趣，所有人都表现得很明显，在女孩 12 岁、男孩 15 岁时达到最高值。细节和时间问题激起的兴趣要小得多，男孩、女孩对细节的兴趣的最高点都在 11 岁。青少年对所叙述内容真实性的关心少到极点，到 15 岁时才表现出来，到 16 岁时有一定的增加。从故事中得出的推论数量随着年龄的增长而增加，不过 13 岁之后增长率非常小。11 岁之后，合理而且带有评判性质的推论有所增加，而充满想象力的推理则在这个年龄达到了最高值。所有年龄的孩子对名称都有强烈的兴趣，这点和原始人没什么两样。男孩的好奇心主要是关于"谁""哪儿""怎么样"；女孩的关注点则主要在"为什么"。总的来说，男孩对历史的好奇心要比女孩更强，但好奇心的高峰值出现得比女孩更晚。在一个偏僻的小岛上，岛上有一间木头房子、一艘船和一副弓箭，从这种想象场景中得出的推论表明，孩子们在十二三岁时，合理推理能力和想象推理能力是发展得最有力的时期，在这段时期之后，怀疑和批判能力开始表现得更明显了，这个发现和塔克（Tucker）先生的结论不谋而合，他认为，怀疑精神在 13 岁时开始发展，个人单方面做出推论的行为在这个年龄段开始减少。

就萨姆特堡（Fort Sumter）的沦陷，孩子们从不同渠道得到了两种解释，其中一种是来自学校历史教科书的讲述，另外一种则是来自安德森少将（Major Anderson）的一份电报，两份材料的长短相差无几，然后让他们回答哪一种解释更好、更应该被保留下来，以及为什么是这样。在 11 岁后，选择书面讲述的人数稳步下降，选择相信电报的人数增加，前者的最低点和后者的最高点都是在 15 岁，这表明随着年龄增长，孩子们更倾向于相信第一手资料。选择时受文字风格影响的人数，在 12 岁和 15 岁之间没有什么大的变化，但却在随后两年内快速增长。在十多岁的青少年中，无论男女，选择相信电报内容的原因是真实、有签名的人数增长得非常迅速，在 13 岁和 17 岁之间，相信电报是更直接的资料来源的人数也增加得非常快。

在参考了这种类型的其他研究结果后，巴恩斯夫人得出了结论。她认为，孩子们是以分组的方式来记忆各种内容的，整体反而常常被遗漏了；那些多数为动作的内容最容易记住；被记下来的内容准确性都很高；一般性的内容常常会在记忆中变得更特别；儿童对叙述内容中的细节能记住的不会超过 50%，所以，讲述时要限制细节的数量。从所有发现中得出的结论是：准确性很重要；对中心人物或事件要辅之以大量细节；以动作为主；忽略所有与故事主线、原因和结果无关的内容，如果有必要，可以做一些戏剧性的夸张。

"1895 年意味着什么？"帕特森小姐收集了 2237 名孩子对这个问题的回答。从 6 岁到 8 岁，"我不知道"这个答案出现的频率下降得非常快，不过此后一直保持着少量的百分比。答案稍微多了几个词，但依然没什么知识含量的人数在 8 岁到 10 岁之间最多，给出正确答案的人数也在稳步增加，到女孩 14 岁、男孩 15 岁时，人数达到了最多，这表明孩子们已经有了真正的历史知识。帕特森小姐总结说，"7 岁的孩子完全没有历史时间感，直到 12 岁才可以勉强说有了一点点进步"。有人认为，应该让男孩和女孩在早期无差别地接受历史教育，但是，"到了 12 岁或 13 岁时，历史知识应该用一系列有震撼力的传记、事件来呈现，如有可能，加上与之同时代的叙事诗歌和编年史，并用地图、时序图进行说明，配上尽可能丰富的同时代物品、建筑以及人物的图片"。到了 14 岁或 15 岁时，另外一种完全不同的学习方式就出现了。原始资料依然需要用到，但是它们不应该只是"以长长的全景照片的形式出现在我们面前，像活动画面一样展示某个人类社会的外貌，而是应该给我们提供机会，让我们能通过那些有形的具体实物，例如档案、遗迹、人物和书籍等，去研究当时社会表象背后的组织、思想和情感"。此时对政治家、思想家、诗人的关注应该超过探险家、战斗者；放在第一位的是思考和解释，辨别哪些是真相，并对各种史实进行比较，等等。再往后，大概是大学阶段，就该采用更严肃的方法进行特别的专题历史研究了。

到目前为止，对婴幼儿的心理研究已经很先进了，对低年级儿童的心理研究也已经有了一个很好的开始，但是，对青春期的心理研究却乏善可陈。可能是因为这个阶段在人生的成长中所承载的东西实在是太多了，我们大部分的能力都在此时发展壮大，例如，计算能力、制图及绘画能力、解决问题的能力、注意力、综合能力、推理能力等。我们已经充分认识到，在学校委员会和教师联合协会适当的帮助下，有计划、有方法地收集一些权威数据的做法是可行的。而且，通过对青少年进行科学的心理研究，可以保证我们获得更加省时省力、事半功倍的教学方法，每一个科目的教学都将变得更科学、更专业，不只是在高中阶段，大学低年级的教育也会得到加强。这是一个艰苦卓绝的任务，我们目前最需要做的，就是投身于每一个分支研究中。这也是我们对在校青少年的主要责任，尽管已经有一些人开始了与之相关的研究，例如比内（Binet）所做的工作，但这些研究是属于另一个领域的。

（三）从目前对记忆的研究中，我们看到了很多具有青春期特色的变化，其中一些研究成果可以直接用于学校教育中。

博尔顿（Bolton）对 1500 名孩子进行了数字记忆能力和听写能力测试，结果也是在意料之中的，即年纪越大的小学生准确率越高。他还发现，记忆广度是随着年龄的增加而增加的，与由年级高低决定的知识水平无甚关系。小学生的记忆很大程度上依赖于视觉形象和注意力的高度集中，这个现象说明，记忆力的增加并不一定伴随着智力的进步。女孩的记忆力通常比男孩强。在利用点击计数的方法进行的记忆力测试中，如果点击频率太快来不及数，结果就会发现，当这些小学生们达到了记忆广度的极限时，他们就会高估数字的大小。他还对孩子们的集中注意能力和延时注意能力进行了测试。随着青春期的发展，青少年对大数字如 7 和 8 所犯的错误次数显著降低，至少到 14 岁时一直如此，但在 15 岁时又有一点点回升。

芝加哥有关部门对少年儿童进行了一次综合能力测试，其中一项要求是让他们记住看到、听到的数字，或者复述这些数字。结果发现，在 7 岁到 8 岁之间，听觉记忆稍微优先于视觉记忆。随着年龄增长，视觉记忆持续增长，超过了听觉记忆。13 岁之后，听觉记忆有一些增加，但增加很少，已经落后于视觉记忆大概 10%，而视觉记忆持续增长到至少 17 岁。视听结合的记忆能力要比其中单独一种都更强，如果再加上语音记忆，记忆广度在此基础上还会增大。对相同年龄但不同年级的小学生进行同样的测试，结果发现，不管是用视觉、听觉还是两者结合，学校排名最高的小学生的记忆成绩最好，排名最低的最差。

在对低能儿童进行的记忆测试中，测试者首先给出一系列数字，要求他们立刻口头复述这些数字，并记录下来。结果发现，从 8 岁到 12 岁，他们的记忆广度只增加了 8 个百分点，从 14 岁到 18 岁增加了 13 个百分点。进入 10 岁以后，对 7 位数字的复述正确率逐渐增加，不过，这些孩子的记忆广度依旧比同龄的正常孩子少一个数字。总的来说（当然并非没有例外），测试结果显示，智力的发展和记忆广度的增加是同步的，尽管低能儿童和正常儿童的智力差距远比他们之间记忆广度的差距要大得多，同样，这类记忆能力偏弱的问题也并非低能儿童特别突出的缺陷。

肖（Shaw）选择了 700 名学生，对他们进行记忆力测试。选择的原则是，从 3 年级开始一直到高中阶段，每隔一个年级选择一批学生，还包括了少数几个大学生。他将一个由 324 个词语组成的小故事分成了 152 个短语，在读完这些短语后要求学生们立刻进行复述。结果显示，高中阶段的男生的记忆能力最强。7 年级女生记住了 43%，高中阶段的女生记住了 37%。在 3

年级和 5 年级之间，学生们的记忆力增长得最快。至少 90% 的学生能记住四个短语，50% 的学生能记住 41 个短语，10% 的学生能记住 130 个短语。按照从 10 到 90 的百分等级，将每个等级的故事短语排列起来，就是一张最有意思的记忆力增长图，甚至各种错误都是很典型的记忆错误：遗漏、插入、替代、置换。"女孩记忆力的增长普遍快于男孩，这也符合男女差异的一般性原则，即女孩的青春期比男孩来得要早一些。"

在对少年儿童的记忆力进行了仔细的研究之后，肯西士（Kemsies）得出了一个结论：随着年龄的增长，记忆质量要比记忆数量提高得快。

门罗对 275 个男孩和 293 个女孩进行了记忆测试，他们的年纪从 7 岁到 17 岁均匀分布。结果发现，在 15 岁时，他们的视觉记忆和听觉记忆都出现了显著的增长。而且，他们的听觉记忆都是在 16 岁时最好，视觉记忆在 15 岁时最好。

能否准确地记住音长也用在了记忆测试中。结果显示，他们都是从 6 岁到 7 岁时记忆准确度下降，从 7 岁到 8 岁时准确度上升。从 8 岁到 9 岁，女孩快速下降，而在接下来的一年又快速上升，男孩则保持稳定状态直到 10 岁。之后他们都在 14 岁时达到顶点，接下来的两年又有所下降，都在 16 岁到 17 岁之间能力大增，但是其准确度再也没能达到 14 岁时的状态。

涅恰耶夫（Netschajeff）以 637 个 9~18 岁的男女学生为研究对象，进行了下列测试：向他们展示 12 个完全不同的物体，每个物体的展示时间为 2 秒钟，要求他们必须立刻写出这些物体的名字；在他们视线之外播放 12 种完全不同的声音；每次读两位数的数字；朗读三个音节的词语，这些词语指代的是一些与此前展示的物体相类似、与此前听到的声音相联系以及表示触觉、温度及肌肉感觉的词语；此外还给他们提供一些描述情感状态以及抽象概念的词语。以上系列，每个系列 12 个词语，都需要用书写的方式把它们重复一遍。结果显示，用这种方法测试的每一种记忆能力都是随着年龄增长而增长的，在青春期开始时或青春期前夕，会出现一点轻微的下降趋势，然后开始一路上升，到十六七岁之后又开始轻微下降。测试表明，在 9 ~ 18 岁这段时间，对物体的记忆能力增长最快，其次是对感觉的记忆能力，不过在所有年龄，后者都显著低于前者。男孩对真实感觉的记忆力强于女孩，女孩则更擅长数字和词语记忆，不过，女孩在这两种记忆能力上的差别不大，远远小于男孩。两性之间最大的差别出现在 11 岁和 14 岁。在十八九岁的时候，这种差别似乎又有了一些轻微的增长。"在青春期差异显得格外明显。" 9 岁到 11 岁的孩子复述情绪词汇的能力很弱，不过在接下来数年内迅速增长，对抽象词汇的记忆也是一样。9 岁到 11 岁的女孩对词语的记忆要强于对物体的记忆；男孩对物体的记忆则稍胜一筹。在复述的时候产生错觉，写成表示其他感觉、声音以及节奏的词语的现象，在少年儿童中并不少见，不过随着年龄的增长不断减少，尤其是在青春期。在青春期之前，女孩是最容易犯这种错误的，而在青春期之后，男孩则更容易犯。在表 10 - 2 和表 10 - 3 中，纵坐标代表了正确回忆的数字，横坐标代表年龄，是个很有意思的总结。

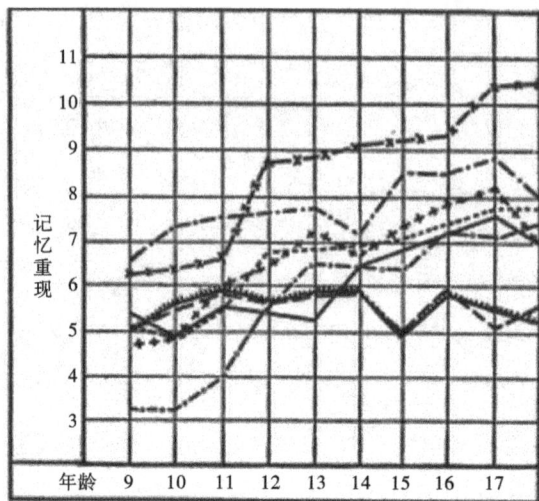

女孩

━━✕━━ 物体	•••••••• 听觉概念
━━━━ 声音	＋＋＋＋＋＋ 触觉概念
━•━•━ 数字	━•━•━ 感觉概念
━••━••━ 视觉概念	▨▨▨▨▨▨ 抽象概念

表 10 -2

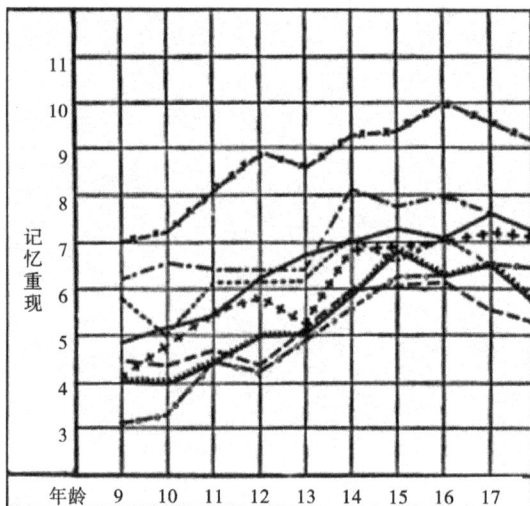

男孩

表 10 -3

罗伯森（Lobsien）的测试和涅恰耶夫的类似，不过稍作修改并提高了对准确度的要求。测试对象包括 238 名男孩、224 名女孩，年龄从 9 岁到 14.5 岁。表 10 - 4 显示了男孩和女孩在各个记忆领域的发展情况。

男孩

年龄	物体	噪音	数字	视觉概念	听觉概念	触觉概念	感觉概念	声音
13 - 14…	92.56	71.89	80.67	73.00	74.78	75.33	75.44	40.56
12 - 13…	76.45	57.33	72.33	69.67	64.89	73.67	58.67	37.67
11 - 12…	89.78	57.19	70.22	59.67	63.00	73.33	55.33	19.99
10 - 11…	87.12	55.33	49.33	55.11	48.44	57.11	38.33	12.44
9 - 10…	64.00	53.33	49.09	46.56	43.78	43.67	27.22	7.22
标准值	82.2	59.02	64.8	60.6	59.4	64.2	31.2	24.0

女孩

年龄	物体	噪音	数字	视觉概念	听觉概念	触觉概念	感觉概念	声音
13 - 14…	99.56	82.67	87.22	96.67	71.44	82.00	70.22	41.33
12 - 13…	92.89	75.56	74.89	77.22	63.11	74.67	67.33	34.89
11 - 12…	94.00	56.00	73.56	72.78	72.11	70.89	73.33	23.22
10 - 11…	75.78	46.22	62.44	56.22	54.78	58.78	43.22	10.44
9 - 10…	89.33	46.22	50.44	54.22	38.22	51.11	32.89	6.89
	91.4	62.2	71.8	71.0	60.2	67.2	59.4	23.8

表 10 - 4

男孩的表显示，在 14 岁时他们对物体、噪音、感觉概念的记忆能力有明显增长，尤其是与前一年这些方面的记忆能力相对明显减弱的现象比起来，让人印象更为深刻。不过，13 岁时他们对视觉概念和无意义声音的记忆能力明显增长。12 岁时，对数字、听觉印象、触觉和感觉的记忆能力增长最显著。10 岁和 11 岁时，对物体和其对应名字的记忆能力有明显增长。所以，我们可以说，记忆强度的增加绝对不是逐年上升的，而是在某一个阶段集中于某一个方面的能力，而其他方面的能力则相对地被忽视了。因此，每一种类型的记忆能力在相对强度方面都表现出了近乎规律性的增强和减弱趋势。

女孩的表显示，在 12 岁左右，她们所有形式的记忆能力都有显著的增强。只有在 14 岁时，视觉概念的增长率才比其他的记忆显得现对高一些。13 岁时，对声音的记忆能力增长最明显，对物体的记忆能力则在刚刚从最低点攀升上来之后，又出现了明显的倒退。

就将记忆对象按顺序准确地回忆起来的能力而言，女孩在任何年龄都胜于男孩。对所见物体的回忆，其准确率是男孩的两倍，男孩只有在回忆数字顺序这一项上有优势。总的来说，将一系列印象按顺序回忆起来的能力增加，不按顺序回忆的能力却在减弱，但是这两者并无直接的比例关系。在简单机械的记忆中，系列位置效应中的末位效应对男孩子最管用。回忆再现的范围和能力要高于固定的顺序。总体上看，女孩在回忆数字、触觉概念以及声音方面要比男孩稍胜一筹，在回忆感觉概念、真实物体和视觉概念时，则高出了男孩一大截。

科尔格罗夫（Colegrove）收集整理了 1658 名调查对象的 6069 份早期回忆，目的是研究白人男性和女性人生中最早的三个记忆是什么，研究结果如表 10－5 所示。

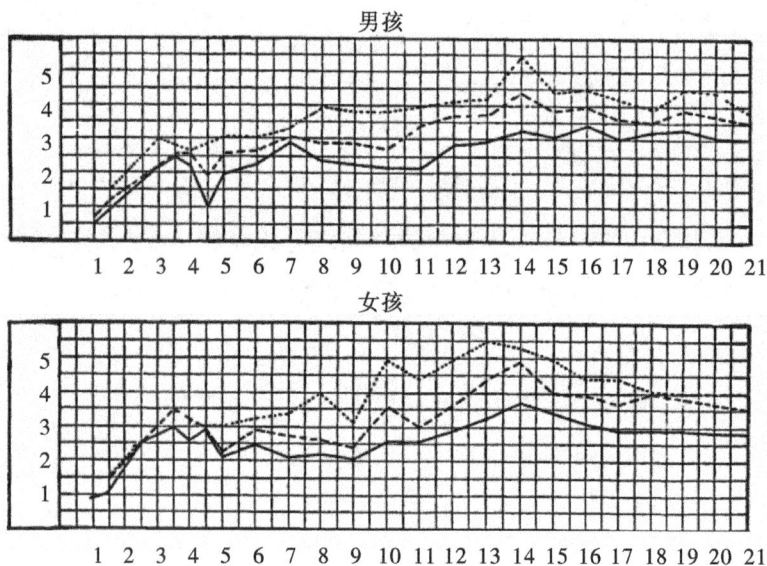

表 10－5

在表 10 - 5 中, 粗线代表第一个记忆, 断线代表第二个, 点线代表第三个。向右的距离表示报告者目前的年龄, 向上的距离表示记忆中的内容出现时报告者的年龄。"在青春期所有的曲线都呈现上升的趋势, 这种现象表明, 在 12 岁到 15 岁这段时间, 他们对幼年经历的回忆能力是最弱的, 比青春期之前和之后都要差。"科尔格罗夫认为, 造成这种现象的原因是, 处于这个阶段的青少年当下的经历已经太多太丰富了。总而言之, "平均起来, 14 岁男孩的最早记忆大概是在 4 岁"。女孩的曲线表明, 她们能想起来的三个早期记忆出现的年龄, 在 14 岁时处于最高值, 七八岁时, 她们的第一个记忆出现的年龄比 14 岁时整整提早了将近一年。这意味着, 处于青春期的青少年们有一个非常明显也非常具有特色的表现, 那就是自动删除一些婴幼时期的记忆, 以便他们能有更大的记忆空间去储存当前的记忆。

研究发现, 男性有关持续或者重复出现的人、衣物、地形或常态物质的记忆最多; 女性对新事物或独特印象的记忆更深刻。10 岁、11 岁左右时, 女性的运动记忆就已经开始下降, 而男性则开始增加, 14 岁、15 岁时, 男性的运动记忆几乎达到了顶峰, 而女性则下降到更低的水平。男性对与亲戚和玩伴相关的记忆减少, 对与其他人相关的记忆增加。对发生在自己身上的疾病和事故, 女性一般印象深刻, 而男性对这类事情的回忆则相对少很多, 对恐惧的回忆也是如此。18 岁、19 岁时, 他们的视觉记忆都出现了明显且持续的减少迹象, 同时女性的听觉记忆也以同样的程度减少。他们对他人活动的记忆都有所增加, 不过男性增加的程度要高出一大截。科尔格罗夫从自己的研究数据中得出结论: "青春期是心理觉醒的重要时期之一。人生的很大一部分回忆都是关于这段时期的。女孩从 14 岁、男孩从 15 岁开始, 听觉记忆已发展得相当成熟。在青春期前夕, 对声音的运动记忆几近峰值, 对自己身上发生的疾病和事故他们没有多少记忆。在这段时期, 男孩和女孩都对他人以及他人的活动有很深刻的记忆。一言以蔽之, 在这个阶段, 特殊的感官记忆是数不胜数的，这是运动记忆的黄金年代。同样，崇高理想、自我牺牲精神以及忘我精神也是他们珍惜的回忆。他们的注意力不再仅限于自己和当时的朋友，更大范围内的兴趣和爱好成了他们思考和追忆的对象。"

20 岁之后，记忆的内容有了明显的改变。男性有了更多的视觉和听觉记忆，而在女性记忆中这两方面的内容则变得更少了。女性的记忆更有逻辑性、更立体、更形象。与自身疾病和事故有关的回忆，男性越来越少，女性却越来越多，而他们有关他人疾病和事故的回忆都相对减少。这一切表明，不同的记忆在不同的时期都有各自的高峰期。科尔格罗夫的这些分析，在某些细节部分可能还需要进行进一步的确认，但他得出的上述结论不仅有启示意义，还有理有据。

愉快的经历和不愉快的经历，哪一个给人留下的记忆最深刻呢？数据显示，男性对愉快经历的记忆从 11 岁时开始增加，到了 14 岁增长速度加快，到 18 岁时达到顶峰，对痛苦经历的回忆的变化过程与此大致相同，不过在 15 岁时这两种记忆都有所下降。在女性这边，愉快的回忆在 11 岁到 13 岁期间快速增加，14 岁时稍有下降，16 岁时又开始回升，到 17 岁达到顶峰。痛苦的回忆的变化过程与此类似，只在 15 岁时稍有下降。所以，男性在 20 岁之前，愉快的回忆多于痛苦的回忆，尽管两者的起落曲线一致。在 30 岁以后，痛苦的回忆会被想起，但也只是一点点。对参加调查的印第安人和黑人而言，不愉快的回忆所占的比重要大得多，尤其是那些有关被迫害和悲伤的经历。不同的记忆内容在不同的年龄占着主要地位。科尔格罗夫还发现，男性对 16 ~ 17 岁这段时间的生活记忆最深刻，而女性则是 15 岁，总的来说，对个体记忆网络的形成和完善而言，青春期的贡献比其他任何阶段都大，7 岁和 8 岁留下的记忆最少。

研究还发现，有时候错误的记忆会被插入我们的记忆结构中，让我们误以为这是真实的经历。有人梦见一个朋友死了，后来就一直认为这是真的，直到有一天她在街上碰到这位朋友；有人晚上梦到一场火灾，第二天早上还向人询问细节；有人梦见收到一件礼物，第二天满屋子搜寻礼物的踪迹；有人头天晚上梦见一个朋友来了，第二天就在餐桌前眼巴巴地等着这位朋友来吃早餐；有个孩子到处搜寻梦中看到的一个储钱罐。这类事情不胜枚举。据科尔格罗夫博士说，在16岁到19岁这段时间，这种幻象篡改真实记忆的现象发生得最频繁。

孩子们交换戒指以提醒彼此不要忘记约定；在手帕上打结、把鞋子放在梳妆台上、把睡衣藏起来；把人的脸和对方头上戴的兜帽联系在一起；把名字和动作、物品或它们所提示的特点联系起来；把数字形象化、联想化，把字母颜色化，等等，都是对记忆技巧的使用。在对一些原始研究材料进行了仔细审读后（在此特别感谢允许我使用这些材料的友善人士），我发现，对记忆技巧的使用在青春期开始出现上升趋势。

第十一章
女子教育

为了获得平等的教育及其他机会，女人和自己的朋友——男人进行了长期的战争，这场战争最后以女人取得全面的、实质性的胜利告终。女性成功取得的专业成就迫使那些持保守思想者不得不承认，她们的智力并不比男人差。旧式修道院的做法是要求女人们深居简出，将她们排斥在社会之外，现在这种情况当然一去不复返了。新的理想模式正在兴起。这是一项高尚的运动，也是让女性获得解放的必经之路。少女们曾经被讽刺为"像天使一样美丽，但却像鹅一样愚蠢"。有人这样形容女人：她从厨房来到丈夫的书房，问2乘以2等于几，丈夫告诉她说，对男人来说等于4，对女人来说则等于3。于是女人高兴地说"谢谢你，亲爱的"，心满意足地回厨房去了。有的女人喜欢被称为宝贝，要求情人和丈夫表现得像自己的半个父亲；有的女人认为自己最大的渴望就是像娜拉（Nora）那样拥有属于自己的玩偶房，满足于终生做男性的宠物；有的女人，她们的理想就是做一株依附在大树身上的藤蔓，对丈夫打拼的那个世界毫无兴趣。上述这些女性形象，大概很快就会成为所剩无几的历史遗迹了。这样的婚姻模式的确仍然存在：女人的无知和无助正是男人眼中最迷人的地方，也许这样的伴侣也很幸福。不过，与当前理想的婚姻模式以及潮流趋势相比，这显然是一种极端现象。另一个极端来自那些在知识和智力上可以势均力敌的伴侣，他们有共同的兴趣和爱好。在婚姻生活中，他们或是始终将精力奉献给共同的事业，或是一起享受生活。

一个颇具代表性的当代作家认为，问是否应该让女孩接受大学教育这个问题，就和问是否应该让男孩接受大学教育一样多余。即便她未来的事业就是 4 个 C：去教堂（church）、带孩子（children）、做饭（cooking）、洗衣（clothes），大学教育一样会对她有用。对青年女性来说，旧式的大学课程并不是最好的教育，而且那些课程已经被证明也一样不适合青年男性。大部分大学男生和一些女生一样，希望得到职业方面的训练。女性通常更富同情心、记忆力良好、有耐心去学习技术以及文学和语言技巧，但缺乏创造精神。她们对解决问题不感兴趣，更不爱动脑子。但是，对她们进行必要的训练，和男性应该接受训练一样，具有同等的严肃性和重要性。最好的结果往往来自于那些将两性放在一起训练的项目，因为，如果将他们分开训练，对女性来说这就是在强调——这种技术仅适用于女性从事的职业。对女性而言，文学和语言比科学更容易；语言表达比采取行动更重要；有学问或许会显得高人一等，但是没什么实际用途；受过教育的女性"掌握的很有可能是技术，而不是艺术；是方法，而不是内容；她可能知道得很多，却什么也干不了"。在大部分单独为女子开设的大学里，传统观念的力量要远比在男子大学更为强大。当女子大学只是男子大学的附属物时，女性在这里并没有获得最好的教育。而如果采用男女同校的方法，"青年男子会变得更加热情诚恳，具有更良好的风度与品行，各方面都比在清一色同性的条件下显得更文明；而女性则能以一种更加自然的方式做更多的事情，相比从前那种完全不受男性社会影响的环境，她们现在获得了更好的思考方法和更健全的心理动力。当她们对男性的存在已经不感到新奇的时候，就会少犯些傻，少干些荒唐事。在标准严格的男女同校的大学中，很少听到学生们有什么轻佻的举动或任何形式的丑闻。学校把维护庄重得体的校园风气的重任交给了女性来完成，而女性也义不容辞地接受了"。大学教育的品质并没有因为男女同校而有所降低，反而上升了——不过我们不得不承认，大部分新建的、小规模的、基础薄弱的大学都是男女同校的。乔丹（Jordan）认为，社会压力其实很容易控制；大学的宿舍制度整体来说就是最好的制度，因为大学里的氛围是最有价值的。目前反对男女同校的原因，有一部分应"归功"于那些游手好闲的男生，因为他们不喜欢自己在学习上不如女生，羞于让女生看到自己的失败，而且，当女性在场的时候，他们就不得不收敛自己粗野狂放的脾气。有人认为女性对体育运动没什么贡献，男子所起的作用才是举足轻重的，因为他们更容易在这个领域取得成功。但是，最新最严肃的论据表明，目前非专业女性体育运动员的常规水平恐怕已经可以媲美专业运动员的水准了。女性接受高等教育是因为她们喜欢；而男性则是因为他们将来的职业就指望大学教育。因此，女性对学习的态度更加客观，对这个世界的看法也更真实。在一般专科学院里，女性和男性表现得一样好，但在综合性大学则不然。那些只接受了部分教育的女性，作为社会的一分子，举办了很多温和的讲座课程，出版了很多便宜的书刊。这也是对女性实行高等教育的一个理由。最后，乔丹坚持认为，男女同校会缔结很多姻缘，他相信婚姻最好的基础就是共同的兴趣和智力上的平等。

　　尽管如此，我们从一些权威资料中看到，女性所受的学术教育程度越高，她们想要的孩子似乎就越少，就越是觉得分娩艰难、危险和可怕，照顾孩子的能力也就越弱。没有多少文化知识，但受过当前社会生活各种熏陶的女性，反而儿女成群。如果我们的社会能越早、越清楚地认识到，这是一条普遍的规律（当然，也有一些值得注意的、夸张的例外），对我们的文明就越有利。申明一点，我恳请开放对女性的高等教育，而且对此的热切真挚和坚定信念不会比任何一个女权主义者少——事实上我的热情更加高涨，因为在这一点上（其他方面也一样），我几乎和她们站在完全一致的立场上。对于那些目前只向男性提供的机会，如果男性并不能表现得比女性更好，我也欢迎女性加入。但是，我会赞成给她们另外一种教育模式，对于这种教育，每一位称职的法官都会裁定它更适合培养母性。可惜的是，在一些女性校长的影响下，女性对这种教育并不感兴趣。这些女性校长们不会公开表示"女学生应该学习做母亲"这种说法是"不受欢迎的"，因为她们也不知道这些女学生是否会走进婚姻，但她们却鼓动学生去投票赞成"不为女性开设特别课程"，她们还认为婴儿心理学很"愚蠢"。

英国正在就男女同校进行诸多有意思的实验。有些实验竭力鼓励女孩们去做男孩子做的几乎所有事情，不管是学习还是游戏。其中包括：让女生做班长；男女生分别建立板球队，不过通常是不同性别的球队之间进行比赛；用同一个游戏场，各有各的指导老师；男孩与女孩之间的友谊不再是禁忌等。在其他学校，异性学生大概只有在朗诵课上才能见面，他们分别在不同的教室学习，使用不同的入口、不同的操场，彼此之间的关系还受到其他一些严格的限制。英国作家们普遍赞同 10 岁之前男女应该同校，对 10 岁之后是否同校则有较大分歧。大家都承认的一个事实是，在两性同在的环境中，如果某个性别的人数远远超过另一个性别，那么数量少的性别可能会丧失自己的特色品质；如果其中某个性别的平均年龄比另一性别高出很多，也会发生同样的现象。另一方面，有一些人极力主张，当人数与年龄都处于平等状态时，在有异性在场的情况下，两个性别都更倾向于发展出自己特有的最好品质。

毋庸置疑，有的女孩会远比其他女孩更适合男孩子的课程、男性的职业。男女同校通常意味着女孩会被男孩同化更多，男孩被女孩同化的程度则相对较小。很多人相信，与男孩相比，女孩从男女同校的教育模式中获益更多，或受到的影响更深，尤其是到了高年级的时候。尽管如此，仔细观察男女同校模式下的男孩和女孩，还是能够发现很多顽固的差异，这是很有意思的现象。某些特殊的运动，例如足球和拳击，女孩是没法参加的；她们不打架；她们不会像英国男孩那样，当不良操行分数加起来超过一定限度时，就会被鞭子或藤条问候；女孩更喜欢结成小团体；对女孩的惩罚必须具有教育意义，她们对这点特别敏感；如果比赛输了，她们很难像男孩那样，带着自尊平静地接受这个结果；她们不能理解也难以接受的是，学校为什么认为打小报告就是告密，还将此列为不光彩的行为加以谴责，尽管她们很快就会自食其果。充满男孩气息的环境，可能会让女孩面临着被粗犷化的危险，尤其是男孩中流行的那些粗鲁、独特的语言，简直成了他们的专业用语。女孩更容易过于勤奋；而男孩则容易走向不可救药的懒惰和游手好闲。女孩更安于坐在教室里，用背诵或其他方式将各种知识塞进脑子里，只管接受老师的灌输；而男孩则更愿意让老师告诉自己去干点什么，例如，举行一个小测验、去实验室做个实验什么的。而对这些需要动手的事情，女孩通常会手足无措。有位作家提到了一些女孩有不规矩的行为，不过又急急忙忙地补充说，这些女孩子很快就认同了学校有关荣誉的准则。也有人认为，在歌唱课上，不同性别的声音合在一起要比只有一个性别的声音更动听。对各种各样不同类型的问题，男孩和女孩感兴趣的方面是不一样的，即使是在同一个主题下，各自侧重的方面也不同，因此，他们在一起时对问题的理解范围明显变大了。在手工训练方面，女孩在所有艺术性工作中都占上风，而男孩则在木工活上占有优势。在这种环境下，女孩们不仅少了许多无益的多愁善感和冲动，在行动上也越来越三思而后行。她们懂得，自己有责任巧妙适当地赞扬周围的男生，这样做有利于学校形成和谐的整体氛围。超过一定的年龄后，如果把对男孩的教育模式整个或者大部分施加给女孩，这将是一种灾难，这比把对女孩的教育全盘施加给男孩所造成的后果还要严重。也许，那些具有丰富生活阅历和工作经验、在女孩眼中的权威地位足以与阿诺德（Arnold）和思林（Thring）在男孩心目中的地位相媲美的、伟大的女性教师们正在日益减少。之所以会造成这种现状，极有可能是因为经济方面的原因，所以即使解决这个问题后能带来很大的益处，但是问题依然得不到解决。最后要说的是，有几位作家提到，在男女同校的教育模式下，道德氛围正变得日益健康。那些在男子学校中猖獗横行的恶习，曾经被阿诺德认为每个班都难以幸免，区别只是数量不同，在男女同校的学校中却正在销声匿迹。学生们对性产生了一种健康的想法，一方面不再把它看得那么隐秘阴暗，只能基于想象；另一方面他们也不会再过分多情地对待它。对两性而言，如果一味地去模仿异性，只能弱化自己，对异性多一些尊重，并且以自己的性别为骄傲，这才是一种正常的表现。

　　在这里我们就不再过多追究这个问题了，至于前面所阐述的那些事实，可能也会因性别不同、理由迥异而显得南辕北辙。男女同校的教育模式实施起来就够难了，说到底还是对男孩的教育更容易一些。男孩不像女孩，他们在精神上不会对生理环境和心理环境产生那么独特的反应；他们比女孩更早地对某个专门领域产生了特殊兴趣，而且比女孩强烈；对于环境中存在的那些伤害性元素，他们的反应更主动有力。在高等教育环境下，这些区别尤为明显，在我们这个以专业化和职业化训练为发展趋势的时代，就更是如此了。正如我们平常所看到的那样，不管是在生理素质还是心理素质方面，女性都是一种比男性更具有种族属性的生物，随着年龄的增长，她们越来越需要一种自由度高、充满人文气息的教育。教育程度越高，两性区别就越明显，选择合适的教育模式就越难。不仅如此，按照自然法则的要求，随着我们的文明越来越发达，两性之间不应该越来越相似，而是应该各有特点、泾渭分明。所以，我们可能不得不在高等教育的很多科目中（如果不是全部的话），奉行对不同性别区别对待的原则，至少在教育方法上应该如此。现在，社会已经大致达成共识，认为男性拥有的权利，女性也应该完全拥有，但她们应该寻找一种更适合自身天性的教育模式，与男性的一样好，或者更好。只要她们还在努力想让自己变成男人那样，她们就会一直处于弱势地位，只能成为一个伪劣的"仿男人"。所以，她们必须开拓出一个新的天地，这个天地应该是一片富饶的土地，适合她们所有的天性与本能自由地生长。

性别差异来得最突然、表现得最明显的时期，就是青春期了——也就是10岁刚出头的那几年。关于这段时期，我们已经在世界范围内达成了共识：男孩和女孩会经历一段暂时性的分道扬镳，并沿着各自的轨迹走过这段最关键的人生旅程。这段旅程至少需要持续数年时间，直到他们的心理和生理在经过一段剧烈的骚动和不安之后，迎来了各项机能的成熟，并最终在适婚年龄达到巅峰状态。对于这个发展趋势，家庭成员会在家庭生活中深有体会。在12岁或14岁时，兄弟和姐妹之间各不相干的状态会比从前更明显。他们在家庭中的地位和作用分化了，与此同时，他们各自玩的游戏、运动以及品位也越来越不同了。这样的例子，不仅大量存在于家庭生活中，在历史学、人类学、社会学中也不胜枚举。这是一种正常的、生物性的现象。我们的学校以及其他机构应该做的，不是去抹煞两性之间的这些区别，而是要想办法让男孩更具男子气，让女孩更有女人味。我们应该尊重性别差异的自然规律，千万别忘了，做母亲和做父亲是两种截然不同的状态。任何一个性别都不应该去模仿异性，也不应该以异性为榜样，而是应该明确各自的角色分工，在伟大的两性交响曲中和谐地共存。

当男孩和女孩过了18岁或20岁之后，就已经达到了成熟状态，对于此后他们在大学里的教育，我无意多说什么来反对目前的男女同校模式，也不想对综合性大学中的年级制度说三道四。但是，现在是时候问问我们自己了：让男女同校进行完全一样的教育，这种理论和实践是不是带来了一些严重的问题？尤其是在高中阶段，这种男女同等的教育模式已经推广到了让世界其他国家吃惊的地步。这种模式是不是干扰了男女之间正常存在的、在其他国家被视为常态的性别差异？我知道，当然会有人拿经济问题说事。如果按照这样的逻辑，为了节省资金和人力，我们是不是应该将那些信仰差距不是太大的教堂合而为一，这样一来，我们就可以拥有更好的布道、更好的音乐，甚至可以改善整个宗教结构并带来其他诸多好处。我绝对不是想拥护那些将男女同校制度连根拔除的激进主张，但是，我们现在已经有条件对这种制度的收益与损失算个总账了。一方面，人们广泛认为，在有异性在场的情况下，男性、女性都能发展出一些属于自己的最好品质；但另一方面，我们有个问题要问：对于这个目标，男女同校同等的教育模式能怎么样、什么时候以及在什么程度上保证它的实现呢？

正如我们前面讲到的，对于同一个主题，女孩和男孩关注的往往是不同的方面，这或许能够拓宽彼此的视野，并达成互相理解，但问题是，是否会有一方对对方的世界并不那么感兴趣呢？尤其是女孩，她们通常不觉得男孩的世界有多大吸引力。毫无疑问，有的女孩会因接触男孩的世界而少一些易感多情，她们的行为会更谨慎，她们的责任感会增加，而且她们还能发挥女性的一个重要功能，那就是对男孩进行适度赞美。我们也有一些证据表明，男孩的某些恶行减少了，他们变得更加温文尔雅，他们对性的想法变得更健康了。在某种程度上，男孩还会因受到女孩的刺激而发愤图强并获得好成绩，因为在很多学校，女孩在很多科目上都比男孩更优秀。尽管如此，我们还是要问，在这个人生阶段，最自然的生活方式应该是什么？难道不是应该让男孩活蹦乱跳、吵闹喧嚣，甚至粗野狂放到女孩子不愿意以他们为伴吗？难道不是只有在此时让他们尽情释放野性，才能在将来变得更真实吗？另一方面，难道不是应该让女孩完整地度过这段多愁善感的不稳定期，她们才能在将来完全成熟吗？在这里我们要冒昧地特别指出一个问题：对一个十几岁的女孩来说，她的一生健康都要取决于月事是否正常，如果这个时候必须在学校里和男孩子们混在一起，她就不得不压抑并隐藏自己的感觉和本能的青春萌动，就像一朵花不得不压抑着自己正常的绽放，让我们看不到大自然美丽的杰作一样。这，难道不是有一些不健康、不自然吗？就更别说让人觉得有一点点怪异了。女孩子的经期是一个神圣的时刻，此时应该免除她们为生存而进行的辛苦劳作以及学校的脑力劳动。有一些最优秀的医学专家坚持认为，处于这段时间的女孩子应该"休养生息"，就像从前的女子所做的那样，按照目前的科学知识，休养的时间应该达到整个月经期的四分之一。虽然我们的医学专家们常常会矫枉过正，但是，他们一致的意见不应该被完全无视。

不过，这些不是我在这里要说的重点。我关注的是，现代学校中两性过于密切的关系，尤其是在同样的学习、待遇以及环境中，会对他们造成什么样的影响。

现在，我们手头上至少有 8 份优秀且互相独立的统计研究，这些研究表明，从 10 岁开始，男孩的理想人物几乎都来自同性，而女孩的理想人物往往是来自异性，而且这种趋势正日益明显。青春期女孩的理想人物往往不是现实世界中伟大而高贵的女性，也不是文学作品中出现的女主角，而是她们青睐的男性人物，这表明，她们所选择的理想目标，与她们为了种族的利益而应该选择的生活路线之间有一道深深的鸿沟。在我们的公共学校中，并没有提供机会让她们从历史和文学中了解到更多的具有女性特色的理想人物。最近一段时间，女性似乎对自由产生了新的热爱，这种热爱驱使着女孩子们抛弃家庭，向往办公室的工作。"在 100 个大学女生中，就有 18 个无所顾忌地宣称宁可做男人，这种教育模式绝对不能被称为理想的教育。"在调查中我们发现，超过一半的在校女生会选择男性作为理想人物，似乎那些女性理想人物都从人间蒸发了。一位近代作家在看到这种现象后，声称"除非改变目前的这种趋势，否则我们将很快面对一群毫无女性特点的女性"。在我们的学校里，女性教师的数量正在日益增加，这大概是一种自然也是必然的现象，但是，大部分这些女性教师心目中的理想人物也是男性，而这对建立并培养女学生身为女性的荣耀感毫无帮助。"在8岁到16岁这段时间里，女孩子在任何时候都比男孩子多出3～20个理想人物。""这些事实表明，女孩正处于一种对自己的兴趣不确定的时期，缺乏清晰的目标，需要整合。"

当我们把目光转向男孩，发现情况大不相同。在大部分公立学校中，女孩的人数都比男生多，尤其是到了高年级，每个班最后留下来的男生很少，变得几乎和女子学校一样。授课老师也主要是（有时候甚至是清一色的）女教师，可是对这个年龄的男孩来说，他们比人生中任何时候都更需要由男性来管理。男孩需要不同的训练方式、道德培养以及生活氛围。他们还需要不同的学习方法。在学习和背诵方面，女孩比男孩更有优势，她们更乐于在权威的指导和建议下学习，但是如果让她们去做一些小测试或者实验，让她们展示个性、表达自我，她们往往会不知所措，可是对男孩来说，这些都是他们最乐意去做的事情。在高中阶段，女孩在拉丁文和代数方面都比男孩更有优势，大概是因为习惯、传统以及老师们的忠告促使她们去努力学习它们。她们在英语和历史课上也比男孩表现得更出色，至于原因，让我们希望这更多是源于她们内心的喜好吧。对那些形式凌驾于内容之上的课程，男孩很快就失去了兴趣，在课堂上变得坐立不安。他们拒绝缺少事实依据的方法论。他们渴望实用主义。当所有这些天性都被否定之后，他们就陷入一片茫然之中无所适从了，最后只好辍学而去。如果能够在充满活力、真正属于男孩式的氛围中生活，比如在哈罗（Harrow）、伊顿（Eton）和拉格比（Rugby）的学校里盛行的那种风气，他们一定会坚持到最后并且表现优异。学校的精神、纪律和整体教员的女性化对男孩是不利的。当然，总的看来他们可能会被熏陶得更有绅士风度、更随和，他们在举止、礼貌方面都会有所改善，要获得这样的结果，女教师似乎比男教师更在行。但是，如果一个男孩子在十几岁的时候就被由衷地认为是"一个完美的绅士"，那这个男孩就有问题了。这个"绅士"应该出现得再晚一些，应该是在男孩子们身上的野性与兽性元素有机会以正常而健康的方式得到完整释放之后。在学校里，他们还是可以自己玩足球，在化学课上他们的人数可能最多，有时候在物理课上也占优势，但是，他们始终面临着被"女性化"的危险。对男女进行一定程度的隔离，这也是我们的一些学校现在正在尝试去做的事情，为了能让男孩和女孩都能够得到充分而且完整的发展，这种做法在一定程度上是有必要的。正如男孩子的语言总是会悄悄潜入女孩的语言中一样，女孩的兴趣、方式、标准和品位，虽然在这个年龄还显得很简单，但足以在某些时候吸引着男孩子偏离他们自己的轨道。在频繁的接触中，男女之间的某些差异被重点强调了，而另外一些却彼此妥协了。男孩子们会慢慢接受那些机械性的、记忆式的学习方法，在那些具有女孩特色的事情上干得比女孩还好，却没有机会去发展那些属于男孩的特质。对男孩子来说，在近距离接触之下，女孩子的魅力和容光减少了那么一点点；而对于女孩子来说，近看之下，男孩子似乎也不是那么符合理想。异性的神秘吸引力曾经给予他们无数的灵感，使其把对方想象成最好的形象。亲密而熟悉的友谊让他们变得清醒。那种只要异性在场就想让自己变得最好的冲动松弛了，两性之间的那种张力消失了。他们都觉得自己已经被对方看透了，所以不再像从前那样有充足的动力，为了对方去完成理想中的行为。这种幻灭的感觉有时候会让双方都失去了走入婚姻的动力，女孩变得不修边幅，不拘小节；男孩不再因女孩在场而收敛，而是原形毕露无所顾忌，甚至会略有恶化。由此我相信，这也是为什么受过教育的年轻男女的结婚率日益减少的原因之一，尽管对此我确实无法给出确切的证明。

　　到18岁或者20岁的时候，女孩一般就到了第一次成熟期，此时她们对生活的看法显得惊人的敏锐和真实。如果身体已经发育成熟，她们能承受很大的压力；她们的女性美和身心各方面的完美程度，处于最接近理想状态的时期。对于这一点我们在第八章中可以看到很多例证。但是，在我们的环境中，有一些潜伏的危险。当女孩子们顺利过了这个年龄后，她们的心里会慢慢升起一种轻微的盲目或者倦怠，同时感觉心神不宁、坐立不安，就好像一个人下意识地沿着墙壁慢慢摸索着寻找一道门，可是自己手里却没有钥匙。就这样，有的女孩就像错过花期的花儿一样，陷入了青年女性常常面对的危机中，坠入了一种焦虑的期盼状态，或者渴望一些自己不可能得到的东西。她们与生俱来的不安也开始接踵而来。对女孩来说，大学生活最大的好处，可能就是推迟了这个首次失望期的到来。但是，当我最近读到数百封来自女大学毕业生的信件时，忍不住扼腕叹息，既觉得可怜，又觉得可笑。这些女孩子在离开大学一年、两年或者三年后，纷纷将时间和精力投入艺术、音乐、旅行、教书、慈善工作，一样接着一样；或者努力去寻找一样能够让她们完全投入的东西——一个理想、一项运动或者一份职业，只要能够让她们的利他主义和自我牺牲精神有施展的天地就行。这种紧张感几乎是她们自己无法察觉的，也许隐藏在相当深的潜意识之中。她们用自己对生活的热情、对直接了解这个世界的渴望将这种紧张感全面压抑住了，而此时她们正是最容易受感染和影响的时期。为了采摘知识的苹果，她们付出的健康代价可能有点太大了。然而，这样做并不足以阻止她们那些最纯粹的心理需求。女孩希望自己能对这个世界了解更多，让自己的人格更完美，不打算走进婚姻，尽管她身体里的每一个细胞、潜意识里的每一个冲动都正在指向这个目的。很快，在大概 5～10 年或更长一段时间之后，她们的皮肤渐渐透出了不健康的颜色。也许她们会慢慢调整自己的生活，渐渐变得独立自主、自食其力。很多这样的单身女子在精神上和肉体上都引人瞩目，但是她们不懂为妻之道，更甚的是，不懂为母之道。

最后，我们应该在这些事实的鼓励下，提出一个更尖锐的问题：现在对两性奉行同等教育原则的高等教育系统，是不是缺少了一些最基本的元素，如果是，那这些缺少的元素到底是什么？事实上，考虑到在我们的社会体系下，男性致力于促进社会发展，而女性天生就比男性更适于家庭生活，所以在大学教育中，让男性少接受这方面的元素，相应地让女性多接受一些，这并非不可能。道德伦理可能就是原因之一。伦理学过去常常被当作一种实用的生活能力来传授，并利用宗教动机对其进行强化。而现在，伦理学变成了纯粹理论的、思辨的，而且常常落入形而上学和认识论的窠臼之中。有时候，女孩会对学业和理想付出过多的努力和心力，但她们的体质并不适合这样的辛苦。而男孩却往往变得游手好闲，对学业和理想表现得满不在乎。大家都知道，这样下去可能会造成一种极不好的风气。也许对处于18岁这个关键时期的男孩来说，适应大学生活是一个高难度挑战。在大学期间他们面临着一系列要求，例如，要诚实正直，要努力不懈地学习，但获得的能强化这些行为的动力却很少。进入大学并适应大学，这种压力或许让他们觉得极度厌烦，无精打采、疲乏倦怠就是他们反抗这种压力的一种生理表现。此外，女孩通常比男孩早熟，让男孩和女孩一起接受教育，可能会导致男孩身上的某些成分过早成熟，这样一来，他们的成长发育期就被人为地缩短了，或者说成长动力被身边的女性化氛围削弱了。很明显，我们在有些做法上出现了偏差，尤其是看到其他国家大学里青年男女的情形，就更让我们找不到任何理由来否认这一点。我们应该看清楚并承认弊端存在，认识到其形成原因极其棘手、复杂，并且仔细慎重地对当前的教育理念和实践进行重新审视和评估，这是我们要迈出的第一步。对于这一点，我相信每一个有思想有头脑的人都不会反对。

对女孩子像对待男孩子一样，让她们遵守同样的行为标准，具备同样的规律性，履行同样严格的道德责任，承担同样艰苦的脑力劳动，还想要她们不受一点伤害，几乎是不可能的。这些是男孩子需要受到的锻炼，而不是女孩的。女性的性别决定了她们生来就具有特权和豁免权，这是人类社会根深蒂固的传统。对于这一点，十几岁的美国女孩已经开始意识到了，并为之雀跃不已。我们时常听到这样的事情——公立高中的女孩子公然对男性教师或者男性校长发起抗议，因为他们想用对待男孩子的方式来对她们进行处罚。这样的事件说明，一个老师如果想要成功地受到女学生的欢迎，有必要向神职人员学习。在那些很有意思的案例中，女孩子们除了让学校正视自己的感受，还唤起了父母、学校委员会成员、媒体以及公众的注意——如果我是教育界的教皇，我一定会正式宣布她们为圣徒。中等教育工作正在日益被女性垄断，那些硕果仅存的男教师在这样的环境中逐渐变得意兴阑珊。公众舆论仍然期望他们对男孩子实行严格管教，可是在男女混合的班级，这种严苛的教育方式是不允许的。学校的男性负责人也面临着同样的困境，当他们手底下的教师大都是女性时，他们那种偏阳刚的道德标准很难不受到女子阴柔气的影响，这弱化了他们与男性教师和谐相处的能力。这一无可争议的事实不但时常遭人诟病，还引发了一个更严重的后果——那些在男女混合班级执教的最优秀的男教师们，因为被迫不断地在教育和管理理念上让步和妥协，从而使得教师这份职业对那些能力强、品质好的男性越来越没有吸引力。

此外，高中学校女孩的人数近来增长非常快，在十年多一点的时间内，女孩在高中学生总数中所占的百分比在某些社区已经翻番，在这种情况下，她们的平均素质开始下降几乎是一种必然的现象。与男孩比起来，女孩素质的下降程度恐怕要大一些，因为增加的男孩数量毕竟不如女孩那么庞大。从前进入高中学校的女生通常是女孩子中的佼佼者，有着过人的品位和能力，而现在，尽管学校的录取标准提高了，但是很多生来就资质平庸的女孩子也纷纷涌了进来。学校里所有的男生和老师都是这种素质倒退现象的受害者，尽管这种做法可能维护了大多数人的大多数利益。还有，人们已经普遍认识到，好的寄宿学校能够让女孩变得比每日走读更健康，因为在寄宿学校中，日常的饮食起居和锻炼养生都有统一的控制，走读时她们往往要承担一些来自社会、教堂以及家务的责任，可能还有一些从来不会困扰男孩的担心和忧虑。对于女孩子而言，月事初来并慢慢形成正常周期的这几年时光，是她们人生最关键的时期，任何会对这个过程造成干扰的行动都必须退让。对于女孩子的这种特殊情况，学校在某种程度上的默认是责无旁贷的，但是，在男女混合的班级里，任何类似的迁就都会让男孩子们感到困惑和泄气。

真正具有高等文化素养的女性，应该致力于创造一种充满人文主义和自由开明风气的新教育模式，并将此作为自己的"理想"或者任务。旧式的大学教育曾经自诩为人文和自由的代表，可是现在它们必须经历一次彻底的重建，才能满足现代生活的要求。在科学领域，这些女性的目标，应该是找回历史和传记中的人文主义成分，让它们尽可能地通俗易懂，能为大众所理解并接受，并将它们应用于所有非纯技术的领域，这一点我们在第十二章将会有详细的描述。她们的责任还包括，不要让源于自然的道德、宗教和诗歌迷失在功利主义中。女性应该保持自己的天性，旗帜鲜明地反对所有不成熟且草率的专业化趋势。当所谓的"时代精神"坚持主张在还没有打下广泛而坚实的基础之前，就为了职业的需要推行专业化的培训时，她应该站出来抵制这些将导致心理早熟的影响。"永远的女人味"并不只是一个流光溢彩的幻想，而是一个可以确定的现实，它意味着不老的青春。具体含义是什么呢？一个女人最好的状态，就是永远不会像男人那样，让自己的青春气息渐行渐远，她会一直留在那里，带着青春期特有的对所有事物的兴趣和好奇，带着少女特有的灵动的情感，带着对所有善良、美好、真实的狂热和激情，将这段人生的巅峰时期演绎得更加丰富多彩、摇曳生姿。这将是她所有朝气和魅力的源泉，即便外表已年老色衰，内心依然青春逼人；还可以使她比男性更具有人文主义精神，更具同情心和欣赏力。美国现在大约有4000个女子俱乐部，这些俱乐部包括了各个阶层和年龄的女性，她们现在有了更多属于自己的闲暇时间，开始对各个领域的基础文化感兴趣，毋庸置疑，在这些领域，她们大部分人都比自己的丈夫更有发言权。有人说，男性不喜欢在才智上比自己优秀的女人，没有一个男人是被女人的才智吸引的；还有人坚持认为，女性真的希望自己的丈夫在才智上超越自己。这两种说法都是误读。在所有的生活秩序中，男性都是变化的推动者，他们生来就会朝着专门化和专业化的方向前进，如果不是这样，那么他们的个性是不完整的。在自己认定的领域，他们会遥遥领先并成为权威人物，极少有人会在婚姻中寻找能和自己并驾齐驱的伙伴关系。婚姻中没有臣服，但是女性会本能地尊重丈夫的能力，甚至敬畏它，受过教育的女性甚至可能还会要求自己全心全意选择的男人具备这样的能力。只要这一点能够保证，男人在女人面前就会具有最大的可塑性，在她们的引导下表现出第二性征的所有特点，而这些特点正是凸显他们男子气概的关键。而对于这些，我们传统的教育方法是无能为力的。那些我们在教育发展史上了解到的"教育学之父"，他们大部分人的思想都曾经照亮了人类发展的道路，但是无一例外地都已经陈旧过时，牛头不对马嘴。接受过专业训练的两性之间应该是怎样的关系呢？用理想中的专科学院和综合性大学之间的关系来打比方，大概可以让人理解一二。彼此对应、互为补充、和谐相处，这才是两性心理上互相交融的最好基础。为了在大学中重建人文主义，是时候让那些有文化素养的女性出面助一臂之力了。如果她们真的发挥了作用，帮助高中学校发展出一种开明的"AB 课程"模式，不仅会比现存的所有模式都更适合女子的天性和需求，也能让青年男性从自己的人文主义教育阶段中获益。不仅如此，在大学期间，女性可以帮助男性获得更多的机会发展自己的专业知识，这多少也算是对她们在高中阶段给男孩造成的损失的一点补偿吧。此外，这种模式还可以将中等教育从最严重的危险中挽救回来。

不过，即使这些都做到了，男女同校的教育模式也必须进行相应的调整。如果青春期男孩的心理发展经历了一个中性化甚至女性化的阶段，那么在这段时期内，如果他有幸遇到了比他年长的智慧女性，而且她对他的天性具有罕见的洞察力、对处于暴风骤雨一般喧嚣而紧张的蜕变期的他所表现出来的种种症状有着无限的同情和耐心，那么在这样的女性面前他会特别地听话配合，具有绝对的可塑性。在这段时期，他会对一切都感兴趣，不停地变换注意力的对象，但是却都不能持久。如果在经历了这样一段心理历程之后，青年男子能够对女性的天性有更深刻的了解，理解她们必须像花一样在这段花期不受干扰地尽情绽放，如果被人为缩短花期或者发育不良，女子那美好的天性就会大打折扣，那么，让他们和与自己同龄的女孩子在同一间教室亲密地朝夕相处就是绝对必要的，而且是最好的方式。然而，这样做存在着很大的风险，男孩会本能地坚持在女孩子面前表现自己的男子气概，而现在他们所具备的男子气概并不充足——这将导致他们过度早熟；他们会排斥一般的文化课，而同班的女孩们虽然和他们同龄，心理年龄却比他们成熟，所以她们在文化课上的能力自然要强于男孩。和女孩子朝夕相伴，却在很多地方比不过她们，为了缓和这种残酷事实给自己造成的心理打击，男孩子们往往会倾向于努力地在某一方面表现出特有的天分，过早地凸显自己与女孩之间的性心理差异。此外，当和他们同龄的同班女生已经隐约显露出适龄少女的绰约风姿时，他们却还是懵懂的黄毛小子，此时在他们之间存在的男女同校的关系或者婚姻关系，都违背了一条重要的生理原则——女性的心理年龄比同龄男性领先数年时间。丈夫和妻子之间应该有数年的年龄差距，这样做一是为了双方的共同利益，因为这样才能保证两人将来同步衰老；二是为了后代的利益。也就是说，这个年龄的男孩离适婚年龄还有好几年的"试用期"，其间他们不得不抑制自己那容易被激发的原始欲望，既然如此，那最好的办法就是不要让他们产生对婚姻生活的意识，可是，如果让他们一直和女孩子们待在一起，这种意识就会不可避免地产生并挥之不去。如果在这几年的"试用期"内，他们成功抵抗住了所有的诱惑和冲动，当"转正"的日子到来时，他们可能已经对女性产生了免疫力，对自己的原始欲望也培养出抑制能力了，甚至可能在适婚年龄之前就变成了一个精神上的独身者。在他这方面的天性里，他可能永远无法适应和女性相处，也缺乏和她们相处的智慧，甚至对女性的老师、姐妹或母亲也一样。与其这样，还不如让他们顺应身心发展的需要，服从原始本能强烈的召唤，产生一些粗鲁大胆的想法甚至行为，也好过这种微妙的自我阉割。男孩对女孩感兴趣的那些东西越反感，女孩就越容易被男孩的世界吸引，结果我们在上面已经看到了，她们会将男性作为自己的理想人物，忘了在同性中也有值得效仿的对象。无论在生理还是心理方面，女孩都比自己的男同学更成熟，学习能力也比男孩子更强，距离身心的完全成熟也已经不远了，可是男孩子却还和成熟隔着一大段距离。与女孩心中理想的男子形象比起来，身边这些男孩子显得简单粗鲁、乳臭未干。她们心目中的理想男子应该是年纪更大、更成熟一些，相对于她们此时的心理年龄来说，这是一种很正常的想法。如果想让女孩子感受到最强烈的性吸引，同龄的男生肯定是做不到的，他们还没有发育完全呢，所以，她们往往只能在沉默中体味幻灭的痛楚。即使只是考虑到和这些男孩子订婚的可能性，她们也会在潜意识里有所保留，除非她们有意识地放弃了自己心目中的理想对象。所以，当男孩们感觉自己在同班女生面前毫无神秘感可言，感觉自己在某种程度上已经被她们看透时，这种感觉是对的，当然，这种感觉有时候会让他们相当不舒服。同时，女孩子也会发现自己常被男孩子误解，令他们失望。男孩抵达人文主义阶段的时间要比女孩晚，过程也更短暂匆忙，当他们好不容易抵达时，却发现女孩子已经在那里了，而且比他们更有这方面的天分。这可不是什么让人愉快的处境，男性的自尊心会怂恿他们缩短或者砍掉这个阶段，匆匆忙忙地提前走向成熟和专业化，因为只有在那些与谋生或成名相关的领域掌握了一技之长、成为专家能手之后，他才能够与她建立正常的两性关系。当然，这些影响并不是显而易见的，也无法用实验来展示，或者用统计数字来衡量。但是，我有理由相信，正如其他一些事实和规律一样，它们确实存在着，在现实中无处不在，让人无处可逃，而且最终会比经济动机和传统力量更有影响力。

成为一个真正的女人，意味着不但要会做妻子，更要会做母亲。圣母玛利亚的形象就表达了男人对女性真实天性的最好理解。两性之间的激情性爱是短暂的，而对后代的爱与照顾却是长久的。抹煞女性身上的母性，这种行为如果不算我们这个时代的顽疾，也是一个巨大的灾难。马尔赫姆（Marholm）详尽地描述了今天的艺术作品刻画的女性形象：纤腰盈盈一握，小腹平坦到几乎看不见，似乎刻意地将其身上有助于完成传宗接代任务的标志抹去；她的怀里一般不会有小孩，也不会让小孩出现在画面里；她的身体就像一尊纯粹的雕像，比例恰当、纤秾合度，充满了视觉上的诱惑力，却不适合生儿育女。这些所谓的现代艺术还会顺带着贬低一下那些用时装照片一样的方式来描绘女性形象的画家，而他们的嘲讽方式可能就是将女性形象应用于卫生间里、化妆品广告上，让她们搔首弄姿卖弄风情，似乎要用堕落颓废的反应来响应堕落颓废的刺激。正如那些吹牛大王所编的故事情节一样，一头狼跟在一匹奔跑的老马后面，一边跑一边吞吃前面的老马，直到最后发现自己被套上了马具。那些迷失方向的女子也是一样，她们的主宰欲望、自命不凡等慢慢取代了自己身上的母性。可是她又不得不去取悦男人，尽管她实在无法对其产生欣赏之情，对那些无法驾驭她的男人，她很容易产生鄙视的心理，尽管在此过程中她自己也日渐变得厌倦懈怠、乏味无趣。

　　生活可能会让男人变得精疲力竭，不管是因为超负荷的工作、不自然的城市生活、长期酗酒还是重新点燃的对一夫多妻的欲望、对金钱及名利的过度追求；不管他们是否变得虚弱无力、弯腰驼背、眼睛老花、双腿弯曲、瘦骨嶙峋，或者粗俗、鄙陋、残暴、蛮不讲理——生活给他们造成的消耗越大，他们引导女性、激发她们天性的能力就越弱，而女人天生就是被动的，没有来自外界的力量的触发，这些美好的天性往往就萎谢了。所以，女子的变态和扭曲往往是男子的问题。在还没有失去在女子心目中的地位之前，男子不但是她的保护人、生活提供者，还是她的指引者。他要做的不仅是支持她、维护她，还要启迪她的心灵，她们善于接纳并用心去诠释这些建议，这一点非常值得赞赏。男子可以用提供建议的方式引导她们的心灵成长，但是不要试图去创造她们。在女性最隐秘的内心深处，即使是年轻的女孩子也经常体会到一种幻灭感，因为她们发现男子是如此渺小，毫无英雄气概，并会因此停止对他们的敬畏，甚至开始认为他们愚蠢。有时候，在她们充满女孩子气的概念里，男子们被想象得太浪漫、太崇高了，而在中学和大学里的亲密接触会让他们的魅力消失殆尽。与此同时，男性也不可能忘记，他们对女性合情合理的期待和理想，在今天常常无法实现。如果女子在将自己的身体和灵魂托付给一个男子时有所保留，达不到他想要的全心全意时，那主要该被谴责的一方，不是她，而是他。在某些动物种群中，雄性到目前为止一直服从于雌性，事实上，在某些精神层面，人类社会似乎也开始了这种模式。如果男性不再像从前那样受女性崇拜了，那是因为他们不再那么值得她们崇拜了，或者说他们更加娘娘腔了，不再那么雄赳赳气昂昂，不能再激发并维持那些来自真正的（就更别提伟大的了）女人的深情了。

如果对结婚和做母亲失去兴趣的女性人数越来越多，可能会导致各种各样的后果出现，其中最主要的几个后果是：

1. **女人变成了玩物。**她们自觉地把自己降到了和男人一样的水平，满足他们的欲望，甚至包括他们自私而任性的想法，但是，作为回报，男人们必须满足她们奢侈而喜欢炫耀的生活。女人变得越来越虚荣，而男人却变得越来越邋遢潦倒。就这样，女人们在屈服于男人的同时又征服了男人、统治着男人，他们满足于这种世俗的快乐，不在乎过去，不理会将来，自己应尽的种种义务更不放在心上。这最终可能引发两性间的敌意，男人会逐渐仇恨女人，认为她们是巫婆；也可能像独身主义者盛行的年代的男子那样，认为性是来自魔鬼的引诱。沿着这样的轨迹发展，生活注定会是一场即将上演的悲剧。

2. **女性对男性感到失望，在她们内心深处，有些东西正在慢慢死去。**她们开始向世界宣告属于自己的"自我"的存在，并有意识地将此作为一个目标，立志要主宰自己的生活并完全实现自我，而不是去成全他人。她们对身为女人这个事实感到绝望，并放弃了自己最大的一项权利——被疼惜被怜爱的权利，转而选择了那些对一般女子而言不那么重要的权利。对爱的渴望可能会被转化成对知识的渴求，或者也可以这样说，她们将外在的成就当作了内在需求的替代品。她们没有把自己当作繁衍后代的生物体，而是努力去成就自己的个人野心；她们追求独立自主；她们逐渐明确自己需要的是什么；或许她们获得了知识和才智上的解放，用科学取代了宗教，用医生取代了牧师。女性身上具备一种对所有事物都具有敏感性的特质，一旦对这种特质加以培养，她们就会像一个被唤醒的孩子，充满了旺盛的好奇心和求知欲。她甚至有可能会假装用男性的方式来解决问题，在潜意识里模仿那些男子气稍弱一点的男性，或者也可能会逐渐感觉自己身上有什么东西被夺去了；她们和男人竞争，有时候会深刻地感受到他们的邋遢恶劣、粗野残忍、强硬顽固；她们总是在期待，却从来没找到自己要找的东西；她们会轮番将精力投向艺术、科学、文学以及社会改造运动；她们对那种自己干不了的工作有特殊的渴望；她们不断寻找刺激，想为自己那从来就没能找到合理表达方式的感情找到一个出口。

3. **另外一种类型，就女性的天性来说可能更真实一些，那就是把自我置于次要地位，超越个人的幸福，以自我牺牲为人生格言。**她们像西梅尔曼伯爵夫人（Countess Schimmelmann）一样，进入了一种为人类服务的生活状态，在此过程中她们可能会遭到否定，甚至受到屈辱。她可能会变成一个皈依的教徒、一个圣人，如果需要的话，她还可以成为烈士，但是在做所有这些事情的时候，她都会带着谦逊、恭谨的态度，并尽力避免出现在公众视野里。

我相信，在我们这个文明社会中，那些在良好的环境中长大且天资聪颖的女孩子，在她们18岁或19岁（有的甚至在17岁）时，就已经到达了我们上文提到的初次成熟的特殊阶段。在这个阶段，她们直面这个世界，其感官正处于最好的状态，其易感性和洞察力正是最敏锐的时候，身心正处于最紧张的程度，其可塑性最强，发展了全面而广泛的兴趣。她们的精神土壤正是最肥沃的时候，各种思想正在竞相萌芽，囊括万物，良莠不齐。像斯特拉·克莱夫（Stella Klive）、玛丽·麦克雷、希尔玛·兰德柏格（Hilma Strandberg）和玛丽·巴什克采夫这些人，都是名副其实的刺探女人天性秘密的间谍。她们向世人揭示了女孩子在婚前普遍经历的一段缺乏个性的时期——在这段时间内，与她们相关的一切都是不确定、不定型的，生活的一致性、对将来的目标和打算，可能是此时的她们最没放在心上的东西。也许不久以后，当她们回首这段混乱破碎的岁月时，她们会为自己的慌乱无措找到一个合理的解释，并认识到生活并非完全由自己的意识或个人意志决定，而是由比这些更深刻的动机主宰。处于这个年龄段的女孩子不应该被强迫去做任何事情，即使以往她们曾有过被迫的经历，此刻也不应该再对她们施加压力。对于女性来说，这段时间的经历是永远不能完全抹去的记忆，这也是为什么她们能够严肃认真地对待处于青春期的男孩子，而男性则往往做不到，因为对男性而言，青春期的经历毕竟范围有限，尽管它们浓缩了很多强烈的感受与体验。处于这个阶段的女子总是让男性觉得迷惑难解，甚至连她们本人都觉得自己难以捉摸。正是来自这段青春岁月的回响，驱使着许许多多母亲们去追求各种各样的文化知识（通常是私下里），因为她们想维持自己在上大学的儿女以及丈夫心目中的形象或者是自己在社会上的地位。

但是，就在短短数年之后（我相信美国女孩子甚至会在20岁出头的时候），伴随着各项能力快速发展的同时，她们开始出现了一些明显可以观察到的丧失和退行迹象。除非她们在此刻走入婚姻，否则我们就可以看到：她们开始无精打采、松懈倦怠，表现出一种几乎不易觉察的不健康症状；对生活产生了莫名其妙的不满足，兴趣爱好、好奇心、勇气都开始减少；开始各种形式的自我放纵，一心只想让自己开心，尽管代价高昂。就这样，她们的生活原本像清晨澄澈的空气，此刻却如同被雾霾笼罩，她们开始下意识的、漫无目的的摸索。到30岁时，在生活的不断磨砺下，她们可能已经多多少少有点性格乖僻，有了更多的小脾气和小任性。她们开始认为自己有获得快乐的权利——这种想法强烈和理直气壮的程度，可以和法国大革命中的男人及近来妇女解放运动中的女人对自由的追求相媲美。她们很有可能将感情投向另外一位女子，进入一段毫无邪念的柏拉图式的伴侣关系。在这种关系中，她们会装模作样地扮演不同的角色，不过她们对打扮和容貌的兴趣并不会因此而变得特别或模式化。也许她们已经习惯了不断地寻找，找到了，又失去了，然后又开始寻找。她们的性情会有所改变，精神可能陷入轻微的停滞状态；这时她们会渴望工作，或者想去旅行；有的人会在此时爱上小孩子，并轻率地产生领养一个孩子的念头，也有人会对小孩产生厌恶；她们会对自己当下的心理过程进行分析，洞察自己的内心——有时候这种洞察未免太深刻太透彻了；她们常常会产生一种没有具体对象的责任感；她们会对社会滋生出一种轻微的不满，感觉这个社会就像"人造黄油"一样；她们会反感那些坚持认为"孩子就是女人存在的真正价值"的女性。"过度的自尊心"与"极度的不自信"在她们身上交替出现，自尊让她们产生各种需要，例如，来自异性的爱慕和崇拜；而之所以不自信，通常可能是因为有很多梦想都得不到允许，以及两性关系令人泄气等。

现在，女性正面临某种新的危险，这也是有史以来女性面临的最大危险，即：停滞不前、自得意满，当女子高等教育正处在最冒险的初级阶段时，她们就产生了一种抵达终点的感觉——说到底，除了获得重新塑造自己形象的权利和机会外，事实上她们并没有得到什么。所以，就是现在，有史以来第一次，我们有机会对教育的方法和内容进行彻底的改头换面，让它们更适合女子的天性和需要。现在大部分的女性教职员工、学校理事会成员以及学生，都满足于能在男子大学或偏男性化的教育机构中获得一个全新的开始。虽然那些教育方法对她们来说具有明显的局限性；虽然她们不得不忍气吞声地屈从那些不适合自己的教育方式；虽然除了一些为了适应女性的性别特色而做的表面功夫，学校基本上没考虑过为她们做任何调整，但是，只要能让她们在学校里占有一席之地，她们就觉得心满意足。对大多数人来说，这是一种最容易的方式，正如一个任职于一所著名大学的女性负责人说的那段具有代表意义的话所揭示的那样："在我的教育经验中，我很早就坚定地认为，应该对男孩和女孩采用同样的培养方法，两性平等，不用考虑任何性别差异。当我开始锻炼身体时，也采用了同样的原则，男子健身房里的那些普通设备在我身上同样有用。"她的话说出了很多人的心声。据说在精神和科学领域，没有男女之别，那么我们是不是也可以认为，在这些领域也同样没有年龄之别，所以根据不同年龄采用不同方法的策略是不是也同样可以被忽略呢？在很多事情上女人能和男人做得一样好，但这并不能证明她们就应该和男人做同样的事情，也不能证明男人的方式就是适合她们的最好方式。爱丽丝·弗里曼·帕默（Alice Freeman Palmer）夫人说得对，男性教育中所有的困境和迷惑，女性教育中都有，而且更多，此外，女性教育还有更多自己特有的困难和复杂性。

所以，我们必然得出的一个结论就是，尽管接受女性入学的大学在很大程度上解决了特殊技能训练的问题，但对另一个更大的问题却无甚作为，即：为女性提供恰当的教育。如果假装第二个问题已经解决（这种自欺欺人的情况太多了），其结果将是灾难性的。我曾经逼着自己看完了很多冗长复杂的会议报告，这些会议的议题就是让那些众人眼中的专家们共同讨论女性教育。我发现了一条规律，而且无一无例外——这些会议记录里充斥着同样的陈词滥调和自鸣得意、粉饰太平的言论，而这些东西已经给女性的生活带来了长久的折磨。除了少数几个统计学上的例外，大部分女子大学不但不去研究自身存在的迫在眉睫的大问题，还往往对那些想要这样做的学校持排斥态度，我认为这样的行径应该受到谴责。在我认识的与这些教育机构有关联的人当中，没有任何一个人致力于任何一项严肃而合适的研究，更不用说制定恰当的方法来应对不同性别之间的心理－生理差异了，真是浪费了他们手上那些极其丰富的研究材料和资源。那些有话语权的人要么因循守旧，要么胆小怕事，因为如果有关这个问题的讨论变得具有科学性，必然会触及一些有关性的基本问题，大众舆论一定会大惊小怪一番，所以，他们往往会保持一本正经的模样，按照老习惯，无视一切表面看来与性有关的问题。

　　女性要求获得每一个可以发挥自己能力的机会，对她们的这个主张我怀着深深的同情和理解，并无意掩饰我对她们能力水平的赞赏。与此同时，我坚持认为，现代女子大学最主要的缺点，就是它们的教育模式建立在一种错误假设的基础上，它们或暗示，或明确表达，而且几乎已经达成了普遍的共识，那就是——女孩子首先应该被训练成独立自主、自食其力的人，至于结婚和做母亲，如果那一天到来了，她们自己会学习如何应对。甚至有人坚持认为，这些是女人天生就会的事情。如果这些大学就像前面的统计数据所显示的那样，主要致力于训练那些不会结婚的女性，或者她们接受教育的目的就是为了践行独身主义，那么这种教育模式无可厚非。这样的话，这些教育机构很可能会变成类似职业培训所的存在，本质就是新瓶装旧酒。从前的职业培训所是帮助那些无意或无法嫁人生子的女性成为阿姨、女仆（年长或年轻的）、修女、学校教师或者独身女郎的。我承认，这个世界对这个成分复杂的阶层有很多亏欠。她们中的一些人诠释了自我牺牲、服务、奉献的最高理想状态，把原本应该给予丈夫和孩子的东西，毫无保留地奉献给了全人类。她们中的一些人属于所谓"剩女"，还有一些人是利他主义的高尚典范，俗世中传宗接代的观念在她们面前不起作用，就像那些僧侣们一样——莱斯利·斯蒂芬（Leslie Stephens）认为正是他们带来了欧洲的黑暗年代，因为他们都是最优秀的、从同龄人中精心挑选出来的男子，却只能眼睁睁地看着自己传宗接代的功能闲置退化，最后留不下一男半女，最终导致了欧洲的腐朽堕落。现代的思想和教育理念正在对女性干着同样的事情，而大自然的原意是让她们成为典型的母亲。这样做给人类带来的是福祉还是灾难，目前尚难定论。

斯宾塞（Spencer）提出，个人化的程度与社会的发展程度之间成反比关系，现在社会中存在的独身女子，就是诠释这条法则的活生生的例子。如果一个人的自我获得了全面充分的发展，那她往往就是某一个群体堕落退步的极端代表。她原本应该奉献给后代的那部分生命和生活，现在完全被她的"自我"占据和利用了，透支了人类遗传因素中的所有优势，虽然让"自我"得到了完美而充分的发展，却对传宗接代毫无贡献。从任何生物伦理学的观点来看，这都是一个极端自私的典型例子。有时候过于自我的男性会这么做，而且有一些人也确实这么做了，不过，女性在做出这种行为时往往更过分，而且她们还有一种男性没有的特别能力——可以透支自己的"天然储备"。首先，她失去了哺乳的功能。所以，就算她承担起做母亲的责任，也不能完整地履行，因为她不能给孩子喂奶。这就意味着，母亲的失职与母爱的匮乏，也让孩子对爱的理解充满瑕疵与残缺，因为一个从来不给孩子喂奶的母亲不可能给予孩子恰当的爱，孩子也不可能知道该如何正确地去爱这个母亲。在子女不正常、不完整的成长过程中，这种爱的缺失导致的后果会一点点浮出水面，尤其是在具有关键意义的青春期，尽管在此前的岁月中他们看起来可能很健康。在那些母亲很有教养的独生子女家庭中（这样的家庭正日益减少），我们也能看到类似的情况，不过程度要相对轻一些。与她们遇到的所有男性相比，在知识与能力水平上，这些女性毫不逊色，往往还更胜他们一筹；作为陪伴对象，她们非常具有吸引力，例如豪普特曼（Hauptmann）《寂寞人生》（*Lonely Lives*）中的大学生梅尔（Mehr），她成功地让一位年轻的丈夫疏远了自己高贵的妻子；她们非常享受智力活动所带来的快乐；她们容貌姣好、气质出众、脚步轻盈、落落大方；她们有思想有智慧，在所有知识领域都可以成为很好的伙伴；和她们进行谈话，就如同苏格拉底和才华横溢的名妓进行谈话一样令人沉迷、让人心动；她们在网球场和高尔夫球场上就如同在家里一般轻松自在；她们可以成为最优秀的朋友；她们的头脑中储存着广泛而全面的知识，和她们的身体一样充满了吸引力。对这种带有高度柏拉图精神的男女友谊，世界一直给予尊重和欣赏，而且会持续给予更多的尊重和欣赏。这些女子通常在每一个方面都优秀出众，但她们不是做母亲的材料，对为妻之道更是知之甚少，想要和她们结婚并培养她们在这方面的能力，往往会以悲剧收场。对她们中的一些人（当然绝不可能是全部）来说，这方面的功能似乎被阉割了。有些人甚至还会积极主动地谴责生孩子的必要性，这说明她们很有可能患有"分娩恐惧症"，并厌恶婚姻生活带来的种种限制。任何时候，只要别人将注意力放在她们特殊的女性功能这个话题上，就会激怒她们；对女性每个月生理期的休养问题，她们也不愿去仔细考虑，认为这个问题"不适合有教养的女性"。

随着文明的发展，恐怕会不可避免地出现越来越多这样的女性，对她们的教育是一个重大的社会责任。事实证明，女性教育已经培养出很多最精明的头脑，她们对科学做出了宝贵的奉献，而且将来肯定还会带给我们更多的惊喜。的确如此，带领着她们的姐妹们走向更好、更广阔的生活天地，或许就是她们的伟大职责所在。我衷心希望，她们能够让女性对自己真正的职责和功能有更深刻的认识。女性迄今都没能解决好自己的问题。她们可能比男性更富有宗教虔诚，却极少有伟大的女性传教士出现；她们比男性更知道如何教育小孩，但却没有出现像佩斯特拉齐或者福禄培尔这样的人物；虽然她们的健康状况一直是个非常复杂的问题，但每次生病她们都会向男性求助。为什么会这样呢？这就要归功于她们过于敏锐的直觉和过于简单的天性。然而现在，她们的世界正在迅速地扩展，正面临着失去本来角色的危险。我们必须不辞辛劳地对女性进行客观的研究，就像我们对儿童所做的研究一样。这些研究工作应该由男性来完成一部分，因为性别决定了他们将一直有必要对女性保持客观的了解（尽管他们对女性的了解往往与事实不符，所以他们的研究多少都有些臆测的成分）。除此之外，随着人们对各种感受、情绪和情感产生了越来越强烈的兴趣，很多心理学家开始嫉妒女人所拥有的丰富的情感世界，例如施莱尔马赫（Schleiermacher），他衷心希望自己是个女人。但是，他永远不可能真正懂得什么是"永恒的女人味"，这是两个有关生活的至高无上的真理之一，因为他毕竟是个男人。所以，受过良好教育的女性有必要对女子天性进行探索，去做那些男性无法做到的研究，并成为女性的代言人。在很多新的研究领域，例如后达尔文时期的生物学、胚胎学、植物学、儿童学、动物学、野人学、社会调查，就更不用说大量需要耐心细致、不屈不挠的精神和责任感的工作了，女性在这些领域都表现出了卓越的能力。也可以说，她们的性别就是她们独特的优势，使她们可以领先于男性并取得伟大的成就，在原本只属于男性的领地内开疆辟土。还有一种可能性就是，当前的女性教育最终培养出了一批人才，她们总有一天会获得真正的自我了解，并在接下来的工作中成为领军人物，为女性制定出更适合她们天性和需求的教育计划。

为了逐步实现这个计划，我们首先必须要做的事情，就是旗帜鲜明地、有理有据地扭转当前的教育准则，将培养女性的为母之道当作首个最主要的目标。我们不妨假设一下，如果大家都不愿意做母亲，那单身生活就是最好的选择了，因为一个人生活就没有那么多错综复杂的关系，生活标准更低，需求也更容易满足。女孩子可以和男孩子一起接受教育，但是在青春期来临前夕，男女同校的教育模式就应该停止了，或者至少让他们分开一段时间。且不说大学，高中阶段两性之间过于密切的日常接触，往往会将那些在各自心里如花一般适时绽放的情感、敏感细致的感受统统抹掉，让我们再一次指出，在这个过程中，对女孩造成的损失远比男孩大。无视性别的亲密伙伴关系应该留给那些无性别人群。至于具体的教育制度，我们可以恭请那些充满虔诚的教育理想的人物来操心，他们往往受到历史上一些伟大女性的鼓舞和激励，例如希帕蒂娅（Hypatia）、史达尔夫人（Madame de Stael）、科布小姐（the Misses Cobb）、马丁内特（Martineau）、富勒（Fuller）、勃朗特（Bronte）、乔治·艾略特、乔治·桑以及布朗宁夫人（Mrs. Browning）。这些伟大女性的所作所为让后世的姐妹们大有获益，现代女性赞同她们的行为，欣赏她们的能力和成就，认同她们的每一项要求和主张。不过，她们不应该忘记，还有另外一种类型的理想女性存在着，不管在历史还是文学作品中都能看到她们的身影，从圣母到比阿特丽斯·克洛蒂尔德·德沃（Beatrice Clotilda de Vaux），以及所有激励男人们去建功立业，自己在背后默默奉献的女性，她们的事迹更广为传颂，是更值得女性推崇的高尚的母亲。

我们还必须预设一些在对女性进行教育时需要遵循的前提条件：不要娇宠她，使她养成一些不良的生活习惯，也不要纵容她，让她养成不利于身体的饮食习惯；她获取信息的渠道是偷偷摸摸也好，不成体统也好，都不要去干涉她，让她自己尽全力去发现自己最需要了解的是什么；必须认识到，我们现在的文明依然对女性很苛刻，她们还不能完全适应这个社会环境；正如女人常被指控给了男人那个代表着知识与善恶的苹果，男人也可能会给她一个代表着唯智主义的苹果，鼓励她们以自己的健康为代价，去达到他们的标准。我们还必须认识到，总的来说，富足可能比贫乏更容易给女性带来不好的影响，所以，穷困的父母不需要为了免除女儿的劳役而过于辛苦，因为艰苦的劳作对女孩来说是一种健康的训练。女子都渴望生活有所改变，这是遗传铭刻在她们骨子里的烙印，但是，当她们步入成年时，千万不要让这种对改变的渴望扭曲成一种对现实的不满或不安分；不要在她心里种下野心的稗草；不要激起她的性别竞争意识，用伊兹（R. T. Edes）博士的话说，她们会"受到一股永不疲倦的力量驱动，这股力量由责任感、野心、讨好他人的渴望，再加上女性特有的顽强精神混合而成"。如果她天资聪颖，那千万不要让她在学校这个"工厂"里过于劳累，不要用胡德（Hood）的《缝衣歌》（*Song of the Shirt*）描述的那种辛苦的方式来学习；如果她资质愚钝或身体虚弱，不要让她受到像那位知名女校长①一样的女导师的困扰。那位女校长认为，女孩的虚弱通常是想象出来的，或者完全是由懒惰造成的，她还认为，医生们应该受到谴责，因为他们不但暗示女孩子们她们有病，还暗示男人们，他们只有两种选择：要么选择一头健康的动物，要么选择一个受过教育的病秧子做妻子。

在这里我们就不赘述女子教育的各种细节和具体课程了，理想的模式是，在青春期女孩接受的中等教育和大学教育中，应该预设一个恰当的前提，那就是她们将来一定会做母亲，在阿伯次霍尔姆学校（Abbotsholme）和法国奥诗学校（L' Ecole des Roches）中，我们看到了这个理念的实际应用，大致可以从下面的描述中管窥一斑。

首先，女孩在 12 岁或 13 岁以上、20 岁以下的时候，正是教育她们如何掌握为母之道的最好阶段。理想的学习场所应该位于群山环抱的乡野之中——因为爬山是对心肺功能最佳的刺激，还能提升她们的精神，拓宽她们的视野；学校周围应该有河流或湖泊，可以让她们泛舟、游泳，冬天可以溜冰，还应该有水族馆和各种水生物；花园里应该包括各种食用蔬菜，还应有形形色色的园艺植物；学校周围最好有森林，她们可以在那里远离尘嚣独自

---

① 指夏洛特·波特（Charlotte W. Porter）1891 年所著《女子教育中的生理性阻碍》（*Physical Hindrances to Teaching Girls*）一书中的人物。

冥想，领悟对宗教的敬畏；必须有公路、人行道及山间小径，她们可以去散步或骑行；还必须配备游乐场、高尔夫球场及网球馆，要有大片的室内场地，但是不要提供暖气，在天气恶劣不适合室外运动或身体不适不愿意到室外时，这样的场所是最佳的休闲之处；学校周围应该有大量的隐蔽角落，让每个人都有机会与大自然独处，这种独处有助于培养她们内在的灵性、镇静沉着的气质以及个人品质；最好不要离城市太远，可以让她们在休息时间充分利用城市的好处。上述所有环境因素对女孩的重要性要大于对男孩的重要性，尽管它们对男孩也具有非常显著的作用。

这种做法的第一个目的，也应该是高于包括教育方法和教育内容在内的其他一切原则的目的，就是健康——一个和纯洁具有同等重要性和影响力的词语，而且两者在辞源上也很相近。在女孩子最关键的那几年时间里，养成新的卫生习惯应该被放在第一位，就像对健康女神海吉雅（Hygeia）的崇拜一样，不容亵渎。只有那些认识到人类有多少进步都是在健康的文化中取得，知道有多少新的文学作品是关于健康的人，才能真正懂得健康到底意味着什么。正如我们看到的，为了全人类的整体利益，女性的健康要远比男性的健康更重要；从某种意义上说，女性的身体对她们头脑的影响，要大于头脑对身体的影响，所以，身体的需要应该是最高、最重要的。选择食物的时候，应该选择那些能够完全被消化系统吸收的食材，这样新陈代谢才能一直处于最高水平。食材应该丰富多样，可以普通平常，但要富于变化，烹调的方式应该遵循食不厌精的原则，现代烹饪学校中传授的所有的招式都要用上，而且，烹饪应该成为女性教育中的一个专业。要注意的一点是，应该尽量限制油腻食物、甜品和刺激性饮料，食物天然健康的程度要接近牧场和农场的水平。健康快乐的第一条法则就是营养充足，这也是产生幸福感的首要条件；食欲就像身体的良心，如果没有遭到人为的刻意扭曲，它总是能可靠地指出我们的身体真正需要的是什么。

睡眠应该有规律，有固定的就寝和宵禁时间，睡床应该朴实无华，卧室整洁井井有条，并且要保证绝对的安静。如有可能，要让房间的窗户差不多终年都打开通风，而且，和其他房间一样，永远不要过热。适度沐浴，化妆室和洗手间要装饰得特别精致，几乎达到顶级艺术的水平，这样她们每次身处其中的时候，就总是会联想到所有美好的东西。每一个女生都应该至少有三个房间，一个用于沐浴，一个用于睡觉，一个用于学习，让她们自己负责打扫整理，且不要放过任何一个鼓励她们表达个人品位的机会。但是，在简洁、方便、精致、优雅等所有观念后面，还有一个起着最终决定作用的原则，那就是绝不奢侈。女孩子应该每一年都抽出一段不短的时间，离开家，离开父母的娇惯和溺爱，去外面学习自力更生。她们可以住在家庭式宿舍中，每一个建筑里大约有 12～20 个这样的宿舍，可以逃避精神上的折磨和干扰，保证与一个或更多舍监或老师保持亲密的往来，保证提供最适合教学的饮食。

养生法则之后，就是体育锻炼，对女孩子来说，这是一个特别的改革。瑞典式体操训练应该被摒弃了（或者减少到最小的程度），只保留一些精华的诀窍就可以了。因为它实在是太严苛了，采用的音乐也令人生畏，几乎不考虑任何节奏韵律。户外散步和运动的时间应该比其他所有锻炼方式都多。有的体育理论倡导，体育锻炼的方法应该不用考虑性别，适用于男生的也同样适用于女生。但是，如果要把男性健身房内的普通器械介绍给女性使用，那么首先应该按照女性的需要对这些器械进行调整。对女孩而言，自由的游戏和运动通常应该比室内运动或者那种统一的"突击式"训练多。应该允许她们划船和打篮球，但是应该刻意地减少这些运动中的竞争成分。在室内锻炼中，应该重点突出各种类型和各种形式的舞蹈。舞蹈能够培养节奏感，庄重的小步舞有助于打造优雅的姿态，形体舞蹈可以锻炼思维能力。还应该让她们接触哑剧和戏剧，了解它们的特点，如果她们中的一些人在这方面有很强的个人资质的话，甚至可以把其当作一项专业来学习。从舞蹈的发展史中我们看到，在过去它通常是表达崇拜的一种方式，一种培养道德品行的手段。戏剧中最好的部分源于舞蹈，最好的锻炼方式也是舞蹈，同样，它也可以成为整个教育体系的核心。我们应该对舞蹈加以更充分的利用，将舞蹈学校和舞蹈课程从目前这种日益式微的状态下挽救回来。受过教育的女孩子，没有一个不会跳舞，不过，她没有必要去了解现代舞厅是什么样子。

礼仪这个词，在过去常常被用于特指存在于那些古老的贵族夫人学校和女子神学院中的循规蹈矩的教育特色，事实上，礼仪是一种基本的、在很多时候甚至是最主要的道德规范。在生活中，我们内心冲动或情感的所有外在表现形式，都可以用礼仪来形容。现在我们已经了解到，与内心的情绪感受比起来，外部的行为表现其实更重要，我们也能理解，自己的举止和态度在与他人进行的日常交流中意味着什么。在这里，我想重新唤醒的，是古老的道德规范在细节中的体现，不过，重点并不在于那些在客厅谈话、拜访和聚会时必须遵循的礼仪细节，尽管这些也是不能忽视的，我更关注的，是与真正的贵妇风度有关的那些更深刻的表达方式，即如何对他人的感受给予细腻、温柔、无私的尊重和关心。让遇见的每一个人都喜欢自己，这是每个女人的理想，也是一个高尚的理想。在社会交往中控制自己每一个非本意的行为，这不但是一个有教养的人应该做到的，还是一个人神经功能健全的表现。

另外一个应该得到普及的行为准则就是规律性。总的来说，克拉克（E. H. Clark）的主张是正确的，尽管他可能"将他的性别交响曲演奏得太刺耳了"。周期性，大概算是宇宙中最神秘深奥的规律了，这种规律最大的胜利就是它对女性生活产生的深刻影响。对于女性来说，一生中有很多年的时间都必须受到这个周期性规律的控制，一切其他事物在它面前都必须俯首称臣。在每月一次类似安息日的休养时间内，合乎理想的学校应该恢复"安逸"这个词语的真正含义。定期休息，听起来就像伊甸园一样，但是我们应该给予女孩子重返这个伊甸园的机会，并积极地引导她们在这段时间享受闲散。女孩子总是富于幻想，她们在幻想中仔细描摹人类生活的每个细节，这种幻想对她们精神世界的发展是有利的，因为她们的心灵需要这种将关注从外部世界转向自我内心的时刻，这样才能让自我的心灵得到成长。我们应该给她们提供机会，鼓励她们以任何一种合理的方式，去尽情沉浸在幻想的世界里。在这种静谧安逸的环境中，她们才能以最有利的方式完整地感受到体内蕴含的遗传动力，并对这些遗传动力进行充分而完整的利用。到那时，她们将认识到"存在"（to be）比"作为"（to do）更重要；将带着敬畏放下每日的例行活动，听从"自然之主"（Lovrd Nature）的安排。在这段时期，她们敏感脆弱、焦虑不安，对贫血症和萎黄病有天生的易感性，所以，我们不但要允许她们放下辛苦的工作，还必须主动要求她们这么做。此外，还要给予她们最大的个人自由，允许她们根据个人体质的需要进行不同的调整（第七章中对这一点有更多的说明）。在这段特殊时期内，应该让她们暂时离开宿舍，搬到像乡间小屋这种能够让她们产生特殊兴趣并深深吸引她们的地方。

在青春期刚开始时，女孩子们在每月的特殊时期都应该得到一些个人指导。我曾经翻阅了十几本这方面的书籍和小册子，它们都是特别为女孩们写的。虽然这些书和小册子都用心良苦，比起让女孩子们自己去摸索求知，它们确实是个好得多的选择，但是，就像所有为男孩所写的书一样，它们显得太冗长了，而且大部分都写得太具科学性，过于平实和直接了。再者，没有任何两个女孩需要的指导是一样的，如果让她们完全从阅读中去获得相关知识，又显得太不直接，会使她们在这个问题上花费太多的时间和精力。最好的方式是在这个时期对她们进行个人指导，这些指导必须简洁、实用，尤其要注意的是，在最开始的那几年时间里，要让这一切都弥漫上一层神秘的宗教色彩，让每一件事都变得神圣起来。这样的指导不应该来自男性内科医生——可是事实上，大部分女医生也会将这件事情变得特别专业化，而那些未婚女教师对这种事情又缺乏必要的敬畏感，所以，这些指导应该来自一个无论身心都充满妻性和母性的女人，她应该上了一定的年纪，对女性特殊的生理奥秘有深刻的了解，而且具备必要的科学知识。

还有一条应该遵守的原则就是，减缓知识发展的速度和深度，转而拓宽知识的广度；让纯粹的思维活动退到后台，通过各种手段，让女性特有的直觉在心理活动中占主要地位。鼓励她们不断追求机智的策略和高雅的品位。从生物学的角度说，一个纯理性的男人无疑是有缺陷的，一个纯理性的女人就更是如此。女孩浑身充满书生气，可能是一个不好的迹象，往往意味着矫揉造作、卖弄学问、一肚子死知识。单纯的学问并不是女孩子的理想，一个一肚子学识的天才往往心理不健康。下面这些原则应该严格遵循：不保留任何不能用于实践的知识；不开发任何不能成为日常思维和行为之交通要道的大脑领域；不要用那些过时或无趣的书本知识及历史记录来加重精神的负担。女孩子在追求知识的道路上，应该忠实地遵循自己正常的、自然萌发的兴趣的指引。

在女性发展的各个阶段，大自然顺理成章地成为所有学习课程中的一个主要组成部分，不过，我再次提醒大家，针对不同的性别，在青春期后应该采用不同的教育方法。在对女孩子的教育中，富有诗意和神秘色彩的因素以及科学发展简史应该放在更重要的位置。与研究室的科学研究人员相比，野外自然科学工作者应该是更合适的理想人物，尤其是在刚开始的时候。我们应该把大自然当作第一个被上帝揭开面纱的发现，正如最初混沌的宇宙之于后来更清晰具体的世界。敬畏与热爱应该成为学习的原动力，如果一开始就没有兴趣，或者这种兴趣的最大值还达不到热爱的程度，就不应该去研究这方面的知识。对女孩子的数学教育，应该只让她们掌握一些基础知识就够了，那些对数学有特别的天分或者偏好的女孩，应该去那些无性别学校。化学课程也是一样，尽管不必将它完全排斥在外，但应该放在一个次要地位。普通女孩对各种化学元素不感兴趣，烹饪过程中涉及的生物化学又太复杂了，很难让她们深度了解，不过，日常化学的基础知识还是应该教给她们。物理学也是，控制在初级阶段就够了。气象学知识应该多一点，地质学和天文学再多一点，尤其是进行户外教学时，它们相对来说更有价值，不过，在教学过程中应该把重点放在一般性原则和非技术性的实用方面。至于植物学，就应该进行一些更严肃的教学了。植物学知识应该和与植物有关的各种诗歌联系起来，这样才能在整个过程中吸引她们的注意力。天文学也可以采用同样的方法。至于植物的名称，拉丁文术语和显微镜技术可以晚一点再学习——如果一定要学的话。尽量使用植物的俗称，把拉丁文术语放在次要地位。鲜花、园艺以及远足在教学中必不可少。在此过程中应该会涉及一些经济和医学方面的知识，不过在此之前，最主要的还是让她们了解有关自花受精、异花受精和利用昆虫传粉受精的整体知识。这个主题的道德价值她们可能永远无法完全理解，除非我们有一本被称为"女性植物学"的教材，使用的是一种与所有我看过的教科书都不同的编制方法。有很多知识，只要它们本身能够引发女孩的兴趣，都可以早早地传授给她们，随着青春期的发展，有关性的重要法则在她们面前徐徐展开，这些早期学到的知识会让她们有醍醐灌顶之感，加深她们的领悟。

教授动物学的时候，应该保证有大量宠物和小型动物园可做参考，还应该有作为教学辅助工具的水族馆、鸟类饲养场、蜂窝、蚁窝等。就像任何其他学科一样，动物学应该在相应的环境中开始。在教学初期，应该准备大量与鸟儿和动物知识相关的书籍、图画，在讲解丰富多样的动物天性时，一定要举出大量的实例，至于各种形态学的专门术语以及结构细节，就相对没有那么必要了。在人类发展过程中，女性几乎驯化了所有的动物，在对动物生活模式和心理活动的洞察和理解上，女性比男性高明多了。对女性来说，这些动物中的每一种都代表着一种道德品质：孔雀是骄傲的象征；猪是肮脏下流的象征；狐狸是狡猾的象征；毒蛇象征着不易察觉的危险；雄鹰象征着崇高；鹅象征着愚蠢等，几乎囊括了所有人类特点。不管怎样，对动物生活的研究正在成为一个与遗传有关的课题，变得越来越重要，与之相关的其他课题也应该随之得到重视。

对我们将来进行的有关原始人群和儿童的研究（这两者之间有紧密的联系），这些知识将产生深远的影响，提供了丰富的理论知识储备。当女性到了高等教育阶段，她们就会发现，原始人类的神话、习俗、信仰以及日常行为，人类在婴幼儿时期表现出来的植物性特征和动物性特征，这些相关知识都是无价之宝，为她们打开了一大片有关人类特性的领域。在这片领域中，她们需要了解所有重要的结论、不容忽视的细节、生动鲜活的例子以及一些基础原理，不应该纠缠于人体测量学、颅骨测量法、语言学等这些高深知识的细节中。

前面提到的所有知识，为另一个更重要的、针对现代人类的研究打下了基础——历史。在历史教育中，应该在所有方面都突出传记元素，要有大量故事来描述英雄的高尚情操、英勇的行为，以及大量有关圣徒的传说。其中，应该重点突出这些历史人物的个人元素，对历史上不同的朝代、战争、掌权者进行专门研究，各种历史争议应该放在次要位置。社会学课程应该在女性高等教育中占有一席之地，而且其重要程度应该在政治经济学之上，尽管目前对社会学的研究尚未成熟，其中的一些理论也引发了很多质疑的声音，不过我们可以让她们了解一些最基础的知识。在社会学课程中，应该重点突出历史上重大的社会变革和对社会、家庭、教堂、国家以及学校中各种制度的解释。

应该对女孩子们开放各种形式的艺术教育，至少在入门级别上是如此，要有发现她们个人品位的眼光，同时尽量给予充分满足。不过，如果她们并不具备特别的品位和眼光，就不应该进行专门训练。进行艺术熏陶的目的，应该是培养她们的艺术鉴别能力和欣赏能力，让她们具备良好的品位，能够区分哪些艺术是优秀和经典的，哪些是低劣和贫乏的。

在文学方面，或许我们应该让神话、诗歌以及戏剧起主要作用，此外还要让她们深度了解一些用母语写作的重要作家。希腊语、希伯来语，可能拉丁语也应该算在内，这些语言应该彻底排除在外，并不是说它们不重要，不应该有一席之地，而是因为，如果用高昂的代价去了解一门知识的皮毛，往往就意味着在其他更有价值的知识上的无知。如果她们有学习德语、法语和意大利语的愿望，应该在她们最适于学习语言的时候满足她们的要求，向她们提供以这些语言为母语的教师，并且一定要采用传统的教学方法。

对人类精神领域的各项研究，通常被称为哲学的分支，在对女性的教育中，形而上学和认识论的有关知识所占的分量应该是最小的，逻辑学次之。心理学教育应该以动物和儿童的遗传演变为基础，植根于对婴儿和青少年的关爱中，因为世界上没有任何别的对象比婴幼儿和青少年更值得深爱。如果一个女性笛卡尔出现的话，她一定会把生命置于理论之上，那么她的口号就不会是"我思故我在"，而应该变成"我在故我思"了。与直觉、感觉和情感相关的心理学知识所占的分量应该在纯粹的理论知识之上。伦理学的教育应该以所有的现实责任和问题为基础，至于权利的本质或责任的构成，在教学中所占的比例应该相对小很多。

家政教育应该采用大量实例，利用一些实验课的手段，在一个达到理想标准的家庭建筑中进行。要精心选择一些地点和辅助物，例如，餐厅、厨房、卧室、壁橱、地下室、外屋、整个房屋建筑以及建筑材料、庭院、草坪、灌木丛、温室、书斋，以及其他所有与家庭生活相关的附属品，都可以作为教学中的范例。还需要一门关于普通教育学的课程，对教育学的历史以及理念要重点掌握。专门对儿童进行研究的课程也非常必要。到高等教育的最后一年，很有必要开设专门的课程来传授为母之道，内容要着重于养育孩子的实用细节，在广度上要综合全面，在高度上要登峰造极。从最大的意义上说，为母之道或许是年轻女子接受的所有高等教育的核心。

因此，一些与做母亲相关的应用性知识，都应该被当作母亲必备的专长来进行重点教学，切不可把它们当作一门与母亲身份不相干的职业训练。教育的目的，不仅要让女性在生理上具备做母亲的能力，更要具备精神上的母性。在青春期那具有高度可塑性的数年时间中，家庭环境的影响将是持续而深远的，未来的数代人都无法摆脱这些影响的力量，除非他们能够将个人的努力发挥到极致。

教学中使用的所有方法和手段都应该是客观的，辅以大量丰富的例证，采用实物教学、设备、图表、图画、示意图、讲座等方式，尽量减少书本教学和理解背诵的内容，将室内学习的时间控制在少量范围，将考试的功能减少到最小，要尽可能地让教学内容富有启发性和创造性。这种教育制度应该遵循的方法和原则是什么呢？就是向她们提供建议，但不强求其一定贯彻执行；提供大量的知识信息，但不要把这些信息变成复杂而浅薄的教条和空话；将种子撒进水里，但不要刻意指望它们会生根发芽、成熟结果；不是不停地往她们的脑袋里塞东西，直到她们不堪重负，也不是培养她们的创造力，让她们去发现什么或者制造什么。专业化有一定的必要性，但是，它对女性造成的精神伤害要远远大于男性，所以，专业化教育应该推迟进行，如果某些女子有特别的能力，那应该单独对她进行培养。潜意识的教育是一种神奇的力量，但是我们迄今还未能对它达到全面的了解。

在女子高等教育学校各专业系别的教职人员中，至少应该有一个健康、睿智、情感丰富、值得尊敬、已婚、有吸引力的男性，如果可能的话，有几个以上更好。在专门面向年轻女性的教育机构中，这种男性的存在能够让那些年轻女子感觉安心，让她们在精神上感觉到自己是处于性别两极中的一极，从而形成一种健康的、长路电流一般的张力，毋庸置疑，这种张力是根源于性意识的，但完全隐藏在潜意识中。她们不应仅仅把这位异性良师视为父亲，而是应该更多地将他视为兄长，因此他应该兼具这两者的优点。不过，除此之外，还应该加入其他一些元素。他没有必要扮演医生、牧师的角色，甚至也不需要是一个出色的学者，但是他应该参与一些机密会议，即便是私人之间的。他应该懂得青春期女孩子的心思，并且知道如何给予建议；他应该是睿智的，而且善于提出各种有建设性的忠告。最特别的是，他可以激发出她们的勇气，女孩子可以从他这里感染到沉着镇静的气质，虽然在这个过程中可能会涉及宗教和医学方面的问题。不过，即使所有的这些品质他都不具备，只要他是冷静而安详的，能够让那些情绪激动的女孩子在他面前敞开心扉，甚至可能在他的肩头饮泣，他的存在也能营造出一种健康的氛围，而这样的他，无疑会是一剂很好的滋补药——尽管这些理想的条件很难集中在一个人身上，最多也只能有一点点近似而已。

在这些极其粗略的提纲中，我大致勾勒了一下自己心目中具有人文主义和自由主义气息的教育模式，强忍着没有叙述过多的细节和专门的课程建设。至于上面提到的那些特色，我相信使用在男孩身上也和在女孩身上一样有用，不过，我们在这里应该给予女性一个机会，恢复她们的荣耀，让她们重新回到比男性更高更优越的地位，让她们成为首先到达这片更高领域的人，领先于男性，并偿还她们曾经对男性的教育制度造成的亏欠。尽管如此，对于不同的性别，理想的教育制度应该是分开的。

作为一名心理学家，我越来越深切地意识到，与纯粹的理性相比，发自心灵的感情要重要得多。我相信并不是我一个人有这样的愿望：温柔地宣告自己对女性充满热情的爱恋，因为在我的想象中她们是由上帝亲手创造的。我强烈地羡慕我的那些天主教朋友对圣母玛利亚的崇拜。对这位受很多智者崇拜和爱戴的圣母，谁会问她是否懂得迦勒底人的天文学，谁会问她是否学习过埃及语或者巴比伦语？谁又会问她是否知道如何读或者写自己使用的语言？有谁甚至想过要关心这些问题呢？我们无法想象，她会因为自己受到的任何性别限制而抱怨哀叹。可是这么多个世纪以来，她一直是人们崇拜和爱戴的对象，因为她为女性带来了荣耀，她更忠实于女性的本质属性，更贴近人类这个物种的本质，与男性相比，她的爱更充盈，她的心里有更多的悲悯，她的奉献更无私，她的直觉更敏锐。圣母那充满荣光的理想化形象告诉我们，做一个真正的女人，要远比做艺术家、演说家、教授或专家更完整、更神圣；也让男性领悟到，做一个真正的男人，要远比做绅士、哲学家、将军、总统或者百万富翁更伟大。

但是，尽管充满了对女性的爱和渴望，我还是忍不住要说出心里日益增加的担心：现代女性，至少以不止一种方式，在不止一个地方，陷入了逐渐偏离自己原有轨道的危险。她们对自己的性别越来越缺乏信心和骄傲，其严重性到了什么程度呢？现在她们正面临不断的倒退，并且开始采用男人的方法、手段，将男人当成自己的理想人物，这一切最终会让女性最初具有的神性变得遥远模糊。但是，如果我们能够用更多的爱和赞美来表达我们对这种神性的膜拜，对她们保持长久而稳定的信任和仰望，相信她们不久就会开辟出一片生活新天地，甚至一片教育新天地，这片天地能够满足她们所有的需求，就像男性的天空满足了他们所有的渴望一样，而且还有可能比男性的天空更充实广阔，从而让她们比男性飞得更远、更高。只有拥有这样的信仰，我们才会有足够的信心和勇气对人类的未来继续保持乐观。

与此同时，如果"永远的女人味"听起来不是那么神圣的话，我们可以将同样热忱的信仰转向"永远的孩子气"，这两者的精髓之间的联系是如此密切。婴幼时期和童年时代的神谕从来没有落空过。我们迷失在新的科学、技术、理想、知识组成的迷宫里心烦意乱，根本无法用逻辑或者所学的知识将它们完全整合起来；我们困惑于新方法和旧方法各自不同的主张；我们正迫切地需要一些线索和提示，帮助我们走出这个由各种现代文化组成的迷宫——为了一个国家的发展，也为了一个种族的生存。现在，我们至少已经知道到何处去寻求答案和救赎——我们已经找到了宇宙间那块唯一的磁石，它不变的指向就是人类命运那尚未揭晓的极点。我们已经知道，在人类的本质属性中，最终会有哪些东西被整合在一起，这是比逻辑法则更高级的规则。所有值得用最好的方法和手段来了解、教学或者研究的对象；所有能够让我们免于陷入困境、免于在不成熟和陈旧的知识上浪费时间和精力的准则；所有有助于儿童正常发展的方法，都必然在今后指引着我们前进。人类本质属性的发展过程，就是人类、前人类所有发展阶段的缩影，它是人类天性对万事万物所产生的新奇感，这种新奇感简单、自然、不世故。我们如何来判断成年女子的感情和灵魂？最好的标准就是儿童的感情和灵魂。唯有这些，才能最终指引着我们进入新型教育模式的核心地带，这种新型教育是所有学校必然的发展趋势，将会成为人类重新获得的直觉和本能的真正伊甸园——正如现代心理学所预言的那样。

第十二章
道德训练

从意志的本质和它的重要性中，我们不难看到，人类的意志力和思想一样，深深植根于它们所依赖的文化中。假定所有在沉重的生活压力之下苟延残喘的人，只要将他们的意志力抛给不确定的命运去打磨锻造，到最后就都能获得成功，这样的想法，就如同假设把思想扔到一个荒凉的地方任它自生自灭，却还笃信它能最终成熟、完美一样荒谬可笑。我们周围的环境已经发生了极大的改变，这也让意志力获得发展的机会比从前更不确定。大约两代人以前，在学校上学的男孩子一般都会承担一些农活、家务杂事、跑腿差事，或者会有一个小小的职业，这些可能是他们自己主动挑起的担子，也可能是被不那么温柔的父母强行要求的。课余时间，他们还会自己"做"东西，可能是玩具，也可能是工具。大部分在校女生都会做家务，这些家务活差不多和男孩从事的农活一样繁重。可以说，在所有旨在对青少年进行身心培养的教育方法中，女孩子的这些劳动是形式最多样化、效果最好，也是最值得尊敬的。她们承担了刺绣、缝被子、织毛衣、缝纫、缝补及浆洗等一系列工作，甚至还要为自己及家人纺纱织布、制作衣物，此外还要照顾比自己小的弟妹。这些形式丰富的工作可能是特地为她们设计的，也可能是强加在她们身上的任务，对培养她们的意志力都很有帮助，与凯撒（Kaiser）将向孩子们传授一门手艺当作他们所受教育的一部分的做法有异曲同工之妙。一位杰出的教育学者用大量的事实证明，在 10 天的时间内，要求男孩子们锄地、砍树或叉草，在没有任何外界干扰的情况下，持续地进行这种工作方式单一的任务，是锻炼他们的毅力、持久忍耐力的最好方式。而这种锻炼形式，在当今恐怕已经很少有男孩能够有机会接触到了。随着城市生活逐步取代了农村生活，人们的生活也面临着各种各样、越来越多的新干扰，他们总是感觉自己像个陀螺一样不断转动，根本无法安顿下来；他们拥有很多的特权，相应的责任却变得少之又少；生活里处处充满人工痕迹，空气却越来越污浊——这些都会削弱他们的意志力。而且，一个人的意志力能否变得强大，在很大程度上取决于他是否拥有消化吸收功能强劲的头脑和肠胃，可惜的是，很少有城市人具有这样的消化吸收能力。机器取代了肌肉，目前我们体育运动的培养目标，也大多是偏重于技巧而非力量，或者更青睐强度而忽视了长期、持续、间歇性的力量训练。我们有太多的学习科目，但它们更适于培养知识全面却肤浅贫乏的短评记者，而不是培养那种可以制定长远计划并组织各种复杂的方法来达到一个远期目标的人。在过去，人们都满足于将所有的精力放在同一个职业、终身事业或使命上，或者参与教堂服务和其他规模更庞大的社会工作，这类工作距完成之日似乎遥不可及，但会不断与时俱进，从一代人的手里传到另一代人的手里。而现在，无论是在科学、哲学、道德还是商业领域，都需要人们去涉猎更广泛、更深刻的学问，需要他们具备更长期的知识积累和沉淀。

一方面竭力促进大脑高度发达，另一方面却任由身体的肌肉变得肥硕松弛，在做事情时有心无力，这种存在于"知"与"行"之间的令人痛心的鸿沟，往往会对智育和德育的实用性效果造成致命的影响。对人类的身体而言，城市生活和活动量极小的案头工作一下子增加了这么多显得太突然了——我们的身体是在狩猎、战争、农业和各种手工业（现在已经被蒸汽和机器取代了）中不断完善发展的，要在短时间内用健康的方式自然地适应新环境，可不是那么容易的事情。我们不妨来制作一个人类肌肉解剖图，将我们的日常习惯性活动与相关的肌肉一一对应，大家就会直观地认识到，我们日常活动的分布与肌肉的大小及重要性比起来是多么不成比例，也能深切地体会到，现代专业化的工作模式给人类身体带来了多大的扭曲。指挥着我们手中的笔快速涂鸦的那些肌肉，与人类整个身体的肌肉群比起来，简直不值一提；那些摇动我们的舌头、调整我们的喉咙的肌肉也是同样少得可怜，微不足道。当然，它们的重要性是不容小觑的，但是，如果我们在教育中过早或者过于专注地将重点集中在它们这里，无疑会带来灾难性的后果。麻烦之处就在于，很少有人认识到，男性或女性身体的活力究竟为何物，很少有人懂得，如果没有强壮的肌肉作为表达意志力的器官，我们根本不可能拥有健康的意志力。忍耐力和自控力，与我们所取得的各种重大成就一样，都依赖于肌肉习惯。德国和希腊在这方面都是如此——在文学的黄金期出现大约一代人之前，两国都经历了一个全民体育狂热的黄金期。这种对体育运动的狂热，成为人类历史中最独特、最有启示意义的一章（尤其是在 19 世纪）。身体对称优雅；气质刚毅英勇；不管是否利用那些人类能够想到的设备、器械甚至工具，都能达到所有身体能力的极限——这就是希腊、罗马和德国的培养目标，它们给这些国家的青少年所带来的影响，是单纯的文化教育永远达不到的（除了少数几个领域），而且这种影响力很有可能会卷土重来。我们不需要所谓的"意志力大师"，他们的那些特技学起来很难，真正做起来却并不难，只适合用来表演；也不需要任何一种形式的突发性的爆发力，这种爆发力在一些拥逐者众多的运动项目中很有市场，但常常会演变成一种容易让人兴奋的习惯，使得运动者很快就疲惫不堪。意志力训练的目的，就是引导青少年理智而严肃地对待自己的体育运动和身心发展，养成终身不变的兴趣，如果做不到这一点，意志力训练就不能算成功。与那些只对在学校（中学或者大学）里取得运动成就感兴趣的行为相比，养成终身运动的兴趣显然是更高一筹的选择。一旦对运动的兴趣和习惯得以建立，青少年自然而然地就掌握了一种意志力训练的初级形式——在这种形式中，安全而明智的做法就是试着让青少年完全从自身利益出发，自觉地对体育运动产生兴趣。在我们充满各种刺激因素的生活以及令人焦躁、遍布挑战的环境中，类似这样的文明试验还从来没有开展过，所以，上述想法也只能是试探性的练习而已。

不过，这些当然都只是初步的想法。尽管在目前形势下对其有非常迫切的需要，但在实践中遇到的困难却很大。首先，我们现在不仅没有一本好的伦理学教科书，连一本好的教师指南都没有。有的学校要求，每一个学期教师们都要教育学生养成多种美德或良好的行为习惯，却忽视了一点：美德也是一个连贯的整体，与学生领悟并养成美德的能力一样，都是随着时间的推移按顺序一步一步展开的。高级教科书的内容则专门讨论责任的范围、选择的权利或自由的本质，或者是一些有关享乐主义计算的话题，就好像快乐与痛苦都是可量值，能够在人为控制下保持平衡似的。所以，哲学式的道德观明显不适合让儿童来学习，也不适合让教师来传授。其次，在人类进化的过程中，这样质疑的声音我们已经听得太多了：美德是否可以被当作知识来传授？会不会适得其反？性情乖张、心怀恶意，这些表现都和意志力薄弱有关，却常常被当作体质上的疾病来对待；不服管教、执拗倔强，常常在私下里被当作优点而受到赞赏（尤其是在学校），却没有被视为意志力的阵发性失调并做出有力的处理，有这种特点的孩子也被娇惯成了意志力松懈的人。由于最低级的功能往往也是最先得到发展的，如果低级功能发展得不健全，紧随其后发展的高级功能就面临着被妨碍、干扰的危险，所以，如果不闻不问任其发展，这个孩子就可能成为一个没有意志力的人。最后，也是最大的困境——能够将道德观和宗教信条区分开来的教师实在是太少了，尽管他们已经尽了最大的努力。宗教情感在这里确实太重要了，所以我们很难将教育和生活两者的目的割裂开来看待；也很难将责任的就近范围与终极范围分开，或者明确地将有限的义务区别于无限的义务。那些所受的宗教训练多于伦理教育的教师们，几乎无法以一种合适的方式将道德规范"本身"传授给学生。

年幼儿童在独处时，他们的意志、目标，甚至情绪，都是反复无常、波动起伏、互相矛盾的。恰恰是我们成年人强行给他们设定了一个需要一直遵循的普遍规律——让大人满意，不要让大人不开心。就像植物总是向着阳光生长一样，他们朝着我们希望的方向发展，感觉就像在一步步实现我们的预言一样。有什么东西让你微笑了，他们就认为这个东西非常重要，即使你微笑的原因只是觉得这个东西很滑稽；在游戏中他们会不断看向你，希望引起你的注意；他们会研究能够和你共鸣的方法，似乎他们的主要使命就是了解你的欲望。他们之所以撒谎通常都是觉得这样做会让你开心，因为他们找不到另外一条更高的标准来判断事实的好坏。如果在他们表现好的时候，我们能够小心而巧妙地控制自己的情绪，不要表现出过度的高兴和喜爱；当他们做错事时，能够表现得悲伤并流露出轻微的冷淡情绪，正常并善于学习的孩子就会发挥自己的联系能力，然后果断选择正确的行为。如果我们对他们的爱足够深刻，那么对他们而言，对我们的服从即使不是一种宗教似的信仰，也是一种本能。儿童会逐渐明白，虽然他们不懂得如何激起我们的恐惧、不满或者赞美等情感，但按照我们的喜好去做就能得到更多的爱——对他们来说，这就是对自己具有的效能感的最初意识。他们还会逐渐懂得，情绪和冲动并非生活的唯一法则，有些东西只有在克制住这两者的情形下才能得到。在能够明确理解我们的语言之前，他们就开始模仿我们的行为，似乎也感觉到了自己的微不足道，害怕在发展的初级阶段就遭遇停滞，所以他们几乎把服从的本能变成了一种贪婪的嗜好。就像藤蔓必须攀附于树或者蜿蜒于地一样，儿童会在潜意识里产生偶像崇拜，如果没有好的行为榜样或范例值得模仿，他们就会模仿那些不好的。他们服从我们，内心深处觉得自己是我们的奴隶，而且，他们打心眼里崇拜并赞美那些能够强迫他们言听计从的人——如果这个人选择的强制手段足够高明。当然，这个权威对象必须具备能够支配他们身心的力量。权威的力量越绝对，就越能让他们的意志力远离任性和善变，让他们感受到这种力量的坚固稳定。这样的权威能够在儿童心中激起特别的、深不可测的敬畏感，这种敬畏感可以衡量一个儿童身上能够培养出的意志力的强弱程度，是所有道德动机中最强烈、最健康的一种。这种方法也是最全面、最综合的，因为这是儿童对他人的最初感受，人的个性就是一个纽带，能够调动任意数量的复杂成分同时活动，或者把这些成分当作一个整体，当作存在于儿童精神世界并作用于其中的一切事物的总和，而不是把这些成分孤立化、细节化。在对某个权威人物的尊敬累积成崇拜的过程中，几乎涉及了所有教育动机，尤其是那些可以单独促使意志力成熟的动机。当儿童感受到依赖他人所带来的神秘的共情和约束力时，他是快乐的，如果这种快乐没有逐渐在怀疑中萎谢，一个足以让他依赖、令人尊敬的良师就可以指导并帮助他提升自己的意志力。儿童总是会下意识地折射出我们成年人的性格和愿望，这种折射能力正是儿童身上存在的令人惊异的一面，正是因为具有这方面的神力，他们对道德环境中的一切刺激都能够快速地进行反应。虽然儿童可能没法说出自己的老师是否经常微笑，打扮的方式是这样还是那样，说话声音是高还是低，是不是有很多要求等，但这位老师个性中的每种成分仍会给他们带来深刻的影响。他们的意志行为并不是"选择"的结果，而是由众多心理因素引起的，这些心理因素之多远远超过了意识所能衡量的程度，甚至在儿童还没意识到自己拥有意志力之前，它们就为其性格的形成奠定了基础；也远远超过了遗传因素能达到的深度。这些影响并非稍纵即逝，而是伴随终身的，与潜意识的深度比起来，有意识的、刻意的影响在任何地方可能都会被当成流于表面的浪花，但事实上，它们在意志力训练的领域大有作为。

但是，命令与服从也必须有特定的作用，被专门用来取代一些本能性行为。说到这里我们就碰到了难题。一个年幼的儿童可能根本不懂一般性命令的含义。"坐在你的椅子上"，意思是坐一小会儿，并没有禁止他在下一刻就站起来。任何一个在此时此地被禁止的行为，都是可以在隔壁房间进行的。我们必须给他们应有的提示，一切行为都是属于"就在这里，就是现在"的，要耐心地不断重复，直到让他们养成习惯，那些难懂或难记的、容易造成混乱和困惑的规则一定要摒弃。尽管如此，服从在这里可能是一种本能行为，也可能是一种重要的美德，除了那种士兵式的无条件服从外，我们根本用不着担心服从会削弱儿童的意志力。随着儿童日益年长，如果命令他们去执行的行为很令人反感、很不寻常，那我们就得加倍小心了，要尽量避免权威的力量被削弱，避免和谐的关系出现裂痕。要特别留意的是，我们和儿童之间的羞怯顾虑和犹豫不决，相互之间的假惺惺和装糊涂，以及儿童模仿他人的不服从行为等，都有可能对我们进行考验，所以一定要避免出现这样的结果。当然，我们应该注意自己的情绪，尽量和和气气，不要摆出一副高高在上、傲慢睥睨的样子；也不要一脸严肃，显示出一副无所不知的模样。对他们下达指令时声音要轻柔，不要让儿童觉得你是在粗鲁、强行地命令他们。一开始的时候，我们对他们下达的命令或禁令应该尽量少一些，但一定要做到令行禁止。对他们下达禁令的时候一定要注意，不要明知道这个孩子靠不住还要求他如何如何，也不要明知道自己阻止不了他去做某件事还一定要阻止。我们的意志应该像岩石一样毫不动摇，不要像波浪一样起伏善变；我们对他们的要求一定要始终如一，不要心血来潮，不要出现情绪化或周期性变化。如果我们对儿童的态度不断在溺爱和严苛之间转换，对他们的指示也没有固定不变的计划，而是反复无常变化多端；如果我们只是时不时地对孩子进行管教，他就会陷入迷惘中，不知道下一刻会发生什么，也不知道自己该如何去做。这样做的时候，我们事实上是在要求儿童的天性随着我们自己的每一个变化而变化，对儿童来说，敢于反抗这样善变的权威是一件好事，因为这种权威不但不能帮助他们确立其个性，还会在他们的个性开始成形的初期不断打破其发展进程，哪怕是放任自流也比这样的反复无常好。由于担心不能一直保持自己的权威，哪怕是表现得最好的父母，也会对教师们说一不二的威信产生嫉妒之情。唯有如此，我们才能培养儿童基本的意志习惯，并引导他们明白基本的行为准则；唯有向他们提出各种明智合理的要求，让他们感受到执行这些命令时所需要的果敢和刚毅，我们才能让儿童真正体会到意识的力量——只有在逼着自己做了不情愿做的事情之后，才能深切地体会到这种力量的存在。即使立刻服从命令的行为一开始只是一种外在表现，它也会在我们的内心世界中产生影响，因为我们的情绪是被我们的行为控制的，只有意志力才能够扩大个性的疆域。

不过我们千万不能忘记，道德观也是相对的，对成年人来说是一回事，而对少年儿童来说往往是另外一回事。儿童不明白何为绝对真理，何为公正或美德。在训练中对他们施加各种不同刺激的目的，就是要强化他们已经开始出现的、比此前更高明的理解洞察力，尽管这种后来出现的理解洞察力往往比直觉更加脆弱。这种方法要远比将那些非直觉性的善念整个硬塞进他们脑子里管用。要让我们的指令得到执行，就必须在儿童的精神世界中找到一些同盟，尽管这些同盟可能会软弱无力。在训练过程中，为了防止儿童在将来变得虚伪和不诚实，我们应该尽量减少对儿童天性和直觉的牺牲，尽量不要轻视这些天性和直觉，所采用的手段也应尽量着眼于未来长远的发展。然而，儿童的本能天性越是顽强和健全，我们就越需要花费更多的力气来对付那些刚刚出现的直觉；当下能够满足他们兴趣的东西越少，就越能为将来更深刻、更高级的兴趣打下坚实的基础。当儿童朝着成熟不断前进时，他们可能会意识到，自己每一个新的领悟，对每一个发现的认识都似曾相识，在那些我们向他们提出的要求中、对他们培养的情感中、要求他们养成的习惯中，都能依稀找到它们的影子。他们不应该受到我们错误的引导，误以为那些我们为了自己的方便或爱好而让他们去做的事情是一种责任和义务；也不应该因为我们的不作为和拖延，而耽误了他们意志力的建设。青少年对周围世界的态度最严肃的时候，往往也是他们最容易出现理解偏差的时候，不过，如果他们的内心一直保持着最真最好的诚实，就可以将这种理解偏差造成的危害降低到最小，也最容易克服。如果来自权威的力量是对他们自己良好动机的补充，而不是逼迫他们放弃自己的动机，那么，儿童会深深爱上这个权威，即便你不愿意，他们也会直接服从你的意愿。最后的结果就是，你在过往持续的训练中为他们的将来制定了一种生活和行为模式，当他们走到了这个人生阶段时，对此会欣然接受。这样的孩子将来不容易在牧师、老板、潮流或传统面前屈服，因为到那时他们的服从性已经被正常的、充满阳刚气息的自主性所取代。

我们可以利用上面提到的这些方法，再加上其他一些方法，将儿童的行为机械化，越早越好，越充分越好。在儿童的观念中，习以为常的东西就是对的，能够在头脑里被简单化的东西，就是亲切熟悉的。正是这种属于人类原始层面的习惯性，在很大程度上决定了我们最深层的信仰，这种信仰用现有的知识是无法解释的，在满脑子充满奇思异想的青春期，人们会暂时抛弃这种信仰；然而到他们成年后，又会回头重新捡起。如果说养成良好的行为习惯并非一剂药到病除的汤药，而是一种循序渐进慢慢见效的饮食调理，那么，通过一次又一次的重复，就像织布机对每一行新线进行一遍一遍的撞击一样，公平和正确的观念就会被深深地烙进我们的神经细胞和道德品质里。

如果由这些精神的基本结构、记忆和习惯形成的特征群、我们自己最常见的想法和行为，能够早日正确而坚固地在我们身上成型，那么，它们不但能够为我们张开一张命运之网，决定我们的一切，还能成为我们持久的后盾——如果有一天我们遇到打击、危机、变故或灾难，将后来形成的完整的心理联系粗暴打破，我们至少还能回到这个原点。被我们机械化、习惯化的心理过程越多，就能解放出越多的动力来进行更高级的心理活动，不仅如此，这样做还保证了我们有应对紧急情况的能力——所谓紧急情况，就是当我们的选择和行为倾向于受最直接的动机驱使时；或仓促地采取行动，拒绝三思而行，拒绝接受更高级、本质属性更强烈的动机影响时。我们在思考的时候，总是会受到一些后来习得的动机和考量的影响，如果这些动机和考量比我们的习惯机制更高明，那么三思而后行是件好事；但如果并不比其高明，那思虑太多的人就输了。与一长串无具体目标的欲望、行为和反应比起来，目的明确的决心非常少。这些欲望、行为和反应在很多情况下都是自相矛盾的，其中有很多从来就没有在意识层面出现过；有一些以前可能是意志性行为，但后来慢慢退化成条件反射，这样的退化痕迹布满了我们那一大片未知的精神边缘领域，并成为了意识层面中意志力的执行工具。

只有当最原始的意志力被先天本能或后天训练扭曲时，才需要采取某种形式的极端重建措施。有的成年人会误把缺点当作天真、简单当作坦白，他们忘记了孩子气的错误并不会因其普遍性就降低了严重程度，否认所有的孩子都有堕落的可能（至少偶尔会有），不明白在教育中忧惧和痛楚是必不可少的元素。持有这些想法的父母、教师，会弱化儿童的意志力。儿童不会主动要求学习字母表，对他们而言，与甜食比起来，乘法运算表就像是一剂苦药。"学问的果实也许甜如蜜糖，但其根须却尽是苦涩"，仅凭这一点，我们就可以通过指导其思想来达到强化意志力的目的。一个意志力训练有素的人，会鄙视那些想不劳而获的享乐主义者。我们必须预见到，现在的懒惰一定会在将来受到应得的惩罚，就像干坏事必然没有好下场一样。意志力就像我们为了孩子特别托管的信托基金，他现在可能并不想要，但是到他成熟一些的时候，他就不会再拒绝。我们现在必须强迫他们去做的事情，就是将来他们会强迫自己去做的事情；他们现在已经形成的习惯，与成年后的他们需要养成的、生活要求他们养成的习惯遵循的是同样的原则。对这个事实的认知将使儿童与导师之间的纽带更加坚实。不过，恐怕没有比惩罚更个性化的训练了。对有的儿童而言，隔三岔五地威胁他们一下就够了；而有的儿童，不管受到的威胁多严重，在他们眼里这些威胁就"像稻草人一样，最难缠的鸟儿最先学会在上面歇脚"。如何恰当而有智慧地训斥孩子，这本身就是一门艺术。什么才算是最重的惩罚呢？标准因人而异——对有的孩子，宽恕就是最严厉的惩罚；有的孩子最经不起忽视和放任；有的最受不了被迫与朋友分开，或者肩上的责任被暂停；有的遭隔离禁闭（如果持续时间过长，是一种极端危险的做法）就会抓狂；还有的儿童则认为被曝光在大庭广众之下最羞耻。斯宾塞先生的"自然惩罚"可以用来作为惩罚某些错误行为的措施，不过适用的情形很少，而且也不能算是最重的惩罚。巴塞多（Basedow）将那些抵挡不住诱惑的男孩绑在大柱子上；如果干了蠢事或者疏忽犯错，就会被戴上傻瓜帽，挂上傻瓜铃；如果过于傲慢，目中无人，就会被装在笼子里，挂在天花板上。曾有两个男孩吵架，结果他们被带到了整个学校的人面前，被要求凝视彼此的眼睛，直到脸上愤怒的表情变成哭笑不得。这种惩罚已经不能只用聪明来形容了，简直就是天才。训练的目的是让他们不做错事，从而免于惩罚，不过即使这样，也绝不应该禁止鞭刑的使用。可以将它当作一种保留方法，就像把剑插进剑鞘里一样，但不能让这把剑锈到偶尔想用都拔不出来的程度。对于用于体罚的棍棒，我们的法律可能会限制其大小和长度，还会像德国那样，对行使处罚的地点有严格的规定，不过，美国对体罚的自由度不应该少于德国。当然，惩罚既要起到威慑作用，又要起到感化作用，绝不是为了恶意的报复。我们不应忘记，"正确"的惩罚要比"严厉"的惩罚更有效果；也不要忘了，体罚很容易让动机变得感官化，从而延迟了心理约束力的出现——我们应该让心理约束力尽早超过体罚产生的约束力。尽管如此，对于男孩子的意志力训练，如果没有或多或少的鞭策，是很难进行得彻底的。当然，我并不主张采用从前的那种极端方式。斯巴达人把鞭打当成一种体育训练，目的是使自己变得更坚韧顽强；"三十年战争"（Thirty Years' War）后，德国盛行了很长一段时间的严苛风气；在很多英国学校都曾经出现过这样的潮流：学生们经常主动前往某地去受鞭笞，认为这是对自己勇气的考验，丝毫不觉得受鞭笞是一种不体面的行为。这些习惯至少让我们看到了意志所具备的令人钦佩的力量。严格的管教和约束铸就了沉静的气质和端庄的姿态，让人更富于内省力、自控力，懂得如何压抑自己的情绪，知道如何表达情愿和不情愿。而现在业已泛滥的做法则是：讨好儿童以博取他们的好感；用赞扬和奖励取悦他们的自尊心；为儿童的错误辩解，说他们初衷良好；生怕正确明智的批评会激怒那些被宠坏的孩子，宁可采用一些几乎无法察觉的微妙的心理学手段，即使耽搁整个班级的进步，也不愿明确地敦促那个被宠坏的孩子跟上其余人行动的步伐。这些做法，都是有害的。这不禁让人想起一个耆那教徒（Jain），他总是清扫自己前面的那块地方，避免自己无意中踩到虫子。这也有可能是件好事，正如施莱尔马赫所暗示的那样，当一个源自天性的不良行为刚刚冒头的时候，不要去打压它，任由它长成气候之后，再让惩罚如期而至。不妨让他们受点皮肉之苦，天又不会塌下来，让儿童尝尝棍棒两头的不同滋味。一个人会用鞭子抽人，也可能会被别人用鞭子抽。懂得了这些，就避免了让他们在将来遭受更深的痛苦。出言不逊的无礼反抗、处心积虑的不服管教、自以为是的满不在乎和虚张声势，这些不仅是与意志力有关的疾病，还是顽固的疑难杂症。对于这样的案例，必须采用一些比较激烈的手段，将意志力打破并重建，就像医院里经常遇到的手术案例一样，将错位或畸形的肢体骨头折断，再重新接好。这是一个残忍的过程，但是，如果一个人的意志力在童年时期就有阵发性失调的毛病，就意味着他成年后可能会遭遇某种类型的道德创伤。很少有父母有这根神经去做这样的意志矫正手术，或者根本觉察不到自己的孩子什么时候需要这样的手术。有人曾经说过，这种做法就像把一个人打翻在地，目的是为了将他从踏入悬崖的危险中抢救回来。即使是最重的惩罚，也可能导致（不过可能性很小）青少年将来在意志力上表现得任性和刚愎自用，不过作为处罚措施，至少要比讽刺、嘲笑或指责好一些。顽强执拗有时候是值得称道的，因为每一个人都应该有自己的意志。但是如果方向错误（几乎所有这样的错误，都是在精神最具流动性和动态性时接受的不正确训练的结果），会造成最严重的后果。很少有父母具备足够的智慧控制自己溺爱的情绪，总是会给孩子过多的奖赏或对其付出过多，即使这种溺爱会对孩子造成伤害。在这种情况下，要求父母们在亲昵爱抚中加入一些适度的冷漠，期待他们能够培养孩子坚强刚毅的性格，似乎有点不太现实。其实，父母们可以在给予孩子应得的惩罚后，向他清楚地指出惩罚的好处，然后再有技巧地向他表达亲热，以此来安抚孩子，从而让他回心转意。如果我们的惩罚太冷血残酷，而且在惩罚后很长时间都不做任何补救措施，年幼的孩子就会对我们心生恨意；而如果我们在惩罚的同时又表现得很有感情——因为按照"无情则无益"的原则，带一点感情的惩罚的总是能取到苦口良药的作用，年长的孩子可能会对其不以为意，而惩罚的意图就是想引起孩子意识层面的反应，这一点是必须保证的。我们经常说的那句格言"执法过严，或法之大错"，用于形容学校的现状特别贴切。但是，如果摒弃所有的惩罚措施，对普通学生来说同样不公平，因为这样做相当于抛弃了一种最有效的意志磨砺手段。我们惩罚的从来不是孩子的天性，而是那些不好的部分；他撒了谎，但不能据此就认为他不诚实；我们针对的只是他的那些具体的不良行为，爱的是他除此之外的整个人。

然而，千万别忘了一点，不分青红皂白的体罚是一种极其恶劣的行为，而且，在教师肩负的各种责任中，如何对学生进行体罚是最难、最需要策略的，一般的教师根本就达不到这样的水平。为了达到最佳的体罚效果，教师必须做出一系列正确的抉择，即：选择合适的时间、地点、情绪以及犯错对象，弄明白他们所犯错误的类型以及表现。这样的表述听起来或许有点过于直白大胆了，在实际操作中也有一定的风险，尤其是在某些特殊情况下——例如，奈克尔夫人（Madame Necker）和西格斯蒙德（Sigismund）指出的两种情形，以及笔者本人注意到的几种情形。首先，一个平素表现很好的孩子，有时候也会想放肆一下，挑战权威，不服管束。如果一个孩子突然表现出一系列违逆权威的行为，其实是标志着一个新纪元的开始，表明他的独立本能和自我管理本能已经诞生了，这是好事，因为这是他男子汉气概的基础。他可能会表现得非常没有责任感，但那些不良的行为他从来不会重复第二次。当这股喧嚣动荡的情感冲突缓和下来后，他的精神世界也随之拓宽了，如果我们能够宽容地对待他这个时期的叛逆，如果我们立刻向他开放一小片他可以独立行动的领域，他就会毫发无损地再次回到原来习惯的驯服状态。还有一种情形与他们的心理倦怠期有关，在这段时间内，孩子们会感觉到一种莫名的不安。有时候我会打开好几本书瞎翻一气，出门去散散步，然后又走回来，觉得自己的精神和身体都处于一种茫然状态，似乎在寻找什么，却又找不到任何实质性的内容。当一个孩子处于我这种情绪状态时，他可能会要求得到什么玩具，玩什么游戏，或者想吃点什么，产生什么奇怪的嗜好，但是，当这些要求实现时，他又置之不理，甚至可能发脾气拒绝。这些来去无踪令人捉摸不透的念头就像"情绪幽灵"，是一种自然规律，在一个处于极度疲倦状态的人面临的所有致命性危险中，这是最轻微的一种形式。当一个孩子处于这种情形时，惩罚是最糟糕的处理方式。让他休息或者转移他的注意力是唯一的治疗方法，对此，教师们的脑子里必须装满合理有效的应对策略。

第三种情况也适于使用比较缓和的处理手段，即如何处理那些说了谎话但撒谎的初衷并不坏的孩子。他们在掩盖不良事实的同时，也会开始努力改变自己，想让自己的谎言成为事实。这样的情形可能不太常见，因为谎言对那些表现不好的孩子的诱惑，远比对那些乖孩子的诱惑力大，因为，恐惧是撒谎者最主要的动机，如果一个谎言成功地掩盖了事实，免除了他们需要承担的后果，就会减少他们改变自己毛病的动力。

就"服从"这个话题我们已经说得够多了，现在我们要说说"自我指导"的必要性。如果在应该"服从"的阶段，儿童表现得很好，那么接下来"自我指导"阶段的到来自然会水到渠成、顺理成章。一边讲道理一边采取强制措施，做起来并不容易，但是，在停止替孩子做出各种决定之前，我们就应该让他们觉得自己是独立自主的。当我们逐步停止告诉他们该如何做，并开始鼓励他们自己去面对各种状况时，应该精心选择少量座右铭、谚语、格言等，简单地向他们解释一下，让他们深切领会并铭记于心。教育被定义为"让人学会掌控自己的命运，不随波逐流"的工作，可以肯定的是，如果没有必要的准则和规矩，我们的意志力就不会发挥作用。但如果我们挖空心思地想对孩子把道理讲得明白透彻，他们就会把更多的精力用于理解这些道理上，他可能会对你的观点深感赞同，却不会付诸行动。如果他们的思想还不够强大，让他们接触各种五花八门的观点其实是很危险的。意志力坚定的人不喜欢争论，如果一个孩子陷入了各种与自己的阅历不相称的说法和思想中，不管是主观的还是客观的，无论是体现在行动上还是思想上，他都会很快被混乱无序、互相矛盾的观点和信念绕糊涂。此时，一种对未来的不真实期望将油然而生，这种不真实的期望正是意志力面对的最大迷惑。文字和语言对意志力的磨砺作用微不足道，知识并不能把理想中的意志力变为现实。正如柏拉图所言，所有伟大的东西都是危险的，对那些思想狭隘的人来说，真理本身不但是谬误，还是不道德的。意志力的修炼是向内的精耕细作，而不是向外的开疆辟土,据笔者所知,有这么一种情形存在:即便只是在假期和一个爱说教的寓言家同行了一段路程,就足以毁掉一个人在意志力方面耗费数年时间所达成的修为。我们教给儿童的处世规则必须是他们熟悉的、可以用大量的例子来加以解释说明的、只要养成习惯并处处留心就能够做得到的。还有很重要的一点,就是必须让他们彻底明白,如果违背了这些规则,他们将会承受严重而沉痛的后果。那些与儿童的真实生活没有多大关系、含义模糊、泛泛而谈的处世箴言,在儿童处于极端情绪中时,是不会出现在他脑子里并起到阻止作用的。但如果一个孩子已经学会了如何去服从他人的指令,那么即使在情绪激动时,他也一定会明确地服从那些熟悉的规则。

为了保证儿童能够逐渐由"服从"过渡到"自我指导",我们要做很多事情,其中的一件就是肌肉训练。这是因为,如果一个人的肌肉组织比他的神经和大脑孱弱,"知"与"行"之间的鸿沟就出现了,意志力的发展也将陷入停滞。古茨目茨是雅恩出现之前的德国体操之父,他从前经常警告世人,不要幻想那几块用来写字或活动舌头的小肌肉就能提升人类发展的高度。语言或者思想可能会激起人精神上的兴奋,但是,古茨目茨和他的"特纳社团"坚信,仅靠德国人训练有素、比例匀称的肌肉训练,就能够重建并复兴他们的祖国,因为用语言去粉饰生活中的冲突是一回事,而扛着武器去战斗是完全不同的另一回事。他们认为,"身体越虚弱,就越是折腾你;身体越强壮,就越会服从你"。

通过这些方式,我们就可以拥有一个强大的、条理分明的精神结构,思想和意志就像组成这个精神结构的经纱和纬纱一样。思想和意志紧密严实的组织在一起,只要需要,它们所有的力量都可以同时倾注在同一个点上。每一个概念或目的都能唤醒与之相关的所有思想,一旦这些思想有力地结合在一起并指向同一个目标,灵魂就会迸发出自己都意想不到的力量。精神就是由这股所有元素整合为一体的力量构成,而不是单个元素的简单相加;当所有元素都能够不受阻碍地合而为一，就是意志力真正自由的时刻，也可以说是心灵自由的时刻。当精神世界的各种力量都被调动起来共同完成一个重大任务时，我们不会感到有任何不足或欠缺，而且，任何强烈的感情都不会影响我们的精神实质。有了这种思想和意志的组合，那些本来没有什么力量的人，也能够创造奇迹；而如果没有这种组合，再伟大的头脑也会陷入困惑和迷失之中。不能将思想和意志组织起来的人，他们有的只是软弱无能和反复无常。他们会做出一系列似乎非常强势的努力，有时候这种努力几乎达到了极限，但却是短暂而没有连续性的。正如让·保罗（Jean Paul）所言，精神世界的地质层里有硫磺、木炭，也有硝石，但是它们的存在形式都是结晶，粉末是不可能存在的，因为粉末无法和其他东西组合在一起成为一个整体。我们当今的教育者面对着各种新的要求，其中最重要的，就是去理解意志力的这种组合模式。

这股集中化的力量来自于我们的整个精神世界，而不是其中的任何一个部分，它能让我们免受外界的很多影响，例如，传统习俗、行为的近似标准等；它能够加深我们对生活的兴趣；可以约束我们对未来的期望，从而保证我们不会因期望过高而产生失望。这种健康简单的意志哲学能够帮助我们抵抗那些规模不小的冲击，使我们的精神结构足够坚固以承担为数不少的责任。当然，除此之外，还需要一些更深刻的东西，没有它们，我们的良好行为或多或少都会显得空洞。那就是在我们的幼小心灵还处于容易受影响、被塑造的阶段时，母亲就在我们内心营造的纯洁情怀，那个时候，世俗的规范还没有在我们的头脑中生根发芽，甚至"思想在语言中飞翔"的阶段也还没有到来。这种纯洁或许是与生俱来的，或许来自一代代人的遗传。所有的行为方式，都取决于我们是否具有原始优势、我们的意志力是否发挥了作用，比如，当独自处理一个复杂的问题时，我们会全神贯注；当运用乘法运算表时，唯有注意力分散才会让我们犯糊涂；当背诵字母表时，即使是战争的喧闹也不会对我们造成干扰。早期和晚期的训练应该与天性和谐一致。如果一个人受到的训练中包含足够的智慧，能够让他相信，他的灵魂深信不疑的东西，也正是他自己深信不疑的；能够让他说出自己的感受，并感受到自己真正的感受；让他表达的决心正是更深刻的意志力的指向，最终的结果也正是他渴望或希冀的，是他期待的、一直经营着的或者正努力追求着的，那么，他就拥有了三重快乐。这样的一个人，当他第一次以自己确认的信念为立场，去对抗公众舆论，或对抗他自己的物质欲望或害人之念时；当他发自内心地感受到约束的力量和责任的快乐时，他就达到了道德的成熟年龄，意志力的世界又多了一股新的原动力。我们可以把这种动力当作灵感；也可以像康德那样，说它是超越生活高度和广度的抽象冲动；或者像斯宾塞那样，说它是源自我们远古祖先的体验精髓，是人类数不清的神秘过往在我们灵魂中激起的回响，是所有心理产物中最浓缩、最精华、最本能的存在，就像丁铎尔（Tyndall）所说的"火云"（fiery cloud），不管是这个词还是这种现象都是那么古老而稀缺。我们可以说它是最纯粹的、最自由的、最有优势的，因为它是最内在、最本质的意志或意识。

如果要将这些最高尚、最卓越的人生观、道德观和价值观内化成自己心里毫不勉强、毫无抗拒的坚定信念，并心甘情愿地将它们当作自己的习惯性生活指南，这个理想目标即使算不上危险，也是不现实的，因为只有那些世所罕见的道德圣人才能够真的践行它。对于我们大多数人来说，最好的教育就是能够让我们成为最称职、最服从的仆人。这是让社会和谐的方式，也是符合自然选择的方式，因为即便我们非常认真地想要保留一种完全个人化的道德和良心标准，但如果它们与合乎主流习惯的团体、党派、阶级精神及情感不符的话，我们就会发现自己在这个世界举步维艰，所以大部分人都会迫不及待地重新顺从权威的观点和标准，而且基本上都是自觉主动地这样做。能够留存的属于个人的东西，只能局限在小得不能再小的一块边缘地带内，在此范围内保留个人对物质的特殊兴趣、对服从对象的选择等，而且似乎只能在幻想中将这一点最小化的自主权膨胀成最大化的自由并沾沾自喜，利用历史上最崇高的那些理想模式（即有绝对的自主权、有自己完全认可的行事方式）作为神坛，去供奉那些自私、任性而又自以为是的偶像。最大的困难和麻烦就在于如何诠释那些道德本能，因为即使是最权威最主流的道德标准，也缺乏必要的自知之明，而唯有具备敏锐的自知力，才能将所有的智慧汇集成汪洋大海。每个人在发展的过程中都会经历一段道德的启蒙期，处于启蒙期的孩子同时也处于道德的过渡期，直到所有的道德本能都能被个人正确地诠释和理解之后，这段过渡期才算真的结束。每个人头脑中的所有思想河流，都必须围绕着这些道德本能流淌；每个人都必须用自己最有效的方式，窥探并挖掘这些本能所隐藏的秘密，并把这些秘密转化成符合大多数人类思维的观点。

到了这个阶段，我们才终于可以谈及道德教育中最高级也是最直接的实用方法——用智力活动来训练意志力，让意志力为智力活动所用。我们绝不能仅仅把童年时代和青春期当作走向成熟的手段。学习的过程比学习的结果——即知识——更有用。能够训练我们的意志力、形成我们独特个性的关键元素，不是最后的目的，而是达到目的的方法；不是最后的结果，而是为了得到结果所做的努力。只把最后的结果教给学生，而不告诉他们这些结果是如何得来的，这非常简单和容易；而要既教给他们最后的结果，又教会他们如何去得到这个结果，则是复杂而又艰辛的工作。如果我们在传授知识的教育活动中，让学生们不需要承受任何压力、不做任何努力就能轻松地拥有知识；如果我们用轻松的、甚至游戏一样的方式传授各种内容；如果我们总是用学生最容易接受最没有阻力的方式，将知识直接灌输进他们的脑子里，那么，这样做的后果，只不过又给他们的童年生活增加了一个使他们失去斗志、委顿不堪的理由。唯有在努力学习中产生的力量感和强大感，才能让莱辛（Lessing）在追寻真理的道路上乐此不疲，才能够磨炼我们在智力领域的意志力——智力领域已经越来越成为意志力的角逐场，对形成我们的独特个性有着不可估量的价值，也让我们从外界获得的各种知识起到了真正的教化作用。学习的过程将我们的智力活动表现为一系列行为表象，或者表现为生动鲜活的思想，而不是纯粹的文字。真正的教育，是向学生传授各种知识，其结果与过程是可以加以考核验证的，是可以真正表现在行动上的，而那些不劳而获的人可能只是一切听指挥，并没有得到真正的教育。

那些被训练得可以激发出自身精神力量的孩子，在以后的人生中会成为出类拔萃的人物；而那些不能把所获得的知识转化成自身能力的人，会早早地就面临着被社会淘汰的危险。

正是因为在教育过程中学生们缺少主观能动性，才致使精神训练常常危机重重，尤其是到了高级阶段时。特别是当一些很好的行为准则却和一些没有改掉的坏习惯在同一个人身上和平共处时，最直接的结果就是，这个人会不可避免地出现某些道德缺陷。当我们在意志力的作用下重新唤醒有用的记忆片段，或者强迫自己的头脑去重现各种表象并进行提炼加工时，会对我们的精神意志力起到很好的强化作用。而如果我们头脑中各种各样的感觉与表象在被激活之后，我们却对其置之不理放任自流，充其量也不过是对其进行支离破碎的再现，那么，我们很快就会发现，我们会出现早期遗忘症，这种现象正是智力衰退的前兆。极少有人能够长时间忍耐对各种想法和观念进行加工而不陷入严重的精神危机，尤其是当这些想法和观念都是一些基础理论的时候。但是，一个人的思想要达到完全的成熟，这些基础理论又是必不可少的。新的立场和观点需要对精神元素进行新的组合，在这个过程中有一个风险始终存在——那些已经稳定的观点，可能会再次分崩离析，回到从前那种以不同成分形式存在的低级状态。以美国的移民为例，他们精神上面临的最大危机，就是态度、习惯和观念的改变。而且，教育本身就意味着改变，接受的训练越多，改变就越多，这是一个不变的法则。当我们在旧的习惯或思维与新的见解或领悟两者之间摇摆不定时，表现得就像一个医学专业的学生——当他对医理尚不精通时，常常会对生理机能的各项规则感到困惑和力不从心，这是一个过渡时期，一个人在训练过程中需要做出的改变越多，这个过渡期就越危险。尤其是当一些我们很久以前就不想去探究的老问题，又重新被提及的时候，我们就面临着一种特别的风险——原有的平衡可能会被打破，新的平衡将会建立，而且，在这个过程中产生的动力将会被重新分解融合成另一股稳定的力量。当这种情况发生的时候，我们往往会一无所得却大有所失。事实上，这个问题并非来自学校，而是来自整个文明体系。我们现有的精神训练模式，真的能够让人类变得更好吗？那些能够理解并承受这些训练的少数圣人和天才，是否真的就能藉此完全掌握一门知识并充分地将其转化为实用能力？这个问题，是普通教育面对的所有问题中最重要的一个。

人们有一个常见的错误观念，认为"万事开头难"。事实上，任何事情刚开始做的时候其实都非常容易。几乎所有的头脑都能在任何科目上前进一小段路。智力最弱的青少年也能在刚学习一个新的科目时进步迅速，但是他以及为他的成绩打分的考官们都忘了，随着他的一步步深入，困难不是以算术级别增加的，而是以几何级别快速增长。还有一个事实就是，几乎所有的课程都配备了专门的老师，在各个科目都处于初级学习阶段时，没有任何一门学科进行特别的教学安排，连考试也被安排在我们特别容易恹恹无力的春季里，这正好给我们提出了一个问题——如何才能只给予教导，而不用给予教育，这个问题被中国人非常巧妙地解决了。及格分数，不应该给那些掌握了一本书的前半部分的学生，也不应该给那些只掌握了一半内容的学生，应该给那些掌握了绝大部分内容的学生。假设一个人在早期学习阶段中，用最容易的方法将很多科目中的最简单的知识印在了脑子里——这在中学和大学的课程中是完全可能的，而且是被鼓励的行为，但是，这种做法却削弱了自

第十二章
道德训练 **335**

己的意志力品质。对什么都尝试着去了解并略懂一二，这样做是对能量的浪费。只有沿着一个方向专注而持久地努力，才能真正训练一个人的头脑。针对不同种类的知识所做的各种各样琐碎的努力，只能让我们的头脑陷在一大堆五花八门的混乱表象中无法自拔，此时，意志力就像被绑在不同的物体上的橡皮筋一样，因为被拉伸的幅度太大，最后变得越来越松弛无力，再也恢复不到原来的模样。在这里，我们不得不再次提到这句话，"唯艰难处方显大师本色"，一个人的全面性是透过其片面性表现出来的。我们可以在春天悄悄尾随于一匹马或一头牛后面，观察它们的生活习性。我们会发现，到最后它会完全固定在一小圈草地上吃草，不再到处闲逛，随心所欲地这儿啃几口，那儿咬几口。当它专心致志地啃食同一片草时，它很快就发现，青草最甜美的部位是最接近根茎的那部分。这个现成的比喻可以用来代表智力领域的意志力训练。就算是一长串死记硬背的内容，如果这些内容只是关于一个科目的，也能将这个科目的不同部分联系起来；西方教育界已经创造出"只有一个专科的学院"（one-study college）；根据齐勒（Ziller）和赖因（Rein）的设计，在小学就可以实行将几个科目联合起来组成一个"专注系列"（concentration series）的教育模式。按照齐勒的定义，综合性大学将各种研究结合在一起的目的，就是让每一个科目都能和与它有密切关系的科目连在一起。它们之间之所以有密切关系，可能是在内容和研究方法上有固有的紧密联系，也可能是因为它们是隶属于同一个中心的两个旁系，都是博士学位考试要求的内容。上面所有的手段，无疑都是想让学生拥有一种效能感，这种效能感是人生中最深刻、最令人自豪的快乐之一。可是，我们却常常看到这样的情形：原本应该具备的拥有感，却被一种软弱的意识所引发的强烈的悲哀所取代。如果教育的目标只是想考查一个人的表面能力——学习如何重复相同或相似的知识；对理科文科的所有内容都能应付，就像目前很多高中学校或专科院校试图去做的那样，那么我们只能说，一个不分主次重点且囊括多个理想的目标，也比没有目标好。

最后，在精神生产力和创造性方面，当一个人头脑中的意志力元素占据数量上的优势时，他往往会对一些新的见解、简便方法和捷径心存疑虑，相信的主要还是实实在在的天分和持久的努力。他会认为，人与人之间存在着智力差异的最大原因，是有的人坚持长期努力，而有的人却没有。当一个人的想法和观点在头脑中被孕育成熟后，他会进一步将它们浓缩提纯，保留其最精华的部分，让它们最终能够更容易更快捷地接受思维的检验——简言之，让它们变得更具实践性。如果一个人的意志力足够强大，他就会一直沉默而耐心地等待着一个新想法的诞生，不急切、不焦虑，尽管心头的责任感会逐渐加重。他会一丝不苟地检视、验证这个想法的每一方面，深入了解、探究这个想法中潜藏的每一种精神力量，并咨询求教每一个权威。这样的人，是"端着来福枪说话字字像子弹般掷地有声，而不是举着水管滔滔不绝却全是水"。或者用农夫的话来说，是"把自己想说的话预先煮沸了，直到让听者觉得像糖，而不是像难喝的草药"。仔细观察我们当代的一些重要发现，每一个发现后面莫不充满了成年累月艰苦的劳动，这些发现被分成十几种或二十几种，一一列举出来供大家参考，这样一来，很多实验者就可以按照这些方法建立自己的实验设备，只需花几分钟的时间就可以得到自己想要的结果。千万别忘了，在智力活动的很多领域，我们对自己的思维修改、重建的次数越多，想法的最终表达被压抑的时间就越长；如果我们带着从其他感兴趣的地方得来的新领悟重新审视这个想法，这种重新审视的次数越多，这个想法就越能让他人理解得清楚和透彻，因为被重新审视的次数越多，这个想法就越能通过意志化的行动表达出来，而这正是"成熟者的语言"。

接下来要关注的，就是孩子们在新鲜天真的好奇心影响下逐渐产生的各种想法和见解。这些想法和见解是他们对自然物体的最初印象，从中生出了宗教和科学两大分支，它们是同一根茎上长出的两棵不同的树。对雷暴产生的畏惧和崇敬、春日早晨的美景和各种声音、能够让孩子们的思绪飘向遥远时空的各种自然物体、古树、废墟、岩石，还有最值得一提的天体——如何好好利用这些自然课程，是幼儿园时期的教师们面临的重要任务。一个在不虔诚的天文学家影响下变得不虔诚的孩子，其不正常的程度要超过那个影响他的天文学家。在前面提到的那些方向上，儿童的头脑是完全开放的，具有极强的可塑性，就像那些古代的先知们，只有让自己的心灵完全敞开，他们才能接收到来自神灵的暗示。儿童意识不到自然与超自然之间的本质区别，那些围绕着自然界中的各种物体杜撰出来的神话故事，内容都是关于人类的各种情感的，在漫长的时代更迭中温暖着一代又一代人，对儿童而言更是最好的精神养分。在这个时期，如果只向儿童讲解与自然有关的科学入门理论，遵循着一条肤浅的原则，即：儿童肯定不理解的就不要教给他们，或者鼓励孩子对自己的想法预设一个批判性的立场，这都是在阻碍他们的心灵发展。再稍晚一些，就应该让儿童养成诚实的习惯了，最好的方法就是利用他们在对事物进行精确观察时产生的求真意识，来培养如实描述的习惯。去观察自然界中的简单现象，然后对其进行准确而充分地报告，这并不是一件容易的事情，但是，养成努力这样做的习惯，能够教会他们什么是诚实，并且让他们对何谓事实、何为真理留下深刻的印象，对他们的整个人生和性格都有深远的影响。因此，我可以毫不犹豫地说，仅仅为了这些科学元素所带来的道德影响力和效果，我们就应该告诉儿童什么是科学。与此同时，我们应该明确认识到，所有的真理都不是用来愉悦感官的，如果只单纯地对这个年纪的儿童进行科学训练，往往会造成他们的思想变得过于实用主义、枯燥无味、感觉迟钝，或者对其他真理的价值毫无反应——这些真理的价值，是不能用它们给我们带来的确切影响力来衡量的。我们必须诚实地诠释自己的情感和各种天生的本能，正如我们在诠释外部的自然事物时所做的一样，因为我们的生活是否幸福，不但取决于我们适应自然环境的能力，还在很大程度上取决于我们的信仰是否与自己内心深处的自然感受和谐一致。所以，如果我们所有的道德行为都真实地表达了我们的性格，而不是像错误的教学方法所做的那样，培养了我们在观点、语言和行为方面装模作样和不诚实的习惯，那么，这些道德行为自然就得到了巩固和加强。如何才能避免装模做样和不诚实现象的发生呢？唯一的方法，就是一开始就把一切都交给自然主义和儿童的自发性，根据儿童精神上的各种需求和所处的发展阶段，给予他们当下所需要的东西。有一些道德真谛是不能被当作入门知识来传授的，尤其不能充当道德规范的入门知识，因为这样做可能会引起儿童产生严重的质疑甚至误解。然而，我们必须预见到，所有的信念都会发生转变，会一次又一次地被质疑、检视、重新定位，只有在这些过程真的发生后，我们才能在心灵与现实之间最终达成满意的平衡。所以，如果我们真的要向儿童传授一些有益的道德真谛，讲解的时候一定要尽量简洁明了，态度要尽量严肃，告诉他们这些东西对其来说太深奥了，当然，也可以把这些知识当作鼓励，激发他们的好奇心，让他们以后自己去弄明白。但是，一定要谨记一点：在他们能够领会或真正理解之前，这些东西不应该变得太熟稔或变成一种约定俗成的习惯。

很多行为所导致的结果，或痛苦或快乐，都是立竿见影的；他人的行为结果，或轻微或严重，都是儿童必须借鉴的经验教训。对儿童的行为所给予的奖励或者惩罚，都必须经过精心巧妙的设计，要尽量模仿并代表真正的自然惩罚，在实施惩罚的时候也必须如同自然法则一样，做到无一例外、不偏不倚。当儿童觉得自己接受的命令是公正合理的，并且逐渐察觉这些命令来自比自己更高级的智慧时，尊重和敬意就产生了，康德将这种尊重称之为"责任的基本动机"，并将其定义为"意志力的直接决定"，能将儿童的自负和自大扼杀于无形。此时儿童并不理解权威为何物，但却被要求无条件地尊重和服从，当他们孩子气地追问"为什么"这个问题时，往往意味着他们并不完全信服这个权威，不管对这个问题有多不悦，老师或者父母都应该回答：

"你现在还不能明白其中的原因。"除非他们有相当大的把握，认为自己能够给出一个具有说服力的权威见解，可以使这个孩子在将来免于再次接受类似的来自外部权威的训练。从这个角度看，我们完全能够理解为人师者的品质和尊严有多重要。对儿童而言，和师长的每日交流本身就是一种全方位的道德教育，尽管并没有进行三令五申的训诫。在这儿我们也能看到，与女教师比较起来，男教师的确有不少优势，尤其是在对男孩子的教学中。男教师拥有更好的体力，如果学生们将体能作为评判老师的一个标准，那么男教师当然会显得更有尊严，也更能得到学生们发自内心的尊重，此外，男教师的态度和训练方法也比女教师更具有稳定性和一致性。

在校园生活的最初几年内，伦理训练最重要的一个切入点，就是有关道德心的教育。在我们所谓的"精神力量"中，道德心是最复杂深奥的，或许也是最值得教给学生的。一个理解学生、有很强的共情能力且机智老练的教师，会仔细地安排一些系统化的讨论，讨论必须包括来自历史与文学作品的大量实例，围绕着各种各样的话题展开，例如，公平竞争、爆粗口、狐朋狗友、讲究穿着、取笑他人、大发雷霆、在课堂上煽动闹事、善意的谎言、矫情、讲究卫生、遵守秩序、重视荣誉、讲究品位、自尊自爱、善待动物、养成阅读习惯、职业追求，等等，并将这些话题纳入男孩和女孩都感兴趣的范畴。这种做法的实际目的只有一个——道德心建设。一个历史悠久的迷信观点认为，在儿童的意识中天生就存在这些精神力量，它们与生俱来，完整地保存在精神世界中，只待有一天突然醒来，儿童们立刻就有了"第一理解力"，并能迅速掌握世间万物所遵循的各种法则。这个谬误让教育的每一个方面都显得如此微不足道，在柯米尼亚斯（Comenius）、巴塞多（Basedow）、佩斯特拉齐出现之前的数个世纪里，这种观点一直被视为理所当然，不容置疑。当然，如今这种谬误已经在几乎所有领域都销声匿迹了——除了道德教育领域，在这里它依然保留着不可撼动的地位。事实上，最早出现的是各种感觉，然后才逐渐出现了被统称为道德心的各种高级的直觉感知。这些道德心最早是以不够深刻透彻的见解及感想的形式表现出来的，所以容易出现我们自己都意识不到的做作与矫情。我们意识中的道德心，是在遗传因素的帮助下，在我们自己都意识不到的情况下从周围环境中获得的，前文提到的那些有关道德心的讨论，则让它们变得更加确定化。但是，为人父母者总是容易忽略一点：这些有关行为内容的健康、正确的见解和感想，在刚开始的时候是非常脆弱的，因此，责任感的确立需要来自外部权威力量的长期而细心的引导。这就像一个医学专业的学生，当他只懂一些生理学和保健学的皮毛时，他极有可能想彻底改革自己的饮食和生活习惯，让它们变得更加"科学"，而他所采用的方法，会让一个更年长、更博学的内科医生大惊失色、退避三舍。所以，当男孩们对道德规则的内容似懂非懂的时候，按照美国人的脾气（他们实在是太容易小题大做了），总是会迫不及待地宣告自己道德观的独立，笨拙而鲁莽地尝试着将这些规则付诸实践，白白地在这个过程中耗尽了自己的能量，而这些能量原本应该用来加深他们的理解力，让他们的见解与洞察力达到成熟状态。此时，外部的权威力量应该放松监管和束缚的力度，每次只针对某个确定的行为进行暂时性的明确监督。看清对与错的本质，并明确地将它们区分开来，这是最高级也是最复杂的智力过程。所有儿童以及大部分成年人都一样，他们唯一的指引就是对道德规则的细微精妙之处所产生的或多或少的联想。至于如何让儿童明了人类肩负的所有责任，最好的教育方法大概就是收集所有自私自利的例证，向他们指出，在人生的所有阶段，自私都会以数不清的伪装的形式出现，并会造成各种各样的严重后果。自私与无限的意义背道而驰，对自私的研究与对系统化的道德所进行的研究不一样，不会被各种矛盾的理论搞得无所适从以致变得不切实际。

在人生各阶段的重大改变中，需要教育者予以特别研究的，大概要算那些在12岁到16岁之间发生的改变。这些改变要持续数年时间才能完成，这个时候青少年从自然生活中获得了新的能量和资源，产生了大公无私的感情。这是一个生理上的再生期，人生最后是否能够取得成功，就取决于青少年是否拥有足够的细心和智慧，是否能够合理而节约地使用这股最新也是最终的力量。这些改变也促使青少年的心灵发生了自然而然的变化，借用康德主义（Kantian）的术语，这种变化可以被称之为"图式"（schema）。即便从心理物理学的观点出发，这也是一种合理的本能。当然，对此我唯一的主张是在神经生理学方面——神经生理学似乎无处不在，却又无处不屈服于精神方面的理论。既然它无处不在，那这里当然也不例外，从某种意义上说，在这里生理的作用应该被称为调节因素，而不是构成因素。因此也难怪有数据显示，在青春期皈依宗教的人数，要比其他任何人生阶段都多得多，而且这种扎堆皈依的现象会一直持续到 24 岁或 25 岁，其密集程度也超过了其他任何一个同样时长的人生阶段。

在这个年龄段之前，儿童是完全活在当下的，通常显得自私、缺乏同情心，但是却坦率真实、服从权威，不会装模作样——除了在童年时期模仿那些年长者的语言、态度、习惯等的时候。而现在，他们的身高突然增长，生理与心理上的耐受力和活动力一度减弱；喉咙、鼻子、下巴发生了变化；正常与不正常的遗传特质和特点都出现了。而神经系统发生的变化更大，持续的时间也更长——虽然我们无法通过肉眼亲自见证这些变化。大脑皮层开始发展，皮层上错综复杂、盘旋曲折的褶皱和沟壑开始扩大，联络神经纤维快速生长（通过这些神经纤维，所有的生理心理元素才能同时被激发，由此我们才能看到各种事物之间的联系）。到目前为止，这些变化似乎是独立进行的，可能在数年时间内，发育动力的主要目标就是不断地促进这些变化的发生。所以，这个阶段非常关键，这段时间性格上发生的改变也非常迅速。不管此前青少年和父母的关系多么亲密、多么互相信任，此时他们都会在自己的精神世界里开辟出一片重要的领域，并宣告这片领域只属于自己。他们只喜欢和同龄人分享自己的知心话，却不会对父母吐露只言片语，尤其是男孩，这种刻意的隐瞒有时候甚至会引起父母小小的怀疑。这个时期的教育必须强调自由，因为此时，青少年认可的只有他们自己制定的规则，在观点和行动上他们都表现出了一定的自发性，而且采取的形式通常都偏于夸张、荒诞。他们渴望来自至交密友的同情和共鸣，渴望与人建立亲密的友谊；他们憧憬着那些能够带给自己夸张的快感的强烈激情；他们还会莫名地渴望遥远、渺茫而陌生的东西，这样的渴望会让他们产生自我疏离感（对此黑格尔曾有过精彩的描述），也标志着他们逐渐增加了对高于自身的某些东西的感应能力。男孩身上对抗与竞争的本能变得更加强烈，女孩则变得更加小心认真，更重视自己内心的感受，她们开始用心去体会音乐、阅读、宗教、画画等给自己带来的触动，也开始意识到在将来的成人生活中自己需要承担的责任。她们常常会迸发出一种强烈的想要无私奉献与自我牺牲的本能冲动，对象不重要，可能是周围环境中的任何人或物；原因也不重要，几乎任何一个理由都成立。青春期的少男少女通常会变得情绪多变、闷闷不乐，可能还会爱上孤独。在所谓"生长发作"（growing fits）的情况下，青少年的身体和精神都承担着艰苦而严峻的任务，不得不从其他的机体抢夺营养——胃、肺、胸、心脏、背部、大脑等，所以这些部位特别容易在以后发生病变——因此，身体某个机体营养不良发育不全的现象，几乎无法避免。此时他们会感到前所未有的困惑——原来不带任何主观歪曲，简单、客观地陈述事实是这么困难的事情。只为自己而活的时光结束了，为他人，或者说得更好听一点，为了全人类而活的人生阶段开始了。这是一个需要不断认识新事物的阶段，因此也是一个需要不断思考反省的阶段。在健康的大自然中，这是一段人生的黄金时光，热情、同情、慷慨及好奇心都处于最强烈也是最好的时刻，此时的成长简直是突飞猛进。举个例子，在大学里我们能明显地感受到，哪怕只相差一个年级，两个班的学生在发展状态上也称得上天差地别。不过，这也是一个极容易发生"少年维特之烦恼"的时期，休姆（Hume）、里克特、弥尔（J. S. Mill）等人都曾经历过这样的危机，他们都是靠着那些在成长中产生的新动力的指引，才得以顺利地度过这段时期的。

这段时期存在着的种种风险是严峻而明显的。其中最主要的危险甚至比酗酒的后果还要严重，那就是过早成熟且与青少年年龄不相称的、表现在精神和肉体上的性元素。确实，在这方面成熟得太早本身就不是什么好事。如果在其他起着平衡和控制作用的能力还没有出现之前，这种性元素就冒头了，那它就会没有节制地疯长，将青少年的能量全部榨干，更有可能的是，因为没有得到正确的指导，青少年会将周围环境中那些与性有关的邪恶元素也兼收并蓄了。青少年的思想和感情是以"性"这种自然本能为中心运转的，其程度比我们能够意识到的要深得多。因此，在这个时候教育就要发挥与它的内在价值似乎不太相干的作用了——要使出浑身解数，将青少年的注意力从与性有关的事物上引开，因为如果这些性元素过早或过分地发展，青少年精神和肉体每个部分的发育都会受到影响。此时应该培养青少年对知识的兴趣、对体育活动的爱好以及对社会的看法及美学上的品位。我们应该让他们的外部生活有一些改变，因此必须突破从前的例行活动和训练，开展新的日常事务及活动。有一点需要特别留意：在让他们的双手进行机械化活动的同时，千万不能让他们的大脑闲着无所事事。此外，能够吸引他们的家庭生活、与精心选择的朋友之间建立高层次的友谊、养成有规律的习惯，这些当然也应该有意地加以培养。才华出众的人很少会被人认为心理不正常，所以青春期的精神异常相对来说是罕见的。尽管如此，作为精神健康最基本保障的各种主观感受，在青春期却常常变得不同寻常，他们缺乏情绪上的稳定性，各种狂暴危险的冲动、不合理的行为、缺乏热情和同情心，都是由这种不正常状态引起的非常普遍的后果。一些神经症，例如癔症、舞蹈症，按照一些内科医生的观点，还包括偏头痛和早期痴呆症，在这段时期特别容易出现并恶化成为痼疾。简而言之，从前的自我就像早年在学校写过的练习本一样，陈旧泛黄支离破碎，新的自我正在结晶成型。在青少年身上，所有的一切都是可以消融瓦解的，充满了可塑性，也特别容易受到外界各种因素的影响。

在这个我们已经从各方面进行了充分描述的年龄，如果一个年轻人本能地想将对自己的控制权掌握在手里，那么他此前受过的伦理训练应该聚焦一处并能为他所用。在大部分情况下，如果他想让这些训练发挥最好的作用，最佳选择可能就是按照父母的教条行事。这是一个严肃而庄重的时刻，因为一个新的个人时代开始了，值得庆祝与纪念。此刻他应该将面前的各种任务当作自己的神圣使命，因为他全身心都奔涌着新的冲动、激情、欲望、懵懂的想法、对未来的野心等，需要他用自然与超自然结合的最强动机去管理控制，尤其对性情急躁容易冲动的美国人来说，这股新的精神浪潮来得太猛烈突然了，以致他们的自我管理手段还没来得及成型并发挥作用。最先产生的是对纯洁与不纯洁的深刻自我意识，事实上，这种自我意识的出现是最合情合理的。在这个年龄，每一个有严肃人生态度的青少年，都会将注意力转向自己的内心世界，同时意识到自己肩负着超越个人现实生活的责任，正是这种责任感，让青少年产生了超凡脱俗的理解力；他们意识到了自己的责任，也体会到了这些责任之间的矛盾，而这些认识和体会又反过来加深了他们的责任感。教师的责任，就是尽其所能地对这种自我意识加以强调和利用。对那些可能发展成未来职业的特殊兴趣，必须在这个阶段就打好基础；要教育青少年树立自己的理想；要教会他们如何以开放的心态吸取各种观点，了解各种远大的人生目标，做到兼收并蓄海纳百川。对于那些无论对诗人还是哲学家来说都超越于认识之外的事物，如果我们将其中所有抽象的理论和具有训导意义的规则，都仅用于对在这个年龄释放出来的活动力进行更好地控制和管理，却对它们更深层的意义缺乏完整的定义或认识，那它们在这个领域内依然保留着未被开发的潜力。不管程度如何，那些在这里被额外浪费的东西，如果能够被节俭地使用，就会转化为更加成熟的形式——哲学、博爱、真理以及善良，在某种意义上，其作用和柏拉图的理念并无不同。

最后，我们要强调的是，如果让这种改变发生得太突然、太猛烈，那些原本应该使用一生的心理动力资源，将会在这种短促的、阵发性的活动中消耗殆尽，就像一个断了发条的钟表，会跑着跑着就突然停摆。奎特雷（Quetelet）认为，衡量一个国家文明程度的标准，就是看它在经历巨大变革时所采用的方式。如果一个国家真正文明化了，改革就不会再以突发猛烈的形式爆发，而是循序渐进水到渠成，不会发生任何唐突意外的改变。同样的道理也适用于个人发展历程中的一段关键时期，对这段关键时期，心理物理学将其称为青春期。青春期持续的时间大约 10 年或更长，在此期间，青少年身心各方面都经历了持续快速的发展，我们前面已经说过，这种发展往往会显得急功近利，总是想不劳而获，就是这种恨不得一蹴而就而不是顺其自然的急切心态，给青春的心灵带来了那么多不容忽视的改变；这种成长模式也总是固执地忘掉了一点——在青春期之前、之后都会有很多合理而有益的人生体验，它们也同样具有不可忽略的重要性。

好书推荐

基本信息

书名：《最熟悉的陌生人：自我认知和潜能发现之旅》

作者：【美】提摩西·威尔逊

定价：45.00 元

书号：978-7-115-34163-1

出版社：人民邮电出版社

出版日期：2014 年 1 月

推荐理由

★ 社会心理学大师提摩西·威尔逊继经典畅销书《社会心理学》之后的最新作品。

★ 荣登《纽约时报》"年度最具思想性的 100 本图书"榜单，为当今心理学界最具
  影响力的著作之一。

★ 哈佛大学出版社最受热捧的心理学图书，长期盘踞美国亚马逊心理学图书畅销排
  行榜榜首。

★ 稳坐"当当心理学榜"前五名，入选人民邮电出版社"2014 年图书馆馆配十佳图书"。

媒体评论

威尔逊的《最熟悉的陌生人》具备了大众心理学图书应该具备但却很少具备的特性：
富含思想、内容精彩、意义深远。 　　　　　　　　　　　　　　　　　　　《纽约客》

《最熟悉的陌生人》里有太多地方能引起读者共鸣，且不会随时间而"讨人嫌"……
逻辑脉络清晰、引人入胜，题材具有启发性和趣味性。尽管威尔逊认为内省在揭示真实
自我方面的能力有限，但倘若哪位读者读完此书后并没有兴趣进行详细的自我探测，那
定是一个愚钝之人。 　　　　　　　　　　　　　　　　　　《泰晤士报文学评论副刊》

提摩西·威尔逊提出了一种吸引眼球的、有讨论空间的且具权威性的见解，使"我们为
何不能预测心底之事"这一问题明朗化。事实上，他人通常对我们的内心世界了解更多，因为
他们能够更好地监测我们的行为和身体语言。《最熟悉的陌生人》确实值得一读，发人深思。
　　　　　　　　　　　　　　　　　　　　　　　　　　　　　　　　　　《新科学家》

编辑电话：010-81055679　　读者热线：010-81055656　010-81055657